443

MÉMOIRES

SUR

VOLTAIRE.

PARIS, IMPRIMERIE DE LEBEL,
Imprimeur du Roi, rue d'Erfurth, n° 2.

MÉMOIRES
SUR
VOLTAIRE,

Et sur ses Ouvrages,

PAR LONGCHAMP ET WAGNIÈRE,

SES SECRÉTAIRES;

Suivis de divers écrits inédits

DE LA MARQUISE DU CHATELET, DU PRÉSIDENT HÉNAULT,
DE PIRON, DARNAUD BACULARD, THIRIOT, etc.,

TOUS RELATIFS A VOLTAIRE.

TOME PREMIER.

PARIS,
AIMÉ ANDRÉ, LIBRAIRE-ÉDITEUR,
QUAI DES AUGUSTINS, N° 59.
1826.

PRÉFACE.

Pour justifier le titre que nous avons donné à ces deux volumes, il suffit d'énoncer ce qu'ils contiennent : ce sont

I. Des *Additions au Commentaire historique sur les œuvres de l'auteur de la Henriade.*

II. Une *Relation du voyage de M. de Voltaire à Paris en* 1778, *et de sa mort.*

III. L'*Examen des Mémoires secrets de Bachaumont et autres*, en ce qui concerne M. de Voltaire.

IV. L'*Examen d'un autre ouvrage intitulé* : Mémoires pour servir à l'histoire de M. de Voltaire, *publiés sous le titre d'Amsterdam*, 1785, 2 *vol. in-*12.

    Ces quatre écrits sont de J.-L. Wagnière.

V. Les *Mémoires de S.-G. Longchamp*, depuis environ 1745 à 1753.

VI. Un *Recueil de divers écrits inédits* de la marquise du Châtelet, du président Hénault, Piron, Darnaud Baculard, Thiriot, etc., tous relatifs à Voltaire.

Dans toutes les contrées où les ouvrages de

Voltaire sont lus, les hommes instruits ont pu connaître assez la beauté de son génie et l'étendue de son savoir. Ils ont dû également y voir des marques non équivoques d'une âme élevée, d'un caractère ardent, mais noble, généreux, compatissant. Néanmoins dans ce qui a rapport à ses habitudes, ses goûts, à son personnel en général, cet homme illustre n'est peut-être point encore aussi connu qu'il doit l'être. Ses ennemis, réduits à l'impuissance de discréditer ses ouvrages, voulaient s'en dédommager en essayant de ravaler sa personne, décrier ses mœurs, noircir son caractère, qu'ils croyaient rendre odieux par de ridicules médisances et d'absurdes calomnies. Nous ne craignons point d'avancer que les deux volumes que nous publions aujourd'hui, en y joignant celui qu'a donné le fils de *Colini* en 1806, seront la plus évidente et la plus ample réfutation de tant d'impostures, et que les notions qu'on y prendra sur la conduite privée et les habitudes de cet homme extraordinaire ne seront pas moins claires et moins certaines que celles qui sont acquises sur les qualités de son esprit par la lecture de ses œuvres.

Quelqu'un pourrait-il se flatter d'avoir mieux connu *Voltaire* que trois hommes qui lui ont été successivement attachés, et ne l'ont presque jamais perdu de vue pendant la moitié de sa vie? qui, sans avoir eu de relation ensemble, sans même s'être connus, ont eu tous trois l'idée d'écrire naïvement ce qu'ils ont vu et entendu, étant auprès de lui? N'en ayant rien communiqué au public après la mort de *Voltaire*, auquel ils ont survécu long-temps, on peut supposer qu'en écrivant leurs remarques, ils n'avaient eu d'autre dessein que de se rappeler dans la suite ce qui avait excité le plus leur attention pendant leur séjour dans la maison de *Voltaire*, sans croire peut-être que ce qu'ils écrivaient dût être un jour connu du public.

Ces trois témoins qui se sont succédé immédiatement sont *Longchamp*, *Colini* et

Wagnière. On se persuade d'autant plus que leurs observations sont exactes et sincères, que ce n'est pas seulement sur *Voltaire* que leur témoignage est uniforme, mais qu'on les voit aussi, en plusieurs occasions, manifester des opinions très-analogues sur d'autres personnages qu'ils ont été également à portée de connaître.

M. *Colini* fils, secrétaire de la légation de Bade à Paris, nous ayant communiqué tout ce qu'il avait de papiers relatifs à *Voltaire*, nous y vîmes en manuscrit l'ouvrage intéressant qu'en avait formé son père. Nous ne pûmes que l'exhorter à publier ce travail. Il fut imprimé à Paris en 1806, sous le titre de *Mon séjour auprès de M. de Voltaire*.

On trouvera dans les deux volumes qui paraissent aujourd'hui d'amples notions sur ce qui a précédé et suivi le séjour de *Colini* auprès de *Voltaire*. Les particularités nouvelles rapportées par *Wagnière* paraissent exprimées avec franchise et simplicité. Il parle souvent comme témoin oculaire. Il est vrai que son style n'est pas exempt de quelques expressions et tournures qui se ressentent un peu du territoire suisse, son pays natal. Il en convenait, et sans prétention à cet égard, il parle de lui-même avec beaucoup de modestie, en plusieurs endroits de ses Remarques. C'est une particularité assez étonnante qu'il n'ait jamais pu se défaire totalement de certains idiotismes, après avoir écrit si long-temps le plus pur français sous la dictée de *Voltaire*. Il suffira d'en donner un ou deux exemples. (*Voyez* la note p. 31 de ce volume.) Au reste cela n'a donné lieu qu'à de légères corrections qui étaient indispensables.

Une chose plus essentielle dont nous sommes convaincus, c'est que *Wagnière*, que nous avons bien connu, n'a rien écrit qui ne fût vrai ou dont il n'eût été persuadé d'après le témoignage de gens dignes de foi. Quant à quelques-unes de ses opinions particulières sur certains faits ou sur certaines personnes, nous n'en sommes nullement garans, et il serait peut-être aujourd'hui assez difficile de les bien apprécier.

Dans l'*Avertissement* au-devant des *Additions* de *Wagnière* au *Commentaire historique sur les œuvres de l'auteur de la Henriade*, nous avons rapporté ce qui a pu faire croire, pendant quelque temps, que ce *Commentaire* était de la composition de *Wagnière* et de deux personnes qui se trouvaient avec lui à Ferney en 1775, et nous avons allégué aussi les raisons qui ne permettent guère de douter que cet ouvrage ne soit de *Voltaire*; nous y en ajouterons une ici qui semble péremptoire. *Voltaire* écrivant ou dictant ce *Commentaire historique* en 1774 ou 1775, eut un moment de distraction, dans lequel, oubliant qu'il parlait à la 3$_e$ personne, il dit :
« J'y ai entendu (à Bruxelles), il y a quarante
» ans, cette belle chanson :

« Gaudissons-nous, etc. »
(*Voy.* T. XLVIII, p. 213, édition de Kehl, in-8°.)

Or on voit par les lettres de *Voltaire* qu'il a passé quelque temps à Bruxelles, en 1742, 43 et 44; et alors *Wagnière* et *Christin,* auteurs supposés du *Commentaire historique,* n'étaient pas nés, ou venaient à peine de l'être. Cette preuve, en quelque sorte matérielle, ne doit laisser aucun doute sur le véritable auteur de cet ouvrage.

Les notes que nous avons cru devoir joindre au-dessous du texte, pour l'éclaircissement de quelques faits, seront indiquées par des chiffres, et celles de *Wagnière* et *Longchamp* le seront par des lettres alphabétiques.

Deux notes qui m'ont été communiquées par M. Beuchot (*voy.* tome I, 231 et 290-291) sont signées de la première lettre de son nom.

C'est toujours à l'édition de Kehl, in-8°, qu'on renvoie en citant les œuvres de *Voltaire,* parce que cette édition est encore la plus répandue.

ADDITIONS

AU

COMMENTAIRE HISTORIQUE SUR LES OEUVRES
DE L'AUTEUR DE LA HENRIADE;

PAR WAGNIÈRE.

Les notes de Wagnière sont marquées par des lettres alphabétiques, celles de l'Éditeur par des chiffres.

AVERTISSEMENT

DE L'ÉDITEUR.

Voltaire, parvenu à l'âge de quatre-vingt-deux ans, et près du terme de sa carrière, ne doutait pas qu'après sa mort, des écrivains dirigés trop souvent par leurs passions, ou trompés par des mémoires infidèles, n'entreprissent de faire l'histoire de sa vie et de ses ouvrages. Il pouvait même craindre que les véritables gens de lettres qui en auraient eu le dessein, n'y renonçassent à la vue d'innombrables matériaux contradictoires, ou du moins qu'ils ne fussent arrêtés par l'ennui et l'embarras de choisir entre tant de pièces soit apologétiques soit satiriques. Pour les garantir des écueils où elles pouvaient les entraîner, il voulut, par un monument plus digne de confiance, les empêcher de s'égarer dans la route, et les diriger avec facilité et sûreté vers le but de leur travail. C'est dans cette vue qu'il écrivit, en 1776, le *Commentaire historique sur les œuvres de l'auteur de la Hen-*

riade. Cet ouvrage peu volumineux, aussi intéressant par le fond du sujet que par l'agrément du style, fut accueilli du public avec un extrême empressement. Il est supposé écrit par un étranger anonyme, tournure qui mettait l'auteur à son aise et lui permettait plus de franchise. C'est un modèle de narration pour les biographes. Tout y est présenté avec clarté, élégance, sans superfluité ni sécheresse, sans bassesse et sans orgueil. On ne pouvait parler de soi avec une plus juste mesure de toutes les convenances. Le manuscrit, dont l'auteur avait gratifié son ancien et fidèle secrétaire, fut imprimé sous le titre de Bâle, chez les héritiers de Paul Duker, et passa pour l'ouvrage d'un inconnu qui avait eu d'anciennes liaisons avec *Voltaire*. Mais avec un peu de goût en littérature, il était impossible d'en méconnaître le véritable auteur.

Ce sont les remarques que *Wagnière* a écrites sur un exemplaire de ce livre, qu'on publie aujourd'hui, avec les passages du texte auxquels elles se rapportent. Personne ne pouvait donner plus d'éclaircissemens et de détails curieux sur *Voltaire* et sur ses ouvrages, dans les vingt dernières années de sa vie, qu'un témoin oculaire qui écrivait journellement sous sa dictée, et qui jouissait à juste titre de toute sa confiance.

Les Français à qui la mémoire d'un grand homme dont leur patrie s'honore n'est point indifférente, liront sans doute avec intérêt ces *Additions* de son secrétaire intime, ainsi que la Relation du dernier voyage de *Voltaire* à Paris et de sa mort, adressée par *Wagnière* à ses enfans, et qu'on peut, en quelque sorte, regarder comme le supplément et la conclusion du *Commentaire historique*.

P. S. Pour prévenir, autant qu'il est possible, des discussions qui pourraient naître à l'avenir sur le véritable auteur de ce *Commentaire*, nous devons avertir que *Voltaire*, voulant ne pas faire connaître que c'était lui-même, et en écarter le soupçon, désirait qu'on pût avec quelque vraisemblance l'attribuer à un autre écrivain. Il laissa courir le bruit que l'ouvrage était de *Durey de Morsan*, *Christin* et *Wagnière*, et parut ne mettre aucun empêchement à ce qu'ils le répandissent eux-mêmes. Leurs noms, à la seconde page de la première édition, aidaient à le faire croire. Ils étaient alors à Ferney, où ils se chargèrent du soin de vérifier, rassembler les pièces justificatives, et d'en faire les extraits dont l'auteur pouvait avoir besoin. C'est toute la part qu'on peut leur faire. Assez longtemps l'ouvrage leur fut attribué, tantôt collectivement, tantôt à chacun d'eux séparément. Ce qu'il y a de certain, c'est que *Wagnière*, après son voyage de Pétersbourg, nous parla plusieurs fois de son Commentaire historique; et depuis, nous avons eu la preuve qu'il a laissé croire en Russie qu'il en était l'auteur; mais quelque chose que lui et *Durey* et *Christin* aient pu dire ou écrire à ce sujet, nous croyons que nul homme de lettres pourvu de quelque goût ne prendra jamais le change sur le véritable auteur du *Commentaire historique*. Il se peut que *Wagnière* ait confondu quelquefois, et très-innocemment, cet ouvrage avec les *Additions* dont il est l'objet, et que nous mettons aujourd'hui sous les yeux du lecteur.

AVIS PRÉLIMINAIRE.

Ce *Commentaire historique* fut composé au commencement de 1776. M. *de Voltaire* m'en fit don, et me remit, avec le manuscrit, les pièces originales qui avaient servi à sa composition, en me permettant de le faire imprimer par quelque libraire étranger, comme l'ouvrage d'un anonyme. MM. *Durey* et *Christin*, tous deux avocats, qui étaient alors à Ferney (1), certifièrent, après vérification, l'authenticité des pièces justificatives, et la remise qu'ils m'en firent, par ordre de M. *de Voltaire*. Leurs déclarations, qu'ils m'autorisèrent à publier, se trouvent en tête de la première édition du *Commentaire historique*, et cela contribua peut-être au bruit qui courut, après la publication de cet ouvrage, que l'un ou l'autre de ces messieurs en était l'auteur.

Après la mort du véritable auteur, l'auguste impératrice de Russie (*Catherine II*) ayant acquis de madame *Denis* la bibliothèque de M. *de Voltaire* et tous les manuscrits qu'il avait laissés, je crus devoir y joindre

---

(1) *Durey de Morsan* était frère de madame *Berthier de Sauvigny*, intendant de Paris. Il demeura assez long-temps chez *Voltaire*, qui lui rendit de grands services. (*Voyez*, dans la *Correspondance générale*, les lettres à cette dame.) *Christin*, avocat à Saint-Claude, se distingua par ses talens et son courage dans le célèbre procès des serfs du Mont-Jura contre l'abbaye de Saint-Claude.

ceux dont il m'avait gratifié, pensant avec raison que madame *Denis* aurait quelques égards pour moi à cette occasion; mais elle ne daigna même pas m'en remercier (*a*).

Je remis donc exactement à M. *Panckoucke*, qui vint les chercher en poste, muni des ordres de madame *Denis*, tous les papiers de M. *de Voltaire* qui se trouvèrent à Ferney, et ceux que j'avais. Le tout était contenu dans vingt paquets bien scellés, et que madame *Denis* vendit (2) tous encore à ce libraire, *sans même les regarder*, ainsi qu'il me le manda (*b*).

(*a*) L'impératrice envoya à madame *Denis* cinquante mille écus en argent, et pour pareille valeur en diamans, pelisses, etc.

(2) Il paraît y avoir quelque contradiction dans ce récit. Comment madame *Denis* aurait-elle vendu à *Panckoucke* les manuscrits de son oncle, déjà vendus par elle à l'impératrice de Russie? Dans le fait, elle n'a pu vendre et n'a vendu à l'impératrice que les livres composant la bibliothèque de *Voltaire*, et non ses manuscrits, qu'il avait promis à *Panckoucke*, pour l'édition qu'il l'avait autorisé de faire. *Wagnière*, chargé de conduire la bibliothèque en Russie, aura pu y joindre, pour faire sa cour à l'impératrice, des manuscrits qui lui avaient été donnés en propre par *Voltaire*, ou des pièces recouvrées par lui postérieurement à la remise faite à madame *Denis*, ou enfin des doubles qu'il en aurait faits à ce dessein. Cette supposition expliquerait en partie ce qui semble contradictoire dans le texte. Ajoutons ce que dit *Agasse*, gendre de *Panckoucke*, dans l'Avis au devant du Commentaire de la Harpe sur *Racine*; c'est, que *Voltaire* a légué par testament ses manuscrits à *Panckoucke*. En ce cas, c'était à ce dernier seul qu'ils devaient être remis, sans qu'il eût eu besoin de les acheter chèrement de madame *Denis*.

(*b*) M. *Panckoucke* étant venu à Ferney au mois de juin 1777, me dit qu'il avait envie de faire une belle édition des *OEuvres de Voltaire*; qu'il me priait d'en obtenir pour lui seul la permission, et de l'engager à revoir tous ses ouvrages; que s'il y consentait, il me donnerait douze mille francs. M. *de Voltaire* accorda tout ce que je lui demandai, et se mit sur-le-champ au travail. Sa mort l'interrompit. M. *Panckoucke*,

Malgré la remise de ces papiers à moi donnés par M. *de Voltaire*, on sera peut-être étonné qu'ayant eu l'honneur d'être pendant vingt et un ans son seul secrétaire, je n'aie pas fait un recueil plus considérable d'anecdotes sur ce grand homme, de ses discours et de plusieurs petits écrits particuliers. En voici la raison.

Je n'avais que quatorze ans lorsque je m'attachai à lui, à la fin de 1754. Il daigna faire attention à l'envie extrême que j'avais de travailler, de m'instruire et de lui plaire; il y parut sensible, m'encouragea, se prêta à mon éducation, me donnant lui-même des leçons de latin, que j'avais commencé d'étudier; et il eut de l'amitié pour moi.

Tout jeune que j'étais, je voyais et je sentais les chagrins violens et les inquiétudes cruelles que lui occasionait et lui avait occasionés l'infidélité de ceux en qui il avait mis sa confiance, celle même de quelques-uns de ceux qui se disaient ses amis, et je me promis fermement d'éviter tout ce qui pourrait lui procurer quelque désagrément de ma part.

D'ailleurs, la manière dont M. *Collini*, mon pré-

---

après cette mort, sentant combien il lui était essentiel que je certifiasse l'intention de M. *de Voltaire* à son égard, et que je lui donnasse tous les renseignemens possibles pour son entreprise, me donna un billet de deux mille écus qu'il m'a payés; et madame *Denis* exigea qu'il lui remît l'autre billet de six mille francs pour le complément de la promesse qu'il m'avait faite (outre tous les autres qu'il lui donna pour le prix des manuscrits qu'elle lui vendit), lui disant qu'elle me le ferait toucher. Mais elle s'en est emparée à son profit encore, et j'ai été frustré de cette partie de la bonne volonté de M. *Panckoucke* pour moi.

décesseur, homme d'une famille honorable de Florence, et de beaucoup de mérite, fut obligé, en 1757 (par suite d'une cabale), de se séparer de M. *de Voltaire*, et la façon dont il fut traité, quoique à tort (*c*), me fit craindre aussi de l'être un jour de même, et m'engagea à prendre encore plus fortement la résolution de n'être jamais dans le cas d'être blâmé de mon maître, de garder aucune copie, malgré les sollicitations qu'on me faisait, et d'abuser de sa confiance, même dans les choses qui ne pouvaient être pour lui de la moindre conséquence.

Voilà jusqu'où j'ai poussé le scrupule, qui peut paraître un peu extraordinaire. Mais j'ai la satisfaction de pouvoir dire que je n'ai jamais, par un abus de confiance et par mon infidélité, occasioné aucun désagrément à mon maître, que je regardais et aimais comme mon père. Ma plus grande sollicitude était, au contraire, d'écarter de sa vue ou de prendre souvent sur moi-même tout ce que je croyais pouvoir altérer sa tranquillité.

Je me suis contenté de recueillir en *memorandum*,

(*c*) On fit, pendant qu'il était sorti, enfoncer les portes de sa chambre, de ses armoires, de son bureau, et on enleva tous ses papiers. Il était si furieux à son retour, qu'il tira l'épée dans la chambre de M. *de Voltaire*, en lui disant : *Si je ne respectais votre âge, je vous forcerais de me rendre raison de l'outrage qu'on vous a engagé à me faire faire dans votre maison.* M. *de Voltaire* cependant a toujours eu de l'amitié pour M. *Collini*, qui est depuis long-temps secrétaire intime de monseigneur l'électeur palatin, et son bibliothécaire (*).

(*) On a publié ses mémoires sous le titre de *Mon Séjour auprès de Voltaire*; Paris, 1807, 1 vol. in-8.

et pour moi-même, quelques notes, quelques remarques sur certains faits et sur certaines anecdotes de la vie de ce grand homme; lesquelles j'ai transcrites en grande partie sur mon exemplaire du *Commentaire historique,* ce qui pourra être utile pour une nouvelle édition de cet ouvrage. J'aurais pu les augmenter si j'avais encore les papiers dont a profité madame *Denis.* Mais enfin je ne prétends point du tout faire un *Voltairiana.*

Au reste, ceux qui feront imprimer la collection de ses œuvres ne manqueront pas sans doute de se procurer des notes instructives, relatives aux différens objets, et qu'ils insèreront aux endroits convenables. Les lettres même de M. *de Voltaire* pourront leur en fournir. De mon côté, j'y contribuerai autant qu'il me sera possible, car personne ne s'intéresse plus que moi à sa gloire. Je le dois par reconnaissance pour l'amitié dont il m'a honoré, et par mon amour pour la vérité.

Je crois devoir, par la même raison, ajouter ici que M. *de Voltaire,* mon ancien maître, étant mort, n'attendant donc rien de lui, n'espérant rien de ceux qui sont ses héritiers (qui me sont aussi étrangers que le Grand-Turc), n'étant point auteur, n'épousant aucun parti, je me borne à suivre le penchant de mon cœur, à aimer la vertu, la justice et la vérité; qualités que j'ai acquises dans la société et par les leçons d'un homme qui fit la recherche de cette vérité avec ardeur, et qui osa la dire; je me borne, dis-je, à rendre hommage à cette vérité (puisque l'héritière de M. *de*

Voltaire se tait), en disant ce dont j'ai été témoin, pour répondre à une partie des imputations horribles et étranges dont on accable un homme célèbre, après sa mort, dans la dénonciation, faite au parlement de Paris, de l'édition complète des œuvres de M. *de Voltaire*, dans le mandement sous le nom de M. l'évêque d'Amiens, et dans les pages 85 à 88 inclusivement de la gazette des *Nouvelles ecclésiastiques*, du 29 mai 1781.

Je n'ai eu connaissance de ces trois pièces qu'en octobre 1781, et par hasard; car depuis la mort de mon maître, ma fortune ne me permet pas de pouvoir me mettre au fait de ce que l'on écrit pour ou contre lui, ni de ce qui se passe dans la république des lettres.

Quand M. *de Voltaire* aurait assassiné sur les grands chemins, fait révolter les sujets contre leurs princes, séduit les femmes et les filles, donné l'exemple de la débauche la plus brutale et la plus effrénée, empoisonné, commis les plus grands sacriléges, méconnu toutes les lois divines et humaines, enseigné toutes ces horreurs par ses discours et dans ses écrits, on n'aurait pas rassemblé contre lui plus d'accusations graves qu'il ne s'en trouve dans les trois écrits dont je viens de parler, et qui sont pourtant de la fin du dix-huitième siècle.

Il y a toute apparence que ses accusateurs n'ont point lu ses ouvrages, et encore moins connu sa personne et ses mœurs. Cela était nécessaire, pourtant, avant de le juger si rigoureusement.

C'est une chose bien étrange, que l'on s'obstine à l'accuser toujours d'impiété et d'athéisme. Est-il donc possible, Messieurs, que vous oubliiez, ou plutôt que vous ignoriez que lorsque le livre dangereux du *Système de la Nature* parut, M. *de Voltaire* fut d'abord le seul qui prit la défense de la Divinité, et que de tous ceux qui le devaient faire, par état au moins, aucun n'a élevé la voix ! Lisez donc ses ouvrages, et surtout l'article *Athéisme*, l'article *Dieu*, dans les Questions sur l'Encyclopédie, l'Épitre à l'auteur du livre des *Trois imposteurs*, et mille autres endroits de ses écrits. Souvenez-vous au moins de ce vers admirable :

Si *Dieu* n'existait pas, il faudrait l'inventer.

Aucun de vos confrères a-t-il jamais parlé de Dieu avec autant de clarté, de majesté, d'éloquence, et donné de plus grandes idées de lui, que celui-là même que vous osez accuser de n'y point croire ?

Il est vrai qu'il n'avait pas, comme vous, l'idée d'un *Dieu* furieux, barbare, cruel, capable de se repentir de ses actions. Je puis vous certifier que je l'ai toujours vu fermement persuadé de l'existence d'un Être suprême, intelligent, éternel, créateur, juste et bon, père de tous les hommes, sans pouvoir le comprendre, non plus que le *comment* et le *pourquoi* de toutes les choses dont Dieu seul s'est réservé la connaissance. Il est vrai aussi que M. *de Voltaire* s'est élevé avec force contre le fanatisme, la superstition, et contre les horreurs qu'ils ont produites ; a-t-il eu tort? J'ajoute à mon témoignage la déclaration ci-dessous, écrite et signée de sa main, et qu'il me donna à Paris, le 28 février 1778 ; la lui ayant demaudée dans un moment où il croyait être très-près de sa mort. Je suis prêt de la déposer juridiquement.

JE MEURS EN ADORANT DIEU, EN AIMANT MES AMIS, EN NE HAÏSSANT PAS MES ENNEMIS, ET EN DÉTESTANT LA SUPERSTITION. 28 février 1778. *Signé* VOLTAIRE (3).

Si vous daigniez, Messieurs, lire ses ouvrages, vous y trouveriez aussi tout le contraire de ce dont vous l'accusez encore. Il y a grande apparence que vous êtes comme M. *Catherinot*, conseiller de Bourges, qui disait dans ses écrits : *Nous avons condamné au feu deux ouvrages impies que nous n'avons pas lus.*

A l'égard des mœurs de M. *de Voltaire*, je vous prierai de vous en rapporter au témoignage de toutes les personnes qui ont un peu vécu avec lui, à celui de ses domestiques catholiques ou protestans, ou luthériens, à celui de ses vassaux, des habitans de la province où il a résidé pendant les vingt-quatre dernières années de sa vie. J'oserais y joindre le mien, puisque personne n'a mieux connu que moi l'homme, et le fond de son cœur, qu'il ne m'a jamais caché ; et je serais le plus lâche des hommes et le plus ingrat, si je n'élevais pas ma faible voix pour rendre à M. *de*

---

(3) L'original de cette déclaration est actuellement à la bibliothèque du Roi à Paris. *Voyez* la note 5 de l'éditeur, sur la *Relation* du voyage à Paris et de la mort de M. *de Voltaire*.

Voltaire la justice qui lui est due. Je suis seulement fâché que mes talens ne puissent pas, autant que je le voudrais, seconder ma volonté.

Je dois encore ici, par une suite de sentimens dont je suis pénétré, justifier M. *de Voltaire* du reproche qu'on lui fait continuellement de n'avoir pas eu pour moi, dans ses dispositions testamentaires, l'égard que semblaient mériter mon attachement à sa personne, l'assujétissement le plus grand, le travail le plus pénible pendant plus de vingt-quatre ans, et qu'il m'était permis d'espérer de son amitié pour moi.

L'intention de mon maître était qu'après sa mort j'eusse vingt mille écus, y compris les huit mille francs portés sur son testament, et de me donner le surplus de la main à la main, en billets à mon ordre sur son banquier, M. *Shérer*, à Lyon. Il me les remit en mains en 1777; mais je crus, par respect et par crainte de lui laisser apercevoir le moindre doute sur sa bonne volonté à mon égard, que je ne devais pas les garder, et je les lui rendis. Je ne prévoyais point alors que par une fatalité et des circonstances bien étranges, je ne serais pas auprès de lui à sa mort, malgré ses instances, et que dans ses derniers momens il ne pût obtenir que son notaire vînt vers lui, quoiqu'il le demandât.

Ainsi mon cœur ne doit pas être moins sensible, après la connaissance parfaite que j'ai toujours eue des bonnes intentions de M. *de Voltaire* pour moi, et que le public ne pouvait qu'ignorer.

Il voulait, par la modicité de la somme énoncée en

ma faveur dans son testament, forcer son héritière, à laquelle il laissait près de cent mille livres de rente, de contribuer aussi elle-même à mon bien-être, et de s'acquérir de la gloire par les bienfaits qu'il la mettait à portée d'accorder, tant à moi qu'aux autres personnes qui avaient été attachées à ce grand homme. Il me recommandait même particulièrement à elle par des instructions qu'il lui donna dans une feuille séparée qui accompagnait son testament.

Étant né sans fortune, n'ayant eu que des gages très-modiques, mon maître ne m'ayant jamais fait de gratification de son vivant (*d*), ne lui ayant jamais parlé de mes intérêts, ayant perdu ma santé, passé ma jeunesse sans état assuré pour l'avenir, je me vis, à sa mort, chargé d'une mère, d'une femme et de deux enfans, et très-embarrassé pour les soutenir. La munificence seule de sa majesté impériale de Russie, *Catherine II* (qui daigna m'appeler auprès d'elle pour ranger la bibliothèque de mon maître), m'a délivré de cette crainte (*e*) qui m'avait d'abord saisi, non sans

---

(*d*) J'avoue qu'il avait la faiblesse de craindre que s'il m'avait fait de son vivant une petite fortune, je ne l'eusse quitté, ainsi que ma femme qui lui a été aussi attachée pendant plus de vingt ans. Elle n'avait que cent francs de gages, et moi deux cents. Il avait placé sur ma tête en 1766 une rente de 360 liv., mais je n'en jouissais pas.

(*e*) Outre l'argent qu'elle me fit compter à son trésor, elle a daigné m'accorder une pension viagère de quinze cents livres de France par an. Elle eut en outre la générosité de faire donner cinq cents écus au cocher de M. *de Voltaire*, qui l'avait servi dix-neuf ans, et à son lit de mort, que je menai avec moi par commisération à Pétersbourg ; l'héritière n'ayant voulu lui accorder d'autre récompense que l'année de gages qu'il spécifiait dans son testament pour chacun de ses do-

quelque fondement; car deux jours après mon retour de Russie, madame *Denis* me fit dire qu'elle ne me donnerait point les cinquante louis qu'elle m'avait promis par an, en 1778.

A Rueyre, pays de Vaud, 1781.

WAGNIÈRE,
Ancien secrétaire de feu M. de Voltaire.

mestiques, et dont plusieurs même ont été frustrés, sous différens prétextes, par madame *François Duvivier*, ci-devant madame *Denis*.

ADDITIONS

AU

COMMENTAIRE HISTORIQUE SUR LES OEUVRES DE L'AUTEUR DE LA HENRIADE *.

Page 91. JE tâcherai dans ces commentaires de ne rien avancer que sur des papiers originaux.

Je n'ai écrit aussi la plupart de mes remarques que d'après ce que m'a assuré M. *de Voltaire*, ou ce dont j'ai été témoin; et quelques-unes, d'après des personnes dignes de foi.

Ibid. Les uns font naître *François de Voltaire* le 20 février 1694, les autres le 20 novembre de la même année.

La vérité est qu'il naquit le 20 février 1694, et non le 20 novembre, quoique son extrait de bap-

---

* Le *Commentaire historique* est imprimé dans l'édition de Kehl, in-8°, au tome XLVIII, pages 91 et suivantes, section des *Mélanges littéraires*.

Dans quelques éditions récentes, le *Commentaire* a été placé à la suite de la *Vie de Voltaire* par Condorcet.

Si nous citons de préférence l'édition de Kehl, c'est qu'ayant été tirée à plus grand nombre qu'aucune autre, c'est encore la plus répandue.

Les passages du *Commentaire* sont imprimés en petit-romain; les *Additions* de Wagnière le sont en cicéro.

tême, que j'ai vu et tenu, porte cette dernière date. Il ne fut baptisé que huit mois après avoir été ondoyé. Son nom est *François-Marie Arouet de Voltaire*. On m'a assuré qu'il prit le nom de *Voltaire* d'un petit domaine que possédait sa mère. J'avoue que je n'ai jamais osé demander à mon maître ce qui en était. Son père était ancien notaire au Châtelet, et trésorier de la Chambre des Comptes de Paris.

Ibid. Je dois dire qu'à l'âge d'environ 12 ans, ayant fait des vers qui paraissaient au-dessus de cet âge, l'abbé *de Châteauneuf*, intime ami de la célèbre *Ninon de Lenclos*, le mena chez elle.

Il ne pouvait guère en effet avoir plus d'onze à douze ans quand l'abbé *de Châteauneuf*, son parrain, le présenta à mademoiselle *de Lenclos*, puisqu'elle mourut en 1705. M. *de Voltaire* m'a dit aussi qu'à peu près à l'âge de douze ans, il avait fait une tragédie intitulée *Amulius et Numitor*, mais qu'il l'avait brûlée (1).

(1) C'est sans doute à cette tragédie que se rapporte ce que nous voyons écrit de la main de *Voltaire* à l'étiquette d'un dossier, où, parmi les titres de quelques-uns de ses ouvrages, on lit : *Ancien manuscrit d'une tragédie commencée à douze ans*. Il ne paraît que trop certain, comme nous l'apprend ici *Wagnière*, que ce manuscrit fut supprimé par l'auteur. Les amateurs du théâtre doivent le regretter. Il eût été curieux et intéressant de voir le premier essor de ce génie dramatique, si précoce et si fécond, qui n'a cessé de produire jusqu'à l'âge de quatre-vingt-quatre ans; de le prendre, pour ainsi dire, au berceau; de le suivre jusqu'à sa fin, et d'observer sa marche depuis *Amulius et Numitor* jusqu'à *Irène*, dans ce long intervalle de 1706 à 1778.

P. S. Deux petits fragmens de cette tragédie ont été retrouvés, et ils

Page 93. Tout jeune qu'il était, il fut admis dans la société de l'abbé *de Chaulieu*, du marquis *de la Fare*, etc.

En 1713, il fut confié par son père, en qualité de page, à M. le marquis *de Châteauneuf*, ambassadeur à la Haie. Ce ministre le fit mettre aux arrêts à l'occasion de mademoiselle *Du Noyer*, depuis madame *de Winterfeld*, qui fut la première passion de M. *de Voltaire*. Je l'ai toujours vu parler d'elle avec un grand intérêt. Ne pouvant plus l'aller voir, il l'engageait à prendre des habits d'homme pour venir le trouver. Des lettres et des vers qu'il lui envoyait, ayant été un jour interceptés, découvrirent leur intrigue. M. *de Châteauneuf* fut obligé de le renvoyer en France, où il se tint caché quelque temps, dans la crainte du ressentiment de son père (2).

Ibid. Il avait commencé dès l'âge de dix-huit ans la tragédie d'*Œdipe*.

Les premières représentations d'*Œdipe* sont du mois de novembre 1718. Des amis de la famille pressèrent M. *Arouet* le père d'assister à l'une d'elles. Il y vint, et fut très-touché du pathétique de la pièce. Il ne fut pas moins sensible à son succès et

font partie d'un volume de Pièces inédites de *Voltaire*, imprimé en 1820 chez M. *P. Didot*.

(2) La mère de mademoiselle *Du Noyer* a publié quelques-unes de ces lettres. On en a tiré la petite pièce de vers qui est à la page 271 du tome XIV des *Œuvres de Voltaire*, édition de Kehl.

à tout ce qu'on lui dit de flatteur à ce sujet. Cela contribua beaucoup à le réconcilier avec son fils (3).

Ibid. Il fut attaché à M. le maréchal *de Villars* et à madame, jusqu'à la fin de leur vie.

Il fut aussi lié avec M. le duc, leur fils, qui avait la passion du théâtre. Un jour, après une représentation de l'*Orphelin de la Chine*, sur le théâtre de M. *de Voltaire*, à Tourney, où M. *de Villars* avait rempli le rôle de Gengiskan, ce seigneur ayant demandé à l'auteur comment il trouvait qu'il eût joué, M. *de Voltaire* lui répondit vivement : « Monsei-» gneur, vous avez joué comme un duc et pair. »

Page 94. Il commença la *Henriade* à Saint-Ange, chez M. *de Caumartin.*

Il y travailla aussi à la Bastille, où il fut mis en 1718, par ordre du régent, à l'occasion des *J'ai vu*, qui étaient de l'abbé *Regnier*. C'était avant les re-

---

(3) Des compilateurs d'anecdotes ont brodé celle-ci à leur manière. L'un d'eux dit que M. *Arouet* le père pleurait à une représentation d'OEdipe, sans en connaître l'auteur; que s'étant informé de son nom, et apprenant que c'était son fils, il s'écria, toujours en pleurant : *Ah! le petit coquin! le malheureux! Voilà un enfant perdu; jamais il ne sera avocat!...... Cela est pourtant bien touchant!* C'est dommage que le conteur, pour ajouter au pathétique, n'ait pas mis des *hi, hi, hi!* au lieu des points. Il ne songeait pas que *Voltaire* avait alors près de vingt-cinq ans. Il est difficile aussi de concilier avec cet âge l'anecdote rapportée dans le *Commentaire*, sur ce que l'auteur s'avisa de porter la queue du grand-prêtre. Cela est sans doute exagéré. Il est possible qu'il ait soutenu quelques instans la robe de l'acteur sortant de la coulisse, sans que cela ait eu d'inconvénient sur un théâtre qui était encore encombré de spectateurs.

présentations d'*OEdipe*. Il m'a assuré qu'il y avait composé le second chant de la *Henriade* en dormant, qu'il le retint par cœur, et qu'il n'a jamais rien trouvé à y changer. Ce poème fut imprimé en 1723, sous le titre de *La Ligue*, d'après une copie fautive dérobée à l'auteur. Le 15 février 1720, on avait joué sa tragédie d'*Artémire*, sans succès. Elle est perdue.

Page 96. Ces mortifications continuelles le déterminèrent à faire imprimer en Angleterre la *Henriade*.

C'était en 1726; l'auteur était alors à Londres. Il avait pris, en partant de France, une lettre de change assez considérable sur un juif de cette ville. Il ne la présenta pas à l'échéance : lorsqu'il alla chez le débiteur, l'Israélite lui dit : *Monsieur, je suis bien fâché, je ne puis vous payer, car, au nom du Seigneur, j'ai fait banqueroute il y a trois jours.* L'argent fut perdu. Le roi d'Angleterre ayant appris l'embarras où M. *de Voltaire* se trouvait, lui envoya cent guinées.

Passant un jour à pied dans les rues de Londres, la populace l'insulta, et allait lui jeter de la boue. Il monte aussitôt sur une pierre qui se trouve près de lui, et s'écrie en anglais : *Braves Anglais, ne suis-je pas déjà assez malheureux de n'être pas né parmi vous ?* etc. Il harangua si éloquemment, que ce peuple voulait à la fin le porter chez lui sur ses épaules.

Page 97. Il s'associa avec une compagnie nombreuse, et fut heureux (dans la loterie établie par le contrôleur des finances *Desforts*).

Une des causes encore de la grande fortune de M. *de Voltaire*, qui, à sa mort, avait cent soixante mille livres de rente, fut qu'il plaçait ses épargnes en rentes viagères, et qu'il tirait un gros intérêt, à cause de la mauvaise santé dont il s'est plaint toujours. Ses revenus ont doublé dans les vingt dernières années de sa vie. Il m'a souvent assuré qu'il avait perdu deux fois les fonds de ses rentes dans le temps qu'il n'en avait que soixante-dix mille par an ; et j'ai remarqué que c'étaient ces pertes qui lui donnaient cet esprit d'ordre et d'économie qu'on lui a si injustement reproché, et que ses ennemis traitaient d'avarice.

La compagnie chargée de la fourniture des vivres dans la guerre d'Italie, y intéressa M. *de Voltaire*. Il eut pour sa part plus de sept cent mille francs de bénéfice qu'il plaça en viager.

Il n'était né qu'avec environ cinq mille livres de rente de patrimoine. Il hérita ensuite de son frère, qui a été fameux parmi les convulsionnaires, et qui fit un recueil de convulsions. Il est en manuscrit dans la bibliothèque de M. *de Voltaire*, que possède actuellement l'impératrice de Russie.

Page 98. M. *de Voltaire* y fit bâtir (à Cirey) une galerie où l'on fit toutes les expériences sur la lumière et sur l'électricité.

Voyez ses lettres à l'abbé *Moussinot*. Je n'ai jamais vu dans les papiers de M. *de Voltaire* la moindre trace de ces lettres, et jamais je ne lui ai entendu parler de cet abbé, quoique le tout soit très-vrai; j'ai pris à ce sujet les informations les plus exactes (4).

Page 101. La *Pucelle* fut indignement violée par des polissons grossiers, qui la firent imprimer avec des ordures intolérables. Les seules bonnes éditions sont celles de MM. *Cramer*.

J'ai vu, en 1756, une personne venir proposer à M. *de Voltaire* de lui vendre un chant de sa *Pucelle*, qu'on lui avait volé, et méchamment défiguré par un moine nommé *Maubert*. Cette personne en demandait cinquante louis. Le manuscrit de la *Pucelle* fut volé à Berlin, ainsi que plusieurs autres papiers très-curieux, par un secrétaire de M. *de Voltaire*, qui se sauva après les avoir vendus à un grand prince qui les possède encore.

Lorsque mon maître était triste ou souffrant, il me disait : *Allez-moi chercher un volume de l'Arioste, ou bien ma Jeanne*. C'est ainsi qu'il nommait sa *Pucelle*, et c'est le nom que son relieur mettait au dos du livre.

(4) La véritable correspondance avec l'abbé *Moussinot* est encore manuscrite. Celle qu'a publiée l'abbé *Duvernet*, dont on a tiré quelques lettres pour l'édition de Kehl, est très-défigurée et falsifiée.

Page 102. Les deux poètes se virent (*M. de Voltaire* et *Jean-Baptiste Rousseau*), et bientôt conçurent une assez forte aversion l'un pour l'autre.

On me pardonnera aisément, sans doute, de ne pas entrer dans les détails ennuyeux et minutieux des malheureuses querelles de M. *de Voltaire* avec l'abbé *Desfontaines*, *Jean-Baptiste Rousseau*, le libraire *Jore*, le musicien *Travenol*, *Maupertuis*, *la Beaumelle*, *Fréron*, *J.-J. Rousseau*, etc. J'avoue qu'on ne peut voir qu'avec douleur et gémir sur toutes ces tristes aventures, dans lesquelles M. *de Voltaire* peut avoir eu quelques torts; elles ont été assez publiques, chacune dans leur temps. Mais il faut aussi remarquer avec justice, qu'en général, ce n'a jamais été lui qui fut le premier agresseur, mais bien ses ennemis.

Page 109. Il venait de composer un ouvrage bien plus sérieux et plus digne d'un grand prince : c'était la réfutation de *Machiavel*.

Plusieurs personnes ont cependant prétendu que M. *de Voltaire* était l'auteur de cet ouvrage. Je puis certifier le contraire, en ayant les preuves de la main même de ce monarque (5).

Page 112. Nous avons quelques lettres de ce pape (*Benoît XIV*) à *M. de Voltaire*. Sa Sainteté voulut l'attirer à

---

(5) *Voltaire* en a été l'éditeur en Hollande, et en a probablement revu le style, par les ordres mêmes du roi.

Rome ; et il ne s'est jamais consolé de n'avoir point vu cette ville, qu'il appelait la capitale du monde.

Dans le temps du dernier voyage de M. *de Voltaire* à Berlin, le roi de Prusse avait résolu de l'envoyer à Rome, revêtu du titre de son chargé d'affaires ; mais leur rupture fit échouer ce projet. La crainte de l'inquisition est ce qui l'a toujours empêché de voyager en Italie, quoiqu'il en eût la plus grande envie. Il connaissait Rome comme Paris, et j'ai vu plusieurs voyageurs qui y avaient séjourné, être persuadés qu'il y avait été, en voyant la manière dont il leur en faisait la description.

Page 130. Je pourrais joindre à ce fragment curieux quelques chansons du comte-bacha (*de Bonneval*) ; mais, quoique ces couplets soient fort gais, ils ne sont pas si intéressans que sa prose.

Je crois bien qu'auprès de cette lettre, les vers de *Bonneval* ne devaient pas être d'un grand intérêt, surtout aux yeux d'un poète tel que M. *de Voltaire*; cependant ils sont assez singuliers, ce me semble, pour qu'on ne me sache point mauvais gré d'en donner ici un échantillon transcrit d'après l'original, daté de Constantinople, et qui est tout de la main du comte-bacha.

ADDITIONS

Couplets sur l'air :......

« Bonneval n'est point décrépit
　Comme des sots l'ont dit.
　　Vin et maîtresse
　Sont le joyeux support
　　De sa vieillesse
　Jusqu'au jour de sa mort.

» Alcibiade si prôné,
　Comme Bonneval né,
　　De sa patrie
　Injustement chassé,
　　Par son génie
　Fut partout recherché.

» De France il fut chez l'Alleman,
　De là chez le Sultan.
　　Quoique sur terre
　Sans habitation,
　　Elle est entière
　A sa dévotion.

» Ne venez pas, têtes d'oisons,
　Blâmer ses actions.
　　La terre ronde
　Et son vaste manoir,
　　Et tout le monde
　Respecte son pouvoir.

» Son cœur ne fut, ni ses vertus,
　Des revers abattus;
　　Un grand courage,
　Que Minerve conduit,
　　Sort du naufrage
　Où le poltron périt.

» Il s'est comme soumis les lieux
Où l'on conduit les dieux.
Tel qu'Alexandre,
Les peuples à l'envi
Viennent se rendre
Et chercher son appui. »

« Voilà, en mauvaises chansons qui n'ont rien de Saturnien, à peu près le véritable état où je suis. Pour rendre la description plus complète, voici mes occupations, mes plaisirs, et ma manière de penser qui n'est pas trop vulgaire dans l'âge où je suis. »

« J'ai sçu tirer de ma raison
Cette sage leçon,
Qu'on est parjure
Si l'on ne suit les loix
De la nature,
Jalouse de ses droits.

» Crainte d'un fâcheux avenir
On cherche à la bannir.
Le cœur de l'homme,
Paitri du créateur,
Sait trop bien comme
Elle fait son bonheur.

» Sur ce solide fondement
Je vis joyeusement
Sur le Bosphore;
Provoquant mes désirs
Pour croître encore,
S'il se peut, mes plaisirs.

» Le temps passé n'est plus pour nous,
L'avenir est des fous.
Sur le Bosphore
Je jouis du présent,
Est bien pécore
Qui n'en fait pas autant.

» A l'exemple d'Anacréon,
Dont je suis la leçon,
Sur le Bosphore,
Souvent le verre en main,
Jusqu'à l'aurore
Je bois de fort bon vin.

» Les ris, les jeux et les amours
M'accompagnent toujours
Sur le Bosphore,
Narguant les ennemis
Du jus qu'adore
Le peuple de Paris. »

Page 135. Il avait eu long-temps auparavant une pension du roi, de deux mille livres, et une de quinze cents, de la reine ; mais il n'en sollicita jamais le paiement.

Dès que M. le duc *de Choiseul* fut entré dans le ministère, il fit, à l'insu de M. *de Voltaire*, qu'il ne connaissait pas personnellement, renouveler le brevet de cette pension du roi, et le lui envoya; mais M. *de Voltaire* n'a jamais voulu la toucher. Pendant les vingt-six dernières années de sa vie, il n'a retiré aucune pension de personne; au contraire, il en faisait lui-même plusieurs, et, entre autres, une au nommé *Jore*, ancien libraire, son ennemi, qui lui avait intenté autrefois (en 1734) un procès cruel. Je la lui ai fait tenir à Milan jusqu'à sa mort.

Il a fort augmenté les revenus de la cure de Ferney; il avait établi à ses frais un maître d'école en cet endroit. Il faisait beaucoup d'aumônes, non aux mendians des rues et vagabonds, qu'il ne pouvait souffrir, mais aux habitans des environs de Ferney, qui peuvent attester combien de secours ils recevaient de lui dans leurs besoins et dans leurs maladies. Il a payé long-temps pour l'instruction de quelques enfans suisses, dans les écoles de charité de Lausane; mais une partie des ministres de cette ville lui ayant fait une querelle sur ce qu'il avait dit nouvellement du fameux *Saurin*, il fut si piqué, qu'il discontinua les contributions qu'il accordait à cet établissement respectable.

Un grand nombre de gens de lettres, et d'autres particuliers, pourraient aussi certifier les bienfaits et les secours qu'ils ont reçus de lui (6). Cependant beaucoup d'entre eux ne l'ont payé que de la plus

---

(6) *Wagnière* écrit ici : *les secours qu'ils ont eu reçus.* Cet emploi inusité du verbe auxiliaire *avoir*, est une de ces expressions étrangères dont nous avons parlé dans la *Préface*. Elle revient assez souvent dans ces *Additions* et dans la *Relation* qui suit : *Il m'a eu dit, il m'a eu donné*, etc. Nous nous sommes permis d'ôter partout cette répétition de l'auxiliaire, pour le moins inutile, et très-choquante pour l'oreille. Nous n'en parlerons plus, ni de quelques autres incorrections assez légères qui ont été rectifiées.

noire ingratitude, et très-peu ont publié ses générosités à leur égard.

En 1771, il y eut une très-grande disette dans le pays de Gex. M. *de Voltaire* fit venir beaucoup de blé de Sicile, qu'il distribua aux habitans à un prix au-dessous de celui de l'achat. Voici ce que lui écrivait, à cette occasion, l'une des personnes chargées de cet approvisionnement :

« Monsieur, la commission que vous me don-
» nâtes de vous expédier deux cents coupes de
» blé de Sicile, dont je vous laissai la montre à
» Ferney, le 13 de ce mois, est remplie....... *(Sui-*
» *vent les détails du chargement.)* C'est un spectacle
» bien touchant, Monsieur, pour les cœurs sensi-
» bles, que de voir un philosophe dont le génie
» mérita l'hommage le plus général de notre siècle,
» s'occuper, malgré les infirmités d'un grand âge,
» aux travaux les plus sublimes de la philoso-
» phie, pour éclairer les hommes, et descendre
» en même temps, par une tendre sollicitude,
» dans les détails de tous les besoins de ceux qui
» habitent son heureuse solitude. Puissiez-vous,
» Monsieur, être encore long-temps le Nestor
» des Français, l'organe respectable des peuples
» et des malheureux, pour lesquels vous avez
» plus d'une fois réclamé et obtenu la protec-
» tion des souverains. Vous avez autant mérité
» par vos vertus que par vos talens le monument
» que l'on élève à votre gloire, et vous avez fixé

» dès long-temps l'admiration et le respect avec
» lesquels je suis, etc. (7).

» A Lyon, 21 juin 1771.

» CLAUSEAU le cadet. »

Page 143. Nous ne pouvons nous empêcher de témoigner notre profond étonnement que le général *Lalli* ait été accusé d'avoir livré Pondichéri aux Anglais.

M. *de Voltaire* n'a pris la défense du malheureux général *Lalli* qu'après s'être procuré la procédure et tous les renseignemens possibles sur cette affaire, et avoir consulté des témoins oculaires et impartiaux, dont la plupart étaient des officiers qui avaient servi dans l'Inde. Comme il l'avait beaucoup vu autrefois, et l'avait assez fréquenté pour le connaître, il avouait que le caractère de cet officier était violent et emporté. Avouons aussi que les calomnies de M. *d'Éprémenil* contre M. *de Voltaire*, et après sa mort seulement, sont bien étranges. On peut voir l'excellente réponse qu'un ami de ce dernier y a faite (8). M. *de Voltaire* s'occupait encore de cette affaire dans son lit de mort, au milieu des souffrances les plus cruelles, comme on le peut voir par le billet qu'il écrivit de sa main au fils de M. *de Lalli* (9).

(7) L'acte de bienfaisance mentionné dans cette lettre serait demeuré ignoré, si *Wagnière* n'en avait conservé ici le souvenir. Nous n'en avions vu aucune trace dans les papiers littéraires de *Voltaire*.
(8) Cette réponse est du marquis de *Condorcet*.
(9) *Wagnière* avait joint à cette remarque la copie d'une lettre écrite

Page 147. Je vous aime comme un ami vertueux. (Lettre du roi de *Prusse* à *Voltaire*.)

M. *de Voltaire* disait un jour au prince *de Beaufremont* : *Le roi de Prusse n'est guère moins puissant ni moins malin que le diable, mais il est aussi malheureux que lui, car il ne connaît pas l'amitié.*

Il avait aux Délices un grand singe qui, parfois, attaquait et mordait amis et ennemis. Il lui fit un jour à lui-même trois blessures à la jambe, qui l'obligèrent de se servir quelque temps de béquilles. Il avait nommé cet animal *Luc*; et dans la conversation avec des amis particuliers, ou dans les lettres qu'il leur écrivait, entre autres dans celles à M. *d'Alembert*, il désignait aussi quelquefois le roi de Prusse par ce même nom de *Luc*, *parce que* disait-il, *Frédéric fait comme mon singe, qui mord quoiqu'on le caresse.*

M. *de Voltaire*, vers l'an 1756, ayant encore sur le cœur la manière dont il avait été traité à Francfort, par les ordres du roi de Prusse, avait composé des mémoires curieux de son voyage en Prusse, qu'ensuite il voulut brûler; mais ils lui furent volés en 1768. Il y en a un exemplaire chez Sa Majesté impériale de Russie, et un autre entre les

---

de Pondichéri le 1er février 1776, par *Bourcet* à *Voltaire*. Cette lettre, qui justifie le général *Lalli* et son illustre défenseur, et qui contient des détails curieux sur l'Inde, est fort longue, et nous avons cru qu'elle serait mieux placée à la suite de ces *Additions.*

mains de M. *de Beaumarchais*, qui me l'a fait voir, écrit de ma main. On les a imprimés depuis.

Page 148. Il y dépensait (à Paris) trente mille francs par an.

C'était pour l'entretien de madame *Denis*, sa nièce, principalement.

Page 149. Ses jours coulaient ainsi dans un repos animé par des occupations si agréables.

Il demanda un jour au roi la permission d'aller dans différentes cours d'Allemagne. Ce monarque chargea le général comte *de Chazot* de l'accompagner, de lui rendre compte de tout ce que dirait et ferait le voyageur, et lui donna ordre de payer tous les frais du voyage. Passant dans une ville, on lui présenta un *album*, en le priant d'y écrire quelque chose. Le dernier voyageur y avait mis ces mots suivis de son nom: *Si Deus pro nobis, quis contrà nos?* M. *de Voltaire* écrivit au-dessous: *Les gros bataillons prussiens.* VOLTAIRE.

A leur retour, le comte *de Chazot* présenta au roi la note des déboursés. Le premier article portait une somme assez forte *pour lavemens au savon, à deux kreutsers chacun, pris par* M. *de* Voltaire *pendant les deux mois de notre voyage.* — *Comment diable!* s'écria le roi, *quel compte d'apothicaire me présentez-vous là?* — *Sire*, reprit M. *de Chazot*, *je n'en rabattrai pas un denier à Votre Majesté*, *car mon compte est de la plus grande exactitude.* Et cela était vrai.

Page 153. Enfin ils ne purent sortir (de Francfort) qu'en payant une rançon très-considérable.

La querelle avec *Maupertuis* ne fut pas la seule cause de la rupture avec le roi. M. *de Voltaire* avait, dans ce temps-là, un différent assez désagréable avec un juif, espion et protégé de Sa Majesté. Il arriva aussi alors que ce monarque, donnant un bal chez la reine, y fit inviter tous les ambassadeurs, excepté celui de l'impératrice de Russie, avec laquelle il cherchait à se brouiller. Ce ministre n'y parut pas. M. *de Voltaire,* apprenant qu'il n'avait point reçu d'invitation, et ne sachant pas que ce fût l'effet d'un oubli volontaire, alla de lui-même le lendemain matin chez l'ambassadeur, pour le prier de ne pas faire de cette aventure une affaire d'état, lui disant que le roi en était sûrement bien fâché. Le ministre rendit compte de tout à sa souveraine, et confia sa lettre à un juif qui partait pour Pétersbourg. Elle tomba entre les mains du roi, qui, voyant la démarche que M. *de Voltaire* avait faite sans son ordre, se mit en fureur contre lui; et c'est la raison principale du départ de M. *de Voltaire* d'auprès de ce prince (*a*) (10).

(*a*) Je tiens cette anecdote de la bouche même du général *Chazot,* gouverneur de Lubeck, qui en avait été témoin.

(10) Il est étonnant que *Voltaire* n'en ait rien dit. Il n'avait en cela

Je viens de voir, dans l'*Histoire littéraire* de M. *de Voltaire*, par M. le marquis *de Luchet*, les détails circonstanciés du traitement qu'il essuya à Francfort; ils sont exactement rapportés, et tels que je les ai aussi (11). On voit qu'il a fait usage du *Commentaire historique*. M. *de Luchet* a aussi profité de mes réponses à ses questions sur quelques points; mais je vois que sur plusieurs autres il a eu des mémoires peu exacts.

Page 154. Je ne puis assez m'étonner de la bassesse avec laquelle tant de barbouilleurs de papier ont imprimé qu'il avait fait une fortune immense par la vente continuelle de ses ouvrages.

MM. *Cramer*, de Genève, peuvent rendre témoignage du contraire. Je puis d'ailleurs certifier derechef à tous les détracteurs de M. *de Voltaire*, que jamais, pendant les vingt-cinq années que j'ai eu le bonheur de lui être attaché, il n'a exigé la moindre rétribution d'aucun de ses ouvrages; qu'au contraire, je lui en ai vu souvent acheter des exemplaires pour les donner à ses amis, et qu'il n'a jamais voulu souffrir que ceux qu'il en gratifiait me fissent quelque présent, dans la crainte que l'on ne dît qu'il se servait de mon nom pour les vendre.

commis qu'une imprudence, dont le motif, très-louable, devait au moins l'excuser aux yeux du roi.

(11) On ne peut rien voir de plus détaillé sur cette aventure que dans

Page 155. Il alla donc à Genève avec sa nièce et M. *Collini*.

Il arriva à Genève le 12 décembre 1754, et acheta peu de temps après une jolie maison de campagne près de la ville, et la nomma *les Délices*, à cause des agrémens qu'il y trouvait. En janvier 1755, il en acheta une autre nommée *Montriond*, auprès de Lausane; et ensuite une dans le faubourg du Chêne, à Lausane. En 1758, il acquit Ferney et Tourney, deux terres distantes d'une lieue de Genève, dans le pays de Gex. Le contrat de celle de Ferney était au nom de madame *Denis*; mais on était convenu qu'elle lui donnerait un contre-billet ou une reconnaissance qu'elle n'en était que titulaire, et que son oncle en était le vrai possesseur, c'est-à-dire qu'il s'en réservait la jouissance sa vie durant. Quand il demanda cette déclaration à sa nièce, elle la refusa nettement et durement. Il se fâcha beaucoup, et résolut sur-le-champ d'acheter à vie la terre de Tourney, de M. le président *de Brosses*. Il aurait habité cette terre, mais, s'étant brouillé avec M. *de Brosses*, pour une clause que celui-ci avait fait insérer dans le contrat, et dont M. *de Voltaire* ne s'était aperçu qu'après coup, il ne voulut plus y demeurer. Cette clause portait que « Tout ce qui se trouverait dans » le château de Tourney, appartenant à M. *de Vol-*

l'ouvrage intitulé : *Mon séjour auprès de Voltaire*, par *Collini*, son secrétaire, qui était alors avec lui.

» *taire*, à sa mort, en quoi qu'il pût consister, ap-
» partiendrait de droit à M. *de Brosses*. » Voilà la
cause de leur querelle et du peu de séjour que
M. *de Voltaire* fit à Tourney. Croirait-on que, lorsque M. *de Voltaire* fit de justes reproches à M. *de Brosses*, au sujet de cette clause, le président n'eut pas honte d'alléguer dans sa réponse l'*Auri sacra fames*, etc.? Madame *Denis*, craignant alors que son oncle n'achetât quelque autre terre, lui donna probablement la satisfaction qu'il désirait, puisqu'il se détermina à se fixer avec elle à Ferney.

Page 156. Le curé d'un petit village nommé *M....*, voisin de mes terres, a suscité un procès à mes vassaux de Ferney, etc.

Le village dont il s'agit se nomme Moëns. Le curé de ce village ayant fait mettre en prison à Gex les deux plus notables paysans de la communauté de Ferney, qui se trouvaient dans l'impossibilité de payer ce qu'il exigeait d'eux, M. *de Voltaire* m'envoya retirer ces deux malheureux laboureurs, et porter la somme, qui se montait à deux mille cent livres. Elle ne lui a été remboursée que dans l'espace de vingt ans, sans intérêts, par la jouissance d'un petit marais, qui lui fut concédée pour ce terme par la commune de Ferney. L'origine de cette affaire venait d'une dîme que ce curé se croyait en droit de lever sur des pièces de terre de Ferney. Il y avait litige depuis plusieurs années, et les frais du procès avaient plus que triplé la redevance exigée de ces paysans.

Je crois devoir rapporter ici quelques autres traits de même genre, et également propres à donner une idée du caractère de M. *de Voltaire* et de sa conduite, non-seulement envers les vassaux de ses domaines, mais envers tous les malheureux qui s'adressaient à lui, et qui ne l'étaient pas devenus par leur inconduite.

Dans l'année 1759, ayant un jour appris qu'un habitant de Tourney avait été mis en prison à Genève, pour dettes, il m'y envoya pour l'en faire sortir. J'avais déjà terminé avec le citoyen de cette ville qui l'avait fait incarcérer, lorsque tous les autres créanciers de cet homme vinrent sur-le-champ le faire écrouer de nouveau. Je courus faire part de cet incident à mon maître, qui s'engagea de payer toutes les dettes de ce paysan, qui se montaient à plus de deux mille écus. Je portai l'argent nécessaire, même celui pour les frais d'emprisonnement. Après l'élargissement, cet homme passa une reconnaissance à son libérateur, qui ne voulut exiger d'intérêts pour un certain nombre d'années, et qui n'a été remboursé qu'en partie, au bout de plus de seize ans.

Une veuve des environs de Ferney, mère de deux jeunes enfans, étant vivement poursuivie par ses créanciers, eut recours à M. *de Voltaire*, qui non-seulement lui prêta de l'argent sans intérêts, mais lui paya encore d'avance la rente de quelques fonds de terre qu'elle ne pouvait ni faire exploiter ni louer à personne, et qu'il se chargea de mettre en valeur. Ces terres n'en ayant pas moins été mises en vente quelque temps après par voie de justice, il se rendit adjudicataire, et en fit porter le prix très-haut pour le profit de cette veuve et de ses enfans. De plus, il les logea long-temps gratis dans une de ses maisons ; et au bout de quelques années, cette femme, par la plus noire ingratitude, lui fit perdre non-seulement tout l'argent qu'il avait payé pour elle, mais encore beaucoup d'autre par la chicane, outre tous les fonds achetés dont elle vint à bout de se faire remettre en possession par le moyen de sa fille.

Une chose à peu près semblable lui arriva avec une autre personne à qui il avait prêté mille écus.

Une veuve de Ferney, très-pauvre, dont un des fils était élevé chez M. *de Voltaire*, ayant une maison qui était absolument en ruine, il la lui fit rebâtir, et fit don au jeune homme de tout ce que lui avait coûté cette reconstruction, par un billet de sa main, que je remis à ce dernier.

Il a aussi fait bâtir et donné des maisons, des portions de maisons et de terrains, à bien des paysans de Ferney.

Un habitant de ce lieu, qui lui devait six cents livres par obligation, lui faisant part, en ma présence, d'un petit malheur qui venait de lui arriver, obtint sur-le-champ de M. *de Voltaire* la remise de sa dette.

Il me serait difficile de rapporter toutes les actions particulières de bienfaisance de M. *de Voltaire*. Il les faisait si simplement et si singulièrement, que l'on ne pouvait même s'en douter. En faisant du bien, il avait encore l'art de ménager l'amour-propre de ceux qu'il obligeait.

Je suis bien aise de trouver ici l'occasion de confondre un peu la calomnie, en rendant hommage à la vérité. Je défie qui que ce soit de me démentir sur les faits que je rapporte. Il y a bien, il est vrai, des personnes que je connais, qui ont eu part à sa munificence et à ses secours, mais qui se sont bien gardés de lui en témoigner quelque reconnaissance; au contraire.... Il faut dire comme Arlequin : *Attendons un peu, Dieu permettra que tout se découvre.*

Page 157. *M. de Voltaire* termina ce procès et ce procédé (du curé de Moëns) en payant de ses deniers la vexation qui opprimait ses pauvres vassaux.

L'année suivante, M. *de Voltaire* eut l'occasion de rendre la pareille à ce prêtre, mais dans une cause plus juste.

A son arrivée dans le pays de Gex, les curés étaient dans l'usage de faire la police. Celui dont nous parlons, ayant appris que trois jeunes gens, en revenant de la chasse, soupaient chez une veuve d'une famille honnête, dans un hameau de sa paroisse, éloigné de sa demeure d'une petite demi-lieue, prend, à neuf heures du soir, en hiver, par la neige, quatre paysans forts et robustes, armés de gros bâtons ainsi que lui, les conduit chez la veuve, où, étant arrivés, ils assomment ces trois jeunes gens, quoiqu'ils lui demandassent quartier. L'un d'eux fut long-temps à la mort. M. *de Voltaire*, chez qui on le porta, s'intéressa vivement pour faire rendre justice à ce malheureux jeune homme. On accommoda enfin l'affaire, et il en coûta beaucoup d'argent au curé. Il ne pardonna jamais ce trait à M. *de Voltaire*, et en l'année 1761 il crut trouver le moment favorable de s'en venger.

M. *de Voltaire*, seigneur de Ferney, avait demandé et obtenu de l'évêque d'Annecy, du curé et des paroissiens, de changer l'emplacement de l'église et du cimetière de ce village, en se chargeant de la dépense. L'église était très-laide et masquait son château. Il fut très-pressé de faire exécuter l'ouvrage, fit abattre la moitié de l'église, les murs du cimetière, et changer de place à une grande croix de bois qui se trouvait dessus, avant d'avoir rempli toutes les formalités requises en pareil cas. Le curé dont je viens de parler engagea alors celui de Ferney à transporter le Saint-Sacrement dans son église, lui persuadant, ainsi qu'aux habitans, que M. *de Voltaire* avait profané et fait profaner la leur; qu'il avait dit en présence d'une couturière très-dévote : *Qu'on m'ôte cette potence*, en parlant de cette croix du cimetière. Enfin, le curé de Ferney, effrayé, les larmes aux yeux, suivi de ses paroissiens aussi en pleurs, alla en procession déposer dans l'église de Moëns le saint-sacrement.

Alors le curé de Moëns dénonça M. *de Voltaire* comme impie et sacrilége à l'official de Gex. Toute la justice séculière et ecclésiastique descendit à Ferney. On commença un procès criminel très-violent contre le seigneur du lieu, et ces messieurs espéraient bien que M. *de Voltaire* serait brûlé, ou au moins pendu pour la plus grande gloire de Dieu et l'édification des fidèles. Ils le disaient même publiquement.

M. *de Voltaire* prit le parti de s'adresser en droiture au pape, par le canal du cardinal *Passionei*, et par M. le duc *Choiseul*. Il envoya à Rome le plan de la vieille et de la nouvelle église. Il supplia Sa Sainteté de lui envoyer des reliques pour les y placer. Le pape approuva tout, lui envoya un morceau du cilice de saint François d'Assise, patron du seigneur de Ferney, qui ne fut ni brûlé ni pendu, au grand regret des bons catholiques, et qui acheva tranquillement de leur bâtir une jolie église, sur le frontispice de laquelle il fit mettre cette inscription : Deo erexit Voltaire, 1761.

Cependant le lieutenant criminel de Gex avait envoyé les procédures et les informations au procureur général du parlement de Dijon, et on attendait l'ordre d'arrêter l'accusé. M. *François Tronchin*, conseiller d'État de Genève, l'un des véritables amis de M. *de Voltaire*, se trouvant alors à Dijon chez M. *de Quintin*, procureur général, plaida avec chaleur la cause de son ami, et engagea ce magistrat, ainsi que le premier président, à laisser enterrer cette affaire dans la poussière du greffe ; en sorte qu'elle n'eut aucune suite. Mon maître n'a jamais su que M. *Tronchin* lui avait rendu ce service essentiel dans une affaire qui prenait une tournure grave et qui l'avait beaucoup inquiété.

Page 158. On sait combien la liberté lui était chère, et à quel point il détestait la persécution.

Au sujet de cette haine qu'il vouait aux prêtres intolérans et fanatiques, je lui demandais un jour ce qu'il aurait fait s'il était né en Espagne? « J'au-
» rais eu, dit-il, un grand chapelet, j'aurais été
» à la messe tous les jours, j'aurais baisé la man-
» che des moines, et j'aurais tâché de faire mettre
» le feu dans tous leurs couvens. Je n'étais pas
» fait pour vivre en Espagne, ni même en France.
» — Et où donc? — En Angleterre. »

Page 160.
>Je n'ai point tort quand je déteste
>Ces assassins religieux,
>Employant le fer et les feux
>Pour servir le Père céleste.

M. *Milles*, Anglais, allant à Rome, passa à Ferney, et demanda à M. *de Voltaire* s'il n'avait point d'ordre à lui donner pour cette ville; celui-ci répondit : *Non, mais si par hasard vous rencontrez le grand-inquisiteur, je vous prie de me rapporter ses oreilles dans un papier de musique.* L'Anglais n'entendit point la plaisanterie, et prit la chose au pied de la lettre. Arrivé à Rome, il parla de la commission que lui avait donnée M. *de Voltaire.* Ces discours furent sus du pape *Ganganelli*; et lorsque M. *Milles* vint à son audience, Sa Sainteté lui dit : « Monsiou » de Voltere, à ce que j'ai appris, vous a donné » des ordres pour ce pays ; je vous prie, quand » vous le reverrez, de lui dire que sa commission » n'est pas fesable, parce qu'aujourd'hui le grand- » inquisitour n'a piou ni oreilles ni youx. »

Cette aventure fit quelque bruit à Rome, et M. *de Voltaire* en fut informé. Il en écrivit à M. le cardinal *de Bernis*, et joignit à sa lettre de jolis vers pour le pape. Le cardinal répondit que le pape avait fort bien pris les plaisanteries de M. *de Voltaire*, tant en vers qu'en prose, qu'il désirait de le voir plus saint, et qu'il était flatté de son estime (12).

(12) Il est parlé de cette anecdote dans une lettre au cardinal *de Bernis*, du 25 novembre 1771 (tom. 15. p. 338), et dans une autre au maréchal *de Richelieu*, du 27 du même mois (tom. 61. p. 551.) Dans la première, l'Anglais dont il s'agit est nommé *Muller* ou *Milles*, dans la seconde, *Muller*. Il est à croire que *Wagnière* a mieux retenu le vrai nom; car *Voltaire* dit au cardinal qu'il se rappelle à peine cet Anglais qui était passé à Ferney, et qu'il ne lui avait demandé les oreilles de personne, pas même celles de *Fréron*.

Page 161. Il prêchait la tolérance aux églises protestantes, ainsi qu'aux églises romaines. Il disait toujours que c'était le seul moyen de rendre la vie tolérable, et qu'il mourrait content s'il pouvait établir ces maximes dans l'Europe.

La sœur du fameux capitaine *Thurot* étant venue à Genève pour acheter et porter à Paris une cargaison de *Dictionnaire philosophique*, d'œuvres de *Freret*, de *Boulanger*, de *Bolingbroke*, et autres livres prohibés, consulta le philosophe de Ferney sur les moyens de les faire entrer en France. Son zèle pour la propagation de la lumière s'alluma si fort en cette occasion, qu'il donna ses malles, son carrosse, son cocher, son postillon et quatre chevaux pour conduire le tout à cinq lieues jusqu'au premier bureau. Un employé des fermes, qui lui avait des obligations, s'offrit de les accompagner, et promit de faire plomber les malles sans qu'elles fussent ouvertes. Ce malheureux, au contraire, arrivé au bureau, dénonça la pacotille. Les malles, le carrosse, les chevaux, tout fut saisi. La sœur de M. *Thurot*, après s'être défendue avec courage, se sauva des gardes. Cette aventure donna de grandes inquiétudes à M. *de Voltaire*, qui se crut en danger. Cependant il se tira très-heureusement d'affaire par la protection de M. le chancelier *de Maupeou* et de *Malesherbes*.

Ibid. Il n'a pas peu contribué à rendre le clergé plus doux, plus humain, depuis Genève jusqu'à Madrid.

La conduite indigne du clergé de Paris envers M. *de Voltaire* à sa mort, est une triste preuve du contraire, et que l'esprit de ce corps est toujours le même. Il n'y avait pas de semaine qu'il ne reçût des lettres abominables de prêtres, moines, etc., et après sa mort, on m'a fait la faveur de m'en écrire beaucoup à moi-même. J'en avais fait un recueil curieux où entraient aussi d'autres lettres extraordinaires; M. *de Voltaire* le jeta par mégarde dans le feu, la veille de notre départ pour Paris, en brûlant beaucoup d'autres papiers.

Ibid. Il fit bâtir à Ferney un joli théâtre.

On a plusieurs fois fait à M. *de Voltaire* le reproche de lésine et d'avarice. Cela est cependant un peu contradictoire avec ses libéralités, avec la manière dont il recevait les étrangers, et avec les spectacles qu'il donnait chez lui, qui étaient de la plus grande somptuosité. Les rafraîchissemens de toute espèce n'étaient pas épargnés dans les entr'actes et après les pièces. Il donnait ensuite à souper à tous les spectateurs et à leur suite, et puis le bal pendant toute la nuit. Quoiqu'il nourrît dans sa maison soixante personnes au moins par jour, elle était réglée par ses soins de façon que, pendant les dix dernières annés de sa vie, toutes ses dépenses ne montaient guère qu'à quarante mille francs par an.

Page 162. Mademoiselle *Clairon* et *Lekain* déployèrent

tous leurs talens dans ces deux pièces. (L'*Orphelin de la Chine* et *Tancrède*.)

C'est M. *de Voltaire* qui avait commencé de former *le Kain* dans l'art difficile du comédien. Celui-ci travaillait en orfévrerie chez son père. M. *de Voltaire* crut découvrir le germe de son talent au geste que fit *le Kain* en lui rendant une tabatière qu'il avait raccommodée.

Personne ne connaissait mieux que M. *de Voltaire* toutes les nuances de l'art de la déclamation. Lorsqu'il faisait répéter devant lui quelques-unes de ses pièces, il était presque toujours hors de lui-même, tant il entrait dans les diverses passions. Souvent il arrivait qu'il avait répété enfin toute la pièce à lui seul.

A une représentation de *Zaïre*, dans laquelle il jouait le rôle de Lusignan, au moment de la reconnaissance de ses enfans, il fondait si fort en larmes qu'il oublia ce qu'il devait dire; le souffleur, qui pleurait aussi, ne put lui donner la réplique. Alors M. *de Voltaire* fit sur-le-champ une demi-douzaine de vers neufs et très-beaux. Je n'ai pu malheureusement les écrire de suite, non plus que ceux qu'il composa en jouant *Zopire*, dans la scène avec Mahomet; ni ceux qu'il ajouta aussi sur-le-champ à son rôle de Trissotin, dans les *Femmes savantes*, à la scène avec Vadius, et qui étaient très-plaisans. Il ne s'en souvenait pas lui-même l'instant d'après. La même chose est arrivée dans plusieurs autres rôles que je lui ai vu jouer. Je l'ai vu aussi, après une représentation à Tourney, parler assez longtemps en vers à M. *Marmontel*, qui, tout étonné, resta muet et ne sut que lui répondre.

Une chose fort singulière, c'est que personne n'apprenait plus difficilement que lui ses propres vers; ce qui provenait sans doute de l'impétuosité de son imagination qui le maîtrisait sans cesse, au point que, dans la plus grande chaleur d'une conversation à laquelle on l'aurait cru tout entier, ou dans le temps qu'il paraissait le plus occupé à une partie d'échecs (seul jeu qu'il aimât), il me faisait demander pour écrire des vers qu'il venait de composer, ou des idées qui lui étaient venues; et si je n'arrivais pas sur-le-champ, il courait les écrire lui-même sur son agenda ou sur le premier morceau de papier qui tombait sous sa main.

Il avait une facilité étonnante de faire ses vers, qu'il écrivait ordinairement de sa main quand l'ouvrage était de longue haleine. Il n'écrivait jamais le plan de ses pièces de théâtre. Après l'avoir arrêté dans sa tête, il l'exécutait en même temps qu'il faisait les vers. Il dictait ses lettres, ses ouvrages en prose et les petites pièces de poésie, avec une si grande rapidité, que très-souvent j'étais obligé de le prier de s'arrêter, ne pouvant écrire assez promptement pour le suivre. Il lisait même en dictant.

Ce qui marque bien, suivant moi, l'étendue et la force de génie dans cet homme extraordinaire, c'est que je l'ai vu très-souvent corriger dans une même heure des épreuves d'histoire, de pièces de théâtre, de philosophie, de métaphysique, de contes, de romans, et faire sur-le-champ à chacune des corrections et additions considérables, avec la plus grande facilité, malgré l'extrême différence des matières.

Quoiqu'il apprît et retînt difficilement ses propres vers, il savait cependant par cœur tous les bons vers des autres poètes, et les récitait souvent avec enthousiasme. Quand il assistait aux représentations de leurs pièces de théâtre, on l'entendait réciter tout bas les beaux endroits, avant que les acteurs ne les eussent prononcés; et lorsqu'ils les déclamaient mal, il disait à demi-voix : *Ah! le malheureux! le bourreau! qui tue ainsi les beautés de* Corneille! ou de *Racine*, ou de tel autre que ce fût. Quand au contraire ces endroits étaient bien rendus, il s'écriait souvent et assez haut : *Beau! admirable!* et cela sans acception d'aucun auteur, quoiqu'on l'ait accusé de jalousie envers tous. Il était un peu désagréable de se trouver à côté de lui aux représentations, parce qu'il ne pouvait se contenir quand il était vivement ému. Tranquille d'abord, il s'animait insensiblement; sa voix, ses pieds, sa canne, se faisaient entendre plus ou moins. Il se soulevait à demi de son fauteuil, se rasseyait; tout-à-coup il se trouvait droit, paraissant plus haut de six pouces qu'il ne l'était réellement. C'était alors qu'il faisait le plus de bruit. Les acteurs de profession redoutaient même, à cause de cela, de jouer devant lui.

Il ne pouvait souffrir qu'on déclamât ou qu'on lût mal de beaux vers, encore moins qu'on les critiquât minutieusement ou mal à propos. Je rapporterai à ce sujet une petite anecdote. M. *de Voltaire*, après le dîné, passait dans le salon, où il restait ordinairement une heure ou deux avec les convives; après quoi il se retirait, et allait travailler dans son cabinet jusqu'au soupé; ou, si le temps était beau, surtout l'été, il montait dans son vieux carrosse à fond bleu, parsemé d'étoiles d'or, à moulures sculptées et dorées, et goûtait le plaisir de la promenade dans la campagne ou dans ses bois, quelquefois seul, quelquefois avec un ami ou des dames de la compagnie. Un jour, après qu'il fut parti, une dispute s'était élevée sur les difficultés de la poésie française, sur ses beautés et ses défauts. Un homme lettré avait soutenu que dans ses morceaux les plus parfaits elle était encore remplie de fautes. Pour le prouver, il avait pris un volume de *Racine*, qui se trouvait sur la cheminée, choisi une des plus belles scènes, et marqué des croix avec son crayon à côté de tous les vers qu'il supposait défectueux. Le lendemain, M. *de Voltaire*, en remettant ce volume dans sa bibliothèque, l'ouvre par hasard, voit toutes ces croix, et, très-mécontent, écrit au bas de la page qui en était le plus chargée : *Ah! bourreau, si je te tenais, je t'apprendrais à crucifier ainsi l'inimitable* Racine!

La mémoire de M. *de Voltaire* était prodigieuse. Il m'a dit cent fois : *Voyez dans tel ouvrage, dans tel volume, à peu près à telle page, s'il n'y a pas telle chose?* et il arrivait rarement qu'il se trompât, quoiqu'il n'eût pas ouvert le livre depuis douze ou quinze ans.

Il avait la méthode, quand il recevait un ouvrage nouveau, de le parcourir rapidement, en lisant quelques lignes de chaque page. S'il s'apercevait qu'il y eût quelque chose qui méritât l'attention, il y plaçait une marque; après quoi il relisait tout fort attentivement, et même deux fois quand l'ouvrage lui paraissait intéressant et bien fait, et il faisait des remarques aux marges. Il y en avait de très-curieuses, ainsi qu'une quantité prodigieuse de *sinets* sur lesquels il y a quelques mots écrits de sa main ou de la mienne. Je donnerai ci-après quelques exemples de ses notes marginales.

Il était naturellement gai et sémillant. C'est pourquoi une chose me frappait toujours chez lui. Dans les conversations ou disputes sur des objets sérieux ou importans, il restait long-temps sans rien dire, écoutait tout le monde, la tête baissée, et semblait être alors dans une espèce de stupeur ou d'imbécillité. Quand les disputeurs avaient à peu près épuisé leurs argumens, il paraissait se réveiller, commençait par discuter avec ordre et précision leurs opinions, proposait ensuite la sienne. On le voyait s'échauffer par degrés; à la fin ce n'était plus le même homme, on croyait voir dans toute sa personne quelque chose de surnaturel, on était entraîné par la véhémence de son discours, de son action, et par la force de ses raisonnemens. Il en était de même de sa colère; il n'y arrivait que par degrés, et il fallait pour ainsi dire qu'on l'y portât. C'était toujours l'effet des répliques multipliées et de la longue résistance qu'on lui opposait. Mais sa pitié, sa sensibilité, étaient aussi promptes que vraies, quoique ses ennemis aient dit tant de fois le contraire. Ma reconnaissance lui doit cette justice, et certainement personne n'a été plus à portée que moi de connaître le fond et la bonté de son cœur. Quoique d'un caractère très-vif, je n'ai jamais connu personne à qui on pût mieux faire entendre la raison qu'à lui, et qui s'y rendît avec plus de facilité, malgré qu'il eût été d'abord d'un avis opposé. Je ne puis trop m'étendre sur ses qualités morales qu'on lui a si souvent et si injustement refusées.

Page 164. On les regardait comme des inconnus qui usurpaient le nom de *Corneille*.

Il en est venu encore, depuis, quelques-uns à Ferney auprès de M. *de Voltaire*, implorer sa protection, se disant aussi de la famille de *Corneille*;

mais le bon moment était passé. Ils n'obtinrent que quelques secours pécuniaires.

Ibid. Messieurs *Deprez de Crassi*... étaient six frères, tous au service du roi.

Ce sont les oncles maternels de madame *de Villette*, au mari de laquelle madame *Denis* vendit en secret la terre de Ferney, trois mois après la mort de M. *de Voltaire*, qui avait cependant espéré toujours qu'elle resterait long-temps dans sa famille (13).

Page 165. A peine M. *de Voltaire* fut-il instruit de cette étrange manière dont le père *Fesse* voulait servir la compagnie de Jésus, qu'il alla sur-le-champ déposer au greffe du bailliage de Gex la somme moyennant laquelle la famille *Crassi* devait payer les anciens créanciers et rentrer dans ses droits.

MM. *de Crassi* ont remboursé la plus grande partie de cette somme, et M. *de Voltaire* leur fit remise du restant.

Page 166. Après la dissolution de la société, il recueillit un jésuite chez lui, et plusieurs autres lui ont écrit pour le supplier de les recevoir aussi dans sa maison.

J'en ai vu trois à Ferney, dont l'un était espagnol, venir demander à M. *de Voltaire* un asile. Il

---

(13) M. *de Villette*, qui d'abord avait paru attacher un si grand intérêt à la possession de Ferney, le négligea bientôt lui-même; et par une indifférence égale à celle de madame *Denis*, il revendit cette terre, qui est rentrée, dit-on, dans la famille de ses anciens possesseurs.

me dit en riant de m'informer d'eux si c'était à titre de laquais qu'ils se présentaient chez lui, et s'ils prendraient sa livrée. L'Espagnol accepta sur-le-champ la proposition, sur quoi M. *de Voltaire* les congédia tous trois, en les aidant de quelques secours pour continuer leur voyage et gagner une autre retraite.

Il avait connu à Colmar, en 1754, le père *Adam*, jésuite, qui jouait très-bien aux échecs. Le hasard voulut que ce jésuite fût envoyé dans le couvent d'Ornex, à un quart de lieue de Ferney, dans le temps que M. *de Voltaire* fit l'acquisition de cette dernière terre. Il le retira chez lui en 1763, uniquement pour jouer aux échecs et pour s'en amuser. Mais père *Adam*, qui, comme disait M. *de Voltaire*, n'était pas le premier homme du monde, était devenu à la fin d'une société si difficile et si insupportable, qu'il fut obligé de se retirer de Ferney en 1776. Il jouit d'environ neuf cents livres de rente. M. *de Voltaire* lui faisait un legs honnête dans ses anciens testamens; mais il l'en a privé dans le dernier, à cause de toutes ses tracasseries. Il lui a cependant fait encore tenir, depuis sa retraite, quelques sommes d'argent dont j'ai les reçus.

Page 168. La famille entière des *Calas* a toujours été depuis ce temps attachée tendrement à *Voltaire*, qui s'est fait un grand honneur de demeurer leur ami.

Je viens d'apprendre avec le plus grand éton-

nement (en novembre 1781) qu'un homme de lettres assez connu répandait que M. *de Voltaire*, qui, disait-il, lui avait accordé une grande confiance, lui avoua, pendant son dernier séjour à Paris, « Qu'il avait enfin reconnu que *Calas* père
» avait été coupable du crime pour lequel il fut
» roué et brûlé ; qu'il avait appris que quatre
» personnes s'étaient glissées derrière une tapisse-
» rie, d'où elles avaient entendu ce monstre pro-
» noncer à son fils sa sentence de mort ; et qu'en-
» fin M. *de Voltaire* avait les plus vifs regrets de
» s'être si fort intéressé pour cette famille de scé-
» lérats, auxquels il fit en conséquence fermer sa
» porte à Paris. » .

Je respecte autant que je le dois le mérite et les talens de celui qui a cherché à répandre ce bruit étrange (j'ai peine à croire que ce soit par amitié pour mon ancien maître), et qui en a même déjà persuadé quelques personnes ; mais j'affirme sur mon honneur que tout ce qu'il a dit sur ce sujet est faux ; qu'au contraire, M. *de Voltaire* est mort fermement convaincu de l'innocence de *Calas* et de sa famille ; que j'ai été témoin de la manière attendrissante dont il reçut à Paris la veuve et ses filles.

Mon devoir et la vérité exigent que je réclame contre une assertion aussi extraordinaire. Celui qui l'a avancée s'étant vu presser, a voulu infirmer mon témoignage quand on le lui a allégué, parce que, a-t-il dit, je n'étais pas auprès de mon maître au moment de sa mort. Il est vrai, malheureusement, que j'en ai été séparé les vingt-huit derniers jours de sa vie, ayant été envoyé par lui à Ferney pour chercher des papiers et des livres qu'il désirait d'avoir; c'est la seule fois pendant plus de vingt-quatre ans que je lui ai été attaché; et si j'ai un seul reproche à me faire, c'est de lui avoir obéi en cette occasion et de l'avoir quitté (14).

Eh bien, Monsieur, pour remplir ce laps de vingt-huit jours, où vous ne l'avez pas vu plus que moi, ni avant, je joins ici à ma dénégation deux autres certificats. Ce serait d'ailleurs avoir une bien petite opinion du jugement de M. *de Voltaire*, que d'imaginer qu'il eût pu changer de façon de penser sur cette aventure horrible, par le conte ridicule qu'on lui aurait fait des quatre prétendues personnes cachées derrière une tapisserie à point nommé. Cela est en vérité aussi absurde, Monsieur, que la prétendue intime confiance dont vous osez vous vanter que M. *de Voltaire* vous a honoré à son lit de mort, dont vous n'avez jamais approché. Il avait même à se plaindre de vous. Serait-ce là comme vous écrivez l'histoire?

Voici les deux pièces dont je viens de parler:

(14) On trouvera d'amples détails à ce sujet dans la *Relation* du dernier voyage de M. *de Voltaire* à Paris, et de sa mort, écrite par *Wagnière*, et que nous avons placée à la suite de ses *Additions au Commentaire historique*.

Certificat de M. d'Hornoi, *petit-neveu de M. de Voltaire, et président au parlement de Paris.*

A Paris, ce 6 décembre 1781.

« Votre lettre, mon cher *Wagnière*, a été me
» chercher en Picardie. Je puis vous répondre que
» jamais M. *de Voltaire* n'a changé de façon de
» penser sur l'affaire des *Calas*. Celle qu'il avait
» adoptée, qu'il a soutenue jusqu'au dernier mo-
» ment, et qu'il soutiendrait encore s'il vivait, était
» prise sur l'examen le plus approfondi de la pro-
» cédure, et fondée sur la plus exacte vérité. Quant
» à M. M..., je ne me rappelle nullement de l'avoir
» jamais vu chez M. *de Voltaire*, etc. (15)

» *Signé* d'Hornoi. »

Lettre de madame de Saint-Julien, *née comtesse de* la Tour du Pin, *en réponse à la mienne.*

Paris, ce 8 janvier 1782.

« Votre zèle, Monsieur, pour la mémoire de
» votre respectable maître, ajoute au cas particu-
» lier que je faisais de vous. Vous avez grande rai-
» son d'affirmer l'opinion constante qu'a eue M. *de*
» *Voltaire* de l'innocence des *Calas*, et vous pou-

---

(15) Nous avions espéré de découvrir quel est cet homme de lettres, dont le nom commence par M, mais nos recherches ont été vaines. Nous ne croyons pas que ce soit *Marmontel*.

» vez continuer d'attester à l'univers entier que
» rien n'est plus faux que la calomnie affreuse
» qu'on cherche à répandre sur cette malheureuse
» famille, déjà trop injustement opprimée. Je puis
» vous certifier que ce grand homme n'a pas cessé
» d'être convaincu de leur innocence, et qu'il a
» toujours reçu madame *Calas* avec tous les témoi-
» gnages de l'intérêt. Vous savez que je n'ai point
» quitté ce respectable ami pendant tout son sé-
» jour à Paris, même jusqu'à ses derniers momens,
» qui ont été employés à donner une grande
» preuve de son humanité.... (16)

» Vous m'avez fait grand plaisir, Monsieur, de
» vous adresser à moi. Tout ce qui tient à la mé-
» moire de ce grand homme est très-intéressant;
» votre zèle et votre attachement pour lui vous as-
» surent à jamais de l'intérêt que je prends à vous,
» et du désir que j'aurais de vous en donner des
» preuves.

» *Signé* LA TOUR DU PIN SAINT-JULIEN. »

Page 170. M. *de Voltaire* fut assez heureux pour obtenir de M. le chancelier *de Maupeou* qu'il fît revoir le procès. (*De Montbailli.*)

On a su dans toute l'Europe l'intérêt qu'il prit à plusieurs procès fameux; mais il y a beaucoup

---

(16) Madame *de Saint-Julien* veut parler probablement de l'intérêt que marquait encore M. *de Voltaire* à M. *de Lalli-Tolendal*, dans les dernières lignes qu'il écrivit avant sa mort.

d'autres traits de M. *de Voltaire* qui prouvent également son humanité, et qui n'ont guère été connus hors des limites de Ferney, et quelquefois même hors de sa maison. Je n'en citerai que deux pour ne pas trop allonger ces Additions.

Deux de ses domestiques avaient fait chez lui un vol assez considérable. La justice, qui en avait eu connaissance par la rumeur publique, avait commencé des informations. Dans l'intervalle, M. *de Voltaire* ayant appris en quel lieu ces gens étaient cachés, me chargea aussitôt de les aller trouver, de leur dire de se sauver promptement pour n'être pas pendus, ce qu'il n'aurait pu empêcher s'ils avaient été arrêtés; enfin, de leur donner l'argent nécessaire pour faciliter leur évasion et faire leur route. J'ajoutai, par son ordre, qu'il se contentait de leurs remords et qu'il espérait même que son indulgence les corrigerait. Ces misérables furent touchés et indiquèrent volontairement les endroits où étaient cachés quelques-uns des effets volés. Ils parvinrent à se sauver la nuit suivante en gagnant le pays étranger. Long-temps après, M. *de Voltaire* apprit que dès lors ils s'étaient toujours conduits honnêtement, quoiqu'ils eussent été pendus en effigie.

Un homme qui commettait beaucoup de dégâts dans le village fut enfin dénoncé. Sur le point d'être arrêté, il prit le parti de venir avec sa femme implorer la miséricorde de M. *de Voltaire*. Ils se jetèrent à ses pieds en se désespérant, pleurant et témoignant leur repentir. M. *de Voltaire* attendri ne put retenir ses larmes, et s'agenouilla lui-même pour les faire lever, en leur disant : « Mettez-vous » à genoux devant Dieu, et non pas devant moi qui » ne suis qu'un homme. Allez-vous-en, je vous » pardonne, et n'y retombez plus. »

Ibid. La ville de Genève était plongée alors dans des troubles qui augmentèrent toujours depuis 1763.

Dans ces dissensions, M. *de Voltaire* fut consulté par les deux partis. Il mit tout en usage pour rapprocher les esprits. Il pria même un jour à dîner chez lui les principaux chefs, sans les avoir prévenus que leurs antagonistes s'y trouveraient. Ils furent tous fort étonnés de se rencontrer ensemble. Le dîné se passa en politesses réciproques, mais ni les uns ni les autres ne voulurent entendre aux propositions du philosophe, qui, ne trouvant plus de moyen de leur rendre la paix, finit par se moquer d'eux (17), ainsi que le roi de Prusse avait fait avec les Polonais.

Cela ne l'empêcha pas, quelque temps après, de rendre un service essentiel à cette république, en obtenant de M. le duc *de Choiseul* qu'il retirerait la demande qu'il avait faite à la ville, pour qu'elle

---

(17) C'est à ce sujet qu'il fit le poëme de la *Guerre civile de Genève*, comme le roi de Prusse en avait composé un de même genre sur la *Guerre des Confédérés de Pologne*.

autorisât dans ses murs le recrutement des compagnies commandées par des officiers genevois dans les régimens suisses au service de France; demande à laquelle les citoyens ne voulaient point asquiescer, et qui causait une grande fermentation dans cette ville.

Page 171. Ferney... devint bientôt un lieu de plaisance, peuplé de douze cents personnes, toutes à leur aise, et travaillant avec succès pour elles et pour l'Etat.

Tous ces colons l'adoraient. Ayant été malade en 1775, ainsi que madame *Denis*, tous les habitans furent si transportés de joie de sa convalescence, que les jeunes gens se formèrent en compagnies militaires de dragons et d'infanterie, donnèrent de très-jolies fêtes; et le jour de Saint-François il y eut une illumination superbe dans tout Ferney, avec un beau feu d'artifice donné par madame *Denis*.

Les jeunes gens venaient chaque dimanche danser dans son château. Ils y trouvaient toutes sortes de rafraîchissemens; il venait les voir danser, les excitait, et partageait la joie de ces colons, qu'il appelait ses enfans.

Une des compagnies de dragons, dans le temps de cette convalescence dont nous venons de parler, fit faire une médaille d'or avec le portrait de M. *de Voltaire*, pour être donnée à celui qui montrerait le plus d'adresse à l'exercice du fusil. La compagnie d'infanterie fit les frais d'un second prix qui consistait en une médaille en l'honneur de M. *Turgot*, et pour le remercier de l'affranchissement du pays de Gex. Elle offrait d'un côté le buste de ce ministre, et de l'autre ces mots : *Tutamen regni*. Elle fut gagnée à l'arquebuse par madame *de Saint-Julien*, née *La Tour du Pin*.

J'en fis frapper une troisième, conforme en tout à la première, sauf la lettre initiale de mon nom qui fut ajoutée sur le revers, au bas de l'inscription. Le portrait de M. *de Voltaire* y était si ressemblant, que j'ai cru ne pouvoir mieux en disposer qu'en en faisant hommage à S. M. l'impératrice de Russie, mon auguste bienfaitrice. En voici l'empreinte (*).

Page 171. M. le duc *de Choiseul* protégea de tout son pouvoir cette colonie naissante, qui établit un grand commerce.

M. *de Voltaire* avait déjà fait bâtir, quand il mourut, plus de cent maisons, la plupart fort jo-

---

(*) Ici le manuscrit de *Wagnière* contient en effet l'empreinte de la médaille, mais imitée trop grossièrement pour être la représentation fidèle de la médaille. Copier cette empreinte ne serait pas donner le *le portrait si ressemblant de Voltaire*; s'en éloigner serait une infidélité. Mais au moins nous donnerons les inscriptions. Autour du portrait on lisait :
   Erroris tenebras hic quantâ luce fugavit.

Au revers étaient ces mots : *Voltario et Denisæ Fernesii fundatoribus; coloni quos fecit amor milites, se, suas artes, ipsamque vitam devovent.* Et autour :
   Omnibus hoc unum votum est : O vivat uterque !
      J L. W.
      1778.

lies, outre celles dont les fondemens étaient posés, et que depuis on a fait arracher. Une grande partie de ces maisons avaient été cédées aux différens artistes étrangers qu'il avait attirés, moyennant une rente viagère à cinq, ou six, ou sept pour cent sur sa tête, et réduite à moitié, après sa mort, sur celle de madame *Denis*. Il avait en outre prêté beaucoup d'argent à ces artistes, pour leur commerce, à quatre pour cent. De plus il se chargeait sans escompte de leurs lettres-de-change. Enfin les habitans de Ferney trouvaient chez lui toutes les ressources possibles. Ils ont tout perdu à sa mort, et sa nièce s'est vue bientôt obligée de leur accorder de fortes réductions sur leurs rentes. M. *de Voltaire* avait, par la générosité de M. le duc *de Choiseul*, et par la bonté extrême de M. le baron *d'Ogny*, intendant-général des postes, obtenu la permission de faire parvenir par la poste, sous le couvert de ce dernier, tous les ouvrages d'horlogerie et bijouterie fabriqués dans Ferney, non-seulement pour tout le royaume, mais même pour les pays étrangers. Je dois aussi rendre justice à MM. les fermiers-généraux, pour la facilité avec laquelle ils fermaient les yeux sur les droits qui pouvaient leur revenir.

Madame *Denis* ayant vendu Ferney trois mois après la mort de son oncle, M. le baron *d'Ogny* voulut bien permettre que je continuasse à faire les envois comme du temps de mon maître; mais ayant été appelé auprès de S. M. l'impératrice de Russie, personne ne s'intéressant plus à cet établissement, M. le baron *d'Ogny* n'a pas cru devoir non plus continuer de favoriser Ferney, et d'accorder aux vassaux de M. *de Villette*, qui les a abandonnés, les mêmes facilités qu'à ceux de M. *de Voltaire*; de sorte que Ferney se dépeuple tous les jours.

Page 181. Nous avons un monument encore plus héroïque de ce prince philosophe; c'est une lettre à M. *de Voltaire*, du 9 octobre 1757, vingt-cinq jours avant sa victoire de Rosback.

On ignore peut-être que dès l'instant qu'on eut appris à Genève la nouvelle de la perte de la bataille de Rosback, M. *de Voltaire* écrivit à son banquier à Berlin de donner de sa part aux officiers français blessés et prisonniers l'argent dont ils pourraient avoir besoin, et de leur rendre tous les services qui dépendraient de lui. Il prit même aussi la liberté d'en recommander quelques-uns particulièrement aux bontés du roi de Prusse.

Page 201.

> Monsieur Pigal, votre statue
> Me fait mille fois trop d'honneur;
> Jean-Jacque a dit avec candeur
> Que c'est à lui qu'elle était due.

Il est inutile que j'entre dans les détails de la querelle de M. *de Voltaire* avec J.-J. Rousseau.

Assez d'autres en ont parlé. Peut-être a-t-elle été poussée trop loin par M. *de Voltaire;* mais ce que je puis affirmer avec vérité, c'est que les premiers torts vinrent de M. *Rousseau.* Lorsque celui-ci fut obligé de sortir de Paris, M. *de Voltaire* me chargea de lui écrire pour lui offrir de sa part une petite maison et un domaine appelés *l'Hermitage,* qu'il avait auprès de Ferney. Je fis sept copies de ma lettre, et les adressai à différens endroits, ne sachant où M. *Rousseau* s'était retiré. Ce fut en réponse à cette lettre qu'il en écrivit une de la dernière grossièreté à M. *de Voltaire,* qui, après l'avoir lue, dit avec un signe de pitié : *C'est dommage que la tête ait tourné à cet homme.* Mais ce qui l'irrita, non sans raison, ce fut l'espèce de dénonciation que *Rousseau,* dans ses *Lettres de la Montagne,* fit contre M. *de Voltaire,* et les démentis formels qu'il lui donnait sur des choses où celui-ci avait parfaitement raison. Dès lors les autres gens de lettres avec lesquels le citoyen de Genève était aussi brouillé, ne cessaient d'aigrir le solitaire de Ferney contre lui, et contre tous ceux qui les attaquaient, sous prétexte que leurs ennemis se déclaraient aussi contre M. *de Voltaire,* ce qu'il aurait souvent ignoré sans ces bons avis. On lui eût épargné bien du temps et des chagrins, si on ne l'eût ainsi excité à se défendre et à se venger; car il est certain, je le répète, que jamais il n'attaquait personne le premier. Ses amis, dans ces occasions, lui rendaient un mauvais service (18).

Page 203. Le solitaire de Ferney, étant malade et n'ayant rien à faire, ne voulut se venger de cette petite manœuvre de *Biord*, évêque d'Annecy, que par le plaisir de se faire donner l'extrême-onction par exploit.

Tout ce qu'on rapporte en cet endroit du *Com-*

---

(18) Ce qu'on lit dans cette remarque de *Wagnière*, confirme l'offre faite par *Voltaire* à *Rousseau*, d'une habitation voisine de Ferney, et la réponse insultante de celui-ci. Il en est parlé dans la lettre de *Voltaire* à M. *Hume*, du 24 octobre 1766 (tom. 59, p. 495,) lettre qui fut imprimée dans la même année, et du consentement de l'auteur; tandis que la dénégation de cet acte de générosité ne se trouve que dans des papiers recueillis chez *Rousseau* après sa mort. Par cet exemple et d'autres encore, on voit quel degré de confiance peuvent mériter ces lettres écrites ou reçues par le citoyen de Genève, ces pièces prétendues justificatives, ces inculpations, dénégations, confessions, en un mot, tous ces papiers réunis et arrangés par lui, selon ses vues, pour n'être publiés que dans un temps où ses adversaires et lui ne devaient plus exister. *Vernes*, pasteur de Genève, contre qui *Rousseau* a laissé aussi un libelle posthume, mais que ce pasteur a eu le temps de voir avant de mourir, a prouvé combien *Rousseau* avait eu peu de bonne foi dans ce libelle. Supposera-t-on à ce philosophe cynique plus de délicatesse envers cette foule de victimes immolées dans ses *Confessions?* et plus de scrupule à l'égard de *Voltaire?* on ne le croit pas. Car autrement, il faudrait supposer que ce dernier eût été assez sot et assez impudent pour laisser imprimer en 1766 une lettre où étaient consignés son offre et le refus plus que malhonnête de *Rousseau*, au risque d'être convaincu de mensonge publiquement quinze jours après. Il faudrait encore supposer que *Wagnière* écrivant ceci plusieurs années après la mort de *Voltaire* et celle de *Rousseau*, eût aussi menti effrontément et sans aucun intérêt. Cela ne peut se présumer, et son témoignage doit être ici d'un tout autre poids que l'assertion tardive et suspecte d'un homme dont l'orgueil devait même se manifester au-delà du tombeau.

C'est peut-être dans cette même offre généreuse de *Voltaire* qu'on

mentaire historique sur la communion que se fit donner M. *de Voltaire* dans son château de Ferney, en 1768, est à peu près la manière dont il en avait rendu compte dans le temps à plusieurs de ses amis. Cet événement est assez singulier pour que nous en donnions ici le récit exact et détaillé, d'autant plus qu'il a été très-falsifié et dénaturé par

trouverait la cause du changement subit de *Rousseau*, du moins à en juger par analogie. On sait que dans les vingt dernières années de celui-ci, son esprit ombrageux ne voyait plus que des ennemis dans ses amis, et des outrages dans leurs bienfaits. Jusqu'en 1759, *Voltaire* n'avait cessé de lui témoigner de la bienveillance. Les égards étaient réciproques entre eux. A la fin de 1758, *Rousseau* adressait encore un exemplaire de ses écrits à *Voltaire*, et c'est en 1759 qu'il refusa d'une manière si étrange le refuge qui lui fut proposé. Ce qui a pu encore contribuer à son inimitié, c'est l'accueil que *Voltaire* recevait à Genève. La jalousie de *Jean-Jacques*, qui en était banni, semble lui avoir dicté cet étrange reproche: *Vous corrompez ma république pour prix de l'asile qu'elle vous a donné*. Cet outrage ne fut reçu qu'avec mépris et pitié; mais dès ce moment, toute relation cessa entre les deux philosophes. La franchise et la gaîté de l'un étaient tout l'opposé de la défiance et de l'humeur sombre et farouche de l'autre. Ce ne fut qu'en 1764 que commencèrent les premières hostilités directes du côté de *Voltaire*, après que *Rousseau*, dans ses *Lettres écrites de la Montagne* (lett. 5e), l'eut, en quelque sorte, dénoncé publiquement aux magistrats de Genève, comme l'ennemi déclaré de la religion chrétienne. Si, dans l'intervalle, *Voltaire* s'était permis quelques plaisanteries sur la *Nouvelle Héloïse*, lorsqu'elle parut en 1761, il n'en fut pas alors soupçonné, et le marquis de *Ximénès* les avait prises sur son compte. Mais après cette accusation si grave dont nous venons de parler, *Voltaire* ne ménagea plus son ennemi; et si la guerre qu'il lui fit alors ouvertement fut longue et violente, doit-on s'en étonner d'un caractère vif et sensible comme le sien, d'un cœur ulcéré qui éclatait enfin après plusieurs années de contrainte et de modération?

les journalistes, les libellistes, et même les panégyristes qui en ont fait mention.

Au commencement de cette année 1768, M. *de Voltaire* ayant à se plaindre de l'infidélité d'une personne qui demeurait depuis quelque temps chez lui, eut à ce sujet des querelles très-violentes avec madame *Denis*, intéressée elle-même à la chose, et qui avait pris avec emportement, contre son oncle, le parti de cette personne coupable, conduite qu'elle ne tenait que trop souvent en diverses occasions. M. *de Voltaire*, excédé cette fois, renvoya madame *Denis*, le 3 mars 1768, et l'homme qu'elle défendait. Elle se retira à Paris. Sept autres maîtres logés alors dans la maison, s'apercevant, malgré l'extrême politesse de M. *de Voltaire* à leur égard, combien il avait besoin de repos et de solitude, dans l'agitation et l'inquiétude où l'avait jeté cet événement, partirent l'un après l'autre. En peu de jours, il se trouva seul dans le château, avec moi et ses gens (19).

Le dimanche d'après, pendant la messe, il se commit un vol dans une maison particulière. Le seigneur de Ferney fit venir chez lui la personne

---

(19) On avait soustrait des manuscrits du cabinet de *Voltaire*, et entre autres les Mémoires sur le roi de Prusse, qu'il voulait supprimer. Cet ouvrage était le principal objet de ses craintes. C'est de là probablement qu'est venue l'édition furtive qui en parut après la mort de *Voltaire*, et parvint dans les mains du roi. On trouve quelques éclaircissemens sur ce que rapporte ici *Wagnière*, dans quelques lettres encore inédites de *Voltaire*.

soupçonnée, lui fit avouer son crime, et l'obligea à restituer sur-le-champ.

Pendant la semaine sainte, un moine étant venu dîner au château, M. *de Voltaire* lui dit : « Père D***, » j'ai envie, pour le bon exemple, de faire mes pâ- » ques dimanche ; je pense que vous me donnerez » bien l'absolution pour cela. — Très-volontiers, ré- » pondit le moine, je vous la donne. » Tout fut dit : le prêtre but, mangea et s'en alla.

Le jour de Pâques, M. *de Voltaire* me dit : « A » présent que je suis seul et sans embarras, je veux, » en qualité de seigneur du lieu, aller communier » à l'église : voulez-vous y venir avec moi ? J'ai en- » vie aussi de prêcher un peu ces coquins qui vo- » lent continuellement. » Je lui répondis que je serais fort curieux de le voir communier ; mais que, quoique protestant, autant que mes connaissances pouvaient me le permettre, je ne croyais pas qu'il fût en droit de parler dans l'église, et que je le suppliais avec la plus vive instance de s'abstenir de cette démarche que je pensais être dangereuse pour lui. Il me refusa.

Je l'accompagnai à l'église, à la suite d'un su- perbe pain béni qu'il était dans l'usage de rendre chaque année, au jour de Pâques. Après la distri- bution de ce pain, et après avoir communié, il commença à parler aux paroissiens du vol commis quelques jours auparavant, à leur faire des re- montrances vives, éloquentes et pathétiques, à les exhorter à la vertu. Alors le curé, qui était vers la balustrade, se retourna brusquement et ne fit qu'un saut jusqu'à l'autel, avec beaucoup d'humeur, pour continuer l'office. Notre orateur s'en étant aperçu, dit encore aux auditeurs quelques mots flatteurs pour leur curé, et se tut.

On écrivit à l'évêque d'Annecy, qui se dit prince et évêque de Genève, que M. *de Voltaire* était monté en chaire le jour de Pâques, et y avait prononcé un long sermon sur le vol. En conséquence l'évêque écrivit à ce sujet au seigneur de Ferney, qui lui répondit (20).

Le prélat envoya ses lettres et les réponses au roi de France, par le canal de M. le duc *de la Vrillière*, avec prière de faire donner une lettre de cachet contre ledit seigneur de Ferney. On rit à Versailles de cette démarche, et M. le duc *de la Vrillière* renvoya le tout à M. *de Voltaire*, en lui faisant part de la demande du doux prêtre.

L'évêque, outré et au désespoir de n'avoir pu réussir, fit alors défendre à tout curé, prêtre, moine, etc., de son diocèse, de confesser, d'absoudre et de communier le seigneur de Ferney, sans ses ordres exprès, sous peine d'interdiction.

---

(20) On peut voir une partie de cette correspondance dans la Collection des œuvres de *Voltaire*, tome 60. L'abbé *Du Vernet*, dans la vie de *Voltaire*, dit que ce prêtre nommé *Biord*, petit-fils d'un maçon, étant habitué d'une paroisse de Paris, se fit chasser de cette ville, comme perturbateur du repos public, pour refus de sacrement, etc.

Dans la semaine de Pâques 1769, M. *de Voltaire*, me dictant de son lit, vit dans son jardin quelqu'un qui se promenait : il me demanda qui c'était. Je lui répondis que c'était le curé de Ferney, avec un capucin de Gex, qui était venu pour l'aider à confesser les habitans.

« Est-il vrai, me dit-il alors, que l'évêque d'An» necy a défendu de me confesser et de me donner » la communion? » Je lui répondis qu'oui. « Eh bien, » me dit-il, puisqu'il est ainsi, j'ai envie de me » confesser et de communier malgré lui. Je veux » même ne point aller à l'église, mais que tout se » passe dans ma chambre et dans mon lit, pour sa » plus grande satisfaction. Cela pourra être fort » plaisant, et nous verrons qui, de l'évêque ou de » moi, l'emportera. Allez me chercher ce capucin. » Avez-vous de l'argent sur vous? — Oui. — Mettez» moi un écu neuf sur ma table de nuit, afin que » mon compagnon puisse le voir. »

J'obéis, et allai ensuite chercher le capucin, qui vint avec moi, et je l'introduisis. M. *de Voltaire* lui dit : « Mon père, voici le saint temps de Pâques. » Je voudrais, dans cette circonstance, remplir » aussi mes devoirs de Français, d'officier du roi » et de seigneur de paroisse; mais je suis trop ma» lade pour me transporter à l'église, et je vous » prie de m'entendre ici. » Il mit alors l'écu de six francs dans la main du capucin, qui fut frappé comme d'un coup de foudre de la proposition inattendue qu'on venait de lui faire. Cependant il s'excusa en disant *qu'il y avait dans ce moment plusieurs personnes dans l'église qui l'attendaient, mais que dans trois jours il reviendrait; qu'il priait le bon Dieu de le maintenir dans ces bonnes et saintes dispositions;* le tout en tremblant comme une feuille, et il sortit.

J'étais pendant ce temps resté à la porte de la chambre, que j'avais laissée entr'ouverte. Après le départ du capucin, je rentrai auprès de M. *de Voltaire*, et je lui dis en riant : « Vous n'avez donc » pas pu arranger vos petites affaires ? — Non, » pardieu! me répondit-il; le drôle s'en est allé » sitôt qu'il a eu mes six francs, en me promet- » tant de venir m'expédier dans trois jours, ce » qu'il ne fera sûrement pas : mais laissez-moi » faire. »

Pendant ces trois jours il ne sortit point de son lit, et le capucin ne revint pas. M. *de Voltaire* alors envoya chercher le nommé *Bugros*, espèce de chirurgien, et se fit tâter le pouls. *Bugros* lui dit qu'il le trouvait excellent. « Comment, mor- » dieu! ignorant que vous êtes, reprit M. *de Vol-* » *taire*, avec sa voix de tonnerre, vous trouvez » mon pouls bon! — Ah! Monsieur, permettez » que je le retâte..... Vous avez beaucoup de fiè- » vre, dit alors le pauvre diable de chirurgien as- » sez épouvanté. — Pardieu, je le savais bien que » j'en avais : il y a trois jours que je suis dans ce

» cruel état. Allez le dire au curé, il doit savoir
» ce qu'il a à faire auprès d'un malade qui, depuis
» plus de trois jours, a une fièvre aussi violente,
» et qui est en danger de mort. »

Nous attendîmes encore six jours inutilement le capucin, et chaque jour le chirurgien allait de la part de M. *de Voltaire* avertir le curé de la situation critique où se trouvait l'âme et le corps du soi-disant malade. Enfin, dans une belle nuit, il fit lever tous ses domestiques à une heure du matin, et nous envoya tous ensemble chez le curé pour l'avertir sérieusement du danger où était notre maître, qui ne voulait pas mourir sans les secours d'usage en pareil cas. Je lui portai même la déclaration qu'on va lire, signée de M. *de Voltaire*, du sieur *Bigex* et de moi, et à laquelle était joint un certificat du chirurgien.

Déclaration remise à M. le curé de Férney, le 30 *mars* 1769.

« *François-Marie de Voltaire*, gentilhomme or-
» dinaire de la chambre du roi, seigneur de Fer-
» ney, Tourney, etc., âgé de soixante-quinze ans
» passés, étant d'une constitution très-faible, s'é-
» tant traîné à l'église le saint jour du dimanche
» des Rameaux, malgré ses maladies, et ayant de-
» puis ce jour essuyé plusieurs accès d'une fièvre

» violente, dont le sieur *Bugros*, chirurgien, a
» averti M. le curé de Ferney, selon les lois du
» royaume, et ledit malade se trouvant dans l'in-
» capacité totale d'aller se confesser et commu-
» nier à l'église, pour l'édification de ses vassaux,
» comme il le doit et le désire, et pour celle des
» protestans dont ce pays est entouré, prie M. le
» curé de Ferney de faire, en cette occasion, tout
» ce que les ordonnances du roi et les arrêts des
» parlemens commandent, conjointement avec les
» canons de l'église catholique, professée dans le
» royaume; religion dans laquelle ledit malade est
» né, a vécu et veut mourir, et dont il veut rem-
» plir tous les devoirs, ainsi que ceux de sujet du
» roi; offrant de faire toutes les déclarations néces-
» saires, toutes protestations requises, soit publi-
» ques, soit particulières, se soumettant pleinement
» à ce qui est de règle, ne voulant omettre aucun
» de ses devoirs quel qu'il puisse être; invitant
» M. le curé de Ferney à remplir les siens avec
» la plus grande exactitude, tant pour l'édification
» des catholiques que des protestans, qui sont
» dans la maison dudit malade. La présente signée
» de sa main et de deux témoins, dont copie res-
» tée au château, signée aussi du malade et des
» deux mêmes témoins; l'original et une autre co-
» pie laissés entre les mains de mondit sieur curé
» de Ferney, par les deux témoins soussignés; sauf
» à les rendre authentiques par main de notaire si

» besoin est. Le trente mars mil sept cent soixante-
» neuf, à dix heures du matin. »

Signé VOLTAIRE.

Et au-dessous, Bigex, Wagnière, *témoins*.

Cependant je craignais beaucoup que M. *de Voltaire*, à force de vouloir être malade, ne le devînt enfin réellement. Malgré toutes ces démarches et tous ces avertissemens, le curé ne voulait point venir auprès du malade, et le capucin n'arrivait pas. Alors on envoya chercher un homme de loi, qui alla, de la part du prétendu moribond, dire au curé qu'il serait enfin obligé de le dénoncer au parlement pour refus de sacremens ; que s'il s'obstinait à ne vouloir pas se rendre à l'invitation qui lui était faite, il pourrait bien finir par être mis en prison, et peut-être puni plus rigoureusement. Ce pauvre curé fut saisi d'une si grande frayeur, à l'alternative de l'interdiction ou de la prison, qu'il lui prit sur-le-champ une colique violente dont il est mort quelques mois après. Peu de jours avant qu'il n'expirât, étant allé le voir pour m'informer de sa santé, de la part de mon maître, il m'avoua que sa maladie ne provenait que de ce saisissement, et qu'il sentait bien qu'il ne résisterait plus long-temps à la révolution qui s'était faite en lui dès ce moment (21).

(21) Dans le *Commentaire historique* il est dit simplement que, de-

Le 31 de mars, M. *de Voltaire* fit cette autre déclaration par-devant notaire :

« Et depuis au château de Ferney, le 31 mars,
» après midi, l'an 1769, par-devant moi notaire
» soussigné, et en présence des témoins ci-après
» nommés, est comparu messire *François-Marie*
» *de Voltaire*, gentilhomme ordinaire de la cham-
» bre du roi, l'un des quarante de l'Académie fran-
» çaise, seigneur de Ferney, Tourney, Pregny et
» Chambeisi, demeurant en sondit château, le-
» quel a déclaré que le nommé *Nonotte*, ci-devant
» soi-disant jésuite, et le nommé *Guyon*, soi-
» disant abbé, ayant fait contre lui des libelles
» aussi insipides que calomnieux, dans lesquels ils
» accusent ledit messire *de Voltaire* d'avoir manqué
» de respect pour la religion catholique, il doit à
» la vérité, à son honneur, à sa piété, de déclarer
» que jamais il n'a cessé de respecter et de prati-
» quer la religion catholique professée dans le
» royaume ; qu'il pardonne à ses calomniateurs ;
» que si jamais il lui était échappé quelque indis-
» crétion préjudiciable à la religion de l'État, il
» en demanderait pardon à Dieu et à l'État, et

---

puis cette scène, le curé qui se nommait *Gros*, et qui était un bon ivrogne, s'était tué à force de boire. Il est possible et même vraisemblable que les deux causes aient contribué à sa mort, et l'aient accélérée par leur réunion. Du reste, il est assez naturel que l'auteur du *Commentaire*, bien éloigné d'avoir jamais voulu faire du mal à son curé, et de se croire la cause de sa mort, en ait rejeté tout le blâme sur le dieu de la vigne qui en tuait beaucoup d'autres.

» qu'il a vécu et veut mourir dans l'observance
» de toutes les lois du royaume, et dans la reli-
» gion catholique, étroitement unie à ces lois. Fait
» et prononcé audit château, lesdits jour, mois et
» an que dessus, en présence du révérend sieur
» *Antoine Adam*, prêtre, ci-devant soi-disant jé-
» suite, et de sieur *Siméon Bigex*, bourgeois de
» la balme de Rhin en Genevois, de sieur *Claude-*
» *Étienne Maugié*, orfèvre-bijoutier, et de *Pierre*
» *Larchevêque*, syndic, tous demeurant audit Fer-
» ney, témoins requis. » *Signé* VOLTAIRE, et plus
bas, RUFFO, notaire, avec paraphe.

Le curé fit alors avertir le capucin qu'il fallait absolument venir, et il arriva enfin le premier avril. Dans tout cet intervalle le père *Joseph* et le curé avaient dépêché un exprès à l'évêque pour avoir ses instructions et ses ordres sur la demande du seigneur de Ferney, en cas qu'il persistât dans sa résolution; et ces ordres étaient arrivés au capucin.

Le bon père ne voyant plus d'obstacle de ce côté, et consentant de se rendre à l'invitation qui lui avait été faite, fut introduit par moi dans la chambre du soi-disant malade. J'en laissai la porte un peu ouverte, et me tins dans le cabinet contigu.

Le capucin était à moitié mort de crainte. M. *de Voltaire* commença par lui dire : « Mon père,
» je ne me souviens pas trop bien de mon *Confiteor*,

» dans l'état où je suis ; dites-le, ainsi que le *Credo*, » et je le répéterai après vous. » Ce qu'ils firent, mais d'une manière à pouffer de rire ; car c'était un salmigondis du *Pater*, du *Credo*, du *Confiteor* et des différens symboles, à quoi ni lui, ni moi, ni le capucin, nous n'entendions rien. Celui-ci était trop troublé pour y faire attention. Ensuite le malade dit : « Écoutez, je ne vais pas à la messe aussi » souvent qu'on le doit, mais ce sont mes souf- » frances continuelles qui m'en empêchent. J'adore » Dieu dans ma chambre. Je ne fais de mal à per- » sonne, et je tâche de faire autant de bien qu'il » m'est possible ; j'en prends Dieu à témoin, mes » paroissiens, mes domestiques et les habitans de » la province ; ainsi je vous prie de me donner » l'absolution. — Mais on dit, reprit le confesseur, » que vous avez fait de mauvais livres contre le » bon Dieu, la sainte Vierge et les prêtres ; pour » moi je n'en sais rien que par ouï dire ; je vous » serai donc obligé de signer seulement ce petit » papier, qui n'est qu'une simple profession de » foi. » Il tira alors de sa manche la profession de foi telle que l'évêque la lui avait envoyée.

Le confessé lui répondit : « Mon père, ne venons- » nous pas de réciter le Symbole des Apôtres qui » contient tout ? Nous devons, en qualité de bons » catholiques, nous y tenir, sans quoi on pourrait » avec raison vous accuser, vous et moi, d'innova- » tion, et ce ne serait pas une plaisanterie, comme

» vous le savez bien.» Pendant un demi-quart d'heure le capucin, par intervalle, présenta la profession de foi à signer, et M. *de Voltaire*, sans vouloir jamais la regarder, lui répondit toujours qu'il s'en tenait au Symbole, qu'il venait de réciter.

A la fin, le pénitent se mit à faire à son confesseur, avec vivacité et avec la plus grande éloquence, une longue remontrance très-touchante, très-pathétique, sur la calomnie, sur la morale, et sur la tolérance que tous les hommes doivent avoir les uns pour les autres. Le confesseur à chaque phrase, à chaque période, plus mort qu'en vie, les larmes aux yeux, avançait toujours la profession de foi pour la faire signer, mais inutilement. Le pénitent ayant joui long-temps de la détresse de son confesseur, lui dit enfin brusquement: «Donnez-moi l'absolution tout-à-l'heure.» Le capucin tout interdit, et ne sachant réellement que lui répondre, prononça *l'absolvo*, et remit son papier dans sa manche. Voilà toute cette confession dont on a tant parlé et de tant de manières différentes.

Alors M. *de Voltaire*, sachant que le curé remplissait encore toutes ses fonctions (car il n'était tourmenté de sa colique que par intervalles), exigea qu'il vînt sur-le-champ lui apporter la communion. Le curé arrive avec quelques personnes, qui accompagnaient le saint-sacrement. J'avais fait venir, de la part du confessé, le notaire *Raffo*. Dès l'instant que le curé eut donné l'hostie à M. *de Voltaire*, celui-ci, élevant la voix, prononça ces paroles : « Ayant mon Dieu dans ma bouche, je » déclare que je pardonne sincèrement à ceux qui » ont écrit au Roi des calomnies contre moi, et » qui n'ont pas réussi dans leurs mauvais desseins; » et je demande acte de ma déclaration à *Raffo*, » notaire. » *Raffo* l'écrivit sur-le-champ devant le curé et tous les assistans qui étaient entrés dans la chambre du malade; après quoi chacun se retira.

A peine tout ce monde était-il sorti du château, que M. *de Voltaire*, auprès de qui j'étais resté seul, me dit, en sautant lestement hors de son lit (d'où il semblait ne pouvoir bouger) : « J'ai eu un » peu de peine avec ce drôle de capucin, mais cela » ne laisse pas que d'amuser et de faire du bien. » Allons faire un tour dans le jardin. Je vous avais » bien dit que je serais confessé et communié dans » mon lit, malgré mons *Biord*. »

Dès que le curé fut de retour chez lui avec le confesseur, il lui demanda avec empressement si le pénitent avait signé le papier de Monseigneur? Le capucin, encore tout tremblant et tout ému de l'éloquent discours du malade, répondit que non. « Eh! mon Dieu, nous voilà perdus auprès » de Monseigneur ! Que faire ? Que devenir ? Que » dirons-nous, père *Joseph?* — Hélas ! je n'en sais » rien. — Ni moi non plus. — C'est un étrange

» homme que ce M. *de Voltaire*; je n'ai jamais pu
» lui faire entendre raison sur le papier de Mon-
» seigneur, et je n'ai pu absolument tirer de lui
» que le *Confiteor*, le *Credo* et un terrible sermon
» qu'il m'a débité, et dont vous me voyez encore
» tout épouvanté.—Ciel ! que va dire Monseigneur ?»

Enfin ces deux hommes cherchèrent pendant quinze jours un moyen de se tirer d'embarras auprès de l'évêque, et d'éviter l'interdiction. Ils ne purent rien trouver de mieux que cet expédient. Ils firent venir, le 15 avril, sept témoins à qui ils persuadèrent d'attester par serment, devant le notaire *Raffo*, avoir été présens et avoir entendu prononcer à M. *de Voltaire*, avant de communier, la confession de foi très-orthodoxe que nous allons transcrire, et que le tout était pour la plus grande gloire de Dieu et l'édification des fidèles.

Profession de foi (supposée) de M. *de Voltaire*.

« L'an 1769, le 15 avril, par-devant moi *Claude*
» *Raffo*, notaire royal au bailliage de Gex, rési-
» dant à Ferney, soussigné, et en présence des té-
» moins ci-après nommés, ont comparu : révérend
» sieur *Pierre Gros*, prêtre et curé dudit Ferney ;
» *Pierre Larchevêque*, syndic dudit Ferney ; *Claude-*
» *Étienne Maugié*, orfèvre-bijoutier ; *Jean-Bap-*
» *tiste-Antoine Guilhaume* ; *Louis Bugros*, chirur-
» gien, agrégé à l'académie royale de Montpellier,

» juré en cedit pays de Gex; révérend père *Claude*
» *Joseph*, prêtre et capucin du couvent de Gex;
» *Pierre Jacquin*, maître d'école, demeurant audit
» Ferney, etc. Lesquels ont déclaré avoir été pré-
» sens lorsque M. *François-Marie Arouet de Vol-*
» *taire*, gentilhomme ordinaire de la chambre du
» Roi, et l'un des quarante de l'Académie fran-
» çaise, seigneur de Ferney, etc., etc., demeurant
» en son château dudit Ferney, a fait la confession
» de foi suivante, le 1er avril de ladite année, sur
» les neuf heures du matin, avant de recevoir le
» viatique dudit sieur curé de Ferney :

« Je crois fermement tout ce que l'Eglise catho-
» lique, apostolique et romaine croit et confesse.
» Je crois en un seul Dieu en trois personnes,
» Père, Fils et Saint-Esprit, réellement distinguées,
» ayant la même nature, la même divinité et la
» même puissance; que la seconde personne s'est
» faite homme; qu'elle s'appelle *Jésus-Christ*, mort
» pour le salut des hommes; qu'il a établi la sainte
» Eglise, à laquelle il appartient de juger du véri-
» table sens des Ecritures. Je condamne aussi toutes
» les hérésies que la même Eglise a condamnées et
» rejetées, ainsi que toutes les interprétations et
» mauvais sens que l'on y peut donner. C'est cette
» foi véritable et catholique, hors de laquelle on
» ne peut être sauvé, que je professe, que je re-
» connais seule véritable; je jure, je promets,
» m'engage de la professer, et de mourir dans

» cette croyance, moyennant la grâce de Dieu.

» Je crois aussi d'une foi ferme, et je confesse
» tous et un chacun des articles contenus dans le
» Symbole des Apôtres que j'ai récité en latin fort
» distinctement. Je déclare de plus que j'ai fait
» cette même confession de foi entre les mains du
» révérend père *Joseph*, capucin, avant de me
» confesser. »

» Telle est l'audition desdits comparans, qu'ils
» ont confirmée par serment véritable, et de la-
» quelle ils m'ont demandé acte, que je leur ai
» octroyé, pour servir à ce que de raison. Fait et
» passé dans le presbytère audit Ferney, en pré-
» sence de *Bernard Jacques*, manœuvre, et de
» *Jean Larchevêque*, ancien syndic, demeurant
» audit Ferney, témoins requis et illitérés, de ce
» enquis. Les susdits comparans ont signé. Signé
» *Gros*, curé; *Claude Joseph*, capucin; *Pierre Lar-*
» *chevêque*, syndic actuel; *Claude-Étienne Maugié*,
» *Pierre Jacquin*, *Bugros*, chirurgien. Contrôlé à
» Gex le 15 avril 1769, reçu vingt-un sols, signé
» *de la Chaut*.

» Je soussigné *Claude Raffo*, notaire royal au
» bailliage de Gex, résidant à Ferney, déclare et
» certifie avoir extrait et collationné mot à mot
» sur leurs originaux les actes ci-dessus à moi
» exhibés par M. *de Voltaire :* le tout fait à sa
» réquisition. Le 15 avril 1769. Signé *Raffo*,
» avec paraphe. »

Tout cela était controuvé. Le capucin et le curé envoyèrent à l'évêque cette confession de foi contrôlée et légalisée.

Quelque temps après on fit imprimer toutes ces pièces par ordre de Monseigneur d'Anneci. J'en avertis M. *de Voltaire*, qui me répondit : « Je ne veux
» pas faire pendre huit ou neuf personnes, quoi-
» qu'elles aient fabriqué un acte ridicule et de la
» plus grande fausseté; je me borne à les plaindre.
» Si des prêtres dans ce siècle ont été capables
» d'une telle infamie, jugez ce qu'ils ont pu faire
» dans des temps d'ignorance et de barbarie! »

Il fit venir les soi-disans témoins qui avaient signé, quoiqu'ils ne fussent pas entrés chez lui, et il leur représenta combien leur conduite avait été criminelle. Ils le supplièrent de leur pardonner, en lui donnant une déclaration de la manière dont ils avaient été séduits. Dans le fond, ils ne s'étaient prêtés à tout que dans la persuasion où ils étaient que leur démarche pouvait être utile à lui-même, autant qu'elle était nécessaire aux deux ecclésiastiques, qui ne se voyaient en grand danger que pour avoir souscrit à ses volontés. Aussi M. *de Voltaire* n'eut-il pas grande peine à leur pardonner à tous, comme on le voit par sa lettre rapportée en cet endroit du *Commentaire historique* (p. 204), dans laquelle il parle assez gaîment à l'un de ses amis de ce qui s'était passé en cette circonstance.

Page 205. Notre solitaire continua donc gaîment à faire

un peu de bien, quand il le pouvait, en se moquant de ceux qui faisaient tristement du mal, et en fortifiant souvent par des plaisanteries les vérités les plus sérieuses. Il avoua qu'il avait poussé trop loin cette raillerie contre quelques-uns de ses ennemis. « J'ai tort, dit-il, mais ces » messieurs m'ayant attaqué pendant quarante ans, la pa- » tience m'a échappé dix ans de suite. »

Si l'on a fait avec quelque raison à M. *de Voltaire* le reproche d'avoir mis de l'acharnement en écrivant contre ceux qui l'attaquaient, on doit, comme je l'ai déjà dit, l'attribuer un peu à ses prétendus amis, qui, n'osant pas entrer en lice pour se défendre eux-mêmes, l'excitaient sans cesse, et même le trompaient. Ils lui marquaient par là peu d'amitié. Je le répète, on me pardonnera si je n'entre point dans les détails de toutes ces malheureuses querelles, qui ne laissaient pas que d'affecter la sensibilité et la tranquillité de mon maître. Il ne comprenait pas que la plupart des écrivains qui osaient l'attaquer ne cherchaient à l'engager d'écrire contre eux qu'afin d'obtenir par là une espèce de célébrité.

Page 206. La révolution faite dans tous les parlemens du royaume en 1771 devait l'embarrasser. Il avait deux neveux, dont l'un entrait au parlement de Paris tandis que l'autre en sortait.... Il fut fidèle à ses principes, sans faire sa cour à personne.

On lui a cependant fait le reproche d'ingratitude dans cette affaire, surtout envers M. le duc *de Choiseul*, dont M. *de Maupeou* était l'ennemi.

Je puis attester qu'il demeura très-attaché à M. *de Choiseul*, quoiqu'il applaudît aux opérations de M. *de Maupeou*. L'abolition de la vénalité des offices lui faisait tant de plaisir, qu'il répondit un jour à quelqu'un qui lui parlait peu avantageusement de M. *de Maupeou* : « Quand le diable lui-
» même ferait une bonne loi ou une bonne action,
» je ne pourrais qu'approuver la chose, sans aimer
» sa personne, et aucune considération ne pour-
» rait m'en empêcher. »

Ibid. Il avait alors soixante et dix-huit ans; et cependant en une année il refit la *Sophonisbe de Mairet* tout entière, et composa *les Lois de Minos*... pour le théâtre de son château.

Ayant fait détruire le petit et joli théâtre qu'il avait construit dans une dépendance de son château, il prêta une somme d'argent au directeur des spectacles de Dijon, qui en fit bâtir un assez beau au milieu de Ferney, mais qu'on laissa tomber après la mort de M. *de Voltaire* (*b*). M. *Le Kain* y vint jouer, et s'en retourna, comme à l'ordinaire, avec des présens de lui.

Page 208. Ce jugement si exécrable et en même temps si absurde.... était bien plus condamnable que celui qui fit rouer l'innocent *Calas*.

M. *de Voltaire* convenait qu'on pouvait jusqu'à un certain point excuser l'erreur des juges de *Ca-*

(*b*) Il a été métamorphosé en boucherie sous ses successeurs.

las, par plusieurs raisons, telles que des indices trompeurs, des dépositions contradictoires de la part des accusés faibles et intimidés, celles non moins contradictoires de témoins plus ou moins trompés ou passionnés, des procès-verbaux d'experts ignorans, enfin cette prévention générale de la multitude contre ce malheureux vieillard. Mais on ne pouvait, selon lui, justifier la barbarie et le fanatisme des juges du chevalier *de La Barre*..

Page 209. Un de ces jeunes gens..... était dans un régiment du roi de Prusse.

C'était M. *d'Etallonde*, que ce monarque avait fait officier à la demande de M. *de Voltaire*. Depuis, il en obtint aussi un congé pour ce jeune homme, qu'il invitait à venir passer quelque temps près de lui. Il lui envoya l'argent nécessaire pour le voyage, et le retint dix-huit mois à Ferney. Tous ceux qui l'ont connu peuvent certifier quelle était son honnêteté et la douceur de ses mœurs. Sa personne, indépendamment de son malheur, inspirait le plus tendre intérêt. On voulait qu'il demandât des lettres de grâce; mais ni lui, ni M. *de Voltaire*, ne voulurent y consentir, attendu que *grâce* suppose une offense, un crime. M. *de Voltaire* n'écrivit sur cette affaire qu'après s'être procuré toute la procédure.

Ibid. Ce grand exemple instruira les hommes, mais les corrigera-t-il?

L'exécution du chevalier *de La Barre* donna quelque temps à notre philosophe une si grande horreur pour sa patrie, qu'il était sur le point de prendre le parti de se retirer auprès de Clèves, dans une maison que lui offrait le roi de Prusse. Ce prince l'en sollicita beaucoup, lui promit sa protection et toutes sortes de secours. M. *de Voltaire* proposa à plusieurs gens de lettres pauvres de le suivre, mais aucun ne le voulut. Son intention était d'y former une espèce de société de philosophes pensant comme lui, c'est-à-dire de purs déistes. Le temps ayant adouci son indignation, et le parlement de Paris n'ayant pas exécuté ses menaces contre lui, il renonça à son projet de quitter Ferney.

J'ai entendu un jour M. l'avocat général *Séguier*, qui était venu visiter M. *de Voltaire* à Ferney, lui dire, en parlant de ses ouvrages, qu'il serait obligé de les dénoncer au parlement. «Vous en êtes bien » le maître, Monsieur, » lui répondit froidement M. *de Voltaire*. Le propos de M. *Séguier* n'était guère poli en cette occasion, ni propre à ramener le philosophe en faveur du parlement.

Page 210. Il fut assez heureux pour obtenir du bienfaisant ministre (M. *Turgot*) un traité par lequel cette solitude (je n'ose pas dire province) fut délivrée de toute vexation.

Le jour que les états du pays de Gex furent assemblés pour accepter ou rejeter les conditions de la liberté du pays que M. *Turgot* leur proposait de la part du roi, tout le monde des environs courut à Gex pour savoir si les états signeraient. M. *de Voltaire* s'y transporta, et après bien des débats il fit recevoir les conditions. La foule entourait la maison et attendait avec perplexité. Quand j'eus écrit la délibération et que l'on eut signé, on annonça aux habitans rassemblés que *le pays était libre*. Dans l'instant tout ce monde, dont la moitié pleurait de joie, se mit à crier : « Vive le » Roi et les états! Dieu bénisse M. *Turgot* et M. *de » Voltaire!* » Les dragons de Ferney parurent en ce moment en superbe tenue et des lauriers dans les mains, qu'ils présentèrent à MM. les syndics et conseillers, et à M. *de Voltaire;* ornèrent de rubans les chevaux de son carrosse, et le ramenèrent en triomphe chez lui. On le comblait de bénédictions sur la route; il pleurait lui-même d'attendrissement. Ce moment est un de ceux qui ont le plus touché ce vieillard respectable, qui était passionné pour le bien public.

Page 210. Ce *Clément*, maître de quartier dans un collége de Dijon, et qui se donnait pour maître dans l'art de raisonner et d'écrire, était venu à Paris vivre d'un métier qu'on peut faire sans apprentissage. Il se fit folliculaire.

Après l'expulsion des jésuites, ce M. *Clément* s'adressa à notre solitaire, pour lui demander sa protection auprès de M. le premier président du parlement de Dijon, et obtenir une place de régent dans le nouveau collége. M. *de Voltaire* écrivit en sa faveur à ce magistrat. Quelque temps après M. *Clément* envoya à mon maître une tragédie de sa façon, en le priant de la corriger et de lui en dire son avis. Celui-ci répondit qu'étant absent de Paris depuis long-temps, il ne connaissait pas trop quel était en ce moment le goût du public dans cette ville. Il lui conseillait d'y aller lui-même, et d'y consulter M. *de La Harpe* qui pourrait lui donner de bons avis. Ce dernier ayant sans doute reçu M. *Clément* d'une manière peu satisfaisante, celui-ci crut que M. *de Voltaire* avait voulu se moquer de lui, et il ne lui pardonna point. Telle est l'origine de sa haine contre ce grand homme et contre les gens de lettres ses amis.

Page 212. Plusieurs petites pièces furent écrites à quatre-vingt-deux ans. Il fit aussi les *Questions sur l'Encyclopédie*.

Il semblait que le travail fût nécessaire à sa vie. La plupart du temps nous travaillions dix-huit à vingt heures par jour. Il dormait fort peu, et me faisait lever plusieurs fois la nuit. Quand il composait une pièce de théâtre il était en fièvre. Son imagination le tourmentait et ne lui laissait aucun repos. Il disait alors : « J'ai le diable dans le corps ; » il est vrai qu'il faut l'avoir pour faire des vers. » Il ne faisait d'excès en aucun genre, excepté dans le travail. Il était très-sobre dans le boire, dans le manger. Anciennement il faisait un grand usage du café; mais dans les quinze dernières années de sa vie, il n'en prenait que deux ou trois petites tasses par jour, tout au plus, et avec de la crème. Il était auprès du sexe d'une amabilité et d'une politesse unique et enchanteresse. Lorsqu'il travaillait, on était fort souvent obligé de l'avertir qu'il n'avait pris aucune nourriture. Il n'avait point d'heure fixe pour ses repas, pour se coucher, ni pour se lever. En général il passait la plus grande partie de sa vie dans son lit, à travailler. Il était, dans le fond, d'une constitution extrêmement forte, quoique presque tous les jours il souffrît des entrailles, ce qui souvent le mettait de mauvaise humeur. Il prenait alors de la casse, dont il usait deux ou trois fois par semaine, ainsi que de lavemens au savon. Lorsqu'il lui était arrivé de se mettre en colère contre ses domestiques, quelques heures après, s'il les voyait près de lui, il disait devant eux : «Je » me suis fâché contre mes gens, je les ai grondés; » mon Dieu, il faut qu'on me pardonne, car je » souffrais comme un malheureux.» Ces espèces d'excuses qu'il leur faisait montrent bien la bonté de son cœur.

Il faisait peu de cas des médecins en général; il connaissait bien son tempérament, et se traitait lui-même. Jamais je ne l'ai vu en envoyer chercher un directement. Quand ils venaient le voir, il parlait médecine avec eux, et en raisonnait fort bien.

Le fond de son caractère était extrêmement gai. Jamais il ne se permettait de railler quelqu'un en face, ni de dire des choses désobligeantes dans la conversation, à moins d'y être forcé. Il savait se mettre à la portée de tout le monde; il avait la répartie prompte, agréable et spirituelle; sa façon de raconter était très-plaisante; il aimait à raisonner avec les personnes d'esprit et instruites; mais souvent il recevait assez froidement celles qui ne venaient le voir que par curiosité, et qui ne savaient rien dire. Il est vrai aussi qu'il inspirait à beaucoup de ceux qui le voyaient pour la première fois une espèce de timidité et de crainte respectueuse dont on n'était pas le maître.

Il ne se piquait plus de suivre la mode dans ses habillemens, et sa manière de se mettre, par cette raison, ne paraissait point élégante aux jeunes gens; mais il aimait singulièrement la propreté, et il était toujours lui-même fort propre. Il avait l'odorat très-fin; ses yeux étaient brillans et remplis de feu; jamais il n'a fait usage de lunettes; il se lavait souvent les yeux avec de l'eau fraîche simple. Dans les dernières années de sa vie, il ne se rasait plus, mais s'arrachait la barbe avec de petites pincettes. Il était assez grand de taille, mais fort maigre. Sa figure n'avait rien de désagréable dans sa grande vieillesse, et il a dû être fort bien à cet égard étant jeune. Il avait toujours été courageux, et l'était encore extraordinairement dans l'âge le plus avancé.

Quand il voyait que c'était par un vrai désir de s'instruire qu'on l'interrogeait, il avait la complaisance de répondre. Lorsque mes enfans, encore tout jeunes, l'importunaient par leurs questions, dans le temps qu'il me dictait quelque chose, et que je les voulais faire taire, il me disait : « Laissez-» les; il faut toujours répondre juste aux enfans, » et leur rendre raison sur ce qu'ils demandent, » suivant leur portée, et ne pas les tromper. » Il avait la bonté d'en user ainsi avec eux. J'ose espérer que l'on me pardonnera ces petits détails (22).

Page 214. On fait encore aujourd'hui commémoration à Bruxelles d'une pareille aventure, et j'y ai entendu il y a quarante ans cette belle chanson :

> Gaudissons-nous, bons chrétiens, au supplice
> Du vilain juif appelé Jonathan,
> Qui sur l'autel a, par grande malice,
> Assassiné le très-saint-sacrement.

C'est dans un long séjour de M. *de Voltaire* et de madame *Du Châtelet* à Bruxelles, en 1739 et 1740, qu'ils entendirent cette chanson pendant les fêtes du saint-sacrement de miracle, qui est en-

---

(22) Cela ne serait que minutieux, s'il s'agissait d'un homme moins extraordinaire. Nous sommes persuadés que ces détails seront vus avec plaisir par le plus grand nombre des lecteurs, et que personne ne saura mauvais gré à *Wagnière* de nous les avoir conservés.

core plus célèbre dans cette ville que ne l'a été long-temps à Paris la vierge de la rue aux Ours.

Page 215. On les réimprimait (ses ouvrages) continuellement, sans même l'en instruire.

Cela est de la plus exacte vérité; et c'est la raison pour laquelle on a inséré dans ses œuvres tant de pièces qui ne sont pas de lui. L'édition *in-quarto* paraissait depuis trois mois qu'il n'en savait rien. Il n'en vit jamais que la première feuille, que l'on donnait pour prospectus (23).

Page 215. Il écrivait souvent aux libraires : « N'im- » primez pas tant de volumes de moi; on ne va point à la » postérité avec un si gros bagage. »

Une chose assez singulière et que je puis bien certifier, c'est que, malgré les hommages qu'on lui rendait, les choses flatteuses qu'on lui disait ou qu'on lui écrivait, il ne croyait point du tout à sa gloire. Bien au contraire, sa modestie était extrême et sincère. Peut-être est-ce à cette persuasion où il était, que la république des lettres doit une grande partie des ouvrages qu'il a composés. Il

---

(23) Si *Voltaire* n'a rien vu de l'édition in-4° pendant qu'on l'imprimait, ce qui est possible, il faut néanmoins qu'il eût communiqué auparavant à MM. *Cramer* des corrections et des additions pour quelques-uns de ses principaux ouvrages, puisque nous les avons trouvées dans cette édition in-4° seulement, d'où nous les avons tirées pour l'édition de Kehl, et qu'elles ne sont ni dans la première édition in-8° de 1756, ni dans la seconde en 40 vol., encadrée, toutes deux des mêmes imprimeurs.

travaillait toujours comme s'il avait encore à commencer sa réputation.

Sur la fin de l'année 1776, ce vieillard infatigable se mit à commenter la Bible, et l'édition parut sous le nom prétendu des aumôniers du roi de P.....; mais ce travail lui ayant paru trop ennuyeux et trop long, il avait beaucoup resserré l'ouvrage, et ne l'avait pas fini sur le même plan qu'il l'avait commencé. Il s'occupait dans le même temps d'un écrit sur *l'Établissement du christianisme*, sous le titre de *Recherches historiques et ecclésiastiques*, et dont il n'y a eu que quelques feuilles d'imprimées; il n'a pas été achevé (24). Il travaillait aussi à sa tragédie d'*Agathocle*, qui n'a été jouée que le 30 mai 1779, jour anniversaire de sa mort. En 1776 et 1777, il composa la *Requête au Roi pour les habitans du Mont-Jura, serfs des chanoines de Saint-Claude*, et divers autres petits écrits sur cette affaire, à laquelle il s'intéressa beaucoup. Au moment de notre départ pour Paris en 1778, nous reçûmes, par M. l'avocat *Christin*, l'avis que ces malheureux serfs avaient perdu leur procès au parlement de Besançon. Il publia encore en 1777 des *Dialogues* sous le nom d'*Evhemère*;

---

(24) Il est imprimé dans l'édition de Kehl, tome 35, sous le titre d'*Histoire de l'établissement du christianisme*. Les *Dialogues d'Evhemère* sont dans le tome 36; les écrits sur les serfs du Mont-Jura, le *Commentaire sur l'Esprit des lois*, et le *Prix de la justice et de l'humanité*, dans le tome 29.

et il s'occupait en même temps à revoir tous ses ouvrages.

Ayant lu, dans une gazette de Berne, qu'un inconnu avait proposé un prix de cinquante louis à celui qui ferait le meilleur mémoire pour la formation d'un code criminel, le philosophe de Ferney fit savoir à la Société économique de Berne qu'il serait ajouté par un autre inconnu cinquante louis à ce prix; et il composa la brochure intitulée *Prix de la justice et de l'humanité*, qui est une espèce d'instruction pour ceux qui auraient voulu travailler sur ce sujet. Il avait aussi cette même année commencé de nouvelles remarques sur l'*Esprit des lois* de *Montesquieu*. C'est le dernier ouvrage que M. *de Voltaire* a fait imprimer, et son voyage à Paris l'empêcha de le finir. La tragédie d'*Irène* fut composée vers la fin de 1777, et c'est la dernière de ses productions.

Je n'ai pas dans ces *Additions* fait mention de tous les petits ouvrages sortis de la plume féconde de cet homme unique. Je renvoie les lecteurs à l'édition complète que l'on en fera sans doute. On lui a reproché avec quelque raison de s'être assez souvent répété dans ses divers écrits. Lorsque je lui en faisais l'observation, il me répondait : « Je
» le sais bien, mais il est des cas où il faut redou-
» bler les coups de marteau. On ne peut trop ré-
» péter de certaines vérités aux hommes. D'ailleurs,
» tel ouvrage où j'ai dit la même chose, peut être

» ignoré de quelqu'un qui rencontrera celui-ci. »

Je me garderai bien d'oser entreprendre de faire ici l'éloge de ce grand homme. J'en suis trop incapable. En qualité de Suisse du pays de Vaud je pourrais dire :

> Si l'éloquence en moi ne loge,
> Si mon esprit est rétréci,
> L'excuse est bonne, la voici :
> C'est que je suis un Allobroge.

Le plus beau de tous ses éloges est dans l'ensemble et le mérite de ses ouvrages. Mon cœur serait un peu consolé de sa perte, si je pouvais, en lui rendant l'hommage que je lui dois, exprimer une partie des sentimens qui m'attachaient à lui.

On trouvera encore dans mes *Remarques* sur les *Mémoires* dits de *Bachaumont*, quelques anecdotes sur la vie et les œuvres de mon cher maître, ainsi que dans la *Relation de son voyage à Paris, et de sa mort.*

LETTRE

DE M. BOURCET cadet A M. DE VOLTAIRE.

(*Voyez la note pages 33, 34.*)

DUPLICATA.

A Pondichéry, le 1er février 1776.

Monsieur,

Vous serez peut-être surpris qu'un homme qui n'a pas l'honneur d'être connu de vous, vous écrive de six mille lieues, pour vous dire que la renommée a porté votre nom dans un pays si éloigné où vous avez des admirateurs, même des disciples en philosophie. Vous avez éclairé, Monsieur, l'humanité en général. Les Brames, les Malabares, les Maures, dont plusieurs sont instruits et savent la langue française, lisent vos ouvrages avec un plaisir qui les charme. Ils aperçoivent et sentent, ainsi que nous, que vos divins écrits sont des sources inépuisables de vertu civile et morale, non moins que de sagesse. J'ai consulté ces Indiens sur le *Shasta*, le *Veidam*, l'*Ezourveidam*....; ils m'ont dit que ce que vous aviez écrit et sur ces monumens antiques et sur l'Inde, était conforme à la plus exacte vérité, mais que vous aviez été trompé par les personnes qui vous ont donné des notes ou mémoires sur certains faits du *Précis du siècle de Louis XV*, tome IV (1).

(1) L'auteur de la lettre cite l'édition du *Siècle de Louis XIV*, faite en 1768, en 4 volumes in-8°, qui contenaient aussi le *Précis du siècle*

Vous dites, Monsieur, par exemple, à l'article de l'Inde, chapitre XXIX, page 132 (édition de Kehl, tome XXII, page 253) : « Les tristes mémoires de notre compagnie des Indes » nous apprennent que dans une bataille livrée par un » vice-roi, tyran de ce pays, contre un autre tyran, l'un » d'eux, nommé Anaverdikam, *que nous fîmes assassiner* dans » le combat par un traître de ses suivans.... »

Nous n'avons point fait assassiner Anaverdikam ; il fut tué d'un coup de canon à mitraille sur son éléphant, dans la bataille livrée en 1749, à ce nabab, par les troupes françaises et celles de Chandasaheb, au pied de la montagne d'Amur-Paravoye, à trente-cinq lieues de Pondichéry. Il est à remarquer que cette armée française est la première armée européane qui ait osé pénétrer dans les terres des nababs pour leur faire la guerre.

Vous dites, page 134 (254) : « Les Marattes, dans ces » vastes pays, sont presque les seuls qui soient libres. Ils ha-» bitent des montagnes derrière la côte de Malabar, entre » Goa et Bombai, dans l'espace de plus de sept cents milles. » Ce sont *les Suisses de l'Inde, aussi guerriers....* »

C'est une erreur de croire que les Marattes *soient les Suisses de l'Inde, et aussi guerriers*. Il est facile de prévenir ces Marattes. Ils n'en viennent jamais à une action. Toute leur guerre consiste dans les surprises et dans les embuscades. Ils ne font jamais tête à quiconque les attend de pied ferme : ce sont des brigands, des incendiaires, des barbares, dont le courage n'existe que dans une multitude effrénée et sans discipline. Mille de nos Européans, de nos Suisses bien instruits de leur manière de combattre, seraient capables, avec de bons guides et bien munis, de les chasser, dans une seule campagne, des vastes contrées dont ils sont les maî-

---

de Louis XV. En conservant ses indications, nous indiquerons les pages de l'édition de Kehl par des chiffres entre parenthèses.

tres. Nos Suisses, en un mot, sont autant au-dessus des Marattes, que les Européans le sont aujourd'hui dans l'art de la guerre au-dessus du reste de la terre. S'il est ici quelque nation à qui ils peuvent être comparés, ce serait aux Pathanes, peuple du nord de Delhi, les meilleures troupes de l'Asie; encore leur discipline n'est en aucune sorte comparable à celle de la nation helvétique.

Vous dites, chapitre XXXIV, page 176 (293): « Un des » sous-tyrans de ces contrées, nommé Chandasaheb, aven- » turier arabe, né dans le désert qui est au sud de Jérusa- » lem, transplanté dans l'Inde pour y faire fortune, était » devenu gendre d'un nabab d'Arcatte. Cet Arabe assas- » sina son beau-père, son frère et son neveu. »

Chandasaheb n'était pas cet aventurier, c'était un de ses aïeux nommé Chanda; le mot Saheb qui signifie Seigneur, ne fut ajouté à ce nom que lorsque ses descendans devinrent nababs. L'on m'a assuré qu'il y a plus de deux cents ans que cette famille est établie dans l'Inde. Chandasaheb, dont il est ici question, épousa la fille de Daoustalikam, nabab d'Arcatte. Ce ne fut pas ce nabab son beau-père, ni son frère, ni son neveu, qu'il assassina. Son beau-père fut tué dans une bataille contre les Marattes. Son frère, nommé Barasaheb, le fut dans une sortie contre ces mêmes Marattes, en défendant Trichenapalli; et son neveu fut assassiné par Anaverdikam, son tuteur, comme vous le verrez ci-après; mais ce fut *Mangamou*, reine de Trichenapalli, que Chandasaheb fit massacrer inhumainement, après s'être emparé par supercherie de cette place, malgré les sermens qu'il avait faits sur l'Alcoran, de lui laisser la vie sauve avec une partie de ses richesses.

Après la mort de Sabdéralikam, fils de Daoustalikam, et beau-frère de Chandasaheb, assassiné par Morstoutalikam, nabab de Velour, son autre beau-frère, le vieux Nisam-el-Moulouk, nomma Anaverdikam à la régence d'Arcatte, et tuteur du fils de Sabderalikam, héritier naturel de cette nababie. Ce malheureux, ayant appris la mort de Nisam, de qui il n'avait plus rien à craindre, exécuta le dessein horrible qu'il nourrissait depuis long-temps, et fit assassiner son pupille, qui n'avait pas plus de dix à onze ans.

Anaverdikam jouit en paix du fruit de cet assassinat, jusqu'à l'événement préparé par M. Dupleix, événement qui lui arracha son usurpation et la vie, et donna la nababie d'Arcatte à Chandasaheb.

Il ne faut pas s'étonner de toutes ces horreurs. Ces sortes d'assassinats sont, à la honte de l'humanité, assez familiers aux princes asiatiques. L'on voit rarement ces princes mourir de mort naturelle : ils périssent presque tous par des morts violentes; ce barbare usage, suivi parmi eux, est la base de leur monstrueuse politique. Il ne faut pas s'étonner non plus si, après la funeste catastrophe de l'île de Cheringham, où Chandasaheb eut la tête tranchée, il parut deux nababs sur les rangs, Mahomet-Alikam, fils d'Anaverdikam, et Rajasaheb, fils de Chandasaheb. Ces deux concurrens étaient munis chacun d'un diplôme du grand Padisha-Mogol pour la nababie d'Arcatte. (Cet empereur donne ainsi, à prix d'argent, les mêmes diplômes à plusieurs seigneurs de son empire pour les diviser et les occuper chez eux. Sans cette précaution, il courrait risque lui-même d'être détrôné par ces princes qui sont tous remuans, inquiets, ambitieux, traîtres et fourbes. Conséquemment, c'était au plus fort que la nababie d'Arcatte devait appartenir de droit.) Mahomet-Alikam, protégé des Anglais, fut le vainqueur, et est aujourd'hui, sous leurs auspices, souverain tranquille de tout le Carnate.

Vous dites, page 180 (297) : « Le marquis Dupleix
» voulut faire assiéger la capitale du Maduré, dans le voi-
» sinage d'Arcatte. »

Ce n'est pas la capitale du Maduré que fit assiéger M. Dupleix, c'était la ville de Trichenapalli, capitale d'un ancien royaume tributaire d'Arcatte, où Mahomet-Alikam, fils d'Anaverdikam, s'était retiré avec ses trésors.

Vous dites encore plus bas, même page : « Les dépenses » immenses prodiguées pour ces conquêtes furent perdues, » et son protégé, Chandasaheb, ayant été pris dans cette » déroute, eut la tête tranchée. »

Ce n'est pas dans une déroute que Chandasaheb fut pris. Il ne le fut qu'après que les Français eurent levé le siége de Trichenapalli, dans la petite île de Chéringham (*), peu éloignée de cette capitale, où les Français et Chandasaheb avaient imprudemment pris poste. Les Anglais et les troupes de Mahomet-Alikam nous y investirent et nous bloquèrent. Nous fûmes bientôt forcés de nous rendre à discrétion, faute de munitions et de vivres. Le major Laurens, commandant l'armée anglaise, fit assembler, au mois de mars 1752, un conseil de guerre, où Mahomet-Alikam fut appelé; et Chandasaheb y fut condamné à perdre la tête. Enfin, depuis ce jour, comme vous le dites fort bien, la compagnie française tomba dans la plus triste décadence.

Vous dites, page 181 (298) : « Dupleix fut rappelé en » 1753. A celui qui avait joué le rôle d'un grand roi, on » donna un successeur qui n'agit qu'en bon marchand. »

L'on fit alors la plus grande de toutes les fautes, de relever M. Dupleix dans le temps où l'on avait le plus besoin de lui. Ce gouverneur faisait faire le siége de Trichenapalli; cette capitale, serrée de près, était à la veille de se rendre, faute de vivres. Si son successeur était arrivé quinze jours plus tard, la place était à nous; c'était la seule qui restât à prendre; la guerre était finie, et nous étions les maîtres ab-

---

(*) Chéringham est une île fermée par les rivières du Caveri et du Caliam. (*Note de l'auteur de la lettre.*)

solus de tout le Carnate. Environ deux mille hommes de bonnes troupes, que ce bon marchand amenait avec lui, étaient plus que suffisantes, avec celles que nous avions déjà, pour assurer nos conquêtes. Mais ce marchand, à son arrivée, fit lever le siége de Trichenapalli, et fit avec les Anglais la paix la plus honteuse. Il ne serait pas inutile de dire ici que, dans ce traité, nous fûmes en tout la dupe des Anglais qui nous jouèrent. Les compagnies d'Angleterre et de France étaient convenues, pour le bien commun de leur commerce, de relever les deux gouverneurs, Dupleix et Saunders. Les Anglais relevèrent effectivement Saunders, mais ne le rappelèrent pas. Ils le firent commissaire-général, ce qui était plus que gouverneur; et l'on rappela dans les formes M. Dupleix, le seul homme que les Anglais craignaient, le seul qui connût parfaitement le pays, le seul qui pouvait tout réparer, et qui, si on l'avait laissé mourir à Pondichéry et continuer son gouvernement, eût retiré abondamment le fruit de ses travaux, c'est-à-dire que nous serions aujourd'hui ce que les Anglais sont aux Indes. L'on peut regarder cette époque comme la source de tous nos malheurs dans cette partie du monde. Les Anglais, délivrés de M. Dupleix, s'en réjouirent. Ils préparèrent alors très-sérieusement les révolutions arrivées depuis aux Indes, et suivirent en tout le plan que M. Dupleix avait tracé, plan qu'il avait entrevu et parfaitement conçu. M. Dupleix était certainement un grand homme; mais ses persécutions contre M. Mahé de la Bourdonnais, aussi grand homme que lui, seront une tache éternelle à sa mémoire.

Vous dites, page 186 (2): « Les troupes se révoltent; on

(2) On lit dans l'édition de Kehl et ses réimpressions: « Les troupes
» se révoltent; on les apaise à peine. Le général les mène dans la
» province d'Arcatte pour reprendre la forteresse de Vandavacki; les

» les apaise à peine. Le général les mène deux fois au
» combat, dans une petite île nommée Vandavacki, où il
» s'est retiré. »

Vandavacki n'est pas une île : c'est un petit fort, assis dans une plaine voisine d'une montagne, à quinze lieues au nord-ouest de Pondichéry; voyez la carte du Carnate.

Vous dites encore plus bas, même page : « Ce furent les
» Marattes qui remportèrent cette victoire ; et cela même
» prouve encore combien ces républicains sont redouta-
» bles. »

Les Marattes n'ont jamais vaincu les Français, et ce ne furent pas eux qui remportèrent cette victoire, ce furent les Anglais. Nos chariots ou caissons à poudre étaient derrière une digue ou chaussée assez élevée, sur laquelle étaient placées les troupes de la marine. Un boulet anglais vint frapper un de ces caissons, en fit sauter plusieurs, et mit 160 à 200 hommes de cette marine hors de combat. Leur commandant, le chevalier du Poët, y périt. Ce fut ce funeste accident qui bouleversa tout, et fut cause de la perte de la bataille, une des plus meurtrières qui se soient jamais données aux Indes. Les Anglais, quoique victorieux dans cette journée, furent aussi maltraités que nous, et étaient hors d'état de nous inquiéter dans notre retraite. Nous nous retirâmes, dans le plus grand désordre, à un petit fort nommé Chetoupès, distant de six lieues de Vandavacki, dans l'ouest.

Les Anglais n'avaient point de Marattes dans leur armée à Vandavacki : ils ont pour principe de ne pas se servir de cette mauvaise troupe sur laquelle on ne peut compter. Les Marattes qui s'y trouvaient étaient à notre service. Un cordelier portugais, évêque d'Halicarnasse, nommé Naronha,

» Anglais s'en étaient emparés, etc. » Le reste de l'alinéa est entièrement différent dans les deux éditions.

plus guerrier que bon prélat, avait marchandé ce secours chez Morarao, un de leurs chefs. Ces Marattes nous coûtaient beaucoup, et nous furent plus nuisibles qu'utiles. Gagnés par les Anglais, ils furent spectateurs oisifs de la bataille, nous abandonnèrent dans le fort de l'action, et se retirèrent ensuite, chargés de butin, dans leur pays, après avoir, selon leur coutume, incendié et ravagé nos campagnes et celles des Anglais. Il paraît indubitable que si cette cavalerie avait fait tête, les Anglais, malgré notre accident, étaient perdus sans ressource; la ville de Pondichéry était sauvée, et ces insulaires ne seraient peut-être pas aujourd'hui aux Indes à un si haut point d'élévation.

Vous dites, page 187 (302), « que l'escadre quitta la » rade de Pondichéry, après une bataille indécise, pour se » radouber dans l'île de Bourbon. »

Ce ne fut pas à l'île de Bourbon, qui n'a point de port, où se retira notre escadre; ce fut à l'île de France.

Vous dites, page 188 (304): « Déjà les Anglais bloquè- » rent Pondichéry par terre et par mer. Le général n'avait » pas d'autre ressource que de traiter avec les Marattes qui » l'avaient battu. »

Les Marattes n'ont jamais battu M. de Lalli; voyez l'article de Vandavacki.

Voilà, Monsieur, les fautes que les Indiens et les Européans établis depuis plusieurs années aux Indes, et qui ont été les témoins oculaires des événemens de terre et de mer, sous le gouvernement de M. Dupleix et de ses successeurs, m'ont fait remarquer. J'ai cru que le philosophe, le précepteur de l'univers, ne trouverait pas mauvais que je lui en fisse part. Ces fautes, au reste, n'ont été commises que par les personnes qui vous ont fourni les matériaux pour votre *Précis*; il vous était impossible de voir du pied du Mont-Jura ce qui se passe aux extrémités de la terre.

Si vous me trouvez bon, Monsieur, à quelque chose dans

ce pays, vous pouvez disposer de moi. Je vous prie de m'accorder l'honneur de votre estime et de votre amitié; j'en fais beaucoup de cas, et soyez persuadé que personne n'est plus véritablement et plus respectueusement,

Monsieur,

Votre très-humble et très-obéissant serviteur,

BOURCET cadet.

Pour supplément.

Chapitre xxxiv, à l'article Lalli, tom. iv du *Siècle de Louis XV.*

Vous justifiez, Monsieur, en partie, M. le comte de Lalli, qui mériterait peut-être de l'être à tous égards. Etant sur les lieux, et touché des malheurs de cet illustre accusé que je n'ai jamais connu, je me suis avisé de faire toutes les recherches possibles pour découvrir quelques particularités importantes et essentielles qui sont le sommaire de toute sa conduite aux Indes.

Ce général, comme vous le faites judicieusement remarquer, n'a point trahi le roi et n'a point vendu Pondichéry, que les Anglais, qui ne sont pas absurdes, étaient moralement assurés de prendre, puisqu'ils étaient les maîtres de la terre et de la mer; et quoi qu'en disent plusieurs, et nommément le jésuite Lavour ou Lavaur, et son mauvais mémoire qui a paru ici et que j'ai lu, M. de Lalli ne pouvait pas non plus être accusé de péculat, ce général n'ayant jamais été chargé ni de l'argent du roi, ni de celui de la compagnie. Voici, dans le vrai, ce que j'en ai appris.

Plusieurs Indiens vénérables de la première classe, et plusieurs Européans éclairés et impartiaux, englobés comme le reste dans la malheureuse catastrophe de Pondichéry, m'ont assuré que ce général n'avait rien à se reprocher. *Il y avait déjà deux ans*, m'ont-ils dit, *que l'on était ici aux expédiens pour vivre avant même l'arrivée de M. de Lalli.*

Après la prise de Saint-David, on assembla un conseil mixte pour y délibérer sur quelle place nous porterions nos armes victorieuses. Les officiers généraux opinèrent tous qu'il fallait les porter sans différer sur Madras. Le conseil de Pondichéry fut d'un avis contraire à une résolution si sage et si naturelle. Il persuada à M. de Lalli qu'il manquait d'argent pour les frais de cette entreprise, et l'engagea à marcher sur le Tanjaor, dont le raja redevait à la compagnie pour solde d'un vieux compte une somme considérable. On lui insinua que la crainte qu'auraient les Tanjaoriens des approches de son armée, ferait un fort bon effet pour en retirer tout l'argent dont nous avions besoin. On lui promit pour cette expédition des munitions de toute espèce, des vivres, etc. Le général crut le conseil, partit, et, après quelques jours de marche forcée, on arriva devant Tanjaor. Le raja ne nous donna que très-peu d'argent; il fallait le forcer; il connaissait notre situation; l'on n'avait fait aucun préparatif pour ce siège; les munitions, les vivres promis n'arrivaient point; le général, abandonné et engagé dans un pays qu'il ne connaissait pas, manquant de tout, les troupes périssant de faim et d'inanition, prit le parti de la retraite, et revint à Pondichéry pénétré et indigné d'avoir été dupe.

Il est à remarquer que cette malheureuse expédition, où il entra quelques intrigues de jésuites, dont Lavaur était le chef, qui faisaient dans le Tanjaor une forte mission bursale, fut la cause première de tous nos maux.

Si, au lieu d'aller dans le Tanjaor après la conquête de Saint-David, nous avions marché incontinent à Madras (*),

(*) Madras n'a été assiégé que sept à huit mois après l'expédition de

sa perte était inévitable. La consternation était dans cette place alors ouverte de tous côtés, sans troupes et mal pourvue.

Les colonies, comme l'on sait, ne se soutiennent que par les flottes. Notre général n'en avait point; le seul vaisseau qu'il eût lorsqu'il assiégea Madras, était une misérable frégate de vingt-six à trente canons, commandée par un officier de la compagnie. L'insubordination, une frégate venue d'Europe, une escadre arrivée presqu'en même temps du Bengale, qui portaient à Madras des secours d'hommes et d'argent, firent lever ce siége.

La bataille de Vandavacki ne fut perdue que par un accident que toute la prudence humaine ne saurait prévoir. Cependant le général, resté seul sur le champ de bataille, ne put jamais rallier ses troupes; et notre cavalerie, à la tête de laquelle il voulait marcher à l'ennemi et vaincre, refusa de le suivre.

De retour à Pondichéry, il n'y trouva que fermentations et cabales; et ce qui est pis encore, l'on faisait courir des libelles injurieux et des tableaux affreux où l'on peignait le général attaché à un gibet. Les inscriptions qui étaient au bas de ces tableaux étaient encore plus affreuses. Notez que toutes ces infamies étaient aussi affichées dans tous les lieux publics de la ville.

Lorsque les Anglais assiégèrent Villenour, petit fort à deux lieues de Pondichéry, il ne tenait qu'à nous de les écraser. Le général en avait donné les moyens; il fit marcher nos troupes par des routes différentes, et elles devaient toutes se trouver en même temps devant l'ennemi et le surprendre au milieu d'une nuit obscure. Rien n'était si facile: il ne s'y attendait pas. L'on avait combiné les heures des distances, et une fusée devait être le signal de l'attaque. La

Tanjaor; les Anglais, pendant ce temps, réparèrent cette place, et y rassemblèrent leurs forces. (*Note de l'auteur de la lettre.*)

fusée fut lancée à l'heure marquée; mais nos troupes, qui n'étaient tout au plus que de trois mille hommes, ne purent faire une petite lieue sur un terrain uni et sec, sans se tromper. Il n'en a pas été de même, Monsieur, dans le trajet infiniment plus long et plus pénible que vous peignez avec des couleurs si vives, fait par une armée de plus de quatre-vingt mille hommes, lorsque le grand Maurice voulut donner le change à l'ennemi. Tout le monde sait cette habile et fameuse marche, et l'étonnement même de nos troupes de se trouver toutes rassemblées à la même heure devant Maëstricht par des voies différentes.

Tout ce que l'on a débité au sujet de la messe et des psaumes que notre général récitait dans son lit, absolument nu, etc., sont encore de ces calomnies atroces inventées par la méchanceté et la cabale pour le rendre plus odieux. M. de Lalli n'a jamais montré que de la fermeté, du courage, au milieu de toutes ces fermentations monstrueuses, et une indignation peut-être trop outrée de tant d'affronts faits impunément à sa personne et à sa dignité.

Ajoutez, Monsieur, à toutes ces misères, qu'il n'avait pas un homme dans l'Inde à qui il pût se confier; tout y était contre lui. S'il demandait des secours pour les besoins actuels, c'est-à-dire pour la défense de la place, tout lui était refusé. On était plus occupé à lui faire la guerre ou à chercher les moyens de le perdre qu'à éloigner l'ennemi qui était à nos portes. De là tous ces discours, toutes ces lettres terribles, monumens de désespoir, pardonnables à un héros dont l'honneur et la gloire se trouvaient ainsi compromis dans un pays de licence où le nom de la compagnie était, pour son malheur, en plus grande vénération que celui du souverain.

Les grands pouvoirs de M. de Lalli, les titres de lieutenant-général, de commissaire du roi, de syndic de la compagnie des Indes, lui avaient attiré plus d'ennemis que les violences et la férocité qu'on lui impute. Les employés, les facteurs de la compagnie, etc., ne voyaient en lui qu'un homme puissant et dangereux, qui pouvait un jour les dévoiler et les perdre. Ils avaient tous à craindre pour leurs fortunes immenses, acquises par des déprédations aussi connues aux Indes qu'en Europe. Ces commis, pour conserver leur richesse, suscitèrent à M. de Lalli, de concert avec les jésuites, de terribles ennemis, et répandirent de grosses sommes pour tout envenimer contre lui; ces gens, en s'attachant à la perte de leur général, oublièrent le danger où était Pondichéry, et les malheurs qu'ils se préparaient à eux-mêmes et à cette colonie infortunée.

Vous êtes, Monsieur, le plus éclairé des hommes; vous avez de la sensibilité dans l'âme; vous êtes philosophe; c'est à vous à peser et à juger par ce que vous venez de lire, et que j'ai copié mot pour mot, si M. le comte de Lalli méritait une fin si tragique.

B. C.

Je me flatte, Monsieur, que vous aurez déjà reçu la première expédition par M. de Bourcet, lieutenant-général, mon oncle.

FIN DES ADDITIONS AU COMMENTAIRE HISTORIQUE.

RELATION

DU

VOYAGE DE M. DE VOLTAIRE A PARIS EN 1778,
ET DE SA MORT;

PAR WAGNIÈRE.

RELATION

DU

VOYAGE DE M. DE VOLTAIRE A PARIS EN 1778,
ET DE SA MORT.

A MES ENFANS.

EN 1777, M. le marquis *de Villette*, dont on connaît les goûts et la conduite, se promenant un jour au Vauxhall avec une dame, fut rencontré par une demoiselle du monde fort connue de lui. Elle lui dit en passant, et en le touchant avec son éventail : *Adieu, Villette*. Celui-ci, feignant de ne pas la connaître, passa sans lui répondre. Elle récidiva ; alors M. *de Villette* la frappa avec une baguette qu'il avait à la main (*a*).

Outrée de ce procédé, elle alla se plaindre à un

(*a*) Plusieurs personnes prétendent que cette demoiselle avait assuré que M. *de Villette* lui avait pris des diamans, et que lui l'ayant rencontrée, il lui demanda s'il était vrai qu'elle l'en eût accusé ; que la demoiselle ayant répondu affirmativement, M. *de Villette* la frappa (*).

(*) Elle se nommait *Thévenin*. Elle est morte en 1779, laissant une succession évaluée à cent mille écus. Elle n'avait pas de souliers deux ou trois années auparavant. (*Corr. littér. secr.*, t. 2, p. 230.)

officier suisse qui alors était son amant. Celui-ci, pour venger l'affront fait en public à sa maîtresse, fit avertir M. *de Villette* de se rencontrer dans tel endroit et à telle heure, qu'il s'y rendrait pour avoir l'honneur de lui donner (quoique Suisse) une leçon de politesse envers les dames.

M. *de Villette*, qui n'aime point ces sortes de choses, alla pourtant au rendez-vous, mais trois heures avant celle que lui avait indiquée son adversaire, lequel par conséquent ne s'y trouva pas alors. M. *de Villette* revient sur-le-champ chez lui, fait son paquet, et part dans l'instant pour s'éloigner de Paris, sans être décidé où il irait, et s'il se rendrait à Marseille ou à Genève. Il préféra malheureusement ce dernier endroit (*b*).

Il vint en septembre voir M. *de Voltaire* à Ferney, chez qui il avait passé quelques jours, il y a quatorze ans, lorsque son père, avec lequel il était brouillé, mourut. M. *de Voltaire* fut obligé de lui prêter cinquante louis pour faire sa route jusqu'à Paris.

M. *de Villette* a de l'esprit, il est très-aimable dans la société, et a le don de raconter fort plaisamment. M. *de Voltaire* l'engagea à venir loger chez lui; et quelque temps après, M. le marquis *de Villevieille*, ami de M. *de Villette*, arriva aussi à Ferney.

(*b*) Je tiens ce récit d'un homme très-attaché à M. *de Villette*, et témoin oculaire.

Madame *Denis*, nièce de M. *de Voltaire*, avait, depuis deux ans, pris auprès d'elle, pour lui tenir compagnie, et par commisération, une jeune demoiselle, fille de M. *de Varicourt*, garde-du-corps, père de onze enfans.

Dès que M. *de Villette* fut arrivé, il dit qu'il voulait épouser mademoiselle *de Varicourt*; ce qu'il fit enfin, après avoir cependant tergiversé près de trois mois. Il n'est point vrai, comme on l'a dit, et comme on l'a imprimé, que M. *de Voltaire* eût eu jamais l'idée d'offrir une forte dot à la femme de M. *de Villette*; cela eût même été ridicule, puisque M. *de Villette* s'annonça comme jouissant de cent vingt mille livres de rente; par conséquent il n'a point eu la gloire prétendue de refuser une dot. M. *de Voltaire* et madame *Denis* donnèrent seulement quelques diamants à la jeune mariée. M. *de Villette*, apparemment pour se donner quelque relief, cherchait à faire croire que sa femme et lui étaient parens de M. *de Voltaire* (1).

Pendant ce temps, M. *de Voltaire* composa sa tragédie d'*Irène*; il en fit la lecture à MM. *de Villette* et *de Villevieille*; après quoi il l'envoya aux

(1) Mademoiselle *de Varicourt*, que ses parens, dit-on, destinaient à être religieuse, fut reçue au château de Ferney très-jeune encore, et elle put se regarder comme la fille adoptive de madame *Denis*. Des étrangers, des colons même, qui l'avaient toujours vue auprès de la nièce de *Voltaire*, ont pu croire en effet qu'elle était de la famille; et M. *de Villette*, apparemment, se bornait à laisser dans leur opinion ceux qui lui faisaient quelque compliment à ce sujet.

comédiens de Paris, par M. le comte *d'Argental.*

On avait commencé d'assurer à M. *de Voltaire* que la Reine, *Monsieur,* Monseigneur le comte *d'Artois,* toute la cour, avaient la plus grande envie de le voir; et dès lors il arrivait à Ferney de prétendues lettres de Versailles et de Paris, remplies des choses les plus flatteuses et les plus agréables pour M. *de Voltaire,* de la part de ces personnes illustres, et de celle du Roi même, pour l'engager d'aller à Paris.

Enfin, MM. *de Villette* et *de Villevieille,* madame *Denis* et madame *de Villette,* firent tout ce qu'ils purent pour persuader à ce vieillard que sa tragédie tomberait, s'il n'allait pas lui-même à Paris pour la faire jouer et conduire les acteurs (*c*) (2); que c'était l'occasion du monde la plus favorable, puisque la cour, suivant les lettres qu'on lui mon-

(*c*) Il s'était élevé malheureusement une violente querelle entre le marquis *de Thibouville* et l'acteur principal, *Le Kain,* qui refusait de jouer dans *Irène.* Celui-ci écrivit à M. *de Voltaire* une lettre pleine d'amertume contre M. *de Thibouville,* qui en eut connaissance. Les esprits s'en aigrirent davantage. M. *de Voltaire* était très-piqué du refus de *Le Kain,* et n'y voyait qu'un trait d'ingratitude. Cette fâcheuse aventure contribua beaucoup au départ de M. *de Voltaire* pour Paris; et l'on saisit avec empressement ce prétexte pour redoubler les sollicitations.

(2) *Voltaire* avait destiné le rôle de Léonce à *Le Kain,* dont l'âge assez avancé lui semblait devoir mieux s'accorder avec ce rôle qu'avec celui du jeune et bouillant Alexis. *Le Kain,* persuadé peut-être que *Thibouville* avait carte blanche pour la distribution des rôles, et qu'il lui donnait de son chef celui de Léonce, lequel il ne regardait que comme un rôle secondaire, refusa de l'accepter, et demanda celui

trait, était si bien disposée à son égard; que ce voyage convenait à sa gloire, et pour dissuader les trois quarts de l'Europe, qui pensaient qu'il ne lui était pas permis de retourner dans le lieu de sa naissance (*d*); qu'il consulterait à Paris M. *Tronchin* sur sa santé; qu'étant presque obligé d'aller à Dijon pour un procès, il n'aurait plus qu'autant de chemin à faire, etc., etc.

Toutes ces raisons, toutes ces sollicitations et ces manœuvres déterminèrent enfin ce vieillard à entreprendre ce voyage funeste. On convint que sa nièce, M. et madame *de Villette* partiraient les premiers; que tous logeraient chez M. *de Villette*, et que M. *de Voltaire* ne resterait que six semaines à Paris.

Ils partirent le 3 février 1778, et M. *de Voltaire*,

---

d'Alexis, qui, étant le *premier* rôle, lui appartenait de droit. Voilà le sujet de la querelle. Ces tristes débats finirent peu de temps après par un événement bien plus déplorable, par la mort de *Le Kain*. Il est à croire que *Voltaire*, en apprenant la manière dont ce grand acteur venait de jouer le rôle de Vendôme, quelques jours auparavant, n'eût pas hésité à lui donner le rôle d'Alexis; et la tragédie d'*Irène* n'eût pu qu'y gagner beaucoup aux représentations, quoiqu'elles aient été justement applaudies, et que tous les acteurs y aient déployé en général beaucoup de zèle et de talent.

(*d*) Cette idée était si universelle, que le roi de France lui-même en était persuadé, et le dit à M. le prince *de Beauvau* qui le croyait aussi. C'est ce que M. *de Voltaire* apprit de la bouche de M. *de Beauvau*, en ma présence. On dit même qu'à cette occasion, Sa Majesté eut la curiosité de faire compulser les registres des lettres-de-cachet, pour s'assurer de ce qui en était, et qu'on n'y trouva rien de ce qu'on y cherchait.

avec moi, le 5 à midi, sans autre domestique que son cuisinier.

La douleur et la consternation étaient dans Ferney lorsque M. *de Voltaire* en sortit. Tous les colons fondaient en larmes et semblaient prévoir leur malheur. Lui-même pleurait d'attendrissement. Il leur promettait que dans un mois et demi, sans faute, il serait de retour, et au milieu de ses enfans. Il est si vrai que c'était là son intention, qu'il ne mit aucun ordre à ses affaires, et n'enferma ni les papiers de sa fortune, ni ceux de littérature.

Nous allâmes coucher à Nantua. Etant arrivés à Bourg en Bresse, pendant qu'on changeait les chevaux, il fut reconnu, et dans l'instant toute la ville se rassembla autour du carrosse, et M. *de Voltaire* ne put même satisfaire à quelques besoins qu'en se faisant enfermer à la clef dans une chambre du rez-de-chaussée de la maison.

Le maître de la poste voyant que le postillon avait attelé un mauvais cheval, lui en fit mettre un meilleur, et lui dit avec un gros juron : *Va bon train, crève mes chevaux, je m'en f....., tu mènes M. de Voltaire.* Ce propos fit plaisir aux spectateurs. On partit au milieu de leurs ris et de leurs acclamations. M. *de Voltaire* ne pouvait s'empêcher d'en rire lui-même, quoiqu'il se vît dépouillé en cette occasion de l'*incognito* qu'il s'était proposé de garder dans toute la route.

Nous passâmes la seconde nuit à Senecey, et la troisième à Dijon, où, dès son arrivée, M. *de Voltaire* alla voir quelques conseillers et le rapporteur du procès qu'il soutenait pour madame *Denis*. Plusieurs personnes de la première distinction vinrent pour le visiter ; d'autres payaient les servantes de l'auberge pour qu'elles laissassent la porte de sa chambre ouverte. Quelques-uns même voulurent s'habiller en garçons de cabaret, afin de le servir à son souper, et de le voir par ce stratagème.

Le lendemain nous allâmes coucher à Joigny, et de là nous comptions arriver le même jour à Paris ; mais l'essieu du carrosse se rompit à une lieue et demie de Moret. On y envoya un postillon qui y trouva M. *de Villette*, qui venait seulement d'arriver, et qui vint nous prendre dans sa voiture, après quoi il repartit avec sa compagnie.

Enfin le 10 février, vers les trois heures et demie du soir, nous arrivâmes à Paris.

A la barrière, les commis demandèrent si nous n'avions rien contre les ordres du Roi. *Ma foi, Messieurs,* leur répondit M. *de Voltaire, je crois qu'il n'y a ici de contrebande que moi.* Je descendis du carrosse pour que l'employé eût plus de facilité à faire sa visite. L'un des gardes dit à son camarade : *C'est, pardieu ! M. de Voltaire.* Il tire par son habit le commis qui fouillait, et lui répète la même chose en me fixant ; je ne pus m'empêcher de rire ; alors tous regardant avec le plus grand étonnement mêlé de respect, prièrent M. *de Voltaire* de continuer son chemin.

Il avait joui pendant la route de la meilleure santé. Je ne l'ai jamais vu d'une humeur plus agréable; il avait été d'une gaîté charmante. Son grand plaisir était de faire tous ses efforts pour m'enivrer, disant que puisque je n'avais jamais été pris de vin, il serait peut-être fort plaisant de l'être une fois. Il reposait dans sa voiture qui était une espèce de dormeuse. Quelquefois il lisait; d'autres fois c'était mon tour à lire; tantôt il s'amusait à raisonner avec moi, tantôt à me faire des contes à mourir de rire.

Immédiatement après être descendu à l'hôtel de M. *de Villette*, il alla à pied chez M. le comte *d'Argental*, son ancien ami, qu'il ne trouva pas, et s'en revint. M. *d'Argental* arriva un moment après, et vit M. *de Voltaire* qui entrait dans l'appartement qu'on lui avait préparé. Il court à lui, et après les premiers embrassemens, il lui dit qu'on venait d'enterrer *Le Kain*. M. *de Voltaire* fit un cri terrible à cette nouvelle.

Le bruit fut bientôt répandu dans Paris que ce grand homme y était arrivé. Dès lors le salon de M. *de Villette* et la chambre à coucher de M. *de Voltaire* ne cessèrent d'être remplis d'un monde prodigieux. Sa politesse extrême lui fit recevoir toutes sortes de personnes. Il disait à chacun les choses les plus agréables et les plus spirituelles.

Tous le quittaient enchantés. Tous les faiseurs de vers et de prose lui en adressèrent, et chantèrent son retour dans sa patrie.

Dès cet instant on forma le projet de le faire rester à Paris.

Le surlendemain de notre arrivée, M. le marquis *de Jaucourt* vint mystérieusement avertir madame *Denis* que le retour subit de son oncle à Paris avait occasioné beaucoup d'étonnement à Versailles. On ne put le cacher à M. *de Voltaire*, et cela lui causa une grande surprise. On s'intrigua, on fit parler à madame *Jules de Polignac*, intime amie de la Reine; on engagea M. *de Voltaire* à lui écrire; elle lui fit une réponse fort honnête; elle vint même le voir, et il fut un peu tranquille. Cependant cette petite aventure laissa une forte impression dans son esprit, et lui fit faire des réflexions.

Les prêtres commencèrent bientôt aussi à murmurer. Le curé de Saint-Sulpice chercha plusieurs fois à voir et à parler à M. *de Voltaire*, mais il ne put alors y parvenir.

Le genre de vie que menait ce vieillard depuis son arrivée était exactement contraire à celui qu'il avait embrassé à Ferney depuis vingt ans. Là, il était tranquille, et non assujéti à remplir aucun de ces devoirs gênans de la société, ne voyant presque personne, laissant faire à madame *Denis* les honneurs de la maison, jouissant en tout sens de la plus entière liberté, passant une grande partie du temps dans son lit, à travailler, se promenant en d'autres momens dans ses jardins, dans ses forêts, ou dans ses autres possessions, dirigeant lui-même les travaux de la campagne, goûtant le plaisir de créer et de voir prospérer sa colonie. Son nouveau genre de vie lui fit bientôt sentir qu'il altérait sa santé; les jambes lui enflèrent de la fatigue de se tenir debout pour recevoir ceux qui venaient le visiter.

Dans ce temps, un ex-jésuite, nommé l'abbé *Gautier*, lui écrivit pour lui offrir ses services spirituels, si l'occasion s'en présentait. M. *de Voltaire* le remercia par écrit. L'abbé vint le voir et laissa son adresse. Quand il fut sorti, je demandai à mon cher maître s'il était content de M. *Gautier*. Il me répondit que c'était un bon imbécile.

Quelques jours après la visite de cet abbé, il vint un autre homme qui me parut être aussi un prêtre, mais en habit court. Il me dit qu'il désirait ardemment de voir M. *de Voltaire*, qu'il venait de quatre cents lieues pour cet effet. Cela excita ma curiosité. Je lui répondis que M. *de Voltaire* était malade, et qu'il ne pouvait accorder que des audiences très-courtes. Je demandai à M. *de Voltaire* la permission de lui présenter cet homme qui disait venir de si loin pour le voir. *Eh bien*, dit-il, *qu'il entre un moment, il pourra peut-être m'apprendre quelque chose de nouveau.* Je retournai auprès de mon prétendu voyageur, et lui demandai son nom et sa patrie. Il me répondit qu'il s'appelait l'abbé *Marthe*, qu'il était d'Italie, ce qui me causa de la surprise.

Cependant je l'introduisis dans la chambre de M. *de Voltaire*, qui lui dit d'abord : *Vous avez là, Monsieur, un habit qui ne paraît pas être celui d'un homme qui vient de quatre cents lieues.* L'abbé lui répondit que ce n'était pas celui qu'il portait ordinairement. Ensuite il supplia M. *de Voltaire* de permettre qu'il l'entretînt en particulier. Mon cher maître alors m'adressant la parole, ainsi qu'à un serrurier qui raccommodait une sonnette, nous dit de les laisser seuls. Je sortis et me tins à la porte, disant au serrurier d'y rester aussi. Il me prit une grande palpitation, et mon premier mouvement fut de porter machinalement la main à mon couteau.

Un instant après, M. *de Voltaire* s'écria avec véhémence : *Ah! Monsieur, que faites-vous?* L'abbé s'était mis à genoux, en disant : « Monsieur, il faut » que tout-à-l'heure vous vous confessiez à moi, et » cela absolument; il n'y a point à reculer, dépêchez- » vous, je suis ici exprès. » Sur ce, M. *de Voltaire* lui dit : *N'êtes-vous pas Provençal?* — Non, je suis du Languedoc. — *Ce que vous faites prouve que vous êtes au moins de la lisière. Allez-vous-en dans votre paroisse, y remplir vos devoirs envers Dieu, et laissez-moi remplir les miens dans ma chambre.*

J'étais rentré sitôt que j'eus entendu l'exclamation de M. *de Voltaire*. Je vis cet homme à genoux près du lit, ne voulant pas se relever, et jetant sur moi des regards étincelans et furieux. Je le pris par le bras, et le poussai avec violence hors de la chambre. Depuis, il tenta plusieurs fois de revenir dans l'hôtel, mais on l'avait consigné à la porte.

L'envie du curé de Saint-Sulpice de parler à M. *de Voltaire*, la lettre et la visite de l'abbé *Gautier*, l'aventure étrange de l'abbé *Marthe*, firent une singulière impression sur mon cher maître. Il soupçonna que tous agissaient de la part de l'archevêque; que les prêtres, les moines se remuaient et cabalaient contre lui.

Le célèbre *Francklin* vint, avec son petit-fils, voir M. *de Voltaire*, et lui demanda sa bénédiction pour ce jeune homme, qui se mit à genoux. Il la lui donna en prononçant ces mots: *Dieu, Liberté et Tolérance;* il le releva en même temps, et l'embrassa tendrement. Cette scène touchante fit une profonde impression sur tous ceux qui étaient présens.

L'Académie française lui fit une députation extraordinaire.

Les comédiens vinrent aussi en corps. Il leur dit: *Je ne peux désormais vivre que par vous et pour vous.* Il leur distribua les rôles de sa tragédie d'*Irène*. Il eut bien de la peine à les mettre d'accord, et il fallut beaucoup de négociations pour arranger cette affaire. Enfin il leur fit faire devant lui une répétition, dans laquelle madame *Vestris* fut très-peu complaisante pour M. *de Voltaire;* et *Brizart* lui répondit, lorsqu'il lui enseignait comment il devait déclamer son rôle : *Il suffit, Monsieur, que vous me le disiez pour que je ne le fasse pas* (3).

Le 25 février, à midi et un quart, il me dictait de son lit. Il toussa trois fois assez fort; je me retournai; dans l'instant il me dit : *Oh, oh! je crache du sang.* Et sur le moment, le sang lui jaillit par la bouche et par le nez, avec la même violence que quand on ouvre le robinet d'une fontaine dont l'eau est forcée. Je sonnai : madame *Denis* entra; j'écrivis un mot à M. *Tronchin.* Enfin, toute la maison fut en alarme, et la chambre du malade remplie de monde. Il m'ordonna d'écrire à l'abbé *Gau-*

---

(3) Cela nous paraît un peu fort. *Wagnière* ne dit pas s'il était présent à ce propos, ou s'il le rapporte d'après un *ouï-dire.* Nous avons peine à croire que *Brizard* fût assez grossier et assez sot pour l'avoir tenu; autrement, nous en conclurions que l'esprit et le caractère de cet acteur étaient fort au-dessous de son talent, qui n'était pas du premier ordre. Sa taille, sa figure, ses cheveux blancs, contribuèrent beaucoup aux succès de cet acteur. Ces avantages naturels le firent admettre assez facilement à la Comédie-française, et lui suffirent, avec de l'intrigue, pour s'y maintenir et écarter tous les débutans qui, par des talens supérieurs aux siens, auraient pu aspirer à son emploi, tels que *Aufréne* surtout. Du reste, sa figure, quoique noble, était sans expression, sa diction était sourde et embarrassée, la mémoire lui manquait souvent, sa sensibilité paraissait plus factice que vraie. En scène avec des acteurs du premier ordre, il semblait en être soutenu, et s'animait un peu, comme dans la grande scène de Zopire et de Mahomet, l'une des plus belles du théâtre français. La grandeur, la force y sont portées au plus haut degré. L'auteur y fait

tier de venir lui parler, ne voulant pas, disait-il, que l'on jetât son corps à la voierie. Je fis semblant d'envoyer ma lettre, afin que l'on ne dît pas que M. *de Voltaire* avait montré de la faiblesse. Je l'assurai qu'on n'avait pu trouver l'abbé. Alors il dit aux personnes qui étaient dans la chambre : *Au moins, Messieurs, vous serez témoins que j'ai demandé à remplir ce qu'on appelle ici ses devoirs.*

M. *Tronchin* arriva bientôt; il tint le pouls du malade jusqu'au moment qu'il trouva convenable de le saigner. Enfin, après avoir perdu environ trois pintes de sang, l'hémorragie diminua. Il continua d'en cracher pendant vingt-deux jours en assez grande quantité.

M. *Tronchin* recommanda au malade de ne point parler, pria les gens de la maison qu'on ne lui

---

triompher Zopire du prophète; et dans ce triomphe même de la vertu sur l'audace et la ruse, on n'en sentait peut-être que mieux l'extrême supériorité du talent de *Le Kain* sur celui de *Brizart*. La différence était encore plus marquée dans le pathétique. *Le Kain*, sans doute, eût fait ressortir bien autrement que *Brizart* les beautés du rôle de Léonce. M. *de Voltaire* le savait bien, et s'il donna ensuite ce rôle à *Brizart*, celui-ci dut bien sentir que c'était par les circonstances du refus et ensuite de la mort de *Le Kain*. Son amour-propre devait d'autant plus en souffrir que le rôle était de son emploi. Il pouvait, non sans quelque raison, être indisposé contre l'auteur, mais rien ne pouvait l'autoriser à l'apostropher d'une manière si brutale et si impolitique. Comment, après cela, M. *de Voltaire* lui aurait-il laissé le rôle de Léonce, et lui aurait-il ensuite destiné celui d'Agathocle? (V. la lettre à *d'Argental*, t. 63, p. 458). Tout lecteur prudent, ce nous semble, doutera de la prétendue incartade de *Brizart*, et la mettra au nombre des anecdotes suspectes ou des exagérations.

parlât pas et qu'on ne laissât entrer personne chez lui. Il envoya une jeune garde-malade très-entendue, qui avait le plus grand soin de faire observer les ordonnances, et de faire retirer ceux que l'on ramenait dans la chambre, ce qui déplut fort au maître de la maison. On eut soin de faire coucher toutes les nuits un chirurgien auprès de M. *de Voltaire*.

M. *de Villette* qui, je ne sais pourquoi, n'aimait pas M. *Tronchin*, le critiquait continuellement, et faisait sans cesse des plaisanteries sur la jeune garde. Il cherchait à donner au malade de la défiance sur son médecin. Il courait, il écrivait aux autres membres de la faculté. Il engagea M. *de Voltaire* à demander à M. *Tronchin* de faire venir avec lui M. *Lorri*, ami de M. *de Villette*, homme, il est vrai, très-instruit et très-aimable. M. *Tronchin* lui écrivit avec le plus grand empressement. M. *de Villette* s'empara du billet, le garda, en écrivit un autre, afin de se vanter, comme il fit, que c'était lui seul qui avait fait venir M. *Lorri*, malgré M. *Tronchin*, et sauvé la vie au malade.

M. *Lorri* trouva les ordonnances de son confrère très-bonnes, quelque chose que l'on pût lui insinuer pour dire le contraire. M. *de Villette* avait la plus grande haine pour M. *Tronchin*, et aurait désiré qu'il ne continuât plus de voir M. *de Voltaire*. Cela était si violent, qu'à la fin M. *Tronchin* le prit un jour par le bras, et le fit sortir de la chambre. Dès lors il se forma deux partis. J'ai été témoin des scènes les plus indécentes dans la chambre du malade, lorsqu'il était encore en très-grand danger. Au bruit qu'on y faisait, on aurait dit qu'il y avait des paysans ivres prêts à se battre. On n'avait aucun égard pour les ordres du médecin, ni aux instances du malade, qui ne cessait de s'écrier qu'on le tuait. Je demandai en grâce à madame *Denis* la permission de refuser la porte de la chambre à ceux même qu'elle amenait; elle ne le voulut absolument pas, et me dit : *Oh! par ma foi!....* (4).

Chaque personne qui venait indiquait des remèdes, tous différens les uns des autres, et que souvent, à force d'instances, on faisait prendre à mon maître, malgré les défenses de MM. *Lorri* et *Tronchin*. On parvint à faire renvoyer la garde que ce dernier avait procurée. J'étais étonné qu'après tous les dégoûts possibles qu'on lui donnait, il continuât ses soins auprès de M. *de Voltaire* avec la plus grande amitié. Mon cœur était navré de douleur de tout ce que je voyais.

On donna dans ce temps (16 mars 1778) la première représentation d'*Irène*. Je fus témoin de la cabale violente contre cette pièce; il me parut qu'elle était principalement excitée par des gens vêtus en abbés; mais leur voix fut étouffée par des

---

(4) Cette réticence est ainsi dans le manuscrit de *Wagnière*.

acclamations générales. Il ne manquait à ce spectacle que la Cour et l'auteur.

Fort peu de temps après, l'abbé *Gautier* vint chez M. *de Villette*. On l'introduisit auprès de M. *de Voltaire*, qui lui dit : *Il y a quelques jours que je vous ai fait prier de venir me voir pour ce que vous savez. Si vous voulez, nous ferons tout-à-l'heure cette petite affaire.* « Très-volontiers, » répondit l'abbé. Il n'y avait alors dans la chambre que M. l'abbé *Mignot*, M. le marquis *de Villevieille* et moi. Le malade nous dit de rester, mais l'abbé *Gautier* ne le voulut pas. Nous sortîmes; je me tins à la porte, qui ne consistait qu'en un cadre revêtu de papier des deux côtés, et n'avait point de loquet. J'entendis M. *de Voltaire* et l'abbé causer un moment ensemble, et celui-ci finit par demander à mon maître une déclaration de sa main, à quoi il consentit.

Je soupçonnai alors que le confesseur était un émissaire du clergé. J'étais au désespoir de la démarche qu'on exigeait de M. *de Voltaire*; je m'agitais près de la porte, et faisais beaucoup de bruit. MM. *Mignot* et *de Villevieille*, qui l'entendirent, accoururent à moi et me demandèrent si je devenais fou. Je leur répondis que j'étais au désespoir, non de ce que mon maître se confessait, mais de ce qu'on voulait lui faire signer un écrit qui le déshonorerait peut-être.

M. *de Voltaire* m'appela pour lui donner de quoi

écrire. Il s'aperçut de mon agitation, m'en demanda avec étonnement la cause. Je ne pus lui répondre.

Il écrivit lui-même, et signa une déclaration dans laquelle il disait « qu'il voulait mourir dans la » religion catholique, où il était né; qu'il deman- » dait pardon à Dieu et à l'Église, s'il avait pu les » offenser. » Il donna ensuite à l'abbé un billet de six cents livres pour les pauvres de la paroisse de Saint-Sulpice.

Madame *Denis*, presque au même moment, venait d'entrer dans la chambre pour témoigner à M. *Gautier* avec fermeté qu'il devait abréger sa séance auprès du malade.

Alors l'abbé *Gautier* nous invita à rentrer, et nous dit : « M. *de Voltaire* m'a donné là une petite » déclaration qui ne signifie pas grand' chose; je » vous prie de vouloir bien la signer aussi. » M. le marquis *de Villevieille* et M. l'abbé *Mignot* la signèrent sans hésiter. L'abbé vint alors à moi et me demanda la même chose. Je le refusai; il insista beaucoup. M. *de Voltaire* regardait avec surprise la vivacité avec laquelle je parlais à l'abbé *Gautier*. Je répondis enfin, lassé de cette persécution, que *je ne voulais ni ne pouvais signer, attendu que j'étais protestant*. Et il me laissa tranquille.

Il proposa ensuite au malade de lui donner la communion. Celui-ci répondit : *Monsieur l'abbé, faites attention que je crache continuellement du* sang; *il faut bien se donner de garde de mêler celui du bon Dieu avec le mien.* Le confesseur ne répliqua point. On le pria de se retirer, et il sortit.

C'est pour moi quelque chose d'étonnant que cette espèce de lâcheté avec laquelle la plupart des prétendus philosophes et des prétendus amis de M. *de Voltaire* approuvèrent sa démarche et sa déclaration, sans même en savoir le contenu; lesquelles n'ont servi cependant à rien, comme on l'a vu à sa mort (*e*).

Le 28 février, étant seul avec lui, je le priai de vouloir bien me dire quelle était exactement sa façon de penser, dans un moment où il me disait qu'il croyait mourir. Il me demanda du papier et de l'encre; il écrivit, signa et me remit la déclaration suivante :

JE MEURS EN ADORANT DIEU, EN AIMANT MES AMIS, EN NE HAÏSSANT PAS MES ENNEMIS, ET EN DÉTESTANT LA SUPERSTITION. 28 février 1778.   *Signé* VOLTAIRE (5).

M. *de Tersac*, curé de Saint-Sulpice, ayant bientôt appris ce qui s'était passé chez M. *de Voltaire*,

---

(*e*) Il n'est pas vrai, comme le dit l'auteur des prétendus *Mémoires de Bachaumont*, t. II, p. 165, que MM. *d'Alembert*, *Condorcet*, et d'autres, aient gourmandé M. *de Voltaire* sur ce qu'il avait fait. C'est exactement tout le contraire. D'ailleurs ces *Mémoires* sont farcis de contes absolument faux sur M. *de Voltaire*. (Voy. les *Remarques de Wagnière sur ces Mémoires.*)

(5) Nous avons déposé à la bibliothèque du Roi cette déclaration, en original, et le passage de la relation de *Wagnière* qui y a rapport,

vit M. *de Villette* et lui témoigna son mécontentement de ce que l'abbé *Gautier* se fût porté à de pareilles démarches sans son autorisation. Il en était d'autant plus blessé qu'il n'avait pu encore obtenir lui-même d'être admis auprès du malade. M. *de Voltaire*, informé des plaintes du curé, voulut le calmer par une lettre de politesse et de compliment. Celui-ci y répondit le même jour par une autre lettre à peu près de même genre. Ce sont deux morceaux qui me paraissent assez curieux pour que je les transcrive ici, en m'abstenant d'y joindre aucune réflexion.

Lettre de M. DE VOLTAIRE *à* M. DE TERSAC, *curé de Saint-Sulpice.*

Paris, 4 mars 1778.

MONSIEUR,

M. le marquis *de Villette* m'a assuré que si j'avais pris la liberté de m'adresser à vous-même pour la démarche nécessaire que j'ai faite, vous auriez eu la bonté de quitter vos importantes occupations pour venir daigner remplir auprès de moi des fonctions que je n'ai crues convenables qu'à des subalternes auprès des passagers qui se trouvent dans votre département.

écrit de sa main. Cela faisait partie des papiers de ce dernier, que nous avons acquis de ses enfans et héritiers.

M. l'abbé *Gautier* avait commencé par m'écrire, sur le bruit seul de ma maladie : il était venu ensuite s'offrir de lui-même, et j'étais fondé à croire que, demeurant sur votre paroisse, il venait de votre part. Je vous regarde, Monsieur, comme un homme du premier ordre de l'État. Je sais que vous soulagez les pauvres en apôtre, et que vous les faites travailler en ministre. Plus je respecte votre personne et vous, Monsieur, plus j'ai craint d'abuser de vos extrêmes bontés. Je n'ai considéré que ce que je devais à votre naissance, à votre ministère et à votre mérite. Vous êtes un général à qui j'ai demandé un soldat. Je vous supplie de me pardonner de n'avoir pas prévu la condescendance avec laquelle vous seriez descendu jusqu'à moi. Pardonnez-moi aussi l'importunité de cette lettre ; elle n'exige point l'embarras d'une réponse : votre temps est trop précieux.

J'ai l'honneur d'être, etc.

Réponse de M. DE TERSAC *à* M. DE VOLTAIRE.

Le 4 mars.

Tous mes paroissiens, Monsieur, ont droit à mes soins, que la nécessité seule me fait partager avec mes coopérateurs; mais quelqu'un comme M. *de Voltaire* est fait pour attirer toute mon attention. Sa célébrité, qui fixe sur lui les yeux de la capitale, de la France, même de l'Europe, est bien digne de la sollicitude pastorale d'un curé. La démarche que vous avez faite, Monsieur, n'était nécessaire qu'autant qu'elle pouvait être utile et consolante dans le danger de votre maladie. Mon ministère ayant pour objet le vrai bonheur de l'homme, en tournant à son profit les misères inséparables de sa condition, et en dissipant par la foi les ténèbres qui offusquent sa raison et le bornent dans le cercle étroit de cette vie, jugez avec quel empressement je dois l'offrir à l'homme le plus distingué par ses talens, dont l'exemple seul ferait des milliers d'heureux et peut-être l'époque la plus intéressante aux mœurs, à la religion et à tous les vrais principes, sans lesquels la société ne sera jamais qu'un assemblage de malheureux insensés, divisés par leurs passions et tourmentés par leurs remords.

Je sais, Monsieur, que vous êtes bienfaisant. Si vous me permettez de vous entretenir quelquefois, j'espère que vous conviendrez qu'en adoptant parfaitement la sublime philosophie de l'Evangile, vous pouvez faire le plus grand bien et ajouter à la gloire d'avoir porté l'esprit humain au plus haut degré de ses connaissances, le mérite de la vertu la plus sincère, dont la sagesse divine, revêtue de notre nature, nous a donné la juste idée et fourni le parfait modèle que nous ne pouvons trouver ailleurs.

Vous me comblez, Monsieur, de choses obligeantes que vous voulez bien me dire et que je ne mérite pas. Il serait au-dessus de mes forces d'y répondre, en me mettant au nombre des savans et des gens d'esprit qui vous portent avec tant d'empressement leur tribut et leurs hommages. Pour moi, je n'ai à vous offrir que le vœu de votre solide bonheur et la sincérité des sentimens avec lesquels j'ai l'honneur d'être, etc.

DE TERSAC.

Cependant, madame *Denis* et les prétendus amis de M. *de Voltaire* le persécutaient pour l'engager de se fixer à Paris. Il y avait une grande répugnance; et comme il était très-mal logé chez M. *de Villette*, où il lui fallait de la lumière à midi pour lire, on cherchait pour lui une maison à la campagne sans pouvoir réussir. On en trouva une contiguë à l'hôtel de M. *de Villette*. Madame *Denis* donna sa parole, mais une heure après son oncle lui ordonna de la retirer, parce qu'il voulait s'en aller à Ferney.

Elle était si désespérée de cette résolution, si enchantée de Paris où la gloire de ce grand homme rejaillissait sur elle, et où elle pouvait se procurer du plaisir, qu'elle aimait; elle redoutait si fort de retourner à Ferney, qu'elle avait en horreur, où elle vivait, à la vérité, assez tristement (M. *de Voltaire*, dans les dernières années, n'y voyant presque personne), que l'on remarquait sur son visage les divers mouvemens de son âme, au point qu'elle était gaie quand on venait lui dire que son oncle n'était pas bien, et que la tristesse s'emparait d'elle lorsqu'il paraissait se porter mieux. Elle s'écria même une fois avec la plus grande douleur : *Est-il possible! il va s'en retourner à Ferney, et je serai forcée encore de le suivre!* Cela était si marqué que ses domestiques s'en apercevaient ainsi que moi, à chaque instant. Elle me détestait, parce que M. *de Voltaire* ayant pour moi de l'amitié et de la confiance, elle se doutait (avec raison, il est vrai) que je fortifiais par mes conseils l'envie qu'il avait de repartir pour Ferney.

Quand on allait donner la quatrième représentation d'*Irène*, il fit demander la pièce au souffleur et les rôles aux comédiens, afin que j'y portasse quelques corrections. Il fut bien surpris de voir qu'on avait corrigé l'ouvrage à son insu. Il fit avouer à sa nièce qu'elle y avait consenti. Il entra dans une si grande fureur contre elle et contre les autres correcteurs, que jamais, pendant plus de vingt-quatre ans que je lui ai été attaché, je ne l'avais vu dans un état si violent. Il repoussa brusquement madame *Denis*, qui, en reculant, tomba dans un fauteuil, ou plutôt dans les bras de celui qu'elle a épousé depuis (*), et qui se trouvait alors dans ce fauteuil. Lorsqu'on entendit M. *de Voltaire*

(*) *Duvivier.*

arriver dans le salon, on en fit sortir promptement M. *d'Argental*, à qui il faisait les plus sanglans reproches. Personne ne voulait lui nommer les auteurs des vers ridicules que l'on avait mis à la place des siens (*f*).

M. le comte *d'Argental*, qui l'écoutait d'une chambre voisine, rentra pour tâcher de se disculper, mais M. *de Voltaire* le traita durement devant tout le monde, lui redemanda le *Droit du Seigneur* corrigé, *Agathocle*, et d'autres papiers qu'il lui avait confiés; força madame *Denis*, comme complice, d'aller elle-même les chercher sur-le-champ chez M. *d'Argental*, où elle fut obligée de se rendre à pied, par la pluie. Cela n'a pas servi à lui redonner de l'amitié pour son oncle.

Cette effervescence dura à peu près douze heures. L'hémorragie de M. *de Voltaire* durait encore. Je tremblais à chaque instant de le voir tomber mort, ce qui serait peut-être arrivé à un jeune homme qui se serait mis dans un pareil état. Cependant il ne s'en ressentit point, et son crachement de sang cessa quelques jours après. Je lui dis le lendemain, devant M. *d'Alembert*, que puisque cette aventure ne l'avait pas tué, il fau-

(*f*) C'étaient MM. *de Thibouville*, *d'Argental*, *La Harpe*, *Villette*, madame *Denis*, etc.; il est bon de remarquer que toutes les pièces de théâtre qu'il envoyait à Paris étaient toujours horriblement mutilées par ceux en qui il se confiait. On en pourra voir quelque chose dans sa correspondance avec M. *d'Argental*.

drait, quand on voudrait qu'il mourût, l'assommer avec une massue.

Pendant cette querelle du salon, il avait dit : *Pardieu! on me traite ici comme on n'oserait pas traiter même le fils de M. Barthe!* Il ignorait que M. *Barthe* fût en ce moment dans un coin du salon (g). Sitôt que M. *de Voltaire* en fut sorti, M. *Barthe* se mit à faire un tapage du diable; il voulait absolument avoir raison de la prétendue insulte qu'on venait de lui faire. Il se faisait tenir à quatre, on ne pouvait le calmer. Je croyais à chaque instant qu'il faudrait que M. *de Voltaire* se battît avec lui. On alla en rendre compte au malade, qui fut très-étonné que M. *Barthe* l'eût entendu; il lui fit dire qu'il n'avait jamais prétendu insulter ni son fils, ni lui, ni ses vers, pour lesquels il avait tout le respect qu'ils méritaient. Il vint, un moment après, l'en assurer lui-même, et ajouta : *Si on avait corrigé les vers de votre fils aussi ridiculement que les miens, l'auriez-vous souffert? Voilà tout ce que j'ai voulu dire.* Les specta-

(g) C'est l'auteur de la comédie de l'*Homme personnel*. Il était venu à Ferney, en faire la lecture à M. *de Voltaire*, qui, au commencement de la seconde scène, se mit à faire des grimaces, et à se serrer le ventre. Avant la fin du premier acte, je me glissai vers la porte et me sauvai. M. *de Villette* et sa femme suivirent; il ne resta que l'auteur, celui qui l'avait amené, et M. *de Voltaire*, qui redoubla ses grimaces, dit qu'il avait une colique horrible, et s'en alla aussi. M. *Barthe* revint un autre jour pour continuer la lecture de sa pièce, mais la malheureuse colique reprit encore M. *de Voltaire*, de manière que M. *Barthe* ne put finir.

teurs se mirent à rire, et M. *Barthe* comme les autres; et c'est ainsi que se termina une scène tragi-comique fort plaisante.

Lorsque l'hémorragie de M. *de Voltaire* eut cessé, le curé de Saint-Sulpice fut enfin introduit dans sa chambre, et causa avec lui. Dans cette première visite, le curé parut être très-fâché de ce que l'abbé *Gautier* avait fait, disait-il, à son insu. Il ne fut question d'ailleurs que de politesses de part et d'autre, et des établissemens que ce prêtre avait formés.

Le malade étant enfin bien rétabli, il se rendit à l'académie française. C'était le 30 de mars, jour où devait se donner la sixième représentation d'*Irène*. On lui fit accroire que la reine y viendrait. Elle vint en effet à Paris ce même jour, mais elle alla à l'Opéra. Tout le monde a su par les relations, comment ce jour du triomphe de ce grand homme se passa (6). Jamais empressement ne fut plus grand. Nous pensâmes être étouffés en entrant au Louvre et à la comédie, malgré les gardes qui nous ouvraient le chemin, ainsi qu'à la sortie. On voulait au moins toucher ses habits; on montait sur son carrosse; une personne sauta par-dessus les autres jusqu'à la portière, priant M. *de Voltaire* de permettre qu'elle lui baisât la main. Cet homme

(6) *La Harpe* en a rendu un compte exact par sa notice imprimée dans le *Journal de littérature*, du 5 avril 1778, et que les éditeurs de Kehl ont réimprimée, t. 14, p. 393, des OEuvres de *Voltaire*.

rencontre la main de madame *de Villette*, qu'il prend par mégarde pour celle de M. *de Voltaire*, et dit, après l'avoir baisée : « Par ma foi ! voilà une » main encore bien potelée, pour un homme de » quatre-vingt-quatre ans ! »

M. le comte *d'Artois* envoya le prince *de Henin* dans la loge de M. *de Voltaire* pour le complimenter de sa part sur le succès d'*Irène*. C'est la seule nouvelle qu'il ait eue de la cour, excepté de M. le duc *d'Orléans*, qui le fit inviter deux fois d'assister à son spectacle.

Certainement jamais homme de lettres n'a eu un moment plus brillant. Aussi disait-il : *On veut m'étouffer sous des roses.*

Cependant, je remarquai que tout cela n'avait pas fait sur lui toute l'impression qu'on aurait dû en attendre. Au contraire, lorsque je lui en parlais, et lui témoignais ma surprise, il me répondait : *Ah! mon ami, vous ne connaissez pas les Français; ils en ont fait autant pour le Genevois Jean-Jacques; plusieurs même ont donné un écu à des crocheteurs pour monter sur leurs épaules et le voir passer. On l'a décrété ensuite de prise de corps, et il a été obligé de s'enfuir.*

Aussi quand nous allions nous promener et qu'il voyait les Parisiens courir après son carrosse, il devenait de mauvaise humeur, faisait abréger la promenade, et ordonnait au cocher de nous ramener à l'hôtel.

Le triomphe de M. *de Voltaire* et tous ces applaudissemens déplurent, nous dit-on, un peu à Versailles, et surtout au clergé.

Cet empressement des Parisiens, ces honneurs dont on l'accablait, servirent de nouveau prétexte à madame *Denis*, à tous les prétendus amis de ce grand homme, à la plupart des philosophes et des gens de lettres, pour redoubler leurs efforts afin de l'engager à rester à Paris, d'abandonner Ferney, où il avait la plus grande envie de retourner, et dont on cherchait à le dégoûter, en l'assurant qu'il n'y trouverait que de l'ingratitude (*h*). Une preuve encore de cette envie, outre ce qu'il me disait, c'est le billet qu'il écrivit de sa main à ma femme, le 26 mars, conçu en ces termes : « Ma » chère madame Wagnière, votre lettre m'a touché » sensiblement. Je vous remercie de tous vos soins. » J'ai eu deux maladies mortelles à quatre-vingt-» quatre ans, et j'espère bien cependant vous re-» voir à Pâques (18 avril). Je vous embrasse de » tout mon cœur, vous et mimi. » VOLTAIRE.

Tous ces conseillers se succédaient les uns aux

(*h*) Son cocher, en venant pour nous chercher, avait amené un très-beau chien qui m'appartenait et que M. *de Voltaire* aimait beaucoup. Ce chien, en arrivant à Paris, lui fit des caresses étonnantes. Le soir il le fit monter chez madame *de Villette*. Cet animal, en entrant dans l'appartement, courut à M. *de Voltaire* et le caressa. *Eh bien!* dit-il alors, *vous voyez pourtant que je suis encore aimé à Ferney*. En même temps les larmes lui coulaient des yeux. Dès l'instant, on défendit de laisser rentrer le chien à l'hôtel.

autres. Quelquefois il paraissait ébranlé, et l'on était au comble de la joie. Deux heures après, il persistait à vouloir partir. Alors toute la cabale se réunissait et tenait souvent conseil pour trouver des moyens de le retenir. J'étais seul à le solliciter contre eux tous. On s'aperçut que c'était moi qui le portais à s'en retourner dans sa tranquille retraite, et l'on résolut, à quelque prix que ce fût, de me séparer de ce vieillard respectable, qui m'avait élevé et servi de père, et à qui j'étais attaché depuis si long-temps.

De tous ses vrais amis, M. *Tronchin* avait seul l'amitié courageuse de lui parler avec vérité. Il lui dit ces propres mots : « Je donnerais tout-à-l'heure » cent louis pour que vous fussiez à Ferney. Vous » avez trop d'esprit pour ne pas sentir qu'on ne » transplante point un arbre de quatre-vingt-qua- » tre ans, à moins qu'on ne veuille le faire périr. » Partez dans huit jours; j'ai une excellente dor- » meuse toute prête à votre service. — *Suis-je en* » *état de partir?* dit M. *de Voltaire*. — Oui, j'en » réponds sur ma tête, » reprit M. *Tronchin*. M. *de Voltaire* lui prit la main, se mit à fondre en larmes et lui dit : *Mon ami, vous me rendez la vie*. Il était si attendri, que son cuisinier, qui était présent, fut obligé, ainsi que moi, de sortir pour pleurer.

Un instant après, M. *Dupuits*, mari de mademoiselle *Corneille*, vint voir M. *de Voltaire*; il lui parla avec la même franchise que M. *Tronchin*, et la même amitié. M. *de Voltaire* le pria d'aller voir la dormeuse dont lui avait parlé M. *Tronchin*. Ce fut alors qu'il m'ordonna d'écrire à Ferney, pour faire venir sur-le-champ son cocher, à dessein d'y remener son propre carrosse.

Madame *Denis*, ayant appris cette conversation de M. *Tronchin*, l'en gronda beaucoup, et ne lui a jamais pardonné.

Plus ce vieillard montrait d'envie de s'en aller, plus on redoublait d'efforts pour le retenir. Il répondait qu'il reviendrait. On lui dit qu'il n'avait qu'à m'envoyer à Ferney, que je connaissais ses affaires aussi bien que lui-même. *Oui*, disait-il, *je sais que Wagnière est un honnête homme, il est ma consolation, et je le regarde comme mon frère; mais il faut absolument que je m'en retourne.* — Pourquoi cela, mon oncle? — *Parce que j'adore la campagne, qu'elle me fait vivre. Restez ici à vous amuser, vous qui la détestez.* — Qui vous a dit cela, mon oncle? — *Mon expérience*, reprit-il avec une grande vivacité et un ton sévère. Elle consentit à rester à Paris, et sortit désespérée.

Cependant, réfléchissant qu'il ne serait pas honnête à elle d'abandonner ainsi, pour son plaisir, ce grand homme à qui elle devait tout, qu'elle serait sans doute obligée bientôt de l'aller rejoindre, elle et ses amis lui proposèrent encore de lui procurer une maison à la campagne, dans les environs de Paris, ou dans Paris même. On lui en indiqua plusieurs, et enfin une très-jolie dans la rue de Richelieu, où il n'y avait encore que les murs avec un superbe escalier; elle lui plut: il voulait la faire finir pour que sa nièce y pût habiter.

Il se tint plusieurs conseils pour trouver le moyen de me séparer entièrement de mon cher maître. On convint de me proposer de m'en aller à Ferney, et d'y demeurer, en m'assurant que l'on m'y ferait un sort heureux, et que l'on mettrait auprès de M. *de Voltaire* une autre personne à ma place (et qui sans doute ne l'engagerait pas comme moi à partir). J'étais parfaitement instruit de tout ce qui se faisait et de tout ce qu'on disait.

En conséquence de ce résultat, madame *Denis* m'ayant appelé dans sa chambre, elle me fit la proposition dont je viens de parler. Je lui répondis: « Vous savez, madame, combien je suis tendre-
» ment attaché à M. *de Voltaire*, que je le regarde
» comme mon père. J'ose croire que vous l'aimez
» aussi; jugez donc par votre propre amitié pour
» lui, combien il en coûterait à mon cœur de me
» séparer d'un homme que j'adore. Je ne le ferai
» pas, cela m'est impossible; et si on veut m'y for-
» cer, je descends dans ma chambre me brûler la
» cervelle: mais si votre oncle a besoin absolument
» que je fasse une course à Ferney pour ses affai-
» res, je pars dans deux heures pour revenir de
» suite. Je vous déclare que je ne me séparerai ja-

» mais volontairement de lui : réglez-vous là-dessus. » Et je sortis.

Voilà une des tendres marques d'amitié qu'on a données à ce grand homme. Est-il besoin d'autres preuves du peu d'intérêt qu'on prenait à lui? Mais, hélas! ses derniers jours nous en ont fourni de plus cruelles encore.

Je suis bien loin de croire avoir plus de mérite qu'un autre, au contraire; mais j'étais, par une habitude réciproque, devenu nécessaire à ce vieillard, ainsi que par la connaissance que j'avais de ses affaires, de sa manière de vivre, par la confiance dont il daignait m'honorer, par les épanchemens qu'il me faisait de son cœur, enfin par mon tendre attachement à sa personne.

Après notre conversation, madame *Denis* parut un peu plus contente; elle dit à son oncle que je consentais d'aller à Ferney. Si mon cœur a un seul reproche à se faire, c'est celui d'avoir consenti à cette séparation de quelques jours; mais j'étais bien loin encore de soupçonner ce qui est arrivé.

Madame *Denis* proposa de mettre à ma place, auprès de son oncle, un certain jeune homme qu'elle protégeait, et sur lequel elle pouvait compter. Elle espérait bien que si une fois j'étais parti, on trouverait le moyen de m'empêcher de revenir. Le jeune homme ayant été refusé par son oncle, M. *d'Argental* se chargea de lui en procurer un autre.

M. *de Voltaire* donna sa parole à M. *de Villarceau*

pour la maison de la rue de Richelieu, et convint de l'acheter à vie, sur la sienne et sur celle de madame *Denis*. Malgré cela, il résolut d'aller passer, disait-il, seulement deux mois à Ferney; il fixa même le jour (*i*). Alors pour dernière ressource, M. *de Thibouville* écrivit à madame *Denis* un billet par lequel il lui disait que tous les amis de son oncle croyaient devoir, par amitié pour lui, l'avertir que s'il s'en retournait à Ferney, on allait lui faire défense expresse d'en sortir et de revenir jamais à Paris; qu'il fallait absolument qu'il ne partît pas pour éviter la persécution; qu'ils espéraient enfin que M. *de Voltaire* se rendrait à cette raison, puisqu'il avait rejeté toutes les autres; que M. le duc *de Praslin* viendrait en conférer le soir avec elle, afin de tâcher d'arranger le tout comme l'on conviendrait.

Je l'ai tenu ce billet infernal (*k*), rempli du plus horrible mensonge, et que j'appelle *l'arrêt de mort* de mon malheureux maître. C'était à Paris au contraire qu'il devait craindre la persécution; elle commençait même déjà de la part des prêtres, puisqu'ils prêchaient avec véhémence contre lui en

---

(*i*) Monseigneur le prince de *Condé* lui avait donné rendez-vous à Dijon, à la tenue des États, et lui avait fait préparer un logement. Nous devions partir un jour après lui, et madame *de Saint-Julien* devait nous accompagner.

(*k*) Je le trouvai tout chiffonné dans les cendres de la cheminée de madame *Denis*.

chaire; on ne l'ignorait pas, et ils savaient la manière dont Sa Majesté s'était expliquée (*l*).

Quelques jours avant, je témoignais à M. *d'Alembert* combien il était nécessaire que M. *de Voltaire*, pour sa santé et sa tranquillité, retournât au plus tôt à Ferney; il répondit : « Il ne s'en ira pas, » je vous l'assure; pardieu! il n'est pas au bout. » M. *de Lalande* me dit aussi qu'on l'empêcherait bien de partir. M. *d'Alembert* le fit élire directeur de l'Académie française, ce qui l'obligeait de rester au moins trois mois à Paris.

M. *de Lalande* vint avec tous les francs-maçons prier M. *de Voltaire* de se faire recevoir de leur société, lui firent signer son nom sur leur registre, fixèrent le jour pour sa réception. Je refusai (quoique franc-maçon moi-même) de l'accompagner à la loge, tant j'étais étonné et révolté des singulières et petites démarches que l'on multipliait, et qui toutes tendaient au même but, de le retenir à Paris. Celle-ci attira du ridicule sur ce vieillard. On eut enfin la cruauté de faire part à M. *de Vol-*

(*l*) Le Roi avait dit que, *puisque ce vieillard devait s'en retourner bientôt, il fallait le laisser tranquillement finir ses jours dans sa retraite*. Mais s'il était resté à Paris, et s'il n'y était pas mort si promptement, on aurait fini par le tracasser et le persécuter tellement, qu'il eût été obligé de le quitter malgré lui. D'ailleurs ses prétendus amis devaient bien sentir qu'après être monté au plus haut degré de gloire, il n'aurait pu qu'en dechoir quand l'effervescence se serait calmée; qu'il s'en serait aperçu, et peut-être trop affecté dans l'état de faiblesse où l'avaient mis son grand âge et les maladies. Ç'aurait été tout le contraire s'il s'en fût retourné à Ferney.

taire de ce qu'avait écrit M. *de Thibouville* à madame *Denis*; il en fut singulièrement frappé et étonné. Il dit:

C'est l'effet que sur moi fit toujours la menace.

et dès ce moment il résolut de ne plus quitter Paris.

Pendant les dix jours qui suivirent celui où on lui communiqua cet avis perfide, je le voyais sombre, inquiet; il me faisait continuellement des caresses à propos de rien. Il me disait: *Mon ami, vous êtes ma consolation, que ferais-je sans vous?* Et à chaque instant il paraissait vouloir me faire part de l'état de son âme.

On me demandait tous les jours si M. *de Voltaire* ne m'avait point dit d'aller à Ferney; il ne m'en parlait pas, et cela donnait de l'inquiétude. Je voyais avec la plus grande douleur la situation pénible et contrainte où il était; je sentais qu'il avait envie de m'ouvrir son cœur, mais qu'il semblait redouter ce moment.

Le 24 avril, M. *d'Argental* lui envoya l'homme qui devait me remplacer pendant mon absence; cet homme vint ensuite me l'apprendre lui-même. Alors je me rendis auprès de M. *de Voltaire* et lui demandai s'il était vrai qu'il m'envoyât à Ferney, et qu'il prît cette personne à ma place? Il se leva vivement de son fauteuil, me sauta au cou, criant avec force : *Ah! mon ami! mon ami! écoutez-moi, je vous prie, écoutez-moi.* Il me serrait dans ses bras et nous fondions en larmes; ensuite il me dit : *Je ne puis m'en retourner à présent à Ferney; je vous prie instamment de vous y rendre, pour y chercher les papiers dont j'ai besoin, et me les rapporter.* Je lui dis que j'étais prêt à exécuter ses ordres; il ajouta : *Vous m'avez empêché de dormir bien des nuits, parce que je craignais que vous ne m'aimassiez pas assez pour vouloir quitter votre femme et vos enfans, et venir rejoindre votre malheureux maître.* Je le rassurai sur ses craintes.

Les jours suivans il me donna tous ses ordres par écrit et une procuration pour arranger ses affaires, fit arrêter ma place à la diligence de Lyon, où je devais passer pour lui envoyer de l'argent.

Le 29 avril, étant seuls, il se tourna tristement vers moi, me tendit les bras en me disant : *Mon ami, c'est donc après-demain que nous nous séparons! Cela ne nous est pas arrivé pendant vingt-quatre ans; je compte sur votre amitié et sur votre prompt retour.* Il pleurait comme un enfant en disant ces mots, et je n'en étais pas moins ému que lui.

Le lendemain à cinq heures du soir, il alla avec madame *Denis* chez son notaire, signer le contrat d'acquisition de la maison rue de Richelieu. Il ne resta qu'une demi-heure et y laissa sa nièce. En descendant de son carrosse, il se jeta sur moi comme un homme désespéré, et qui a le pressentiment d'un grand malheur. Il me dit: *Ah! mon ami, je viens d'acheter une maison, et je n'ai acquis que mon tombeau.*

Etant monté à sa chambre, il se jeta dans un fauteuil, paraissant accablé de la plus vive douleur : il me dit qu'il voulait m'accompagner et me conduire lui-même à minuit jusqu'à la diligence; je m'opposai de toutes mes forces à cette résolution : bientôt après il s'assoupit.

Je sortis pour finir mon paquet; pendant ce temps il s'était mis dans son lit tout seul, et s'était endormi jusqu'à dix heures et demie qu'il sonna : me croyant couché, il dit à son cuisinier de venir de sa part me faire des complimens, me souhaiter un bon voyage et un prompt retour.

J'entrai dans cet instant, et me jetai dans ses bras. Il me tint long-temps serré, sans que nous pussions proférer une parole, et fondant tous deux en larmes; je lui dis enfin : « Puissé-je, mon cher maître, » vous revoir bientôt en bonne santé! » *Hélas! mon ami,* répondit-il, *je souhaite de vivre pour te revoir, et de mourir dans tes bras.* Je m'arrachai alors des siens, et me retirai sans pouvoir lui rien dire de plus, tant j'étais plein de trouble et d'agitation.

Telles sont les dernières paroles que j'ai entendu prononcer à ce grand homme, à cet être extraordinaire, vertueux et bon, à mon cher maître, mon père, mon ami, qu'un destin fatal n'a pas permis que je revisse, et que je pleure chaque jour.

J'avais prié, en partant, une personne de la maison de me donner des nouvelles de la santé de M. *de Voltaire*. J'appris à Lyon que le jour de mon départ il fut très-sombre, et ne voulut voir personne.

Je lui fis tenir de cette ville quatre-vingt mille francs par son banquier, M. *Shérer*, et vingt mille par MM. *Lavergne*. J'adressai au premier seize cents louis d'or que je trouvai à Ferney.

Quelques jours après mon départ, il se rendit à une séance de l'Académie des sciences, où il fut reçu comme partout ailleurs.

L'idée lui était venue d'engager l'Académie française à refaire son dictionnaire; il eut beaucoup de peine à faire passer son avis : il s'anima très-fort, ce qui parut un peu déplaire à ses confrères. Peut-être cette espèce d'ascendant ou de supériorité qui, aux yeux de plusieurs d'entre eux, semblait être acquise à son âge et à son génie, donnait quelque ombrage à d'autres. Il prit en cinq fois, pendant cette séance, deux tasses et demie de café. On a induit le roi de *Prusse* en erreur sur ce point (et j'ai eu l'honneur de le dire à Sa Majesté). Dans l'éloge qu'il a fait de ce grand homme, il dit que M. *de Voltaire* ayant pris en un jour cinquante tasses de café, cela lui avait allumé le sang et causé la mort (7).

(7) Deux tasses et demie en cinq fois, ont pu passer pour cinq tasses aux yeux de quelques spectateurs. L'un d'eux aura pu écrire qu'on

C'est sa nouvelle façon de vivre, c'est son séjour à Paris, c'est le chagrin intérieur qu'il éprouvait, qui lui ont mis le sang en effervescence, ainsi qu'on le voit dans le peu de lettres qu'il m'a écrites, les premiers jours après mon départ de Paris (8).

Il avait promis de retourner deux jours après à l'Académie, mais il fut dans l'impossibilité d'y aller. Se promenant dans l'après-dînée, il rencontra madame *Denis* et madame *de Saint-Julien* (née marquise *de la Tour-du-Pin*), femme de beaucoup d'esprit, très-aimable, et qui lui était extraordinairement attachée. Il leur dit que se sentant tout malingre, il allait se coucher. Deux heures après, madame *de Saint-Julien* alla le voir, et trouva qu'il avait de la fièvre; elle dit à madame *Denis* qu'il faudrait envoyer chercher M. *Tronchin* : on lui répondit que cela n'était rien, que le malade était accoutumé à se plaindre. Madame *de Saint-Julien*, inquiète, revint encore vers les dix heures, et voyant que la fièvre avait augmenté, elle témoigna son étonnement du peu de soin que l'on avait de lui : même réponse. M. *de Villette* envoya chercher un apothicaire qui vint avec une liqueur; on proposa au malade d'en prendre; il se récria beaucoup, dit qu'il n'avait jamais fait usage de li-

---

avait vu M. *de Voltaire* prendre cinq tasses de café de suite, c'est-à-dire dans la même séance, et puis quelque copiste aura transformé *cinq* en *cinquante* pour la journée entière.

(8) Voyez les Pièces justificatives à la suite de cette *Relation*.

queur spiritueuse, et qu'il prendrait encore moins, dans l'état où il était, une drogue de chimie. Madame *de Saint-Julien* s'y opposa aussi fortement : cependant, à force d'instances, on engagea ce malheureux vieillard à en avaler, l'assurant qu'il serait guéri le lendemain. Madame *de Saint-Julien* eut la curiosité de goûter de cette liqueur; elle m'a juré qu'elle était si violente, qu'elle lui brûla la langue, et qu'elle n'en put pas souper. C'est d'elle-même que je tiens les détails que je rapporte.

Le malade étant après cela dans une agitation terrible, écrivit à M. le maréchal *de Richelieu*, et le pria de lui envoyer de son opium préparé. Madame *de Saint-Julien* et un parent de M. *de Voltaire* insistèrent long-temps auprès de madame *Denis*, pour qu'elle ne permît pas qu'il prît encore de l'opium, disant que ce serait certainement un poison pour lui; ils ne l'obtinrent point, au contraire; M. *de Villette* dit que le malade pourrait tout au plus être fou une couple de jours, que cela lui était arrivé à lui-même.

On a prétendu qu'après avoir fait avaler à M. *de Voltaire* une bonne dose de cet opium, la bouteille fut cassée. Je n'ai jamais pu tirer au clair ce dernier fait; je sais seulement qu'ils se réunirent tous pour assurer au malade qu'il l'avait bue entièrement. M. *de Villette* dit avoir vu M. *de Voltaire*, seul dans sa chambre, achever de la vider. Madame *de Saint-Julien* lui dit alors qu'il était un grand malheureux de n'avoir pas sauté sur lui pour l'en empêcher.

Quoique l'opium eût affecté le cerveau du malade, il écrivit lui-même une ordonnance, et envoya chercher des drogues chez le même apothicaire, quatre fois consécutivement dans une nuit (*m*). On sent combien il peut être dangereux d'abandonner à lui-même un malade dans cet état, et combien aisément il peut mettre une lettre, un mot pour un autre, dans une pareille ordonnance; ce qui peut changer entièrement le nom et l'espèce des médicamens. Certainement on doit avoir des reproches à se faire, sur cet article au moins; l'apothicaire lui-même n'est point excusable. Pourquoi n'avoir pas fait tenir continuellement auprès du malade, comme je fis pendant son hémorragie, un médecin ou un chirurgien qui l'aurait empêché de prendre ainsi des remèdes qu'on voyait opérer un effet tout contraire à celui que le patient désirait? Mais........ (9).

Il n'y eut plus alors de ressources; ce qu'on lui

(*m*) L'apothicaire refusa enfin la cinquième prise, mais il n'était plus temps.

(9) Ces points sont dans le manuscrit. Nous ne devons point taire ici ce que le comte *d'Argental*, qui voyait tous les jours le malade, nous a dit alors, et confirmé depuis par lettre; c'est que ce n'est point du tout à l'opium que la mort de son ami doit être imputée, mais seulement à la strangurie, maladie ancienne, qu'un régime doux et bien approprié rendait tolérable, mais qui, par l'excès de fatigue et un échauffement extraordinaire, augmenta beaucoup d'intensité, et devint bientôt incurable.

avait donné porta à la vessie, occasiona une rétention d'urine, et ensuite la gangrène : le malade souffrait des douleurs inouïes. Les bains, les remèdes rafraîchissans que lui ordonna M. *Tronchin*, quand on l'eut appelé, ne pouvaient le soulager. Tout fut inutile, le mal était devenu incurable. M. *de Voltaire* resta ainsi pendant vingt jours.

Il sentit alors toute l'horreur de son état, combien il avait été trompé, combien il avait eu tort de quitter sa douce retraite (*n*). Il ne voulut plus rien prendre, et fit sortir sa nièce et tout le monde avec de vifs reproches.

Dès que sa maladie parut sérieuse, il recommanda que l'on m'écrivît de revenir sans délai. Au lieu de cela, on fit tout le contraire, on fit les défenses les plus expresses de me donner avis de l'état de mon cher maître (*o*). Il ne cessait de me demander, et on l'assurait qu'on m'avait écrit, que je ne tarderais pas d'arriver. Il m'écrivit en présence de M. *Tronchin*; mais on retint la lettre : je l'ai appris de M. *Tronchin* lui-même, quand, à mon

(*n*) C'est ce qu'il m'écrivait dans ses lettres. (Voyez les *Pièces justificatives.*)

(*o*) Je reçus à Ferney trois lettres non signées dans lesquelles on me mandait son danger. On me suppliait de les jeter au feu, pour que ceux qui les écrivaient ne fussent pas compromis. J'ai eu cette délicatesse, après les avoir cependant fait lire, à leur réception, à plus de vingt personnes. Je ne connaissais pas l'écriture. J'étais dans un état horrible, et loin d'avoir terminé les affaires pour lesquelles on m'avait envoyé : je n'osais les abandonner, ne recevant point de nouvelles, ni d'ordre pour courir au secours de M. *de Voltaire*.

retour à Paris, il me fit les plus grands reproches de n'être pas venu sur-le-champ auprès de M. *de Voltaire*; mais il fut bien surpris d'apprendre que sa lettre avait été interceptée.

M. *Autran*, agent-de-change à Paris, manda à M. *de Voltaire* qu'il avait ordre de M. *Sherer* de Lyon, de lui compter les quatre-vingt mille francs que je lui faisais passer. Il lui répondit qu'étant malade, il le priait de lui apporter cet argent; il donna le billet à son cuisinier : madame *Denis* le lui retira des mains, et lui dit de répondre qu'il n'avait pas trouvé M. *Autran*, à qui le malade écrivit encore plusieurs autres billets qui ne purent parvenir à leur adresse; il est mort dans l'idée que cette somme avait été volée.

Il écrivit aussi plusieurs fois à son notaire, M. *Dutertre*, pour le prier de venir auprès de lui. Celui-ci ne reçut aucun des billets; il supplia alors, un soir, madame *de Saint-Julien* d'aller elle-même le chercher; elle en fit part à madame *Denis*, qui lui répondit que M. *de Voltaire* étant fou, elle ne devait point se charger de cette commission. Le malade lui réitéra sa prière; elle le dit encore à madame *Denis*, qui fit la même réponse. Lorsqu'elle revint auprès de lui, voyant qu'elle n'amenait pas M. *Dutertre*, il s'écria avec désespoir : *Ah! grand Dieu! vous êtes donc, madame, comme tout le monde, vous me trahissez aussi!*

Il demandait en grâce son cocher pour le sortir

de cette maison. On empêcha cet homme, qui pleurait au pied du lit, de se montrer à son maître; on voulut même le renvoyer à Ferney.

M. *Racle*, ingénieur établi à Ferney, ami de M. *de Voltaire*, et qui se trouvait à Paris dans ce temps, n'ayant pu, malgré ses prières et diverses tentatives, obtenir de le voir, trouva enfin le moyen de s'introduire secrètement auprès de lui; il le vit tout seul dans sa chambre, sortant du bain, mourant de froid. Ce vieillard lui fit de grandes lamentations sur le peu de soins que l'on prenait de lui, et lui dit combien il était à plaindre de ce que j'étais absent, qu'il craignait que je ne fusse tombé malade aussi; ajoutant: *Ah! s'il avait été ici, je ne serais pas dans le triste état où vous me voyez.* Je craindrais d'être accusé d'imposture, si je racontais en détail l'abandon affreux et l'état misérable où M. *de Voltaire* s'est trouvé réduit les vingt derniers jours de sa vie; le cœur saignerait de douleur et d'horreur.

Voilà une petite partie des consolations qui lui étaient réservées à la fin de sa glorieuse carrière.

La nuit du 24 au 25 mai, à trois heures du matin, voyant que je n'arrivais pas, il dit au domestique de madame *Denis*, qui le veillait presque toutes les nuits, de m'écrire une lettre sous sa dictée, avec prière de me la faire parvenir. Ce garçon le fit en cachette, en me suppliant *de ne le pas dire, sans quoi il serait perdu.* J'ai encore sa lettre.

Ce même jour, 25 mai, quand on vit que le malade était sans ressource, madame *Denis* m'écrivit enfin que son oncle avait été fort malade, mais que cela allait mieux; que cependant je devais partir sur-le-champ, en apportant avec moi tous les papiers d'affaires de son oncle (*p*). Je reçus ces lettres le 28 à midi : je pris la poste sur l'instant, passai par Lyon, et j'arrivai à Paris le 1er juin à huit heures du matin.

Dès le 26 mai, on avait ordonné de préparer le carrosse de mon maître pour le mener enterrer. C'est le jour où M. *de Voltaire* fit sortir sa nièce de sa chambre, en l'accusant d'être la cause de sa mort. Elle ne le revit plus depuis.

Deux jours avant cette mort fatale, M. l'abbé *Mignot* alla chercher M. le curé de Saint-Sulpice avec l'abbé *Gautier*, et les conduisit dans la chambre du malade, à qui l'on apprit que l'abbé *Gautier* était là. *Eh bien!* dit-il, *qu'on lui fasse mes complimens et mes remercîmens.* L'abbé lui dit quelques mots et l'exhorta à la patience; le curé de Saint-Sulpice s'avança ensuite, s'étant fait connaître, et demanda à M. *de Voltaire,* en élevant la voix, *s'il reconnaissait la divinité de notre Seigneur Jésus-Christ?* Le malade alors porta une de ses mains sur la calotte du curé, en le repoussant, et s'écria, en se retournant brusquement de l'autre

---

(*p*) Voyez le contenu de la lettre de madame *Denis.* (*Pièces justificatives.*)

côté : *Laissez-moi mourir en paix!* Le curé, apparemment, crut sa personne souillée et sa calotte déshonorée par l'attouchement d'un philosophe ; il se fit donner un coup de brosse par la garde-malade, et partit avec l'abbé *Gautier*. Après leur sortie, M. *de Voltaire* dit : *Je suis donc un homme mort* (*q*)?

Le 30 mai 1778, à onze heures et un quart du soir, ce grand homme expira avec la plus parfaite tranquillité, après avoir souffert les douleurs les plus cruelles, suite des drogues funestes que son imprudence, et surtout celle des personnes qui l'entouraient, lui firent prendre. Dix minutes avant de rendre le dernier soupir, il prit la main du nommé *Morand*, son valet-de-chambre, qui le veillait, la lui serra et lui dit : *Adieu, mon cher Morand, je me meurs*. Voilà les dernières paroles qu'a prononcées M. *de Voltaire* (10).

(*q*) Dans le temps qu'il était à Ferney, il m'avait toujours dit : *Si, lorsque je serai malade, il se présente quelque prêtre, ayez soin de l'éconduire*. Et même, pour éviter ces cérémonies qui ne servent qu'à effrayer l'imagination affaiblie des malades, et souvent à les faire mourir, j'avais loué, sous mon nom, pour lui et par son ordre, une maison en Suisse à quatre lieues de Ferney, où il voulait se faire conduire pour y finir ses jours tranquillement, dès qu'il se serait senti en danger. Il m'avait aussi chargé expressément de le faire ensuite transporter de là à Ferney, pour y être enterré dans sa chambre des bains, quoiqu'il se fût fait autrefois construire un tombeau adossé extérieurement à l'église de Ferney.

(10) C'est d'après le récit de *Morand*, que *Wagnière* parle ici des derniers momens de *Voltaire*. Il est d'accord, pour le fond, avec *Condorcet* et l'abbé *Duvernet*, et n'en diffère que dans quelques petits

Sa famille, voyant qu'on lui refuserait la sépulture dans Paris, obtint de M. *Amelot*, alors ministre de Paris, la permission de transporter le corps pour être inhumé à Ferney ou ailleurs. Elle fit viser la déclaration donnée à l'abbé *Gautier*, et le curé de Saint-Sulpice ne s'opposa nullement à la translation du défunt (11).

Comme on devait naturellement présumer qu'on le conduirait à Ferney, l'archevêque de Paris, dit-on, écrivit consécutivement trois lettres à l'évêque d'Annecy pour l'engager à défendre au curé de Ferney d'enterrer *Voltaire*, et de lui faire aucun service dans sa paroisse.

On embauma le corps. Les chirurgiens qui firent cette opération m'ont assuré n'avoir jamais vu d'homme mieux constitué; aussi a-t-il lutté trois semaines contre des maladies qui auraient tué d'autres hommes en peu de jours. Les chirurgiens et les apothicaires voulurent avoir de sa cervelle,

---

détails. Par exemple, il rapporte plus brièvement qu'eux cette réponse de *Voltaire* au curé de Saint-Sulpice: *Au nom de Dieu, ne me parlez point de cet homme là; laissez-moi mourir en paix.* C'est ainsi que M. de *Villevieille*, qui était présent, l'a entendue et rapportée à *Condorcet*. Il nous l'a depuis confirmée plusieurs fois. *Morand* était bien alors dans la chambre du malade, mais n'était pas aussi à portée de le bien entendre que M. de *Villevieille*. Du reste, ce brave et honnête serviteur, que nous avons bien connu, rapportait exactement les faits dont il avait été témoin, et répétait de bonne foi ce qu'il ne savait que par ouï dire.

(11) Il est probable que ce curé avait été informé par M. *Amelot*, que l'intention du Roi était qu'on s'abstînt, en cette circonstance, de tout ce qui aurait pu donner lieu à quelques scènes scandaleuses.

qu'ils trouvèrent fort ample et sans aucune altération; ils se la partagèrent. M. *de Villette* obtint de madame *Denis* le cœur de ce grand homme.

On emmena en cachette son corps, tout habillé, dans la voiture préparée d'avance pour cela. Son neveu, M. l'abbé *Mignot*, son petit neveu, M. *d'Hornoy*, avec MM. *Marchant, de Varennes* et *de la Houillière*, aussi parens, l'accompagnèrent jusqu'à l'abbaye de Sellières, à sept lieues de Troyes en Champagne, dont M. *Mignot* est abbé.

On mit le corps dans une bière de sapin. (On n'a pas sans doute jugé qu'il fût digne d'avoir un cercueil de plomb) (*r*). Il fut inhumé dans l'église, et quelques heures après, le prieur reçut de l'évêque de Troyes une défense d'enterrer M. *de Voltaire*; mais la chose était faite, et la défense inutile; on se borna à destituer le prieur (12).

O *Voltaire!* est-il possible? Toi être enterré dans une église de moines! Toi, faire dans vingt siècles encore la réputation d'une abbaye qui possède tes précieux restes! Toi, homme extraordinaire, qui devais être inhumé extraordinairement! Toi, qui

(*r*) Quand on proposa à madame *Denis* de faire faire un cercueil de plomb à son oncle, elle répondit : *A quoi bon? Cela coûterait beaucoup d'argent.* Je tiens cet étrange propos de M. *Guyetand*, à qui elle fit cette réponse.

(12) Ce moine devait obéissance à son abbé, et fut puni très-injustement. M. *de Barral*, évêque de Troyes, homme faible, excité par quelques fanatiques ardens de Paris, des deux sexes, qui lui annoncèrent le projet de la famille, se laissa aller, par condescendance ou par crainte, à des démarches inconsidérées. Mais ses ordres, soit

m'avais recommandé cent fois de te faire ensevelir à Ferney, dans ta chambre des bains, au milieu de la colonie fondée par ta bienfaisance, que tes cendres auraient seules soutenue! O mon cher maître! reçois l'expression de mes regrets; tu es renfermé dans le fond de mon cœur, tes mânes connaîtront ma douleur, car tu es immortel dans tous les sens. Si ceux qui devaient être à jamais touchés de ta perte, t'ont sitôt oublié, ton chétif mais fidèle serviteur, t'offre au moins tous les jours son hommage par ses larmes; il l'ose joindre à celui que n'a pas dédaigné de te rendre la plus grande souveraine du monde, et qui par là ajoute encore un nouveau genre de gloire à tous ceux dont elle s'est couverte. Toi qui l'as chérie autant qu'admirée, combien tu serais touché si tu pouvais, du sein de la tombe, voir tout ce qu'elle fait pour ta mémoire, de digne d'elle et de toi, et être témoin, comme je l'ai été, de l'émotion que lui fit éprouver la vue de ton buste, et de l'hommage attendrissant qu'elle lui rendit!

par hasard, soit à dessein, arrivèrent à Sellières, quand la cérémonie était achevée. Il choisit alors pour victime expiatoire le pauvre prieur, et n'osa rien dire à M. *Mignot*, abbé de Sellières, conseiller de grand-chambre du parlement de Paris, de plus autorisé par le ministère, et qui, en cette occasion, dédommagea sans doute son prieur. Cela n'eut pas d'autre suite, et les restes de *Voltaire* reposèrent paisiblement dans l'abbaye de son neveu, jusqu'à ce qu'ils en sortirent à une époque et avec des circonstances très-différentes, et non moins extraordinaires que celles où ils y étaient entrés.

POST-SCRIPTUM.

Suites de la mort de M. DE VOLTAIRE, *et particularités qui me concernent.*

J'ai reçu à Ferney, le 28 mai 1778, les lettres de madame *Denis*, datées de Paris du 25, que l'on verra ci-après. Je partis aussitôt pour me rendre auprès de M. *de Voltaire*, et j'arrivai, comme je l'ai dit dans ma Relation, le 1er juin à Paris, vers huit heures du matin. Je ne me doutais guère qu'une des voitures que je rencontrai la nuit, et qui courait en poste, contenait le corps de mon cher maître mort. Personne à la barrière (où je déclarai les papiers et les effets de M. *de Voltaire*, dont j'étais porteur) ne m'apprit cette nouvelle ; je ne la sus que par le portier de M. *de Villette*.

Toute personne qui a l'âme sensible, et qui a été véritablement attachée à quelqu'un, concevra l'état douloureux où je me trouvai dans ce moment ; je tombai évanoui. Si l'on parvint à me rendre la connaissance, rien ne put me tirer de ma tristesse et de mon accablement. Je ne tardai pas à voir, pour surcroît de peine, que le peuple de Paris, dont quelques jours auparavant M. *de Voltaire* paraissait être l'idole, ne prononçait pas plus son nom que s'il n'eût jamais existé. On sait que le gouvernement défendit de jouer ses pièces jusqu'à nouvel ordre, et qu'on parlât de lui dans les papiers publics; on m'avertit même de ne pas trop dire que j'avais été son secrétaire : mais ce qui me surprenait le plus, c'était la lâcheté de la conduite de sa nièce (*s*).

Quand on apprit le contenu du testament du défunt, on en critiqua beaucoup les dispositions. J'ai entendu en France, en Suisse, en Allemagne et en Russie, plusieurs personnes le blâmer sur la somme modique qu'il m'avait accordée. Les papiers publics étrangers en ont parlé aussi d'une manière peu avantageuse pour sa mémoire. Ma reconnaissance exige que je rende ici justice aux intentions de M. *de Voltaire* à mon égard.

J'ose prendre à témoin madame *Denis* elle-même, que son oncle, malgré son amitié pour moi, avait la faiblesse de craindre que s'il me procurait pendant sa vie une petite fortune, je ne le quittasse. Il ne me donnait en conséquence que des appointemens modiques et quelques cadeaux à ma femme et à mes enfans; mais nous étions heureux chez lui et très-contens de notre sort : nous n'aurions jamais rien désiré de plus, tant qu'aurait duré la vie de M. *de Voltaire*. Il me parlait souvent de ses

---

(*s*) La troisième question qu'elle me fit tranquillement, après mon arrivée, fut : *Mon oncle a-t-il laissé bien de l'argent comptant?* Et c'était dans le moment où elle me voyait livré au désespoir et presqu'en délire, arrosant de larmes le lit de mon cher maître, dont je ne pouvais m'arracher!

dispositions testamentaires; il me disait qu'il voulait qu'à sa mort j'eusse vingt mille écus de ses bienfaits, y compris les huit mille livres portées sur son testament; qu'il me compléterait la somme en billets à mon ordre; il me les donna en effet : je les ai tenus ces billets, mais, par un excès de délicatesse, je ne voulus pas les garder, et je le suppliai de les reprendre. Alors, en m'envoyant à Ferney, il m'ordonna de laisser chez son banquier, à Lyon, cinquante-deux mille livres qui seraient un jour à ma disposition sur ses ordres. Mon malheur a voulu que je n'aie pu être auprès de lui à sa mort, malgré toutes ses instances, et qu'on en ait également écarté son notaire, qu'il ne cessait de demander; c'est ce qui le mit dans l'impossibilité d'exécuter ses bonnes intentions à mon égard. Je ne lui dois cependant pas moins de reconnaissance, et le public ne peut, d'après mon témoignage, refuser de lui rendre justice sur ce point, et de disculper sa mémoire de tout reproche d'ingratitude.

M. *de Voltaire* voulait, par la modicité de la somme énoncée dans son testament, forcer madame *Denis,* sa nièce, dont il supposait l'âme noble et généreuse, d'avoir aussi la gloire de contribuer à mon bien-être; c'est même ce qu'il lui recommandait expressément dans les instructions qu'il lui donnait dans une feuille séparée, qui accompagnait son testament; et il pouvait d'autant mieux espérer qu'elle y aurait égard, qu'il la laissait son héritière universelle avec cent ou cent vingt mille livres de rentes (*t*).

Après avoir mis au fait de tout madame *Denis*, je retournai à Ferney, chargé de sa procuration pour y gérer ses affaires; elle me promit cinquante louis par an, et mon logement dans le château.

Trois mois après la mort de son oncle, nous reçûmes à Ferney la nouvelle que cette terre, qui devait rester toujours dans sa famille, venait d'être vendue à M. le marquis *de Villette*, pour deux cent trente mille francs. L'indignation y fut extrême, ainsi que dans les environs, surtout quand on apprit qu'elle avait refusé cette terre à M. *d'Hornoy*, son neveu, qui la lui demandait aux mêmes conditions que M. *de Villette* (*u*). Cela fit renouveler des propos injurieux sur le compte de madame *Denis*, propos dont elle a eu connaissance, et dont il n'a pas tenu à elle que je ne passasse pour l'inventeur.

(*t*) Elle hérita en outre de six cent mille francs en argent comptant et en billets à ordre, et de la terre de Ferney. M. *de Voltaire* donnait à ses domestiques une année de leurs gages, et son héritière n'a voulu la payer qu'à un petit nombre; tous les autres en ont été frustrés.

(*u*) Son horreur pour ce lieu charmant, créé par son bienfaiteur, était si forte, qu'elle eut l'infamie de m'écrire, dans sa lettre du 29 septembre 1778: *Je voudrais que le feu fût à Ferney.* C'est ce qu'elle avait déjà dit à M. *Christin*, dans une lettre du 22 septembre. Il semble, par toute sa conduite, qu'elle aurait voulu anéantir tout ce qui pouvait lui rappeler M. *de Voltaire*.

Je quittai alors la retraite qu'avait formée et habitée si long-temps M. *de Voltaire* (13).

Le nouveau seigneur en vint prendre possession en juillet 1779; il y changea tout, fit vendre beaucoup de meubles, et presque tous ceux de la chambre de ce grand homme (*x*). Il fit arranger dans une armoire une espèce de petit tombeau de terre cuite vernissée, ou plutôt les débris d'un poêle, de la valeur d'environ deux louis, et dit avoir déposé dans ce beau monument le cœur de M. *de Voltaire*, qui n'y est point du tout. Il plaça dans

(13) M. *de Villette*, peu de temps après son acquisition de la terre de Ferney, crut faire sa cour à l'Impératrice de Russie, *Catherine II*, en lui faisant proposer, par M. le prince *Bariatinski*, ambassadeur de cette princesse à Paris, d'accepter la terre de Ferney, dont il ferait cession à S. M. Mais l'impératrice attachait moins de prix à une terre dont elle ne pouvait jouir, qu'aux livres et aux papiers de celui qui l'avait possédée. Elle se contenta de faire construire un château sur le modèle de celui de *Voltaire*, et d'y faire placer, dans le même ordre, sa bibliothèque que lui avait apportée *Wagnière*. La tentative de M. *de Villette* n'ayant pas réussi, il revendit peu de temps après Ferney à un particulier. On croit qu'elle est retournée à quelqu'un de la famille des anciens possesseurs. C'est par nos mains que la proposition de M. *de Villette* fut remise en celles de M. le prince *Bariatinski*.

(*x*) On voit, avec serrement de cœur, dans un cabaret de Ferney, les portes de cette même armoire qui était dans la chambre de M. *de Voltaire*, et dans laquelle il renfermait ses papiers. M. *de Villette* les a vendues au cabaretier ainsi que son écritoire, ses flambeaux, etc. (*) On peut juger par là combien la mémoire de ce grand homme est chère au nouveau possesseur de Ferney. Quand on entre dans cette chambre, au lieu du recueillement et de la vénération qu'elle doit inspirer à tout homme qui pense, on n'y éprouve que le sentiment de l'indignation et de la pitié.

(*) Et sans doute à beaucoup meilleur compte qu'on ne vendit jadis la lampe d'*Epictète*.

cette chambre les portraits de l'impératrice de Russie, *Catherine II*, du Roi de Prusse, de *Le Kain*, en tableaux, et quelques autres en estampes, ainsi que plusieurs cadres vides. Il fit mettre au-dessus du tombeau :

MES MANES SONT CONSOLÉS, PUISQUE MON COEUR EST AU MILIEU DE VOUS.

Et sur la porte de la chambre :

SON ESPRIT EST PARTOUT, ET SON COEUR EST ICI.

L'auguste impératrice de Russie ayant bien voulu (par le canal du respectable M. le baron *de Grimm*, qui en cette occasion m'a servi de père) me faire l'honneur de m'appeler auprès d'elle pour ranger la bibliothèque de M. *de Voltaire*, dont elle avait fait l'acquisition, et pour être instruite par moi de ce qui concernait ce grand homme, je me rendis à Pétersbourg le 8 auguste 1779 (*y*). Après y avoir été long-temps très-malade et en danger de mort, après avoir mis les livres et les papiers en ordre, le chagrin de la perte de mon

---

(*y*) L'héritière de M. *de Voltaire* n'ayant voulu accorder aucune récompense aux domestiques de son oncle, son cocher qui l'avait servi dix-neuf ans, et qui l'avait soigné à son lit de mort, autant qu'il l'avait pu, se trouva fort à plaindre. Je le menai par commisération avec moi en Russie, et Sa Majesté Impériale a eu la générosité de le gratifier de cinq cents écus. O madame *Denis !* Ne direz-vous jamais comme Mahomet : *Il est donc des remords !*

maître altérant toujours ma santé, je fus obligé, avec le plus vif regret, de quitter cette princesse adorable, du moins jusqu'à ce que ma famille et ma santé me permettent de retourner me jeter à ses pieds. Je m'en revins à Ferney, comblé des bontés de cette souveraine, qui, outre l'argent qu'elle me fit remettre, a daigné m'accorder une pension viagère de quinze cents francs par an (z); de sorte que c'est à elle seule que je dois d'être délivré de la crainte trop fondée que j'avais, de ne savoir comment vivre avec ma femme et mes enfans, après la sujétion et le travail les plus pénibles pendant plus de vingt-quatre ans, et n'ayant aucun état pour me faire subsister; car, deux jours après mon retour de Russie, la nièce de M. *de Voltaire*, qui venait de se remarier à soixante-neuf ans, me fit dire qu'elle ne me donnerait point les cinquante louis qu'elle m'avait promis; outre un billet de six mille francs, à elle donné pour moi par M. *Panckoucke*, et qu'elle s'est approprié.

A mon arrivée à Ferney, je vis avec la plus vive douleur tout ce qui s'y était passé pendant mon

(z) Je dois aussi la plus tendre et la plus respectueuse reconnaissance au respectable comte M. *Alexandre de Woronzof*, pour toutes les bontés qu'il a eues pour moi à Pétersbourg; pour l'intérêt qu'il a daigné prendre à ce qui me regardait, et pour tout ce qu'il a fait pour moi. Messieurs ses frères, ainsi que Messieurs *de Besbarodka, de Bacownin, Lwof*, la fermière et tous les amis de mon protecteur, M. le comte *de Woronzof*, ont pénétré mon cœur, et y ont laissé de sincères sentimens de gratitude par la manière dont ils ont bien voulu m'accueillir.

absence; je fus surtout bien étonné des singulières descriptions que l'on avait insérées dans les journaux, des peintures mensongères qu'on y fait de ce lieu autrefois si respectable, de cette habitation d'un homme immortel, laquelle je ne puis jamais regarder qu'avec le plus grand serrement de cœur et qu'en versant un torrent de larmes.

Telles sont, mes chers enfans, dans la plus exacte vérité, l'histoire des derniers jours de M. *de Voltaire*, et les causes du chagrin que vous voyez me tourmenter tous les jours; vous l'adoucirez si vous vous rendez dignes d'oser vous vanter d'être nés dans la maison et sous les yeux de ce grand homme. Je dois l'espérer, puisque je vous vois déjà partager ma sensibilité et ma reconnaissance pour mon auguste bienfaitrice, et pour ceux qui s'intéressent à mon sort, ainsi que ma vénération pour M. *de Voltaire*, qui daignait quelquefois s'amuser avec vous de vos petits jeux et de vos discours enfantins.

A Ferney, mars 1780.

PIÈCES JUSTIFICATIVES

DE LA RELATION DU VOYAGE DE M. DE VOLTAIRE A PARIS
ET DE SA MORT.

(Les notes qui accompagnent ces lettres sont de *Wagnière*.)

Lettre de madame DENIS *à* M. WAGNIÈRE.

25 mai 1778, Paris.

Mon cher *Wagnière*, je suis dans une inquiétude mortelle. Mon oncle est tombé malade depuis que vous êtes parti, de sa strangurie. Elle a toujours augmenté, et la fièvre s'y est jointe. Tous les accidens sont cessés (*a*), mais il est d'une faiblesse si grande qu'elle nous effraie, et elle cause la même inquiétude à M. *Tronchin*.

Vous savez, mon cher ami, que je n'ai de confiance qu'en vous. Revenez : votre maître a besoin de vous, j'en ai besoin moi-même. Apportez tous les papiers que vous pourrez; emballez des livres. Il vous demande avec impatience (*b*). Je crois que vous ne pouvez pas revenir avec la

---

(*a*) Cependant, madame, vous aviez dans ce moment-là même, la précaution d'ordonner qu'on préparât le carrosse pour le mener en terrer. Oh! c'est en vérité une belle chose que la prévoyance!

(*b*) Pourquoi donc ne m'avez-vous pas écrit quand il vous l'avait

berline, cela serait trop long. Il faut pourtant que la *Perrachon* et cette berline reviennent. Je voulais envoyer *Jean-François* la chercher; mon oncle s'y est opposé avant sa maladie, et je n'ose transgresser ses ordres. Il faudra prendre un charretier de la ferme, qui mène bien et qui soit sûr. Enfin, je ne peux vous donner des conseils, vous êtes sur les lieux, faites de votre mieux. Prenez quatre chevaux pour traîner la berline; nous en vendrons deux, et nous en garderons deux. Si vous avez quelque reste d'affaires à Ferney, je m'en vais mander à *Christin* de vous aller trouver, et vous raisonnerez ensemble. Excepté M. *Christin*, je vous supplie de dire à madame *Wagnière* de ne confier les clefs du château qu'à lui.

J'espère, mon cher ami, qu'à votre retour vous trouverez votre maître en meilleur état. Nous faisons de notre mieux pour le fortifier. J'ai grand besoin de vous, car mon cœur emporte ma tête. Apportez tous les papiers d'affaires que vous pourrez, c'est l'essentiel (c), et venez au plus vite. Vous connaissez mon amitié pour vous; elle est inaltérable (d).

DENIS.

Lettre de madame Denis *à* M. Wagnière.

Le 26 mai, à Paris.

Mon cher *Wagnière*, mon oncle va beaucoup mieux depuis hier (e), et j'espère que nous le conserverons, mais

ordonné? Pourquoi, au contraire, défendre expressément que l'on m'écrivît? Pourquoi retîntes-vous la lettre qu'il m'écrivait?

(c) Oh! j'en suis persuadé.

(d) *Amitié inaltérable!* comme vous n'en aviez pas pour votre oncle, je ne devais pas me flatter d'avoir plus ce bonheur que lui, et ce que vous avez fait depuis pour moi, en est la preuve.

(e) Voyez ci-après les lettres de M. *d'Hornoy*.

c'est à cause de cela même qu'il faut que vous reveniez le plus vite possible. Nous sommes convenus avec mon oncle qu'il ne faut pas affermer Ferney. Il faut que *Poramy* la régisse toujours; c'est un honnête homme qui connaît bien cette terre; il faut qu'il vende les denrées et qu'il rende compte de l'argent.

Je crois qu'il faut laisser à *Saint-Louis* son habit et son chapeau. Je ne peux trop vous donner de réponse sur les autres choses.

Mon cher ami, voyez les arrangemens que vous prendrez pour faire venir ma berline. Comment faites-vous pour la vaisselle d'argent? Tâchez de la bien emballer. Je crois que vous ferez bien d'adresser les livres de mon oncle à M. *Le Noir,* lieutenant de police, et de nous en donner avis.

Si vous avez quelqu'affaire que vous ne puissiez pas finir, chargez-en *Christin.* Je lui écris que mon oncle va mieux, et j'espère que nous le conserverons encore long-temps.

Notre maison avance; elle sera prête au plus tard vers le 10 juin, mais nous ne pourrons peut-être y aller qu'à la fin du mois.

Dites, je vous prie, à la *Perrachon* de m'envoyer tous les petits articles qu'elle a mis à part et qu'elle ne m'a pas envoyés, en un mot, tout ce qui est à moi.

Madame *Cramer Dallon* a trois volumes à moi des chansons de M. *de la Borde.* Je vous supplie de vouloir bien les lui demander et de les apporter (*f*). J'ai une édition de la

---

(*f*) C'était sans doute, madame, afin d'accomplir la prophétie de M. *de Voltaire,* qui dit dans une épître au maréchal de Villars (*) :

> Mais si quelque jour, moi chétif,
> J'allais passer le noir esquif,

(*) Tom. XIII, p. 44, de l'édition de Kehl. L'épître est de 1721; les vers qui la terminent ajoutent encore quelque chose à la prédiction :

> « Vous voyez donc très-clairement

Henriade en deux volumes en maroquin, apportez-la moi aussi.

Adieu, mon cher ami; je suis aujourd'hui bien plus contente. Comptez sur mon inviolable amitié. Embrassez votre femme et votre fille pour moi. Je voudrais bien qu'elles fussent à Paris.

DENIS.

Faites dire à M. *Dupuits* que mon oncle va mieux.

Lettre de M. D'HORNOY *à* M. WAGNIÈRE (g).

A Paris, ce 25 mai 1778.

Mon pauvre oncle, mon cher *Wagnière*, est dans l'état le plus fâcheux. Madame *Denis* a dû vous mander son accident. L'effet de l'opium est passé, mais il a laissé des suites

> Je n'aurais qu'une vile bière.
> Deux prêtres s'en iraient gaiement
> Porter ma figure légère,
> Et la loger mesquinement
> Dans le recoin d'un cimetière.
> Mes nièces, au lieu de prière,
> Et mon janséniste de frère,
> Riraient à mon enterrement;
> Et j'aurais l'honneur seulement
> Que quelque muse médisante
> M'affublerait pour monument
> D'une épitaphe impertinente.

Hélas! tout cela n'est-il pas, à peu près, exactement arrivé en 1778?

> » Qu'il est bon que je me conserve,
> » Pour être encor témoin long-temps
> » De tous les exploits éclatans
> » Que le Seigneur Dieu vous réserve. »

Voltaire s'est en effet conservé près de soixante ans depuis cette époque, et ne pouvait guère reculer plus loin l'événement qu'il a l'air de redouter dans ces vers si pleins de grâce et d'esprit.

cruelles. L'anéantissement est extrême; il a un éloignement affreux pour tout ce qui pourrait le soutenir et le réparer; il ne veut point prendre de bouillon. Tout ce que nous pouvons faire à force d'instances, de supplications, et même de propos faits pour l'effrayer sur son état, est de l'engager à avaler quelques cuillerées de gelée ou de blanc-manger. Aussi sa faiblesse augmente, et elle est effrayante. Il vous désire vivement; je le fais comme lui. Il m'a chargé de vous écrire pour vous presser de revenir le joindre.

Ne perdez pas de temps. Vous aurez ici un spectacle bien cruel, mais peut-être aurez-vous plus de crédit sur lui que nous. Il a assez de tête pour résister obstinément aux instances que nous faisons pour qu'il se nourrisse, et pas assez pour se rendre à la raison (*h*). Il est bien douloureux de voir un homme qui avait encore quinze ans à vivre, se tuer par son impatience. Hâtez-vous donc de venir, mon cher *Wagnière;* vous consolerez peut-être les derniers momens d'un homme que vous aimez, qui vous aime beaucoup, et dont je partage bien les sentimens qu'il a pour vous.

Autre lettre du même.

A Paris, 26 mai 1778.

Les nouvelles, mon cher *Wagnière*, sont toujours plus fâcheuses, et le deviennent tous les jours de plus en plus. La faiblesse augmente de jour en jour. L'impossibilité de faire prendre à mon malheureux oncle de la nourriture s'accroît encore. Ce serait se faire illusion que de conserver

---

(*g*) Je prie que l'on compare les deux lettres qu'on va lire avec les deux précédentes, écrites les mêmes jours et reçues en même temps; après quoi on fera les réflexions que l'on voudra.

(*h*) Plût à Dieu qu'il eût toujours résisté ainsi! S'il refusait alors, c'est qu'il avait enfin reconnu la vérité.

de l'espérance. Il est affreux de lui voir terminer ainsi une carrière aussi brillante, dans l'instant où il a le plus joui de sa gloire. Malgré son âge, cette carrière pouvait encore se prolonger. Il l'a abrégée par son impatience. J'adresse cette lettre à votre femme, parce que j'imagine que vous serez parti sur ma dernière. Si vous ne l'êtes pas, partez toujours. Ce qui lui reste de tête est pour vous désirer. Il est fort douteux que vous arriviez à temps; mais au moins, s'il vit encore, vous adoucirez un peu ses derniers momens.

Adieu, mon cher *Wagnière*; je suis navré. Je sais combien vous serez affligé l'un et l'autre. Vous perdez un homme qui avait pour vous bien de l'amitié. Si celle que vous trouverez dans sa famille peut être un adoucissement, vous êtes bien sûr de la trouver ici (*i*).

(*i*) Je dois ici rendre justice à M. *d'Hornoy*, qui vit avec le plus grand chagrin que l'on eût engagé M. *de Voltaire* à rester à Paris, et qui me le témoigna plusieurs fois. Mais en qualité d'héritier naturel de madame *Denis*, ayant trois enfans, n'étant pas riche, il n'osait pas manifester sa façon de penser. Il n'a du moins jamais trempé dans le complot, et c'est pourquoi on cherchait même à l'éloigner.

FIN DE LA RELATION DE WAGNIÈRE.

EXAMEN

DES

MÉMOIRES SECRETS, ETC.,

DITS DE BACHAUMONT;

PAR WAGNIÈRE.

N. B. Dans l'exemplaire des Mémoires de Bachaumont (édition de 1777) qui a servi pour l'application des passages du texte aux remarques de *Wagnière*, il s'est trouvé quelques volumes de l'édition de 1784, où l'ordre numérique des pages est quelquefois différent. Mais alors les dates seules des articles suffiront pour retrouver aisément ceux dont on voudrait faire la vérification sur l'original; ces articles ne pouvant être qu'à une très-petite distance l'un de l'autre, relativement aux pages, dans les exemplaires de l'une et de l'autre éditions.

AVIS DE L'ÉDITEUR.

L'ouvrage dont *Wagnière* fait ici l'examen est intitulé : *Mémoires secrets pour servir à l'histoire de la république des lettres en France, depuis* 1762 *jusqu'à nos jours. Londres, John Adamson,* 1777 *et suivans,* 36 vol. in-12 ; mais il est beaucoup plus connu sous celui de *Mémoires de Bachaumont.* Ce livre si volumineux n'est autre chose qu'un recueil de *bulletins* ou *nouvelles à la main* qu'on distribuait autrefois dans Paris, à des abonnés qui ne connaissaient pas plus que le public la source de ces feuilles manuscrites. La vogue qu'elles eurent provenait surtout de ce que les rédacteurs, affranchis de toute censure et travaillant dans l'ombre, pouvaient impunément se livrer à une très-grande licence ; et c'est aussi pourquoi la distribution ne s'en faisait qu'avec une sorte de mystère. Elles prirent naissance, dit-on, chez une dame *Doublet,* qui tenait chez elle, à Paris, une assemblée où se rendaient tous les soirs plusieurs amateurs de littérature, de spectacles, de nouvelles politiques et autres. C'était une espèce de bureau d'esprit, où chacun d'eux allait débiter tout ce qu'il avait appris dans la journée : épigrammes, bons mots, anecdotes scandaleuses, vraies ou fausses, de la ville et de la cour; nouveautés de tout genre; rien n'échappait aux recherches de ces messieurs. Un membre de cette société, M. *Petit de Bachaumont*, commença en 1762 à rédiger chez lui une partie de ces conversations du soir; mais étant mort environ deux ans après, un M. *Pidansat de Mairobert* lui succéda : d'autres suivirent leur exemple, et bientôt songèrent à tirer profit de leur besogne en multipliant les copies pour les curieux qui voudraient les payer. De là les souscriptions par l'entremise des colporteurs. Au moyen d'un abonnement, un peu plus cher que celui des journaux, on recevait assez régulièrement deux de ces feuilles manuscrites par semaine. Quelques abonnés les conservèrent et les réunirent en volumes. Un de ces recueils, tombé entre les mains d'un libraire, devint pour lui un objet de spéculation; il l'imprima furtivement, persuadé que la malignité et la liberté qui règnent dans cet ouvrage lui en procureraient un prompt débit. Son édition, revêtue du titre imposant de *Mémoires secrets*, etc., parut en 1777, sous le nom de Londres; elle fut contrefaite en 1784 avec la même indication de Londres.

C'est un journal dans le goût de celui de l'*Étoile*, avec cette différence que le journal de l'*Étoile* est plus politique que littéraire, qu'il offre partout un esprit, un style et des opinions uniformes, avec une liberté assez modérée; on voit au contraire dans le journal moderne des articles de toutes mains, des jugemens souvent aussi disparates que le style, et une liberté qui dégénère quelquefois en satire odieuse ou en cynisme effronté. Il commence avec l'année 1762, et s'étend jusqu'à l'année 1780, inclusivement, depuis le tome premier jusqu'à la moitié du seizième. L'éditeur ayant alors trouvé dans une autre collection de ces bulletins beaucoup d'articles qui manquaient dans la sienne, et voulant les y ajouter, il continua son édition; mais en reprenant le journal à l'année 1762, et le poursuivant jusqu'à la fin de 1787; depuis le tome 16 jusqu'au 36me. *Wagnière* a écrit ses remarques dans le même ordre, à mesure que les volumes paraissaient, ce qui produisait de la confusion et des anachronismes. Nous croyons avoir rendu son travail plus utile, en rangeant toutes ses remarques dans l'ordre chronologique, avec les passages du texte auxquels elles se rapportent. Par ce moyen les articles supplémentaires se trouvent à leur vraie place, et les deux journaux n'en forment plus qu'un, depuis 1762 jusques et compris 1787, dixième année depuis la mort de *Voltaire*. Il n'en sera pas moins facile de vérifier, si on le veut, les articles sur le texte de *Bachaumont*, chacun portant en tête, outre sa date, l'indication du volume et de la page d'où il est extrait. Pour ne point laisser de lacunes dans cette série de détails curieux sur *Voltaire* et sur ses ouvrages, nous y avons compris divers articles du même recueil laissés sans remarques par *Wagnière*, apparemment parce qu'il en jugeait le contenu exact et vrai, ou trop évidemment faux et absurde pour mériter d'être réfuté. Quelques notes suppléeront à son silence sur plusieurs de ces articles qui nous ont paru susceptibles d'éclaircissemens.

Les notes de *Wagnière* sont partout indiquées par des lettres alphabétiques, et les nôtres par des chiffres. L'édition des *OEuvres de Voltaire* à laquelle on renvoie est celle de Kehl, in-8º.

AVERTISSEMENT

DE WAGNIÈRE.

Ayant eu l'occasion d'observer plusieurs fois dans les pays étrangers, et même en France, que bien des gens accordaient un certain degré de croyance aux *Mémoires secrets de la République des lettres*, désignés vulgairement sous le nom prétendu *de Bachaumont*, dans lesquels il est très-souvent parlé de M. *de Voltaire* d'une manière peu exacte, j'ai cru devoir y annoter tous les passages qui le concernent, et les anecdotes, vraies ou fausses, relatives à sa personne ainsi qu'à ses ouvrages. Les remarques que j'y ai jointes, quoique peu étendues, seront cependant suffisantes, à ce que je crois, pour faire mieux apprécier à tout lecteur sans prévention ce que l'on a avancé dans ces *Mémoires*. Ce serait aux véritables gens de lettres à réfuter les jugemens, quelquefois frivoles ou absurdes, que l'on y porte de divers ouvrages de M. *de Voltaire*, et des écrits de plusieurs auteurs célèbres, si un pareil recueil, formé sans choix, et publié à la hâte pour gagner de l'argent, pouvait obtenir un certain crédit dans la postérité, et avoir besoin d'un préservatif.

J'ai écrit ces Remarques dans l'espérance qu'elles pourront être utiles à ceux qui entreprendront de donner une histoire vraie et bien détaillée de la vie et des ouvrages de mon ancien maître.

Je puis et je dois certifier la vérité de ce que je dis, tant dans ces Remarques que dans celles sur le *Commentaire historique* et dans ma *Relation* du dernier voyage de M. *de Voltaire* à Paris et *de sa mort*.

EXAMEN

DES

MÉMOIRES SECRETS, ETC.,

DITS DE BACHAUMONT.

ANNÉE 1762.

Tome I, *page* 1, *du* 1er *janvier* 1762. *Les Chevaux et les Anes, ou Etrennes aux Sots.* Tel est le titre d'une espèce d'épître de deux cents vers environ, qu'on attribue à M. *de Voltaire*, et par laquelle il ouvre l'année littéraire. C'est une satire dure et pesante contre quelques auteurs dont il croit avoir à se plaindre, et contre M. *Crévier* particulièrement. C'est un professeur de l'université, et l'auteur d'une histoire de ce corps, dans laquelle il a inséré des personnalités odieuses contre M. *de Voltaire*, et l'attaque sur son irréligion. Elle n'est point assez piquante pour faire plaisir au commun des lecteurs, qui ne se passionnent pas à un certain degré pour les querelles du philosophe de Ferney.

Cette satire est véritablement de M. *de Voltaire*. Elle ne parut point aux yeux des Parisiens aussi *pesante* qu'à ceux du rédacteur de cet article; elle fut très-recherchée, et l'on ne pouvait en envoyer assez d'exemplaires pour répondre à l'empressement de tous ceux qui voulaient l'avoir. On voit dans cet article même une nouvelle preuve de ce que nous avons dit plusieurs fois; c'est que dans les querelles assez nombreuses de M. *de Voltaire* avec d'autres gens de lettres, il ne fut jamais l'agresseur. Dans cette satire, qui paraît dirigée principalement contre M. *Crévier*, il ne faisait que se venger des injures que celui-ci lui avait prodiguées, sans aucune provocation, dans son Histoire de l'université. Quelques vers, où le *lourd Crévier* s'est trouvé enchâssé pour son malheur, ont suffi pour le caractériser d'une manière ineffaçable aux yeux de ses confrères et de la postérité. Ce n'est point *s'appesantir* que de se défendre ainsi; au reste, si M. *de Voltaire*, malgré sa modération, a eu beaucoup de querelles littéraires à soutenir, c'est apparemment parce que son mérite était de nature à lui susciter un grand nombre d'envieux.

Ibid., page 2, dudit jour 1ᵉʳ janvier. *Le Sermon du Rabbin Akib* est une autre brochure, en prose, attribuée à M. *de Voltaire*, et dans laquelle il se plaint de l'atrocité du dernier *Auto-da-fé* de Lisbonne. Il invoque l'Eternel pour dessiller les yeux des barbares qui font un acte de religion aussi contraire à l'humanité, et si peu digne de *Dieu*. Les Jésuites s'y trouvent englobés au sujet de *Malagrida*. Le tout est assaisonné de traits mordans, et d'autant plus forts que la plupart ne seraient pas faciles à réfuter. Ils sont rendus avec une liberté philosophique, qui n'est pas faite pour enlever tous les suffrages.

Cet opuscule est aussi de M. *de Voltaire.* C'est un plaidoyer en faveur de la tolérance et de l'humanité, il ne pouvait défendre froidement une pareille cause. Son zèle sans doute devait déplaire aux esprits intolérans et persécuteurs.

Tome I, *page* 11, du 2 janvier. On a donné aujourd'hui, pour la troisième fois, *Zulime,* tragédie nouvelle de M. *de Voltaire.* Le jour de la première représentation, l'auteur nous a fait dire, dans une espèce de compliment, que cette pièce avait été jouée il y a près de vingt-deux ans (1), qu'il l'avait retirée à la huitième représentation; que d'autres occupations l'avaient empêché long-temps d'y faire les corrections dont elle était susceptible, mais qu'ayant paru étrangement défigurée à l'impression depuis six mois, ses entrailles paternelles s'étaient émues, et il avait cru devoir la donner au public telle qu'elle était.... Par une bizarrerie qu'on remarque quelquefois dans les plus grands hommes, il s'est toujours obstiné à regarder cette tragédie comme excellente.

Point du tout, il en a toujours senti la faiblesse ainsi que le vice du sujet; il en convient très-positivement dans l'épître dédicatoire à mademoiselle *Clairon,* imprimée au-devant de la pièce, en 1762.

(1) Ce fut le 20 juin 1740; et la première représentation de la reprise se donna le 29 décembre 1761; elle fut retirée après la neuvième. On peut voir dans le Journal de Paris, juillet 1778, deux lettres curieuses de M. le marquis *de Villevieille,* à l'occasion d'une critique de Zulime par M. *de La Harpe.*

Il dit qu'un prince tel que Ramire, qui n'est qu'amoureux sans être tragique, ne peut émouvoir; que la médiocrité de ce rôle se répand sur tout l'ouvrage, etc. Il est vrai qu'il fit de grands efforts pour surmonter les obstacles que présentait son plan, et surtout le sujet, qu'il n'avait choisi, dit-il, que par un motif d'utilité particulière. Il corrigea cette tragédie à diverses reprises, comme on le voit par ses nombreuses variantes; mais s'il ne put vaincre des obstacles insurmontables, il tira du moins d'un sujet ingrat à peu près tout ce qu'il comportait. Il y a des beautés de détail, le rôle de Zulime est très-passionné, celui de Benassar intéressant et neuf. Ces avantages, il est vrai, ne suffisaient pas pour élever cette pièce au rang de ses meilleures productions en ce genre.

Page 16, du 7 janvier. On commence à parler beaucoup de l'*Ecueil du Sage*, comédie philosophique et en vers de dix syllabes, de M. *de Voltaire*. On espère qu'elle triomphera des scrupules de la censure et de la police, et que nous la verrons représenter... Voici une anecdote qui concerne cette comédie... Avant qu'il fût question de cette pièce, un jeune homme obscur vint la présenter comme sienne sous le titre du *Droit du Seigneur,* au comédien semainier. Il fut reçu avec la morgue ordinaire... Il fallut bien des courses, bien des prières, avant d'obtenir une nouvelle audience. Enfin on lui déclara que sa comédie était détestable... Le pauvre diable insista pour obtenir une lecture, la troupe assemblée... Il fallut avoir recours aux suppliques, aux bassesses; et les entrailles du comédien s'étant émues, on lui accorda, par compassion, un jour de lecture. Le comique aréopage était si prévenu qu'il ne fit pas grande attention à ce qu'il entendait, et la pièce fut conspuée par toute l'assemblée. Le jeune homme se retira fort content de la comédie qu'il venait de jouer. Quelque temps après, M. *de Voltaire* adressa cette même pièce aux comédiens, sous le titre qu'elle porte aujourd'hui, l'*Ecueil du Sage;* on la reçut avec respect, elle fut lue avec admiration, et l'on pria M. *de Voltaire* de continuer à être le bienfaiteur de la compagnie. Cette anecdote s'est divulguée, on en a beaucoup ri, et l'on s'est rappelé plus que jamais la caricature plaisante où ce tribunal est peint sous l'emblème d'un certain nombre de bûches en coeffures ou en perruques.

Cette anecdote est très-vraie. Le jeune homme se présenta sous le nom d'un M. *Picardin* de Dijon. La pièce ayant été reçue sous le titre de l'*Écueil du Sage*, fut représentée de même; mais l'auteur lui rendit dans la suite son premier et véritable titre. Peu de temps avant sa mort, il l'avait réduite en trois actes et l'avait apportée avec lui à Paris, dans l'intention de la faire jouer ainsi. On la représenta de cette manière en 1779.

Tome XVI, *page* 129, du 21 janvier 1762. On vient d'enrichir *la Pucelle*, de M. *de Voltaire*, des ornemens qui lui manquaient. Un graveur intrépide publie 27 estampes concernant ce poème. Ce sont en général des caricatures piquantes et qui s'allient très-bien à l'ouvrage. Elles offrent aux yeux avec vérité les peintures lascives ou grotesques du poète. C'est ainsi que, tandis que l'auteur cherche à rendre à son héroïne l'honnêteté dont on lui reproche de l'avoir dépouillée, un plaisant la prostitue de plus en plus, et la met hors d'état de paraître jamais aux yeux du lecteur pudibond.

Les éditions furtives et falsifiées de la Pucelle, qui se répandaient depuis 1755, décidèrent enfin M. *de Voltaire* à laisser paraître son véritable ouvrage; ce qu'il fit dans l'édition in-8°, en vingt chants, imprimée en 1762, chez MM. *Cramer*, de Genève. Elle est ornée de vingt estampes, qui ne sont nullement indécentes. Le poëme y est purgé des grossièretés que l'on y avait introduites; on n'y voit point ce fameux chant de l'âne, dans lequel, en effet, la pudeur de Jeanne souffrait de terribles épreuves : c'est là ce qui fait dire au rédacteur des *Mémoires*, que tandis que l'auteur rendait l'honnêteté à son héroïne, un graveur l'en dépouillait plus que jamais (2).

Ibid., page 129, du 23 janvier. L'*Ecueil du Sage* va son train. M. *de Voltaire*, toujours disposé à recevoir les conseils du public, avait différentes leçons toutes prêtes pour varier le dénoûment. On l'a rendu moins ridicule et moins absurde, mais on ne peut sauver les étranges disparates qui se remarquent dans cette comédie, et qui font présumer aux connaisseurs que ce sont différens lambeaux détachés que l'auteur a voulu coudre ensemble et qui ne cadrent point.

C'est bien cette dernière supposition qui doit paraître absurde aux connaisseurs (3).

(2) Les estampes dont parlent les *Mémoires* sont probablement celles qu'on voit dans une petite édition de la Pucelle, in-16, de forme presque carrée, sous le titre de Londres. Elles sont en effet très-libres, et se font d'ailleurs remarquer par une touche fine et spirituelle dans le dessin comme dans la gravure.

(3) La pièce a des scènes comiques et des scènes pathétiques, comme

Tome I, *page* 28, du 25 janvier. On parle beaucoup du retour de M. *de Voltaire* à Paris. On va jusqu'à dire qu'il aura une pension considérable à la cour. Ces bruits ne sont encore que très-vagues. D'après cette supposition, on a toujours fait à bon compte l'épigramme suivante :

> Voltaire, en esprit fort, plein d'orgueil et de ruse,
> Après avoir choisi le sein des protestans,
>   Pour éviter les sacremens,
> Vient mourir à Paris, sachant qu'on les refuse.

L'auteur de l'épigramme était alors bien loin de s'imaginer qu'il prophétisait, et l'événement a prouvé que cette prédiction était bien funeste (4).

Ibid., *page* 39, du 31 janvier. M. *de Voltaire* a écrit à M. l'abbé *d'Olivet*, que c'est mal à propos qu'on faisait courir le bruit de son arrivée à Paris; qu'il était content comme un roi sur son lac. Il se défend aussi d'être l'auteur de l'*Ecueil du Sage*, il l'attribue à un académicien de Dijon, M. *Picardin*. Il trouve pourtant de l'intérêt dans cette pièce, et ce grand homme continue à persiffler le public suivant sa coutume.

Ibid., *page* 39, du 1er février. M. *de Voltaire* a répondu par

il y en a dans l'*Enfant prodigue*; c'est là ce que le rédacteur des *Mémoires* appelle d'*étranges disparates*. Mais ce mélange n'est point hors de la nature, et l'on en trouve des exemples dans *Molière* et d'autres bons auteurs. L'*Ecueil du Sage* eut huit représentations.

(4) *Wagnière* était convaincu que *Voltaire* avait beaucoup abrégé sa vie par son voyage à Paris, et il a été vivement affecté de cette perte, jusqu'à son dernier moment. L'épigramme dont il parle est bien médiocre. Elle fait allusion aux *Refus de sacremens*, qui firent tant de bruit à Paris dans le temps du jansénisme. La pensée en est plus spécieuse que juste. *Voltaire* n'avait pas besoin de quitter les protestans pour mourir sans sacremens. D'ailleurs il était en pays catholique, à Ferney comme à Paris.

les vers qui suivent à M. *Blin de Saint-More*, qui lui avait envoyé son Héroïde *de Gabrielle d'Etrées à Henri IV* :

> Mon amour propre est vivement flatté
> De votre écrit, mon goût l'est davantage; etc.

Cela est vrai, et cette réponse a été recueillie dans les dernières éditions des œuvres de M. *de Voltaire*.

Ibid., page 43, du 11 février. Trois pièces, que les comédiens n'ont pas voulu recevoir, paraissent imprimées, et les auteurs en font juge le public. La première est de M. le comte *de Lauraguais*, c'est *Clytemnestre*. La deuxième est un *Alexandre* de M. le chevalier de *Fénelon*... La troisième est *dom Carlos*, de M. le marquis *Ximenès*. Le même sujet a été traité par *Campistron*, sous le nom d'*Andronic*... L'auteur frappe bien un vers. On a cru long-temps que M. *de Voltaire* retouchait les ouvrages de M. *de Ximenès*.

On pouvait le croire et le dire avec raison, ainsi que de bien d'autres, qui ne s'en sont jamais vantés (5).

(5) On découvre quelques indices de cette vérité dans la correspondance générale de *Voltaire*. Il est certain que parmi les écrivains célèbres, aucun n'a plus que lui encouragé les jeunes gens de lettres qui montraient d'heureuses dispositions. Il les favorisait de sa bourse, de ses conseils et de sa plume. Il leur donnait des plans, corrigeait leurs vers, améliorait leur besogne, le tout avec une discrétion qu'ils gardaient aussi scrupuleusement que lui. Dans les premiers temps, *Desfontaines, Linant, La Mar   u Resnel, Monorif, Bernard, La Bruère*, etc., en fourniraient des exemples. Il aidait le premier dans ses traductions de l'anglais, les deux suivans dans leurs œuvres dramatiques ou poétiques, le quatrième dans ses versions en vers français des poèmes de *Pope*, les trois derniers dans leurs opéras, et notamment ceux de *Castor et Pollux*, et de *Dardanus*, qu'il a revus et corrigés.

Ibid., page 46, du 16 février. On nous a donné, l'an passé, la *Confession et la Mort de M. de Voltaire;* on nous produit aujourd'hui son *Testament littéraire.* Malheur aux plaisans sinistres qui nous obligent à prévoir un événement dont l'aspect afflige toute la littérature! Quant à cette production,

M. *de Saint-Lambert* a commencé son poème des *Saisons* à la cour de Lunéville, étant journellement avec M. *de Voltaire*, à qui il communiquait les premiers essais. Celui-ci sans doute, par une censure juste et sévère, n'était pas inutile au jeune poète; il en est question en plusieurs endroits des écrits *de Voltaire* : il dit dans une lettre de 1749, à son ami M. *d'Argental*, en parlant de M. *de Saint-Lambert* : « J'ai » là un terrible élève. J'espère que la postérité m'en remerciera; car, » pour mon siècle, je n'en attends que des vessies de cochon par le » nez. » Dans des temps plus rapprochés de nous on trouverait aussi de pareils exemples, quoique *Wagnière*, alors non moins discret que *Voltaire*, n'en cite ici qu'un seul. Ne pourrait-on, à ce sujet, hasarder une observation qui, si elle n'est pas d'un grand poids, est du moins singulière? C'est que les deux principaux ouvrages dramatiques de *La Harpe*, les mieux écrits, les deux seuls qu'il ait jugés dignes d'entrer dans la première édition de ses œuvres, enfin *Warwick* et *Mélanie*, ont été composés pendant deux longs séjours qu'il fit au château de Ferney, à deux époques différentes. On ne peut douter aussi que *Voltaire* n'ait revu (au moins pour le style) les principaux ouvrages de madame *du Châtelet* et du roi de Prusse. On aperçoit même, à l'égard de celui-ci, une grande différence de style entre ses œuvres publiées avant ou après 1753, époque de la séparation des deux auteurs, et surtout dans les poésies. S'il était si obligeant à cet égard avec les étrangers, à plus forte raison a-t-il pu l'être avec ses parens; et l'on peut croire que les ouvrages historiques de l'abbé *Mignot*, son neveu, avaient été lus et corrigés par l'oncle avant d'être livrés à l'impression. Il en était de même, sans doute, d'une certaine comédie intitulée la *Coquette corrigée*, attribuée à madame *Denis*. Cette comédie n'a été ni jouée, ni imprimée, et on la croit perdue. Enfin ce qu'avance *Wagnière* se vérifiera dans le supplément aux œuvres de *Voltaire*, par divers écrits, tant en vers qu'en prose, qui ont été imprimés sous des noms étrangers, et qu'on a revendiqués à juste titre au nom de cet inépuisable auteur.

elle est d'un homme qui, à force de chercher de l'esprit, en rencontre quelquefois par hasard. On l'attribue à l'avocat *Marchand*.

Il est réellement de cet avocat, qui le composa pour gagner quelque argent. Plusieurs personnes cependant, du vivant même de M. *de Voltaire*, crurent que ce testament était véritablement celui de ce grand homme, et après sa mort, je reçus encore beaucoup de lettres où l'on me demandait des éclaircissemens sur cet objet.

Ibid., page 54, *du* 25 *février.* Nous avons sous les yeux une lettre de M. *de Voltaire* à M. l'abbé *de Launay,* dans laquelle il nous apprend que son *Commentaire sur Corneille* doit l'occuper encore deux ans ; qu'alors il en aura soixante-neuf, et qu'il est trop vieux, trop ami du calme et du silence pour désirer son retour à Paris, etc. Il signe, *Voltaire, gentilhomme ordinaire de la Chambre du Roi.*

Cette lettre est vraie, et M. *de Voltaire* pouvait avec raison signer ainsi.

Tome XVI, *page* 135, *du* 27 *février.* Le public s'était flatté de voir jouer incessamment cet hiver une troisième pièce de M. *de Voltaire, Olympie,* tragédie ; mais un schisme s'est élevé entre mademoiselle *Dumesnil* et mademoiselle *Clairon.* Celle-ci ne voulant pas jouer le second rôle, M. *d'Argental,* ami de l'auteur et son agent littéraire, a été obligé de retirer cet ouvrage.

Olympie ne fut représentée à Paris que deux ans après, en 1764, mais elle l'avait été à Manheim en 1763, devant l'électeur Palatin, par les soins de M. *Colini*, ancien secrétaire de M. *de Voltaire*, et alors attaché à la cour de ce prince; il la fit imprimer dans la même année, l'auteur lui en ayant donné le manuscrit. Les deux autres pièces de M. *de Voltaire* jouées à Paris en 1762, sont l'*Écueil du Sage* (ou le *Droit du Seigneur*), comédie nouvelle, et *Rome sauvée*, tragédie remise au théâtre. M. *d'Argental* n'était point l'*agent littéraire* de M. *de Voltaire*; il était son ami, et celui de ses amis qu'il consultait le plus volontiers sur ses ouvrages dramatiques.

Tome I, *page* 59, *du* 7 *mars. Le Sermon du rabbin Akib,* de M. *de Voltaire,* qui était peu répandu, s'étant divulgué beaucoup au moyen d'une impression faite en ce pays, la police fait les recherches les plus sévères sur ce pamphlet, ce qui lui donne une vogue qu'il n'avait pas eue.

Tome I, *page* 59, *du* 10 *mars.* M. *de Voltaire* ne laisse passer aucune occasion de s'égayer en amusant le public. Il paraît une plaisanterie qu'on lui attribue à l'occasion de l'expulsion des jésuites, dont il est tant question aujourd'hui. Cette pièce est intitulée *la Balance égale.* Il y expose le pour et le contre : le tout assaisonné des sarcasmes qu'il sait si bien manier.

Ces deux écrits sont en effet de M. *de Voltaire.*

Tome I, *page* 60, *du* 13 *mars.* Quoique l'anecdote que nous allons rapporter soit ancienne, comme elle n'est pas connue et qu'elle intéresse tous les partisans de M. *de Voltaire*, nous allons la consigner ici. Un témoin oculaire (l'abbé *Besson*) nous rapporte que M. *de Voltaire,* dans la quinzaine de Pâques dernière, se crut obligé d'édifier les nombreux vassaux dont il est seigneur, et surtout mademoiselle *Corneille*, dont il forme si parfaitement le cœur et l'esprit. En conséquence ce grand homme fait venir un capucin, se confesse humblement à ses genoux, fait entre ses mains une espèce d'abjuration, communie ensuite, et fait donner six francs au vilain.

Un abbé *Besson*, dont nous n'avons point entendu parler, ni aucun autre abbé ou laïc n'a pu voir ce qui n'est jamais arrivé. Il venait assez souvent des capucins dire la messe à Ferney, et dans le temps des fêtes ils aidaient le curé dans ses fonctions. Vers Pâques 1761, madame *Denis*, qui s'était chargée depuis peu d'élever et d'instruire mademoiselle *Corneille*, lui faisait remplir les devoirs de la religion catholique, et lui en donnait l'exemple. C'était répondre assez aux calomnies que *Fréron* répandait impunément dans ses feuilles sur l'éducation que l'on donnait à Ferney à cette demoiselle. Elles se confessèrent en effet toutes deux à un père capucin. Ce jour-là le temps était fort serein, et M. *de Voltaire* se promenait avec moi dans son avenue; le capucin ayant fini sa besogne et s'en retournant par l'avenue, nous aborda avec des salutations, dans le moment où un ouvrier maçon venait de nous joindre pour demander quelque ordre à M. *de Voltaire;* celui-ci apercevant le capucin, lui dit : *Père, vous venez de donner bien des absolutions, ne m'en donnerez-vous pas une aussi, à moi, qui me confesse ici à vous et devant témoins, que je ne fais de mal à personne, au moins sciemment?* Le père se mit à rire, et répondit que cela était assez notoire à Ferney et dans son couvent. En disant ces mots, il serrait un écu de six francs que M. *de Voltaire* lui avait mis dans la main; il l'en remercia, lui demanda la continuation de ses bontés pour sa communauté, et sans pousser plus loin le dialogue, il partit fort content. Il a pu répéter ces propos de M. *de Voltaire* à des gens qui, les prenant au sérieux, les auront racontés à d'autres avec bonne foi; ceux-ci les auront amplifiés et brodés à leur manière et selon leurs vues; et voilà comme des anecdotes absurdes acquièrent quelquefois dans le public un certain degré de croyance.

Un autre capucin, nommé père *Joseph*, jeune et vigoureux, venait de temps en temps au château, témoignant à M. *de Voltaire* un grand désir de s'instruire et d'acheter des livres, et lui demandant pour cela quelqu'argent; mais c'était pour avoir soin d'une fille à laquelle il avait fait un enfant. Mon maître en fut dupe assez long-temps; pour s'accréditer de côté et d'autre, celui-là se vantait aussi d'avoir confessé M. *de Voltaire*. La conduite de ce pauvre diable ayant enfin été découverte, ses supérieurs, pour le punir, le reléguèrent au Val-d'Aost; il y arriva dans un très-piteux état, car, dans un accès de désespoir, il avait pris en chemin le parti de se faire la même opération qu'*Origène* : à force de soins, il n'en perdit pas la vie, mais seulement ce qui la donne. Depuis lors, dit-on, il fut sage et ne retomba jamais plus dans son péché.

M. *de Voltaire* a rendu beaucoup de services, et de plus d'un genre, à la maison des capucins de Gex; c'est ce qui fit désirer à ces moines de l'avoir pour leur *père temporel*, et ils l'obtinrent, dans l'année 1776, de leur général à Rome, qui expédia à M. *de Voltaire* des patentes de père temporel des capucins de la province de Gex. Par réciprocité, ils lui rendaient, et à ses vassaux, tous les services qui dépendaient d'eux. Ils venaient toujours volontiers à Ferney, et y étaient bien reçus. Ce sont indubitablement ces circonstances, jointes aux petites aventures dont nous avons parlé, qui ont donné lieu à ces contes, *qu'à la plus petite indisposition, il faisait venir un capucin et se confessait humblement à ses genoux;* contes si avidement accueillis et si souvent répétés par ses ennemis.

Ibid., *page* 67, du 30 mars. Il paraît une *Réponse aux Epîtres du Diable*, attribuée à M. *de Voltaire*. La pièce, comme tout ce qui paraît depuis quelque temps, est indigne de son auteur. Outre les victimes ordinaires que s'immole le poète des Délices, il a fait choix d'une nouvelle, c'est le sieur *Palissot*, et tout le monde applaudit à ce qu'il dit de cet anti-philosophe.

Cette satire n'est point de M. *de Voltaire*, qui n'a pas même connu ces belles épîtres que le diable lui a, dit-on, adressées.

Tome 1, *page* 74, du 16 avril. Revenons au *Colporteur* de M. *Chevrier*... A travers toutes les infamies dont cette satire est pleine, il se trouve quelques anecdotes assez amusantes. On en lit une sur un vers de la *Mariamne* de M. *de Voltaire,* qui fait rire. Madame la maréchale *de Villars* ayant ouï dire que cette tragédie était meilleure sous sa première forme, en demanda une lecture à son auteur, qui était du même avis. Quand il en fut aux fureurs d'Hérode, après avoir empoisonné Mariamne, il appuya beaucoup sur ce vers que dit le prince en exhortant son épouse à vivre :

Vis pour toi, vis pour moi, vis pour nos chers enfans.....

Le poète exhala si pathétiquement cette exclamation, que la maréchale attendrie se mit à pleurer : *Ne vous affligez pas, madame,* lui dit le prêtre *Makarti, il y en aura pour tout le monde.*

Le premier dénoûment de la tragédie de Mariamne, d'où le vers qu'on cite est tiré, n'existe plus; je n'en ai trouvé aucune trace dans les papiers de l'auteur (6).

Ibid., *page* 79, du 23 avril. Le sieur *Le Kain* est allé chez M. *de Voltaire* en députation de la part des comédiens, pour réparer leur impertinence à l'occasion de sa dernière tragédie (*Olympie*), qu'il a été obligé de retirer à cause de leur désunion. Ils sentent combien il est essentiel de ménager ce grand poète, leur bienfaiteur.

Ceci n'est qu'une supposition. M. *Le Kain* ne

(6) C'était peut-être dans l'espérance d'abolir jusqu'à la mémoire de ce seul vers, que l'auteur avait supprimé avec tant de soin ce premier dénoûment, qui d'ailleurs était plein de grandes beautés. Et, par un hasard singulier, il se trouve que ce même vers est le seul qui nous en ait été conservé, grâces à *Chevrier.*

fut point envoyé en députation à Ferney par les comédiens, quoique ceux-ci, à la vérité, en aient toujours agi d'une manière peu reconnaissante envers M. *de Voltaire*, à qui ils avaient assurément de grandes obligations, et qui de plus n'exigeait jamais d'eux la rétribution qu'il avait droit de réclamer comme auteur. Le seul motif du voyage de M. *Le Kain* était de voir M. *de Voltaire* et de jouer devant lui, et peut-être aussi de gagner de l'argent par quelques représentations dans les grandes villes où il devait passer, telles que Lyon et Genève.

Ibid., *page* 80, du 28 avril. Tout ce qui vient de M. *de Voltaire* est précieux. Voici encore une plaisanterie qu'on lui attribue, et où l'on trouve pour le moins autant de patriotisme que dans tous les mauvais vers dont nous sommes inondés; c'est à l'occasion des vaisseaux. *Extrait de la Gazette de Londres du* 20 *février* 1762. *Nous apprenons que nos voisins les Français, etc.*

Cette plaisanterie est bien de M. *de Voltaire*, et se trouve dans la dernière édition de MM. *Cramer* (7).

Tome I, *page* 85, du 8 mai. Toute la littérature est consternée de la fâcheuse nouvelle qui se répand sur la maladie dangereuse de M. *de Voltaire*. On le dit attaqué d'une fluxion de poitrine. *Tronchin* écrit en même temps qu'il espère le tirer d'affaire, ce qui rassure un peu. On serait

---

(7) Et dans l'édition de Kehl, tome 46, page 79. C'est pourquoi on supprime ici la citation entière.

d'autant plus fâché de cette perte, très-grande en tout temps, que cet auteur n'a point encore fini la belle édition de *Corneille*, annoncée depuis deux ans. Le grand homme qu'il s'agit de commenter, l'excellence du commentateur, les pompeux éloges que l'on fait du commencement, tout contribue à piquer la curiosité. M. *de Voltaire*, à mesure qu'il avance l'ouvrage, en envoie les cahiers à l'Académie française; il se soumet au jugement de cette compagnie, qui trouve jusqu'à présent plus à admirer qu'à critiquer.

Tout cela était vrai.

Ibid., *page* 89, du 13 mai. On apprend que M. *de Voltaire* est hors d'affaire. On exalte beaucoup la philosophie avec laquelle il a soutenu ce dernier assaut. On lui reprochait d'avoir montré de la faiblesse dans quelques occasions où il a été attaqué de maladies graves. Dans cette dernière il s'est comporté en héros; il a vu la mort avec l'intrépidité digne d'un grand homme.

C'est avec cette même fermeté tranquille que je l'ai toujours vu les vingt-cinq dernières années de sa vie; et les contes ridicules que l'on fait sur les frayeurs qu'il avait de la mort, sont très-faux; il ne la cherchait pas, mais il ne la craignait point; il l'attendait avec la sécurité d'un homme à qui sa conscience ne reproche rien.

Ibid., *page* 103, du 16 juin. M. l'abbé *de Chauvelin* a reçu une lettre anonyme de Genève sur les jésuites. C'est une plaisanterie légère qu'on présume sortir de la plume de M. *de Voltaire*.

Cette lettre est en effet de lui.

Ibid., *page* 113, du 8 juillet. Il y a à Genève une fermentation considérable occasionée par la condamnation de l'*Emile de Rousseau*. Les ministres de l'église réformée prétendent que les séculiers (le conseil de Genève) ne l'ont condamné que par esprit de parti, à cause que *Rousseau* soutient dans le *Contrat Social* les vrais sentimens de la *démocratie*, opposés à ceux de l'*aristocratie*, qu'on voudrait introduire. A l'égard de la doctrine théologique renfermée dans *Emile*, ils disent qu'on pourrait la soutenir en bien des points; que d'ailleurs on ne lui a pas laissé le temps de l'avouer ou de la rétracter. Ils ajoutent que l'on souffre dans l'État un homme (M. *de Voltaire*) dont les écrits sont bien plus répréhensibles, et que les distinctions qu'on lui accorde sont une preuve de la dépravation des mœurs et des progrès de l'irréligion, qu'il a introduites dans la république depuis son séjour sur son territoire.

C'est *J.-J. Rousseau* lui-même qui écrivait en ces termes, pour exciter les Genevois contre M. *de Voltaire*, chez qui on représentait quelques pièces de théâtre en société. Aussi ai-je vu alors des gens de la populace de Genève venir l'insulter jusque chez lui, et l'on affichait des placards injurieux aux portes de sa maison des Délices.

Ibid., *page* 122, du 6 août. Il court dans le monde une lettre au sujet d'un nommé *Calas*, roué à Toulouse, pour avoir assassiné, dit-on, son fils, par fanatisme de religion, etc. On prétend que ce père infortuné est innocent; il est question de travailler à réhabiliter sa mémoire. On attribue à M. *de Voltaire* cette lettre qui n'a pas la touche forte et pathétique dont ce sujet était susceptible en pareilles mains.

Il est probablement ici question de la copie de

quelque lettre écrite par M. *de Voltaire* à M. *d'Argental*, ou un autre de ses amis, en faveur de la famille de *Calas*. Ce que l'on dit ici à ce sujet, est tout-à-fait contradictoire avec ce que l'on dit page 171 du même tome, et à la page 182 du tome II, où l'on parle d'une lettre de M. *de Voltaire* à M. *Damilaville* sur les *Calas*. Mais comme il est évident que ces *Mémoires de Bachaumont* sont composés d'articles de diverses mains, il n'est pas surprenant que le même objet y soit jugé quelquefois d'une manière, et quelquefois d'une autre tout opposée. Cet exemple n'est pas le seul.

Ibid., page 126, du 15 août. M. *de Voltaire*, animé d'un esprit de charité des plus fervens, ne cesse d'écrire en faveur du roué de Toulouse. Il envoie des mémoires à toutes les personnes de considération, et ces nouvelles tentatives de sa part donnent lieu de croire que la première lettre dont on a parlé est de lui. On ajoute qu'il offre d'aider de sa bourse la malheureuse famille de cet innocent.

Tout cela est très-vrai.

Ibid., page 127, du 18 août. Il paraît une brochure intitulée : *Eloge de Crébillon*. Ce livre, écrit par un grand maître, ne remplit nullement son titre. On y désigne pièce à pièce le théâtre de cet auteur, et l'on ne fait grâce qu'à *Rhadamiste et Zénobie....* On y tombe sur le corps de *Rousseau* le lyrique.... On exalte la bonne intelligence qui a toujours régné entre M. *de Crébillon* et M. *de Voltaire*, quoique ce dernier ait refait trois de ses pièces. A ces différens traits on croit reconnaître la main qui a travaillé cette brochure.

M. *de Voltaire* ne peut être loué dignement que par lui-même.

Il est l'auteur de cette brochure. Voyez ce qui est dit encore au sujet de *Crébillon* dans une des remarques suivantes.

Ibid., *page* 128, du 21 août. Il court des *Pourquoi* sur l'affaire des jésuites qu'on attribue à M. *de Voltaire;* ils sont imprimés depuis peu.

Ces *Pourquoi* ne sont point de M. *de Voltaire.*

Ibid., *page* 131, du 28 août. Les *Pourquoi, ou Question sur une grande affaire pour ceux qui n'ont que trois minutes à y donner.* Cette plaisanterie, qui a couru long-temps manuscrite, imprimée aujourd'hui, est attribuée à M. *de Voltaire;* elle roule sur la dissolution de la société; elle porte un caractère d'aisance et de gaîté digne de son auteur.

Voyez ce que nous disons ci-dessus.

Ibid., *page* 132, du 29 août. Personne dans le monde littéraire ne doute que l'*Éloge de Crébillon*, dont on a parlé, ne soit de M. *de Voltaire.* Il est fâcheux que ce grand homme ne puisse se guérir de la basse jalousie qu'on lui reproche si justement... Il ne peut surtout digérer que son rival ait été imprimé au Louvre, tandis qu'il n'a pas encore joui de cet honneur.

Cette raison que donne ici l'auteur des *Mémoires* est bien puérile. Il aurait pu dire plutôt, avec quelque espèce de vraisemblance, que M. *de Voltaire* s'est toujours souvenu de la manière dont en usa M. *de Crébillon* quand on lui présenta la tragédie de *Mahomet* pour l'examiner. D'ailleurs, quoique

M. *de Crébillon* ait été imprimé superbement au Louvre, cela n'a pas adouci la rudesse de bon nombre de ses vers, et les mauvaises impressions que l'on a faites des pièces de théâtre de M. *de Voltaire* n'ont point ôté la bonté et la beauté de ceux qu'on y trouve.

Ibid., page 152, du 25 octobre. M. *Pinto,* juif portugais, vient d'écrire une petite brochure en faveur de sa nation. (On appelle nation portugaise les Juifs portugais et espagnols établis en France depuis 1550, et jouissant des mêmes priviléges que les autres sujets du roi.) Il attaque surtout le 1er chapitre du 7e tome des OEuvres de M. *de Voltaire.* Il combat fortement, et avec toutes sortes d'égards, ses préjugés injustes à l'égard des Juifs. Il faut qu'il ait raison; M. *de Voltaire* lui a répondu très-poliment, est convenu qu'il s'était expliqué trop violemment, et a promis de faire un carton dans la nouvelle édition. On ne saurait trop consigner à la postérité un exemple aussi mémorable de l'équité et de la modération de ce grand homme.

M. *de Voltaire,* dans l'un des premiers chapitres de l'*Essai sur l'histoire générale*, intitulé depuis, *Essai sur les mœurs et l'esprit des nations*, etc., en parlant des Juifs, s'était servi d'expressions vives et générales qui inculpaient toute cette nation. D'après les remontrances de M. *Pinto,* qui lui adressa sa brochure, il corrigea et adoucit les passages dont ce Portugais se plaignait : il fit à ce sujet une réponse très-honnête à la lettre qu'il en avait reçue (8).

(8) La réclamation de Pinto ne portait pas sur un passage de l'*Essai*

Tome XVI, *page* 173, du 17 novembre. Il paraît un mémoire très-long et fort bien fait, en faveur du roué (*Calas*), dont M. de *Voltaire* veut faire revivre la cendre; quoiqu'il soit sous le nom d'un avocat, on ne doute pas que tout l'historique et les morceaux de sentiment ne soient de ce grand poète.

M. *de Voltaire* a beaucoup écrit dans l'affaire des *Calas*, et ses avis, sans doute, n'ont pas été inutiles aux avocats de Paris qui avaient pris la défense de cette malheureuse famille, tels que MM. *Élie de Beaumont*, *Mariette*, *Loyseau*. C'est d'un mémoire signé de l'un d'eux, dont il s'agit apparemment dans cet article.

Tome I, *page* 171, du 13 décembre. Il paraît un mémoire de M. *Loyseau*, en faveur des *Calas*. Ce jeune écrivain veut se mettre sur les rangs. Il est le quatrième. M. *Mariette*, avocat aux conseils, en a fait un, plus dans le genre de son état. Celui de M. *Elie de Beaumont* est bien écrit, tendre, pathétique. C'est à la sollicitation de M. de *Voltaire* qu'il s'en est chargé. Le choix de ce grand homme fait l'éloge du défenseur. Enfin M. *Loyseau* a traité cette aventure dans un goût nouveau : c'est un roman très-animé, très-chaud. On ne peut se dissimuler que le public ne préfère encore, comme ouvrage littéraire, les lettres courtes et légères que M. de *Voltaire* a écrites sur cette matière.

sur *l'histoire générale* (devenu depuis l'*Essai sur les mœurs*, etc.), mais sur le *premier chapitre du septième tome des Œuvres de M. de Voltaire*. Ce *chapitre* forme, dans les éditions de Kehl et les suivantes, la première section de l'article *Juifs* du *Dictionnaire philosophique*. Pinto envoya son ouvrage à Voltaire, qui lui répondit le 21 juillet 1762. *Voyez* cette lettre tome LVII, page 443 de l'édition in-8° de Kehl.

C'est sûrement de ce mémoire de M. *Élie de Beaumont* dont on a voulu parler à l'article du 17 novembre, et auquel on suppose que M. *de Voltaire* a mis la main. Il est vrai que M. *de Beaumont*, encouragé par ce grand homme à défendre les *Calas*, travaillait d'après les conseils et les documens qu'il en recevait, et lui communiquait ses mémoires avant de les publier. Ce qu'on dit dans ce même article des lettres de M. *de Voltaire* sur cette affaire, n'est guère d'accord avec ce qu'on en disait à l'article du 6 août. Voyez-y notre remarque.

ANNÉE 1763.

Tome I, *page* 182, du 16 janvier 1763. Il court dans le monde une épigramme sur *Fréron*, qu'on dit être de M. *de Voltaire*. Elle est tapée, mais mal digérée; on en jugera :

> Un jour, loin du sacré vallon,
> Un serpent mordit Jean Fréron.
> Savez-vous ce qu'il arriva ?
> Ce fut le serpent qui creva.

Cette épigramme, originairement en grec, ensuite traduite en latin, enfin mise en français, se trouve dans le dictionnaire de *La Martinière*.

J'ignore si cette traduction ou parodie d'une ancienne épigramme, est de M. *de Voltaire*; elle n'est remarquable que par la pensée. Il me semble qu'il l'aurait mieux exprimée, et sans se dispenser du mélange des rimes masculines et féminines (9).

(9) On l'a mise dans l'édition de Kehl d'après la tradition qui l'attri-

Ibid., *page* 183, du 19 janvier. On sait que M. *de Voltaire* travaille à une histoire de l'expulsion des jésuites : plusieurs journaux font mention de cette nouvelle. On prétend qu'il travaille aussi à celle de la guerre qui vient de finir.

Il a simplement rendu un compte fort succinct de ces objets dans le *Précis du siècle de Louis XV*.

Ibid., *page* 187, du 27 janvier. M. *de Sauvigny* presse pour faire paraître son *Socrate*... Il prétend qu'il a des ennemis. Il présume que M. *de Voltaire*, qui a traité le même sujet, pourrait cabaler sourdement contre lui.

Je puis assurer que M. *de Voltaire* ne cabalait point, et qu'il n'avait point encore entendu parler alors de la pièce de M. *de Sauvigny*. D'ailleurs, la sienne, par la manière dont il avait traité ce sujet, n'était guère susceptible d'être représentée à Paris. Elle parut imprimée, sans avoir été envoyée aux comédiens.

Ibid., *pages* 190 *et* 191, du 2 février. Il y a quelques années que M. *de Voltaire* ayant appris l'extrême indigence où était réduite la petite nièce du grand *Corneille*, touché de son état, fit offrir à son père d'en prendre soin, et de la retirer chez lui, à sa terre près de Genève, ce qui fut accepté avec beaucoup de reconnaissance. Les journaux s'empressèrent alors

buait à M. *de Voltaire*. L'original est dans l'*Anthologie grecque*, liv. II, titre 43, épig. 9. *Grotius* l'a traduite ainsi en latin :

> Cappadocem morsu petiit fera vipera, verùm
> Ipsa venenifero sanguine tacta perit.

Cette traduction rend mot pour mot les deux vers grecs, qui sont de *Demodocus*.

à publier cette généreuse action. Mademoiselle *Corneille* a vécu depuis ce temps au château de Ferney, où M. *de Voltaire* et madame *Denis* se sont occupés à lui procurer une éducation et des connaissances qu'elle n'avait pu acquérir chez ses parens. On vient d'apprendre qu'elle épouse M. *Dupuits de la Chaux*, cornette de dragons, qui possède une terre en Bourgogne, près de celle de Ferney, et a huit ou dix mille livres de rente. En faveur de ce mariage, M. *de Voltaire* donne vingt mille livres à mademoiselle *Corneille*. Quelque temps auparavant il lui avait assuré quatorze cents livres de rente viagère. Elle aura de plus le produit de l'édition des *Œuvres de Corneille* à laquelle préside M. *de Voltaire*, et qu'il doit accompagner de ses remarques. Ce sera un objet de plus de vingt mille écus.

Ce qu'on dit dans ces deux pages sur M. *de Voltaire* et sur mademoiselle *Corneille* est très-vrai.

Ibid., page 191, du 3 février. Il court manuscrite une tragédie de M. *de Voltaire* intitulée *Saül*. Ce n'est point une pièce ordinaire, c'est une horreur dans le goût de la *Pucelle*, mais beaucoup plus impie, plus abominable.

Belle comparaison d'un drame satirique en prose avec le poëme de la *Pucelle!* de deux sujets qui ne se ressemblent ni pour le fond ni pour la forme! Du reste, s'il y a dans ce drame des horreurs, des abominations, elles sont extraites de la Bible elle-même; on n'a, pour s'en convaincre, qu'à lire et confronter les textes qui sont cités : ce drame a été imprimé dans l'édition encadrée de Genève, dans un des volumes de *Pièces attribuées à l'auteur*.

Ibid., page 197, du 26 février. M. *de Voltaire* a écrit à

M. *d'Alembert* pour le congratuler sur le courage qu'il a eu de préférer la philosophie aux richesses et aux grandeurs dont voulait le combler une grande princesse. La légèreté, la bonne plaisanterie, le sentiment pur et pénétrant caractérisent cette nouvelle production. Il y parle des jésuites, de mademoiselle *Corneille*, de l'édition des œuvres de *Pierre Corneille;* il dit que les graveurs conviennent que la souscription est ornée des noms les plus brillans, mais que les noms des grands seigneurs ne sont pas des lettres-de-change.

Cette lettre est vraie; il en courut des copies, on l'inséra dans les nouvelles à la main. C'est de là qu'elle fut imprimée dans les *Mémoires de Bachaumont* (10).

Ibid., page 199, du 28 février. Le curé d'un village appartenant à M. le marquis *de Pompignan*, ayant fait dans son église un éloge des plus pompeux de son seigneur, cela a donné lieu à M. *de Voltaire* de ridiculiser de nouveau M. *de Pompignan* par trois petites misères imprimées : *Relation d'un voyage de Fontainebleau;* une *Lettre de L'Ecluse*, acteur de l'ancien opéra-comique; et une *Chanson*...... Les amis de *Le Franc* ne peuvent être que fâchés de ces écrits, d'autant plus que le public en général n'est rien moins que disposé en sa faveur.

Ces petites pièces sont en effet de M. *de Voltaire* (11).

Ibid., page 202, du 5 mars. Il y a deux lettres de M. *de Voltaire* à l'abbé *de Voisenon*, remarquables par l'objet

(10) C'est celle du 4 février 1763, édition de Kehl, tome LXVIII, page 243.

(11) *Voyez* dans les *Facéties*, tome XLVI, édition de Kehl.

qu'il y traite. Ce grand homme, voulant l'être exclusivement, y dégrade de la façon la plus basse et la plus injurieuse *Corneille* et *Crébillon*. Ces deux pièces, avouées et signées de lui, justifient le libelle qu'on lui attribuait à juste titre contre le dernier, sous le titre *d'Eloge*.

Si M. *de Voltaire* a quelquefois relevé les défauts qu'il trouvait dans les pièces de ces deux auteurs, il rendait en même temps justice aux beautés qui s'y rencontrent. Pouvait-il faire autrement pour former le goût des jeunes gens et les empêcher de tomber dans les mêmes erreurs (12)?

Ibid., page ...... du 1er mai. Quoique le *Saül* de M. *de Voltaire* ne soit pas imprimé, les manuscrits s'en multiplient. Ce drame est dans le goût du *François Second*, du président *Hénault;* il embrasse une partie de la vie de *Saül* et tout le règne *de David*. Les actions ridicules ou cruelles de ces princes y sont rapprochées sous le jour le plus pittoresque. Si le but de l'auteur a été de prouver que le dernier surtout, si fort selon le cœur de Dieu, le prophète-roi, le saint prophète, était cependant coupable de toutes sortes d'abominations, il y a réussi. Au reste, nul coloris étranger; ce sont le style et les figures de l'Ecriture sainte.

Le rédacteur des *Mémoires* confirme ici ce que nous avons remarqué plus haut, au sujet de ce drame.

(12) L'une de ces lettres à l'abbé *de Voisenon* est du 23 février 1763. *Voyez* la Correspondance générale, tome LVIII. On peut, dans une lettre familière, dire son avis sur des auteurs, sans bassesse et sans injures; et nous ne croyons pas que les lecteurs trouvent dans celle-ci de quoi justifier les reproches qu'on lui fait. L'autre lettre ne s'est pas trouvée.

Tome I, *page* 287, du 4 août. On attribue à M. *de Voltaire* une fable sur l'expulsion des jésuites : *Les Renards et les Loups, etc.*

Ces vers de M. *de Voltaire* ont été imprimés ailleurs plus correctement (13).

Ibid., page 300, du 31 août. *Catéchisme de l'honnête homme, ou Dialogue entre un Caloyer, etc.* Tel est le titre d'une petite brochure fort rare. Il paraît qu'on veut le mettre sur le compte *de J.-J. Rousseau;* bien des gens la donnent à M. *de Voltaire.* Les personnes un peu instruites ne l'imputent ni à l'un, ni à l'autre, etc.

Ce petit ouvrage est de M. *de Voltaire.*

Ibid., page 304, du 11 septembre. M. *de Voltaire* avertit dans toutes les gazettes que son édition de *Corneille* est prête... Il profite de l'occasion pour faire une nouvelle protestation contre tout ce qui paraît sous son nom. Il déclare que les *Cramer* seuls ont droit d'imprimer ses ouvrages, et qu'il n'avoue que ce qui sort de leur imprimerie.

Ibid., page 309, du 24 septembre. M. *de Lauraguais* ayant écrit à M. *de Voltaire* pour lui faire part de sa détention à la citadelle de Metz, cet auteur a pris la chose en plaisantant. Il paraît, dans sa réponse, en ignorer les motifs; il le suppose en ce poste comme honoré de la confiance du roi; il le félicite et ne doute pas que Sa Majesté n'ait reconnu ses talens, en les récompensant si honorablement.

Cette réponse est vraie.

Ibid., page 314, du 12 octobre. On attribue à M. *de*

---

(13) Tome XIV, page 359, édition de Kehl.

Voltaire des vers pour la statue du roi, faite par M. *Pigal*, pour la ville de Rheims : *Esclaves prosternés,* etc.

Ces vers assez connus sont de M. *de Voltaire*.

Ibid., page 334 *et* 339, du 23 novembre et 3 décembre. *Instruction pastorale de l'humble évêque d'Aletopolis,* etc. *Lettre d'un quakre à Jean-Georges Le Franc de Pompignan,* etc.

Ces deux opuscules, qui parurent anonymes, sont de M. *de Voltaire*.

Ibid, pages 342 *et* 343, du 12 décembre. Il paraît dans le monde un conte manuscrit de M. *de Voltaire* qui a pour titre *Ce qui plaît aux Dames*. Il est dans le goût de la *Pucelle*, narré avec une naïveté charmante, ornée de toutes les grâces de son style. Il est d'environ cinq cents vers. Il a toute la fraîcheur, tout le velouté de sa jeunesse. Ses amis ne dissimulent pas que M. *de Voltaire* a cet ouvrage depuis plus de trente ans dans son porte-feuille.

Ses amis se trompent fort. Il me le dicta en le composant, et il fut fait en un jour et demi, vers la fin de novembre 1763.

Tome XVI, *page* 193, du 25 décembre. *L'Education des filles;* c'est un nouveau conte de M. *de Voltaire*. Il est moins long que le premier et moins agréable. Il y a cependant des détails très-enjoués et dignes du plus grand maître. Il doit être suivi de plusieurs autres.

Ces contes en vers, réunis en un volume, furent imprimés, et parurent en 1764, sous le titre de *Contes de Guillaume Vadé*.

ANNÉE 1764.

Tome II, *page* 7, du 11 janvier 1764. On parle avec beaucoup d'éloge du *Traité de la Tolérance*, de M. *de Voltaire*. On prétend qu'il l'a d'abord adressé à M. le duc *de Choiseul*, avec une lettre cavalière, où il l'appelle son colonel. Il suppose qu'un Hollandais lui a apporté le livre pour le présenter à ce ministre. Il part de là pour dire des fadeurs au duc, et lui donne des éloges qu'on est toujours fâché de voir prostituer bassement par un homme de lettres. Au reste on annonce le livre comme très-bien fait.... Il est surtout dirigé contre l'*Instruction pastorale* de l'évêque du Puy, quoiqu'il ne paraisse pas l'attaquer directement, etc.

M. *de Voltaire* n'a jamais fait bassement sa cour à personne; mais il rendait à M. le duc *de Choiseul* toute la justice qu'il méritait. Il lui était (comme je l'ai dit ailleurs) très-sincèrement attaché, et le lui a été jusqu'à sa mort.

L'*Instruction pastorale* de l'évêque du Puy n'a point été l'occasion du *Traité de la Tolérance*, mais bien l'aventure horrible des *Calas*.

Ibid., *page* 11, du 20 janvier. Il court dans le monde une prétendue *Lettre du secrétaire de M. de Voltaire au secrétaire de M. Le Franc de Pompignan*. On sent assez que c'est encore une gaîté des *Délices* contre cette famille; mais elle manque de sel; et depuis quelque temps, les plaisanteries qui en viennent contre MM. *Le Franc* sont froides, pour ne rien dire de plus.

Il est très-vrai que, de l'avis de M. *de Voltaire*, j'écrivis cette lettre en réponse à celle qu'il avait reçue du secrétaire de M. *de Pompignan*, à qui il ne voulut pas répondre. Je n'avais ni le génie ni l'esprit de mon maître pour faire mieux.

Ibid., *page* 31, *du* 1 *mars*. *Macare et Thélème*, allégorie de M. *de Voltaire*. Cette pièce est très-médiocre, et n'a ni la chaleur, ni la légèreté, ni le coloris des pièces fugitives de M. *de Voltaire*.

Elle est assurément pleine de philosophie, de délicatesse et de grâce. Le jugement qu'on en porte ici dénote bien peu de goût dans le rédacteur de cet article.

Ibid., *page* 48, *du* 19 *avril*. Il court des copies manuscrites de plusieurs contes nouveaux de M. *de Voltaire*. *Les Trois manières*, *Azolan*, *l'Origine des métiers*, *l'Éducation d'un prince*. On y trouve toujours cette touche délicate qui n'appartient qu'à lui.

Ils font partie de ceux publiés sous le nom de *Guillaume Vadé* en 1764.

Ibid., *page* 49, *du* 23 *avril*. Le cri est général contre la nouvelle édition de *Corneille*, par M. *de Voltaire*. Il paraît s'être attaché à déprimer ce grand homme... Il paraît adopter *Racine*, et le mettre en tête de son rival pour le mieux écraser... Ce travail lent et coûteux ne sympathisait pas avec l'imagination fougueuse de M. *de Voltaire*.

La manière très-ridicule dont il est ici parlé du *Commentaire* sur *Corneille* est bien contraire à ce qu'en a pensé toute l'Europe, et l'Académie française elle-même, que l'auteur avait consultée sur la plupart de ses remarques avant de publier cette édition.

Tome II, *page* 56, du 5 mai. *Les Contes de Guillaume Vadé*, nouveau volume de M. *de Voltaire...* est un des plus médiocres sortis de sa plume. C'est un homme d'esprit qui ne fait que ruminer aujourd'hui.

Ce jugement aussi noblement exprimé qu'il est profond et juste, peut aller de pair avec celui que les rédacteurs viennent de porter sur le Commentaire du théâtre de *Corneille*. Le volume dont il s'agit est un des plus agréables de la collection des OEuvres de l'auteur; M. *Cramer* en eut un très-grand débit. Les poésies qu'il contient ne sont point inférieures, dans leur genre, à ses meilleurs ouvrages en vers. Les opuscules en prose qui les accompagnent sont très-variés et très-amusans. Voilà ce que le public paraît en avoir pensé, ainsi que les gens de lettres avec lesquels M. *de Voltaire* était en correspondance.

Ibid., page 62, du 23 mai. On parle d'une lettre de M. *de Voltaire*, où il fait dialoguer l'âme avec le corps. Il appelle la première *Lisette*; elle se révolte contre le dernier, et lui reproche de l'asservir. On sent que c'est un matérialisme déguisé, un dessein formé de faire voir combien il est ridicule de supposer un pareil assemblage. M. *de Voltaire*, qui a moins que jamais ses idées neuves, cherche à tout colorer de son style, et s'approprie bien des choses par le charme dont il embellit les pensées des autres.

Nous ignorons de quelle lettre on veut parler ici. L'auteur de l'article prétend toujours que M. *de Voltaire* n'a plus d'idées à lui, et ne fait que *ruminer*, comme il disait tout-à-l'heure, les idées des autres. Il veut bien cependant lui laisser, par grâce, le talent de les embellir. Si dès le commencement de l'année 1764 M. *de Voltaire* avait perdu toute imagination, combien de pensées les auteurs anciens ou modernes n'auraient-ils pas à revendiquer dans ce grand nombre d'ouvrages, tant en prose qu'en vers, qu'il a encore *ruminés* depuis 1764 jusqu'à 1778.

Tome XVI, *page* 207, du 8 juin. Dans le supplément de la *Gazette littéraire* du 6 juin, n° 8, on lit une lettre que les auteurs assurent déceler le goût et la main d'un grand maître. Elle est écrite à l'occasion des *Mémoires pour servir à la Vie de Pétrarque, par l'abbé de Sades*... On voit, à la tête du même *supplément*, une lettre sur les histoires romaines que nous avons, où l'on reconnaît la touche légère et satirique de M. *de Voltaire*. Il se plaint avec raison qu'on y rapporte encore des contes puérils qu'on aurait honte de débiter dans une conversation, etc.

Ces deux lettres furent en effet envoyées par M. *de Voltaire* aux auteurs de la gazette littéraire (14).

Tome II, *page* 79, du 14 juillet. On parle depuis quelques jours d'un ouvrage qu'on attribue à M. *de Voltaire*. Il a pour titre *Dictionnaire philosophique*, volume in-8° de trois cents

(14) Elles sont dans le tome XLIX, édition de Kehl. (*Mél. litt.*)

pages. La liberté qui règne dans cet écrit et le nom imposant de son auteur, le font rechercher avec autant de soin qu'on en prendra sûrement pour en empêcher la distribution.

La rumeur que causa cet ouvrage et la persécution qu'elle pouvait faire naître, le lui fit désavouer. Dans la suite il le refondit dans les *Questions sur l'Encyclopédie*.

Ibid., page 6, du 15 juillet. M. *de Voltaire*, dont la plume rapide ne peut s'arrêter, vient de donner une suite de son *Discours aux Welches*.

Cette suite est bien de lui, ainsi que le *Discours*. Il ne mettait jamais son nom à ses ouvrages, mais on le devinait souvent à son style ou à la tournure de ses écrits.

Ibid., page 84, du 31 juillet. *Fréron*, dans sa vingtième feuille, fait une sortie très-vive contre M. *de Voltaire*. Il attaque son nouveau volume de contes (*de Guillaume Vadé*).... Il ne peut pas lui laisser passer un certain chant, accessoire à la *Pucelle*, où dans une bande de galériens que rencontre le roi *Charles* et sa troupe dorée, se trouve *Jean Fréron*.

Il est tout simple que *Fréron*, en cette circonstance, fît son métier avec un redoublement de zèle; il s'agissait de sa propre cause. Ce maudit chant de la *Pucelle* lui tenait fort à cœur; il y voyait son effigie exposée aux yeux de la postérité dans un tableau indélébile. Cela seul devait lui faire paraître le reste du volume détestable;

aussi en critiquait-il toutes les parties avec encore plus de fureur et d'ineptie qu'il n'en montrait dans les occasions ordinaires.

Tome XVI, *page* 221, *du* 24 *septembre. Fréron*, dans sa vingt-sixième feuille, se fait écrire une lettre contre M. *de Voltaire*, où il attaque surtout le *Discours aux Welches*, et prétend que le fond en est pillé chez un certain *Deslandes*, auteur, dit-il, de je ne sais quelle *Histoire critique de la philosophie*. Il profite de l'occasion pour insérer au bas de cette lettre, dans une note, le *désaveu* que fait *Panckoucke*, libraire, d'une lettre supposée, où le libraire assure M. de *Voltaire que personne ne fait de ses talens une plus grande estime que* M. *Fréron, et n'a plus lu ses ouvrages*. Il *insinue* que cette lettre est une fourberie du grand poète. *Fréron* finit à son tour par un désaveu de tout ce que *Panckoucke* pourrait avoir dit en son nom.

Cette dernière précaution de *Fréron* était bien inutile, du moment qu'il avait en main un *désaveu* formel de M. *Panckoucke;* donc, ce prétendu *désaveu* n'en est point un, ou est supposé. Ce qui ne l'est pas, quoi qu'ait pu dire ou *insinuer Fréron*, ce sont les lettres originales de M. *de Voltaire* et de M. *Panckoucke* que j'ai eues en mains. Le folliculaire, humilié de voir la démarche qu'il n'avait osé faire directement lui-même, méprisée par M. *de Voltaire*, devint dès ce moment encore plus forcené contre lui, et plus ridiculement injuste en décriant ses ouvrages. Les dénégations à l'égard du libraire ne lui coûtèrent rien (15).

(15). Cette anecdote est assez singulière pour que nous ayons cher-

Tome II, *page* 79, du 27 septembre. M. *de Voltaire*, suivant son usage, persiffle le public et désavoue le *Dictionnaire philosophique*. Voici une anecdote à ce sujet, que nous tenons du sieur *Cramer*, son imprimeur à Genève, et qui est en ce moment à Paris. Il nous a conté qu'il avait écrit il y a quelque temps à M. *de Voltaire*, pour lui rendre compte d'un livre nouveau, fort scandaleux, qui faisait grand bruit à Paris, et qu'on lui attribuait; qu'il le priait de vouloir bien lui en envoyer un exemplaire. M. *de Voltaire* lui répondit qu'il avait aussi entendu parler d'un *Dictionnaire philosophique*, qu'il ne l'avait pas lu, et qu'il lui demandait en grâce de le lui communiquer aussitôt qu'il tomberait entre ses mains. M. *Cramer* a répliqué à M. *de Voltaire* qu'il avait montré sa lettre à tout le monde, présumant que c'était ses intentions, quoiqu'il ne le lui eût pas ordonné; qu'actuellement que la farce était jouée, il le suppliait de nouveau de lui envoyer un exemplaire de cet ouvrage.

ché à nous assurer de sa réalité, et nous ne pouvions l'apprendre plus positivement que par M. *Panckoucke* lui-même, qui nous en a confirmé tous les détails. Devenu éditeur de l'*Année littéraire*, par l'acquisition du fonds de *Lambert*, il avait obtenu toute la confiance du rédacteur de ce journal, et le recevait habituellement dans sa maison. Quel intérêt pouvait-il avoir à faire une démarche qui, s'il n'y avait pas été autorisé, l'exposait à passer pour un imposteur, soit qu'elle réussît, soit qu'elle ne réussît pas? car, dans le premier cas, *Fréron* l'eût démentie, au moment de l'explication avec M. *de Voltaire*; dans le deuxième, celui-ci, instruit de la vérité, eût reconnu l'imposture du libraire, et lui eût répondu tout autrement qu'il ne l'a fait. Comment, d'un autre côté, s'imaginer que M. *de Voltaire* eût été s'exposer de gaîté de cœur au même reproche, en publiant cette anecdote du vivant de *Fréron*, si elle avait été fausse? Enfin, ce qui, réuni au témoignage de M. *Wagnière*, achève de démontrer de quel côté se trouve ici l'imposture, c'est que M. *Panckoucke* a autorisé les éditeurs de Kehl à imprimer les deux lettres dont il s'agit, telles qu'on les voit dans la Correspondance *de Voltaire*, tome LVIII, page 365, édition in-8°.

Le fond de l'anecdote est vrai, mais la dernière circonstance ne l'est pas, à moins que M. *Cramer* ne continuât à jouer encore un rôle concerté, en parlant à l'auteur de cet article. M. *de Voltaire* et son libraire étaient pourvus du livre, mais il avait été convenu entre eux de s'écrire ces lettres ostensibles, pour en faire usage au cas où il s'élèverait quelque violente persécution contre les distributeurs de ce livre, et où l'on en rechercherait l'auteur, ce qui ne pouvait guère manquer d'arriver.

Ibid., page 106., *du* 3 *octobre.* Dans la *Gazette littéraire* d'aujourd'hui, on voit à l'article d'Angleterre la traduction d'un éloge très-complet de M. *de Voltaire* comme historien. Il est extrait d'un journal anglais intitulé *Monthly Review.* Voici comme on en parle au sujet d'une nouvelle traduction anglaise de son *Histoire de Russie sous Pierre le Grand.*

« Il n'y a peut-être jamais eu d'écrivain plus propre à
» composer l'histoire de son temps, que M. *de Voltaire.* A la
» portion extraordinaire de génie qu'il a reçue de la nature,
» il joint une connaissance intime du cœur humain et des
» mœurs. Le ton brillant, vif et rapide de son style, l'art
» de développer les passions, l'étude approfondie des prin-
» cipes des gouvernemens, rendent ses écrits également
» utiles et agréables; il sait saisir ces détails de la vie pri-
» vée, qui, quoique minutieux en apparence, expliquent
» souvent les plus grands événemens. Ses liaisons avec les
» princes et les personnes les plus considérables de l'Eu-
» rope lui ont fait connaître beaucoup de particularités in-
» connues au commun des écrivains. Né dans une monar-
» chie, il a su concilier le respect dû au gouvernement de

» son pays avec les principes d'une noble liberté, et il s'est
» toujours montré un ardent défenseur des droits de la nature
» humaine. Ses liaisons et ses principes ne l'ont rendu esclave
» d'aucun parti. Il juge les écrits des historiens contemporains
» avec cette mâle franchise, naturelle à un esprit éclairé et
» indépendant, et il décide sur les événemens plutôt par les
» probabilités et le concours des circonstances, que par l'au-
» torité d'aucun écrivain, quel qu'il soit. Ses écrits historiques
» sont une charte des priviléges de l'humanité, où la vérité
» n'est ni altérée par des affections particulières, ni obscur-
» cie par des préventions d'un esprit étroit, ni trahie par un
» lâche asservissement aux opinions des autres. L'*Histoire de*
» *l'Empire de Russie* mérite tous les éloges que nous donnons
» à M. *de Voltaire*. L'ignorance, la présomption des écri-
» vains qui ont prétendu nous faire connaître la vie de
» *Pierre le Grand*, avaient rendu cette histoire aussi néces-
» saire qu'elle est agréable, intéressante et impartiale.

» M. *de Voltaire* voudra bien accepter cet hommage des
» auteurs du *Monthly Review*, comme un témoignage de la
» reconnaissance qu'ils lui doivent pour le plaisir que leur a
» procuré tant de fois la lecture de ses écrits. »

Telle est la manière dont s'expriment ces auteurs. Que diront à cet éloge les ennemis de M. *de Voltaire*? Oseraient-ils le regarder comme concerté, mendié et peut-être envoyé par ce grand homme? des hommes libres se prêteraient-ils à une charlatanerie aussi servile?

Non sans doute, pas plus que M. *Robertson*, leur compatriote, qui, dans son Introduction à l'*Histoire de Charles-Quint*, rend un hommage non moins remarquable au mérite de M. *de Voltaire*, comme historien. Le témoignage de ces étrangers, chez qui l'histoire a été écrite, peut-être avec plus de dignité et de profondeur que chez aucun autre peuple moderne, ne fait-il pas rentrer dans le néant les misérables critiques et les invectives d'un *Fréron* et des autres détracteurs de cet homme célèbre?

Ibid., page 118, du 27 octobre. M. *de Voltaire* ne s'est point borné à écrire à ses amis en particulier, à ses connaissances, à ses protecteurs même, pour tâcher de leur persuader qu'il n'avait aucune part au *Dictionnaire philosophique*; il a encore écrit à l'Académie française (et l'on a fait lecture de sa lettre au comité), pour désavouer cet ouvrage, que ses ennemis, suivant lui, cherchent à lui attribuer. On ne peut assez s'étonner de la confiance de ce célèbre écrivain, à croire qu'il fera prendre le change sur sa parole, comme si chaque ligne de cette œuvre philosophique ne portait pas le caractère de son style et de son esprit.

La lettre à l'Académie est vraie. On avait mandé de Paris à M. *de Voltaire* que l'on travaillait à obtenir contre lui une lettre de cachet, comme auteur du *Dictionnaire philosophique*; qu'ainsi il devait se presser de détruire cette opinion.

Ibid., p. 122, du 5 novembre. M. *de Voltaire* ne se tient point battu; et, à l'occasion de la nouvelle édition du *Testament du cardinal de Richelieu,* où l'on établit incontestablement qu'il est de ce grand ministre, il vient de faire paraître une brochure sous le titre de *Doutes nouveaux,* etc. Il paraît que cet ouvrage avait été fait pour répondre à M. *de Foncemagne.* L'auteur y ajoute tout ce qui pouvait le rendre intéressant pour le moment. On ne saurait trop applaudir aux politesses et aux égards avec lesquels M. *de Voltaire* réplique à M. *de Foncemagne.*

Cette controverse devrait servir de modèle à tous les écrivains qui se combattent pour des opinions opposées. Elle est encore une preuve de ce que nous avons dit souvent, que M. *de Voltaire* ne se fâchait pas quand on était d'un avis différent du sien et que l'on critiquait ses écrits sans amertume. Il est vrai qu'il s'échauffait et répliquait vivement lorsqu'on commençait à l'attaquer par des injures ou des offenses.

Ibid., *page* 125, du 11 novembre. M. *de Voltaire*, malgré la haute opinion qu'il affiche des profondes connaissances de M. *de Foncemagne*, est si peu disposé à se rendre aux preuves que celui-ci allègue en faveur du *Testament du cardinal de Richelieu*, qu'il écrivait dernièrement à un de ses amis qu'il était à ce sujet comme les hérésiarques, qui s'enracinent dans leurs erreurs à mesure qu'ils vieillissent.

Cette lettre est très-vraie (16).

Tome XVI, *page* 224, du 30 novembre. Le sieur *Fréron*, toujours prêt à saisir les occasions de mortifier l'amour-propre de M. *de Voltaire*, vient d'insérer, dans son n° 35, une ode de ce poète à sainte Geneviève. Il se fait adresser cet ouvrage par un anonyme, comme une pièce rare et curieuse. Il est certain que cette ode, composée par M. *de Voltaire*, dans sa jeunesse, est détestable. Il en faut conclure qu'il avait peu de disposition pour la poésie lyrique et sacrée.

(16) C'est à M. *Damilaville* (lettre du 7 novembre 1764) qu'il disait : *Je me sens de la pâte des hérésiarques : je n'ai jamais été plus ferme dans mon opinion.*

J'ignore absolument si l'ode à sainte Geneviève dont on parle ici est de M. *de Voltaire* (17).

Tome II, *page* 141, du 15 décembre. Il paraît un volume de *Lettres secrètes* de M. *de Voltaire*, publiées par M. L. B.; elles sont écrites depuis 1734, jusqu'en 1744. Cette production semble cette fois-ci une infidélité. Quoiqu'on annonce ces lettres comme très-curieuses..., on ne peut qu'attribuer à l'avidité des éditeurs cette publicité.

La plupart des lettres de ce recueil étaient adressées à M. *Berger*, secrétaire du prince *de Carignan*. Elles tombèrent, je ne sais comment, dans les mains d'un certain *Vauger*, lequel en trafiqua probablement avec le libraire qui les mit au jour. Il y en a dans le nombre de fort agréables.

Ibid., page 147, du 27 décembre. La nouvelle édition du *Dictionnaire philosophique portatif*, attribué à M. *de Voltaire*, paraît enrichi de huit articles nouveaux et de plusieurs changemens dans les anciens. Quoique proscrit presque partout et même en Hollande, c'est de là qu'il nous arrive.

Nous citerons à ce propos une anecdote relative à ce

(17) Nous croyons qu'elle est bien de lui. C'était la matière d'un thème donné par son régent, au collége des jésuites. Si cette pièce avait été jugée mauvaise par ces pères, ils ne l'auraient pas fait imprimer en beau papier in-4º avec le nom d'*Arouet* au bas. Nous ignorons sur quelle copie *Fréron* l'a transcrite. L'auteur a pu la désavouer avec d'autres productions de son enfance, comme trop inférieure à ce qu'il a fait dans la suite. Ce n'est pas une raison pour les juger mauvaises. Celle dont il s'agit, est la traduction en vers français d'une ode latine du père *Lejay*, et toutes deux sont imprimées en regard dans la feuille in-4º. Cette ode a été admise dans presque toutes les éditions données depuis 1817.

livre. Au mois de septembre dernier, MM. de l'Académie des belles-lettres ayant été présenter au roi leur nouveau volume... *Eh bien!* dit le roi au président Hénault, chef de la députation, *voilà votre ami qui fait des siennes.* Le *Dictionnaire* venait de paraître. *Le malheureux!* dit le président à ses confrères, *il travaillait dans ce moment même à revenir en France.* C'est ce qui a donné lieu au désaveu envoyé par M. *de Voltaire* à l'Académie française.

Nous croyons que cette anecdote est fausse en tout; M. *de Voltaire* n'a jamais *travaillé à revenir en France*, car il y était, ni à Paris; et le désaveu n'a été occasioné que par les avis qu'il recevait, que ses ennemis s'agitaient vivement pour lui susciter une persécution violente à l'occasion du *Dictionnaire philosophique*.

ANNÉE 1765.

Tome II, *page* 154, 10 janvier 1765. M. *de Voltaire* ne cesse de faire retentir l'Europe de ses réclamations contre la foule d'éditions de toute espèce qu'on donne de ses Œuvres ténébreuses, en tout ou en partie. Il a écrit au *Mercure*, au *Journal étranger*, au *Journal encyclopédique*, etc. Il désavoue le livre intitulé *Recueil complet*, etc.; le *Dictionnaire philosophique*, les *Lettres secrètes*, etc.

On a vu plus haut la vraie cause de ces désaveux.

Ibid., *page* 154, du 11 janvier. Un anonyme vient d'envoyer dans les maisons une brochure légère, intitulée :

Arbitrage entre M. de Foncemagne et M. de Voltaire, au sujet du Testament du cardinal de Richelieu.

Cet arbitrage est de M. *de Voltaire* lui-même.

Ibid., page 155, du 12 janvier. Les *Lettres secrètes* imprimées, de M. *de Voltaire*, ne sont qu'une très-petite partie de ce qu'on avait recueilli. M. *Robinet*, l'auteur ex-jésuite du livre *de la Nature*, en est l'éditeur; il a mis pour lettres initiales *publiées par M. L. B.*, voulant faire entendre *La Beaumelle*, qui n'y a aucune part. Il a supprimé toute la correspondance du roi de Prusse, soit qu'il n'ait pas osé la faire paraître, soit qu'il eût espéré en retirer plus de profit de ce prince. Enfin il a tronqué une infinité de lettres; ce qui rend ce recueil fort décharné et fort sec. On a vendu le manuscrit vingt-cinq louis, et c'est par une fille, maîtresse d'un homme anciennement attaché à M. *de Voltaire*, qu'un homme de lettres avide a fait enlever ce manuscrit.

Cela ne peut être entièrement exact. Il semblerait par cette dernière circonstance, que ce recueil des *Lettres secrètes* provenait d'un vol fait chez M. *de Voltaire*; mais cela ne se peut pas; le volume, à très-peu de choses près, ne contient que sa correspondance avec M. *Berger*. M. *de Voltaire*, comme je l'ai dit ailleurs, ne gardait point de copies ou minutes des lettres qu'il écrivait; ce vol, par conséquent, aurait été fait chez M. *Berger*. Il est possible que M. *Robinet* ait eu ces lettres d'une main tierce et en ait fait un objet de spéculation en les livrant à un libraire (18).

(18) On voit par une lettre du 25 février 1765, de M. *de Voltaire* à M. *Berger*, que ce dernier avait eu la faiblesse de laisser prendre

Ibid., page 156, du 16 janvier. On a publié à Genève une réponse aux *Lettres de la Montagne*, sous le titre de *Sentimens des citoyens*.

Une réponse plus importante à cet ouvrage de *Rousseau* est celle de M. *Tronchin*, procureur-général de la république de Genève, intitulée : *Lettres écrites de la campagne*. Celle dont on parle ici n'est qu'un petit écrit de huit à dix pages, que Rousseau a traité de libelle, et s'est obstiné à attribuer à M. *Vernet* son ennemi. Cet écrit, assez violent en effet, est de M. *de Voltaire*, qui était très-courroucé des derniers outrages que lui avait faits *Rousseau* dans ses derniers ouvrages, et particulièrement dans ses *Lettres de la Montagne*. Du reste, c'était bien les sentimens d'une grande partie des bourgeois de Genève qu'exprimait cette feuille, mais non de la généralité.

Ibid., page 162, du 1er février. On parle d'une lettre de M. *de Voltaire* sur les troubles de Genève, où il compare cette ville à une ruche, et prédit que si les abeilles ne s'entendent point, on viendra manger leur miel, etc.

Cette lettre est vraie, et ce qui est arrivé quelques années après dans cette ville, prouve que M. *de Voltaire* a eu raison (19).

copie de cette correspondance à un M. *Vauger*, qui recueillait avec soin tout ce qui sortait de la plume de M. *de Voltaire*. Comment ces lettres ont-elles passé de ses mains dans celles de M. *Robinet* (supposé que ce dernier en soit l'éditeur)? C'est ce que nous ignorons.

(19) Cette lettre est du commencement de janvier 1765 : *Nous avons dans ce moment*, etc.

Ibid., *page* ...., du 9 février. M. *Roustan* (ministre de l'Évangile à Londres) est auteur d'une espèce de réfutation d'un article du *Contrat social* de *Rousseau*, intitulée : *Offrande aux autels et à la patrie*. Il a fait aussi un *Examen historique des quatre beaux siècles de M. de Voltaire*, où il entreprend de prouver qu'il n'y a point eu siècle qui ait produit plus de tyrans et de flatteurs, et moins de grands hommes, que les siècles *d'Alexandre*, *d'Auguste*, *de Léon X* et *de Louis XIV*.

Il suffit d'un pareil énoncé pour apprécier assez justement un homme. C'est ce même *Roustan* ou *Rustan*, grand déclamateur contre les philosophes et la philosophie, à qui M. *de Voltaire* a tâché d'inspirer un peu plus de goût, de modération et de justice, dans le petit écrit intitulé : *Remontrances du corps des pasteurs du Gévaudan à Antoine-Jacques Rustan* (20).

Ibid., *page* 172, du 15 février. On fait en Hollande une nouvelle édition de la *Pucelle*, petit format, enrichie d'estampes fort curieuses et en grand nombre. On l'aura dans toute l'ingénuité du texte. Un petit auteur, à Paris, a formé le projet assez plat de donner la continuation de ce poème.

Nous doutons que l'un et l'autre de ces projets se soient réalisés (*).

(20) Tome XXXIII, page 352, édition de Kehl.
(*) Il existe une *continuation* du poème de Voltaire, imprimée sous le titre de : *Suite de la Pucelle d'Orléans, en sept chants, poëme héroï-comique, par M. de Voltaire; trouvée à la Bastille le 14 juillet 1789*. Berlin et Paris, 1791, in-18 de IV et 102 pages; plus, le frontispice. J'en possède un exemplaire. B.

Ibid., page 173, du 20 février. M. *de Voltaire* s'étant excusé dans une épître à M. le chevalier *de Boufflers*, sur sa vieillesse et sur le danger d'écrire encore à son âge, finit ainsi :

>C'est à vous, ô jeune Boufflers,
>A vous, dont notre Suisse admire
>Les crayons, la prose et les vers,
>Et les petits contes pour rire ;
>C'est à vous de chanter Thémire
>Et de briller dans un festin,
>Animé du triple délire
>Des vers, de l'amour et du vin.

M. *de Boufflers* répondit à ces vers par une très-jolie épître, où, après une description fort gaie et fort agréable de la vie dissipée qu'il avait menée jusque là, il annonce à M. *de Voltaire* qu'il vient chez lui pour se régénérer et devenir sage. L'épître finit par ces vers :

>Jadis les chevaliers errans,
>Sur terre, après avoir long-temps cherché fortune,
>Allaient retrouver dans la lune
>Un petit flacon de bon sens :
>Moi je vous en demande une bouteille entière ;
>Car Dieu mit en dépôt chez vous
>L'esprit dont il priva tous les sots de la terre,
>Et toute la raison qui manque à tous les fous.

Ibid., page 182, du 13 mars. Il paraît une nouvelle lettre de M. *de Voltaire* à M. *Damilaville*, où il rend compte, d'une façon très-intéressante, de la manière dont il a pris en main la défense des *Calas*, de toutes les ressources dont il a eu besoin pour se garantir de toute surprise, et pour mettre en mouvement cette grande affaire. Il en annonce une nouvelle du même genre à l'égard des *Sirven*. On ne peut assez applaudir au style touchant et plein d'humanité dont cette lettre est écrite, et que M. *de Voltaire* sait si bien employer.

Il est évident que cet article est d'une autre main que ceux où il a été parlé précédemment des lettres de M. *de Voltaire* sur l'affaire des *Calas* (21).

Ibid., page 190, du 3 avril. On répand des copies d'une lettre à M. *Berger...* à qui on a enlevé les lettres imprimées depuis sous le nom de *Lettres secrètes...* On voit quelque chose de contraint dans toute cette façon de penser et de plaisanter, qui déplaît. C'est un vieillard septuagénaire qui s'efforce de rire, la rage dans le cœur.

La lettre est vraie, monsieur, mais vous vous trompez bien fort en disant que M. *de Voltaire* ne riait qu'avec la rage dans le cœur; il paraît que vous ne l'avez pas connu (22).

Ibid., page 204, du 28 avril. On annonce une suite au *Dictionnaire philosophique*, sous le titre de *Philosophie de l'histoire, par feu l'abbé Bazin*. Ce livre est dédié à l'impératrice de Russie, avec toutes ses qualifications. On ne peut dou-

---

(21) La lettre à M. *Damilaville*, dont on parle dans cet article, est dans le tome XXX, page 257, où l'adresse, par erreur, est à M. *d'Alembert*.

(22) Le rédacteur des *Mémoires* se trompe encore plus, et marque plus de mauvaise foi ou de mauvais goût, à l'égard de la lettre même qu'il dénigre, et qui est à la fois très-agréable, très-originale et très-philosophique.

ter que l'ouvrage ne soit de M. *de Voltaire*, tout y est marqué au coin de son esprit, etc.

Cet ouvrage est de M. *de Voltaire*, mais il n'est point une suite du *Dictionnaire philosophique*; c'est une espèce d'introduction à son *Essai sur l'Histoire générale*.

Ibid., page 211, du 15 mai. *Fréron*, toujours acharné contre M. *de Voltaire*, publie, dans sa feuille 13ᵉ, une prétendue *Lettre d'un philosophe protestant à M.* ***, *sur une lettre de M. de Voltaire à M. Damilaville, au sujet des Calas*. Ce philosophe protestant réfute la manière dont M. *de Voltaire* prétend avoir été autorisé à présumer l'innocence des *Calas*. Il est bien extraordinaire qu'on sache mauvais gré à ce grand homme d'avoir embrassé aveuglément la cause d'un vieillard qu'il souhaitait n'être pas trouvé coupable. Quelque peu raisonné que fût son zèle, il ne lui fait que plus d'honneur. Les vrais philosophes sauront très-mauvais gré à *Fréron* d'avoir mis sous le nom d'un autre philosophe toutes les mauvaises chicanes, tous les raisonnemens scolastiques qu'il emploie pour prouver que M. *de Voltaire* a eu tort.

Ces reproches au folliculaire qui charge un philosophe anonyme de ses propres sottises, sont assurément très-justes et très-louables; mais je trouve aussi, monsieur, bien extraordinaire, vos termes d'*avoir embrassé aveuglément*. Je puis vous certifier le contraire; M. *de Voltaire* n'avait rien négligé pour connaître la vérité, et quand il a agi, son zèle était assez *éclairé*; voyez mes *Additions au Commentaire historique*. Je ne vois pas non plus comment ce zèle lui aurait fait d'autant plus d'honneur qu'il était moins raisonné; tâchez de raisonner vous-même un peu plus conséquemment.

Tome XVI, *page* 250, *du* 25 *juin. Fréron* revient encore, n° 16, sur la lettre de M. *de Voltaire* à M. *Damilaville*, et donne l'extrait d'un journal anglais où l'on cite la lettre de M. *de Voltaire* comme l'ouvrage d'un homme qui s'applaudit lui-même, et qui, pour peu qu'il eût eu de délicatesse dans les sentimens, aurait rougi de faire ainsi parade de son *humanité* vis-à-vis du public. *Fréron* se félicite de s'être rencontré avec ce critique. Il en faut conclure seulement que ce dernier n'est pas plus ami de M. *de Voltaire* que l'autre.

Cela est possible, surtout si les deux personnages n'en faisaient qu'un. Il n'était pas plus difficile à *Fréron*, pour mieux épancher sa bile, de se déguiser en journaliste étranger, qu'en philosophe protestant; du reste, on peut juger, par son acharnement, combien il était irrité de la profonde sensation que cette belle lettre à M. *Damilaville* avait faite dans le public.

Tome II, *page* 233, *du* 23 *juillet.* M. *de Voltaire*, après avoir introduit en gros son poison dans le *Dictionnaire philosophique* et la *Philosophie de l'histoire*, le débite à présent en détail. Il donne une brochure intitulée : *Questions sur les miracles...* Il a pris la vraie tournure pour tromper la crédulité et glisser son venin partout où il voudra, malgré les prohibitions de la police.

Cet article paraît sortir de la plume de quelque

théologien bien échauffé, qui croit ou veut faire croire que tout ce qu'il ne peut digérer est un poison pour les autres estomacs.

Ibid., *page* 250, *du* 30 *août.* M. *de Voltaire* vient d'écrire une lettre à M. *Marin,* censeur de la librairie, pour le supplier d'engager le magistrat à interposer son autorité pour arrêter l'introduction d'une quantité d'ouvrages que tout le monde sait être de lui.

Il avait ses raisons pour cela, et ce n'était pas pour jouer et persiffler le public, comme le disent ces Mémoires.

Ibid., page 252, *du* 3 *septembre.* Mademoiselle *Clairon* a déployé ses talens chez M. *de Voltaire.* Ce grand poète ne la connaissait que par renommée; il n'avait pas vu cette actrice à son apogée; il en a été enchanté et lui a marqué sa reconnaissance dans une épître en vers.

Cela est vrai.

Ibid., *du* 7 *septembre.* Il est parvenu ici une lettre imprimée de M. le marquis *d'Argence,* datée du château de Dirac, le 20 juillet 1765. Elle roule sur la lettre indécente que *Fréron* s'est fait adresser, il y a quelque temps, par un philosophe protestant, au sujet du jugement de *Calas.* On se rappelle combien ce folliculaire voulait y dégrader la belle action de M. *de Voltaire,* que l'honnête militaire venge avec toute la noblesse et la logique possible. Suit un remercîment de M. *de Voltaire,* en date du 24 auguste 1765, où il cherche à intéresser M. le marquis *de Richelieu* et le duc *de Villars,* et même les maîtres de requêtes, à faire châtier un auteur de libelle, qui ose censurer un jugement authentique.

Ces pièces sont véritables, c'est M. *d'Argence de Dirac* qui les fit imprimer à Angoulême.

Ibid., page ..., du 9 septembre. Aujourd'hui les comédiens français ont remis au théâtre *Adelaïde du Guesclin*, tragédie de M. *de Voltaire.* En 1734 cette pièce n'avait pas réussi. Le coup de canon, à ce que prétend l'auteur, la fit tomber... Il la redonna en 1752 sous le titre du *Duc de Foix.* Elle prit mieux alors. Depuis le succès du *Siège de Calais,* dû tout entier aux noms français qui s'y trouvent, M. *de Voltaire* a jugé à propos de rapprocher de nouveau l'époque de sa tragédie, pour la rendre plus intéressante, et de la restituer sous ses premiers noms. Cet arrangement lui a parfaitement réussi. Le succès a été complet. Le coup de canon a fait le plus grand effet. La marche rendue plus rapide, l'intérêt plus pressant, un grand nombre de beaux vers ajoutés, des noms plus illustres et chers à la nation, tout cela, joint aux beautés dont l'ouvrage était déjà rempli, a transporté les spectateurs.

Tout n'est point exact dans cet article; la pièce fut jouée telle qu'elle était originairement. C'est *Le Kain* qui engagea ses camarades à la remettre au théâtre. Peut-être les éloges prodigués à M. *de Belloy* pour avoir mis des noms français sur la scène, contribuèrent-ils à l'idée qu'eut *Le Kain* de ressusciter *Adelaïde.* Quoi qu'il en soit, elle fut représentée sans qu'on en prévînt M. *de Voltaire;* il ne put faire autre chose que d'en demander une copie, et d'envoyer des corrections en très-petit nombre pendant les représentations (23).

(23) Il est surprenant que *Wagnière* ne dise rien ici de la tragédie

Ibid., *page* 261, du 27 septembre. On parle d'un ouvrage formidable de M. *de Voltaire*, intitulé: *Dénonciation de Jésus-Christ et de l'Ancien et du Nouveau Testament, à toutes les puissances de l'Europe*. Ce singulier homme, toujours avide de renommée, a la manie de vouloir faire tomber la religion : c'est une sorte de gloire nouvelle dont il a une soif inextinguible.

Cet ouvrage n'est point de M. *de Voltaire*, et n'a probablement jamais existé. Le titre n'a pu être imaginé que par quelque ennemi furieux, qui cherchait à perdre M. *de Voltaire* en lui imputant ce livre supposé.

Ibid., *page* 261, du 17 octobre. Il court une lettre imprimée de M. *de Voltaire* à M. *Thomas* qui lui avait envoyé son *Eloge de Descartes*. Elle finit par une invitation à venir vivre avec lui. Cette invitation, qu'on trouve assez généralement dans toutes les lettres que M. *de Voltaire* écrit aux différens auteurs qui se rangent sous ses bannières, sera regardée par ses détracteurs comme un lieu commun de sa vanité. Ses amis n'y verront que la magnificence d'un cœur ouvert à l'humanité entière.

La lettre à M. *Thomas* est du 22 septembre ; il la fit imprimer dans le temps. A l'égard des ré-

---

d'*Alamire*, qui est le même sujet qu'Adélaïde ; ni par quels motifs, et à quelle époque M. *de Voltaire* fit ce changement. Le silence de *Wagnière* est à nos yeux une preuve que c'est postérieurement à sa remarque, et à ces représentations d'*Adélaïde*, que l'auteur a encore retouché cette tragédie dont la scène est transportée en Espagne, et que c'est dans ce dernier état qu'il a voulu définitivement la laisser. La fraîcheur du manuscrit trouvé à sa mort en est un autre indice.

flexions du rédacteur des *Mémoires*, il n'y a de juste que sa dernière phrase.

Ibid., page 275, du 28 octobre. On voit dans le *Journal encyclopédique* du 1ᵉʳ octobre, une épître de M. le comte *de Schouvalow* à M. *de Voltaire*. Cet ouvrage, en vers de dix syllabes, est si bien écrit qu'il est difficile de croire qu'il puisse être sorti de la plume d'un étranger. Ceux qui sont au fait de toutes les manœuvres littéraires, formeront peut-être là-dessus des conjectures que nous n'osons hasarder. Nous nous contenterons de citer la fin de cette épître. Après l'éloge le plus pompeux et le plus universel des talens et du cœur de son héros, le poète dit :

> J'entends le cri des cœurs reconnaissans
> Vous célébrer comme un dieu tutélaire;
> Je vois fumer leur légitime encens;
> Et si Zoïle, armé de l'imposture,
> Voulait ternir vos bienfaits renaissans,
> Le monde entier, dans sa volupté pure,
> Attesterait à la race future
> Que vos vertus égalent vos talens.

M. *de Voltaire*, trop poli pour n'avoir pas répondu à ces vers, s'exprime ainsi :

> Puisqu'il faut croire quelque chose, etc. (24)

M. *de Schouvalow* a riposté par de petits vers de quatre syllabes qui pourraient bien être de lui.

Les vers en réponse à M. le comte *de Schouvalow* sont de M. *de Voltaire*; les autres sont réellement de ce seigneur russe.

(24) Tome XIV, page 379.

Ibid., page 282, du 6 novembre. *Mandement du R. P. en Dieu Alexis, archev. de Novogorod,* etc., pamphlet de douze pages, à l'occasion de l'arrêt du parlement de Paris, qui condamne au feu la lettre-circulaire de l'archevêque de Reims. On y parle des deux puissances, du pape, etc. On attribue cette facétie à M. *de Voltaire.*

Il en est l'auteur. La lettre à l'abbé *de Voisenon,* du 5 novembre 1765, et la réponse dont on parle page 288 (14 et 17 novembre), toutes deux mêlées de vers, sont de ces deux écrivains.

Tome XVI, *page* 267, du 21 novembre. Dans la *Gazette littéraire* du 1er octobre, on lit une lettre ou l'on dissèque *la Belle-mère ambitieuse,* une des meilleures pièces de *Rowe*, le poète tragique que les Anglais estiment le plus après *Shakespear* et *Otway.* Nous sommes bien trompés, ou cet extrait est de M. *de Voltaire.* On y reconnaît son style, sa critique fine, ses plaisanteries légères, cet art de répandre du ridicule sur les meilleures choses, et malheureusement aussi l'envie qui, telle que le vautour de *Prométhée,* le ronge sans cesse et le dévore implacablement.

M. *de Voltaire,* être rongé d'envie contre ces auteurs anglais! Ah! monsieur le rédacteur, votre assertion n'est pas moins risible que dénuée de tout fondement.

ANNÉE 1766.

Tome II, *page* 307, du 2 janvier 1766. M. *Cailhava d'Estandoux,* auteur du *Tuteur dupé,* se glorifie avec raison d'une lettre de M. *de Voltaire,* en date du 3 novembre 1765.

Ibid., page 309, du 9 janvier. M. *de Villette* a reçu une lettre de M. *de Voltaire*, du 4 janvier, au sujet des vers adressés à *Henri IV*, sur la mort du Dauphin, par M. *de Voltaire* (qu'on rapporte à la page 311 des Mémoires, date du 13 janvier).

Ibid., page 322, du 1er février. M. *de Voltaire* a adressé des vers à M. le chevalier *de Boufflers*, en réponse à sa pièce intitulée *Le Cœur*. Les voici:

Certaine femme honnête, etc. (25)

Toutes les lettres et les vers dont on vient de parler, ou qu'on a rapportés dans ces trois articles, sont vrais. La dame dont il est parlé dans la dernière pièce, adressée à M. *de Boufflers*, est madame *Cramer Dellon*, qui a beaucoup d'esprit et est très-aimable.

Tome III, *page* 10, du 19 mars. Il court une lettre manuscrite qu'on attribue à M. *de Voltaire*. Ce grand poète y parle de la fameuse réponse du roi, du 3 mars. Il respecte, avec toute la soumission d'un sujet, les principes qui y sont établis; il ne l'examine que du côté littéraire; il la trouve si bien écrite, le style en est si fort, si concis, si rapide, si noble, qu'il ajoute que, si Sa Majesté n'était protectrice de l'Académie, il faudrait sur-le-champ lui donner par acclamation une place d'académicien.

Je me souviens très-bien que M. *de Voltaire* a effectivement répondu dans ce sens à quelqu'un de ses amis (26).

(25) Tome XIII, page 314.
(26) On n'a point cette lettre. Ce doit être une de celles dont il est parlé dans la lettre à M. *de Florian*, du 12 mars 1766.

Ibid., page 16, du 1ᵉʳ avril. M. *de Chabanon* étant allé voir M. *de Voltaire,* pour le consulter sur ses diverses tragédies, et l'ayant trouvé occupé de quelque ouvrage de philosophie, il lui adressa ces vers :

> J'ai volé pour vous voir des rives de la Seine,
> Et l'estime et le goût de vous m'ont approché;
> Faible et timide aiglon, sous vos ailes caché,
> J'attends que votre vol me dirige et m'entraîne.
> Redevenez vous-même, et prenez votre essor.
>   Faut-il que je vous voie encor,
>   Pour des songes métaphysiques,
> Quitter l'illusion de nos jeux poétiques?
> Tous vos doutes heureux valent-ils un transport?
> L'homme est un livre obscur et difficile à lire,
>   On n'en connaît pas la moitié.
> Qu'est-ce que notre esprit? on a peine à le dire,
>   Mais tel qu'il est il fait pitié;
>   Il est petit, faible et pusillanime,
>   Chez tant de sots dignes de nos mépris :
> J'aime à l'étudier dans vos charmans écrits,
> Il s'y peint éclatant, immortel et sublime.

On connaît la réponse de M. *de Voltaire*.

> Aimable amant de Polymnie, etc. (27)

Cela est exact; M. *de Voltaire* travaillait à l'ouvrage intitulé : *Le Philosophe ignorant,* lorsque M. *de Chabanon* vint à Ferney.

Ibid., page 27, du 25 avril. *Poétique de M. de Voltaire, ou Observations recueillies de ses ouvrages,* etc. On sent bien qu'un pareil ouvrage n'a été fait que par M. *de Voltaire* lui-même, ou par un de ses suppôts.

(27) Tome XIII, page 207.

Non, cet ouvrage n'est pas de M. *de Voltaire*, et je crois même qu'il ne l'a jamais vu (28).

Ibid., page 38, du 7 mai. Nous avons déjà fait mention de *Richardet*, poème héroï-comique en douze chants, avec l'épître à M. *de Voltaire*, et sa réponse à l'auteur (29).

Ce poème est imité de l'italien. La réponse de M. *de Voltaire* à l'auteur, qui commence par ce vers :

>Vous ne parlez que d'un moineau, etc.

se trouve dans plusieurs recueils. Voici la petite épître dédicatoire qui l'a occasionée :

>O vous, l'Apollon de notre âge,
>Qui tour à tour badin, sublime, sage,
>Vous soumettant tous les genres divers,
>Par vos accords ravissez l'univers,
>   J'ose vous offrir mon ouvrage.
> En recevant ce médiocre don
>Songez qu'au grand Virgile, au sommet d'Hélicon,
>Jadis, de son moineau, Catulle fit hommage.

Ibid., page 43, du 1ᵉʳ juin. Il parut, il y a quelque temps, une *Histoire de Henri IV*, par M. *de Bury*, dans laquelle l'auteur s'est permis une critique très-amère du célèbre *de Thou*. Le chantre du grand *Henri* n'a pas cru devoir garder le silence contre des accusations aussi peu fondées, et vient de publier une brochure contre M. *de Bury*, dont il relève quelques bévues avec ce sarcasme qui lui est propre, et qui venge l'illustre historien de la critique mal fondée du moderne compilateur.

Cette brochure est de M. *de Voltaire* (30).

(28) L'auteur de cette *Poétique* est *La Combe*.
(29) *Du Mourier*.
(30) Elle est intitulée : *Le président de Thou, justifié contre les*

Ibid., *page* 51, du 15 juin. De fades adulateurs, des écrivains mercenaires ne cessent d'élever des trophées à la gloire de M. *de Voltaire,* comme si ses propres ouvrages n'étaient pas un monument supérieur à tous ceux qu'on pourrait lui consacrer. On vient d'imprimer les *Pensées philosophiques de M. de Voltaire*, etc. M. *Contant d'Orville* est l'auteur prétendu de cette compilation, dans laquelle on soupçonne que M. *de Voltaire* pourrait bien être de moitié, suivant l'usage.

Le *soupçon* et le *suivant l'usage* sont très-faux. M. *de Voltaire* n'avait jamais entendu parler de cette compilation, ni de son auteur, avant que celui-ci lui en eût envoyé exemplaire. Le compilateur des *Mémoires*, en répétant et voulant à toute force que M. *de Voltaire* fabriquât des volumes de ses propres éloges, ne craint-il pas d'agir *suivant l'usage* des calomniateurs?

Ibid., *page* 60, du 11 juillet. M. *de Voltaire* continue à manier le sarcasme avec la même facilité et la même abondance. Il a fait répandre une lettre en manuscrit, intitulée: *Lettre curieuse de Robert Covelle, à la louange de M. Vernet, professeur en théologie à Genève.* Il paraît que ce ministre évangélique s'est comporté vis-à-vis de lui d'une manière peu chrétienne.

Tout cela est très-vrai; M. *Vernet,* piqué de n'a-

accusations de *M. Bury*, etc. Il y a une autre critique contre le même historien, intitulé: *Examen d'une histoire d'Henri IV*, etc. Quelques gens de lettres ont pensé que cet *Examen* était aussi de M. *de Voltaire;* mais cela a paru douteux à beaucoup d'autres. On l'a attribué au marquis *de Belestat,* à *Labeaumelle,* etc. *Voyez* ci-après les notes 58 et 65.

voir pas été choisi pour éditeur de l'*Essai sur les mœurs et l'esprit des nations*, devint l'ennemi de M. *de Voltaire*, et l'attaqua dans une déclamation en deux volumes contre la philosophie et les philosophes. La vengeance de M. *de Voltaire* se borna à rendre l'agresseur ridicule, dans quelques petits écrits, tels que cette *Lettre de R. Covelle*, une pièce de vers intitulée *l'Hypocrisie*, etc.

Tome XVIII, *page* 231, du 21 juillet. M. *de Voltaire*, toujours occupé de l'affaire des *Sirven*, n'a pas négligé la circonstance du voyage de madame *Geoffrin* à Varsovie, et a profité du crédit de cette dame sur l'esprit du roi de Pologne pour l'engager à solliciter ce monarque en faveur des accusés. Il lui a adressé un mémoire avec une lettre très-adroite, telle qu'il en sait écrire en pareille circonstance.

Cela est vrai, et la démarche de madame *Geoffrin* n'a pas été inutile à la famille de *Sirven* (31).

Tome III, *page* 61, du 6 août. Il court trois lettres manuscrites, datées du 6 juillet, sur l'affaire et l'exécution de M. *de la Barre*, gentilhomme brûlé à Abbeville pour sacrilége. On les attribue à M. *de Voltaire*. Elles en sont dignes par ce cri de l'humanité qu'il fait entendre partout, et par le sarcasme fin dont il assaisonne tout ce qu'il dit. Il cite, entre autres choses dans ces lettres, l'histoire d'un M. *Le Camus*, qui, étant jeune prêtre, communia un cochon avec une hostie, et ne fut qu'exilé. Ce même Camus, parent de

---

(31) *Voyez* la lettre à madame *Geoffrin*, tome LIX; pag. 385, et ce qui est dit des *Sirven*, tome XXXIX, pag. 181; tome XLV, etc.

M. de la Barre, fut depuis cardinal. Le parlement est furieux contre ces lettres, et l'on assure que le premier président en a porté des plaintes au roi. On y semble rendre compte de tout ce qui s'est passé à Abbeville, ainsi que de la fermeté avec laquelle M. de la Barre a souffert son supplice.

Cette horrible aventure est un des événemens qui ont le plus vivement affecté M. de Voltaire. Il est tout simple qu'il en ait témoigné son indignation à ses amis (32).

Ibid., page 62, du 8 août. M. de Boufflers, officier, amateur plein de goût et de talens, a dessiné tout nouvellement à Ferney le portrait de M. de Voltaire, et l'a gravé en profil dans un ovale de huit pouces de hauteur sur sept de largeur. Cette gravure paraît faite à l'eau-forte et terminée à la pointe, dans la manière de *Rembrant*, avec beaucoup d'art et d'esprit. L'amateur habile a saisi en quelque sorte l'âme et le feu de son modèle; il l'a représenté d'un air pensif, mais animé, devant son bureau, ayant une main posée sur un papier, et tenant de l'autre une plume, et prêt à écrire ce qu'il médite. La tête est coiffée d'un bonnet sur une grande chevelure. Une ressemblance parfaite, une attitude facile et intéressante, une exécution nette et brillante, un vrai qui se fait sentir, rendent cette estampe très-précieuse.

Ceux qui la possèdent trouveront que cette description est très-conforme à la vérité (33).

(32) On n'a point trouvé de lettres de M. *de Voltaire* sous la date du 6 juillet 1766; quelques-uns de ses amis ont refusé de communiquer celles qu'ils avaient reçues de ce grand homme, ce qui a privé les éditeurs de plus d'une correspondance intéressante.

(33) Cet ouvrage est-il du chevalier *de Boufflers?* C'est ce que ne

Ibid., page 74, du 11 août. Le bruit se confirme de plus en plus des plaintes portées au roi par le parlement contre M. *de Voltaire*, et sa licence à critiquer ses arrêts, ainsi qu'à écrire sur des matières dangereuses et propres à répandre l'athéisme partout. On prétend que pour en empêcher les suites fâcheuses, ses amis l'ont engagé à solliciter une retraite auprès du roi de Prusse.

Il est question d'une nouvelle *Lettre sur le jugement de M. de Lally*, qu'on attribue à M. *de Voltaire*, où il fronde encore le jugement du parlement. Il voudrait faire réhabiliter cet officier comme les *Calas*.

La lettre sur M. *de Lally* est vraie, mais il n'est pas vrai que les amis de M. *de Voltaire* l'engageassent à se retirer chez le roi de Prusse, pour se soustraire aux poursuites du parlement. On peut voir là-dessus mes *Additions au Commentaire historique*. Il est encore moins vrai que M. *de Voltaire* cherchât à établir l'athéisme; il le combattait, au contraire, en toute occasion (34).

Ibid., page 77, du 15 août. L'activité de l'esprit de M. *de Voltaire* n'est pas ralentie sur ses vieux ans. On voit naître chaque jour de ses productions qui tendent à nourrir le scepticisme de ses lecteurs. Il vient de paraître *Le Philosophe ignorant*... Le livre est divisé en doutes qu'il serait bien difficile de résoudre, à ne suivre que les lumières ordinaires de

dit pas *Wagnière*. On lit au bas : *Dessiné à Ferney, et gravé par M. B...., 1765*.

(34) Cette lettre sur M. *de Lally* manque aussi. Il y a bien un *alinéa* sur *Lally* dans celle à *d'Alembert*, du 25 juin 1766; mais il est apparent qu'il s'agit ici d'une autre lettre.

la raison, et qui fondent le pyrrhonisme si dangereux pour les vérités reçues.

Ibid., page 82, du 28 août. M. *de Voltaire* a écrit à un de ses amis au sujet du bruit qui a couru qu'il allait se fixer dans une ville des États du roi de Prusse. *Il est vrai*, dit-il, *que j'ai été saisi de l'indignation la plus vive et en même temps la plus durable; mais je n'ai point pris le parti qu'on suppose*, etc. On voit par cette lettre, où il règne beaucoup d'humeur, que les bruits qui ont couru, et dont nous avons parlé, ne sont pas tout-à-fait destitués de fondement.

On voit, au contraire, par cette lettre qui est vraie, que M. *de Voltaire* n'avait point eu le dessein de se déplacer. Voyez mes *Additions au Commentaire historique* (35).

Ibid., page 84, du 3 septembre. *Extrait d'une lettre de M. de Voltaire.* « J'ai reçu et lu le mémoire de l'infortuné M. *de la Chalotais*. Malheur à toute âme sensible qui ne sent pas le frémissement de la fièvre en le lisant! son curedent grave pour l'immortalité... Les Parisiens sont lâches, gémissent, soupent et oublient tout. »

Cette lettre est vraie (36).

Ibid., page 86, du 5 septembre. M. *Le Febvre*, prêtre de la doctrine chrétienne, a fait imprimer dans *Fréron*, n° 14,

(35) C'est la lettre à *d'Argental*, du 25 auguste 1766. Le roi de Prusse avait bien invité *Voltaire* à se mettre à l'abri des persécutions, en venant se fixer dans ses États. Mais l'idée d'y établir une petite colonie de philosophes, dont il est parlé dans quelques lettres de *Voltaire* à ses amis, n'a jamais été qu'un projet vague et qui n'a eu aucune suite.

(36) Il paraît que cet extrait est tiré d'une lettre à *d'Alembert*, du 7 auguste 1766.

une longue lettre apologétique de M. *de Thou*, contre les assertions de M. *de Bury*. Ce savant homme ne manie pas le sarcasme comme M. *de Voltaire*, mais il attaque avec force et d'une façon victorieuse le nouvel historien de *Henri IV*, et démontre l'injustice des reproches qu'il fait à M. *de Thou*.

La lettre apologétique de M. *de Thou* est de M. *de Voltaire*, et non de M. *Le Febvre* (37).

Ibid., page 87, du 6 septembre. Vers adressés à M. *de Voltaire* par M. *François*, de Neufchâteau, en Lorraine, âgé de 14 ans, associé des académies de Dijon, Marseille, Lyon et Nanci, en lui envoyant un exemplaire de ses ouvrages :

« Rival d'Anacréon, de Sophocle et d'Homère,
O toi, dont le génie a franchi tour à tour
  De tous les arts l'épineuse carrière ;
Toi qui chantes les dieux, les héros et l'amour,
Pardonne à mon audace, ô sublime Voltaire !
Et permets qu'aujourd'hui ma muse téméraire
  T'ose offrir ces simples accords.
  Daigne accepter cette offrande légère,
  Daigne sourire à mes premiers transports.
  Je sais que c'est un faible hommage :
Mais si ton indulgence approuve mes efforts,
Un succès si flatteur, excitant mon courage,
  M'inspirera de plus dignes accens.
Il saura m'élever au-dessus de mon âge...
Un coup d'œil de Voltaire enfante les talens. »

M. *de Voltaire* a reçu ces vers dans une let-

---

(37) *Wagnière* ne se trompe-t-il pas ici, en confondant une lettre de M. *Le Febvre*, avec l'écrit de *Voltaire*, intitulé : *Le président de Thou justifié*, etc., dont il a été parlé plus haut ? Comment un écrit de *Voltaire* eût-il paru dans les feuilles de *Fréron* ?

tre, datée du 15 juillet 1766; il y a répondu par ceux-ci :

> Si vous brillez à votre aurore,
> Quand je m'éteins à mon couchant, etc. (38)

Ibid., page 90, du 15 septembre. On a vu avec quelle chaleur M. *de Voltaire* a soutenu la cause des *Calas;* les écrits sortis de sa plume à ce sujet; son *Traité de la Tolérance;* il vient d'y ajouter un *Avis au public sur les parricides imputés aux Calas et aux Sirven*..... Il y rappelle différens exemples du fanatisme, qui dans tous les temps a tyrannisé certains esprits, et a produit des excès qui font frémir l'humanité.

Cet écrit est de M. *de Voltaire*, et a été mis dans l'édition de M. *Cramer*, à la suite des pièces concernant les *Calas* et le *Traité de la Tolérance*.

Ibid., page 115, du 15 novembre. *Le docteur Pansophe*, ou *Lettres de M. de Voltaire*... Ces Lettres sont au nombre de deux. La première lettre, adressée à M. *Hume*, parle du démêlé de cet Anglais avec le philosophe genevois... La seconde paraît être adressée à M. *Rousseau* lui-même (sous le nom de *Pansophe*). Elle renferme de bonnes plaisanteries et de meilleures raisons, de la gaîté et nulle aigreur.

La lettre de M. *Hume* est vraie, celle à *Pansophe* a été désavouée par M. *de Voltaire* et attribuée à diverses personnes (39).

(38) *Voltaire*, tome XIII, pag. 206.

(39) La lettre à M. *Hume* est probablement celle du 24 octobre 1766. Toutes les personnes à qui l'autre a été attribuée, l'ont niée; et en rapprochant et examinant les désaveux de *Voltaire*, on n'en est que

Ibid., page 100, du 21 novembre. M. *de La Harpe* et sa femme sont partis, il y a déjà quelque temps, pour se rendre auprès de M. *de Voltaire,* et passer l'hiver chez lui, suivant l'invitation de ce protecteur littéraire.

Ils y restèrent plus d'une année, et ce long séjour de M. *de La Harpe* à Ferney n'a pu que lui être favorable sous plus d'un rapport.

Ibid., page 128, du 7 décembre. Quoique la pièce ci-jointe soit ancienne, sa rareté et son genre, qui ne lui permet pas un plus grand jour, nous autorisent à la consigner ici. C'est un billet de M. *de Voltaire* à M. le duc *de Choiseul,* sur ce que dans le temps de sa querelle avec M. *Le Franc,* un frère de celui-ci, qui est dans le service, avait fait des menaces à ce grand poète de prendre en main la cause de son frère.

« Je ne sais, monsieur le duc, ce que j'ai fait à MM. *Le Franc* : l'un m'écorche tous les jours les oreilles, l'autre menace de me les couper. Je me charge du rimailleur, je vous abandonne le spadassin ; car j'ai besoin de mes oreilles pour entendre ce que la renommée publie de vous. »

Ce billet a été effectivement écrit par M. *de Voltaire* à M. le duc *de Choiseul* (40).

Ibid., page 131, du 13 décembre. M. *de Voltaire,* dont la manie est d'écrire toujours, de toujours imprimer et de désavouer ensuite ce qu'il a fait, vient d'insérer dans les

plus porté à croire qu'elle est de lui. *Voyez* la lettre à *Bordes*, du 15 décembre 1766.

(40) Le duc de *Choiseul* a refusé de communiquer sa correspondance avec M. *de Voltaire.* On n'a pu s'en procurer, et par voie indirecte, que quelques lettres du dernier ; les siennes lui avaient été rendues.

journaux un *Appel au public* contre ses prétendues *Lettres à ses amis du Parnasse*, etc. Il joint à cette réclamation des certificats de M. *Damilaville*, de M. *Deodati*, du duc *de La Vallière*, du sieur *Wagnière*, secrétaire de ce grand poète, qui nous attestent des interpellations, des infidélités, etc. M. *de Voltaire* broche sur le tout, et fait une nouvelle sortie contre ses éditeurs.... Il voudrait intéresser les puissances à le venger. Rien de plus plaisant que tous ces désaveux, et de plus propre à en imposer à ceux qui ne connaissent pas le dessous des cartes.

M. *de Voltaire* avait la plus grande raison de se plaindre de ceux qui imprimaient sous son nom des choses qui n'étaient pas de lui, ou qui défiguraient malignement ses ouvrages, et j'étais, je crois, bien à même, et bien en droit de joindre mon témoignage au sien.

Ibid., page 139, du 23 décembre. On vient d'imprimer des *Notes* sur la lettre de M. *de Voltaire* à M. *Hume*. Elles sont curieuses et piquantes. Elles serviront de nouveaux mémoires pour faire connaître le caractère et l'esprit des ouvrages du fameux citoyen de Genève (41).

Ibid., page 139, du 24 décembre. Il paraît une tragédie qui n'a point été jouée sur la scène française, quoiqu'elle passe pour être d'un grand maître ; elle est intitulée : *Octave et le jeune Pompée, ou le Triumvirat*. On y voit une peinture énergique des mœurs des Romains et du caractère des trois tyrans. L'ordonnance de cette tragédie est imposante ; le style en est fort et soutenu, la versification belle et majes-

---

(41) *Wagnière* ne dit rien sur cet article, et son silence nous semble confirmer plutôt que détruire l'opinion que ces *notes* sont de *Voltaire* lui-même.

tueuse. On y trouve beaucoup de vers heureux et faciles. En un mot, on la juge de M. *de Voltaire.* Elle est suivie de notes historiques et critiques sur les Romains. Elles sont très-intéressantes et très-instructives. On y traite ensuite du gouvernement et de la divinité d'*Auguste.* Enfin il y a un grand morceau historique sur les conspirations contre les peuples, ou sur les *proscriptions.* L'esprit philosophique, le génie de l'humanité, une connaissance profonde de l'histoire et du cœur des hommes, ont dicté ces observations.

Vous avouez enfin ici, Monsieur, à propos de ces notes et pièces imprimées à la suite du *Triumvirat*, que M. *de Voltaire* avait, au moins dans cette occasion, une connaissance profonde de l'histoire et du cœur humain. C'est quelque chose qu'un pareil aveu (42).

ANNÉE 1767.

Tome III, *page* 129, du 9 janvier 1767, et du 11. Les comédiens français ont reçu de M. *de Voltaire* une nouvelle tragédie qui a pour titre *les Scythes.* — Toujours universel et toujours jaloux de briller dans tous les genres, il a engagé M. *de la Borde* à mettre son opéra de *Pandore* en musique.

Ibid., page 143, du 15 février. On a fait aux Menus la répétition de l'opéra de *Pandore*, de M. *de Voltaire*, remis en musique par M. *de la Borde*, l'un des premiers valets-de-chambre du roi. On n'a point trouvé que le musicien

(42) Cette tragédie fut représentée une seule fois, à Paris, le 5 juillet 1764, sous le titre des *Triumvirs.*

eût répondu à la magnificence et à la beauté du poème vraiment lyrique.

Ibid., page 143, du 17 février. M. *Gazon Dourxigné* vient de faire imprimer l'*Ami de la vérité*, ou *Lettres impartiales,* semées d'anecdotes curieuses sur toutes les pièces du théâtre de M. *de Voltaire*. On y trouve en effet des anecdotes curieuses.

Ibid., page 175, du 4 mars. M. *de Voltaire*, dans une lettre au chevalier *de Pezay*, du 5 janvier 1767, rend compte des menées de M. *J.-J. Rousseau* contre lui.

Cette lettre est exactement vraie dans tous ses points, excepté peut-être en ce qui concerne la perte que M. *de Voltaire* dit avoir faite en rendant les *Délices* à M. *Tronchin.* Elle paraît un peu exagérée; cependant je ne peux rien dire de positif à cet égard, n'ayant pas été exactement informé, dans le temps, des sacrifices qu'a pu faire M. *de Voltaire*, pour se débarrasser de cette maison (43).

Ibid., page 178, du 8 mars. M. *de Voltaire* s'occupe actuellement des *Sirven*, qui sont depuis plusieurs années sous sa protection. En attendant qu'il ait armé les lois en leur faveur, il écrit à toutes les puissances pour en obtenir des secours. Le roi de Danemarck lui ayant envoyé pour eux quatre cents ducats, notre poète y a répondu par ces beaux vers :

   Pourquoi, généreux prince, etc. (44)

Ibid., page 180, du 12 mars 1767. On débite une lettre de M. *de Voltaire* à l'abbé *d'Olivet*, sur la nouvelle édition de sa *Prosodie*. Elle est du 5 janvier 1767. On y relève dif-

---

(43) *Voyez* cette lettre, tome LX, pag. 8.
(44) Tome XV, pag. 295.

férentes locutions vicieuses devenues à la mode, etc. (45).

Ibid., page 189, du 26 mars. Les comédiens ont donné aujourd'hui la première représentation des *Scythes*. M. de *Voltaire* a voulu mettre en opposition l'âpreté des mœurs sévères des Scythes, avec le faste orgueilleux des Persans. Il y a des morceaux de la plus grande force, et l'on rencontre partout dans ce drame : *Disjecti membra poetæ* (46).

Ibid., page 165, du 29 mars. M. *de Voltaire*, à force de s'intriguer et de se remuer en faveur des *Sirven*, commence à faire prendre couleur à cette affaire. On vient de publier, sous le nom de *Sirven*, un Mémoire à consulter, et une Consultation, faits l'un et l'autre par main de maître. Le même sentiment qui a dicté les lettres pathétiques que l'on a lues, et les divers écrits publiés au sujet des *Calas*, à l'auteur du *Traité de la Tolérance*, lui a fait prendre la plume dans cette occasion, et on ne doute pas que le Mémoire à consulter ne soit de lui. La Consultation paraît être de M. *Élie de Beaumont*, connu au barreau, et célèbre surtout par des Mémoires en faveur des *Calas*. Elle est signée de cet avocat, et souscrite de onze jurisconsultes fameux (47).

Ibid., page 193, du 30 mars. Dans des *notes* sur la lettre de M. *de Voltaire* à M. *Hume*, on reproduit quelques fragmens de lettres de M. *J.-J. Rousseau* à M. *Du Theil*, et l'on met à la tête de ces fragmens : *Extraits des lettres du sieur J.-J. Rousseau, employé dans la maison de M. le comte de Montaigu, écrites, en* 1744, *à M. Du Theil, premier commis des affaires-étrangères. Ces lettres ont été conservées par hasard chez M. Du Theil.* M. *Du Theil*, officier aux gardes, a fait insé-

(45) Tome XLVII, pag. 16.

(46) Cette pièce qui n'eut pas un grand succès au théâtre, réussit mieux à la lecture ; il s'en fit un grand nombre d'éditions.

(47) M. *de Beaumont* ne publia rien dans cette affaire sans l'avoir communiqué auparavant à M. *de Voltaire*.

rer en conséquence dans la feuille de *Fréron* une protestation contre cette assertion. Il y déclare qu'il a toujours ignoré l'existence de ces lettres, et paraît même la révoquer en doute.

La copie des lettres de M. *Rousseau*, écrites, en 1744, à M. *Du Theil*, fut envoyée du bureau des affaires-étrangères à M. *de Voltaire*, et cette copie est aujourd'hui entre les mains de S. M. l'impératrice de Russie, avec d'autres papiers et les livres de M. *de Voltaire*. Il se peut très-bien que M. *Du Theil*, officier aux gardes (fils ou parent de celui dont on parle), ignorât l'existence de ces lettres, et sa protestation ne peut les anéantir (48).

Ibid., page 194, du 31 mars. Tandis que la faculté de théologie est occupée à dresser la rétractation que doit signer M. *Marmontel,* et que celui-ci attend avec une foi humble tout ce qu'on proposera à sa docilité, M. *de Voltaire* s'égaie, et vient de répandre des *Anecdotes sur Bélisaire,* pamphlet où il verse le ridicule à grands flots sur qui il appartient. Il y prodigue une foule de citations des pères de l'église, des casuistes, qui appuient les assertions avancées dans le chapitre XV du *Bélisaire,* qui a jeté un si grand scandale dans l'église.

M. *de Voltaire*, en cette occasion, a défendu vivement la cause de M. *Marmontel,* non parce qu'il était son ami, mais parce qu'elle lui paraissait juste et conforme à ses opinions.

(48) Ce que dit *Wagnière* de l'envoi à M. *de Voltaire* de ces lettres, dont l'extrait se trouve dans les *notes* sur la lettre à M. *Hume*, est une nouvelle présomption que ces *notes* sont de *Voltaire.*

Ibid., page 197, du 5 avril. La tragédie des *Scythes* est imprimée. On y remarque une épître dédicatoire de l'auteur (M. *de Voltaire*) aux satrapes *Elochivis* et *Nalrisp*, (*Choiseul* et *Praslin*), du ton le plus bas et plein de l'adulation la plus outrée. Cette adulation sent l'homme qui a envie de revenir à Paris, et qui fléchit le genou devant le tout-puissant pour cette grâce.

Je trouve, monsieur, dans l'épître dédicatoire des *Scythes* à MM. les ducs *de Choiseul* et *de Praslin*, non de la bassesse et de l'adulation, mais des éloges mérités et exprimés avec beaucoup d'adresse et de grâce, sous le voile de la fiction. Personne, je crois, n'aurait appris à l'auteur de quel ton il convient de parler aux souverains et aux gens de cour. La tournure de cette épître a plu généralement ; du reste, quoi que vous en disiez, M. *de Voltaire* n'avait dans ce temps-là aucune idée d'aller à Paris.

Ibid., page 170, du 6 avril. On annonce un poème manuscrit de M. *de Voltaire*, intitulé : *La guerre de Genève*. Il est en quatre chants et en vers de dix syllabes. On prétend qu'on y retrouve la même plume qui a fait *la Pucelle*.

M. *de Voltaire*, en effet, se délassait d'autres travaux plus sérieux en faisant ce poème, qui a cinq chants.

Ibid., page 200, du 11 avril. M. *de La Harpe* a écrit à Ferney, sous les yeux de M. *de Voltaire*, la *Réponse d'un Solitaire à M. l'abbé de Rancé*. Cette épître est dans le goût des *Soupirs du Cloître*, de M. *Guymond*, mais infiniment mieux écrite, plus forte de choses hardies et philosophiques. C'est un religieux qui réclame contre ses vœux, qui en fait voir l'injustice, l'absurdité, l'impiété même. Tout cela est fait de main de maître, et bien des gens sont tentés de croire que M. *de Voltaire* y a mis sa touche.

Il est très-vrai que M. *de Voltaire* donna à M. *de La Harpe* des conseils sur cet ouvrage, et le corrigea. Celui-ci le consultait sur toutes ses compositions.

Ibid., page 201, du 13 avril. On connaît deux chants du poème de M. *de Voltaire* sur la guerre de Genève. Le premier répand le ridicule à grands flots sur Genève et ses habitans. Il est assez gai, mais d'une gaîté grivoise.... Le second est une satire horrible contre J.-J. *Rousseau,* qui y est peint sous les couleurs les plus odieuses.

Rousseau, comme on le sait, pour prix des services qu'offrait de lui rendre M. *de Voltaire,* l'avait grossièrement insulté dans une réponse très-laconique; il l'outragea depuis d'une manière plus dangereuse et publique, en le dénonçant au conseil de Genève. M. *de Voltaire* s'était contenté de repousser les premières insultes de *Rousseau* en le tournant en ridicule dans quelques occasions. Ici le poète se venge fortement avec les armes qui lui sont propres, et il en abuse peut-être, comme le philosophe misanthrope avait abusé des siennes. Les attaques perfides de l'un ont excité la vengeance excessive de l'autre, et les gens modérés trouveront les torts réciproques. Il faut convenir pourtant que la prose de *Rousseau* pouvait avoir des suites plus funestes et plus réelles pour *Voltaire*, que les vers satiriques de celui-ci, quelque violens qu'ils fussent, n'en pouvaient avoir pour *Rousseau*. Voyez mes *Additions au Commentaire historique*.

Ibid., *page* 204, du 19 avril. On assure que M. *de Voltaire* a un commentaire tout prêt sur les tragédies de *Racine*. Il attend, pour le faire paraître, que M. *Luneau de Bois-Germain* ait mis au jour celui qu'il promet depuis long-temps.

M. *de Voltaire* n'a jamais pensé à ce travail.

Ibid., *page* 211 et suivantes, du 30 avril et jours suivans. De nouvelles productions de M. *de Voltaire* continuent à entretenir le public sur son compte : Les *Honnêtetés littéraires*, les *Questions de Zapata*, le *Catéchisme d'un honnête homme*, l'*Examen important de Bolingbroke*, le *Sermon des cinquante*, des *Dialogues* du raisonneur et de l'adorateur, d'Epictète et de son fils, des *Homélies prêchées à Londres*, etc.

La plupart de ces ouvrages de M. *de Voltaire* roulent sur des matières théologiques. Le *Sermon des cinquante* a été attribué au roi de Prusse. Un libraire s'est avisé d'y joindre d'autres pièces de différens auteurs, et a intitulé le tout, *Recueil nécessaire*.

Ibid., *page* 212, du 3 mai. M. *de Voltaire* a écrit une lettre à M. *Elie de Beaumont*, en date du 20 mars 1767, par laquelle il loue ce jurisconsulte d'avoir pris généreusement en main la cause de la famille *Sirven*. Elle est écrite avec cette onction, ce pathétique, qui coulent si naturellement de la plume de ce grand écrivain, lorsqu'il prêche l'humanité et défend les droits de l'innocence opprimée (49).

Ibid., page 219, du 20 mai. On annonce *Hirza*, ou les *Illinois*, tragédie de M. *de Sauvigny*. L'auteur réclame d'avance un plagiat dont il accuse M. *de Voltaire*. Il prétend qu'ayant donné sa pièce à examiner à *Le Kain*, cet acteur la communiqua à M. *de Voltaire*, qui dépeça vite cette composition et fabriqua en peu de temps les *Scythes;* qu'il abusa ensuite de son crédit et de sa réputation pour retarder la pièce de M. *de Sauvigny*, et faire passer la sienne auparavant.

Je certifie que tout ce qui est dit dans cet article est de la plus grande fausseté.

Ibid., page 236, du 11 juillet. On annonce la *Défense de mon oncle*, nouvelle brochure de M. *de Voltaire*, sous le nom du neveu de l'abbé *Bazin*. C'est une défense de la *Philosophie de l'histoire*, publiée sous le nom de cet abbé. On dit le mémoire très-plaisant; mais, malgré les prétentions de M. *de Voltaire* à rire et à faire rire, les gens sensés ne voient plus en lui qu'un malade attaqué d'une affection mélancolique, d'une manie triste qui le rappelle toujours aux mêmes idées.

La *Défense de mon oncle* est de M. *de Voltaire*, et je vous assure, monsieur ou messieurs, qu'il n'était point affecté de mélancolie, et qu'il était au contraire de la plus grande gaîté. Tâchez du moins de vous accorder avec vous-mêmes; rétractez cet article, ou celui de la page 242, où après un exposé plus juste de ce même ouvrage, vous le terminez

(49) Tome XXX, pag. 300.

par ces mots : *On ne peut refuser à cet écrit beaucoup de gaîté et même le feu de la jeunesse.*

Ibid., page 240, du 19 juillet. *Les Jeux de Simon de Montfort, ou les Forfaits du Parlement de Toulouse.* Tel est le titre d'un nouveau pamphlet de M. *de Voltaire*, où il attaque et combat le fanatisme et l'intolérance des magistrats en question. On sent combien ce livre doit être défendu, et avec quelle précaution on empêche qu'il ne se multiplie. On sait que *Simon de Montfort* fut le grand destructeur des Albigeois.

Cet ouvrage n'est point de M. *de Voltaire*, et je ne pense pas qu'on en ait eu connaissance à Ferney.

Ibid., page 244. *Les Honnêtetés littéraires.* C'est le titre d'une brochure de M. *de Voltaire*, d'environ deux cents pages. Il commence par venger quelques auteurs illustres de leurs ennemis, et revient bientôt aux siens, entre autres à un certain *Nonotte*, ex-jésuite... La prose est de temps en temps épicée de vers encore plus piquans. On y lit une satire intitulée : *Maître Guignard.*

Les *Honnêtetés littéraires* sont de M. *de Voltaire* ; l'épître à *Guignard* regarde le ministre *Vernet*, théologien genevois.

Ibid., page 245, du 30 juillet. Il paraît une *Passion de Jésus-Christ*, en quatre dialogues et en vers. Les vers sont très-bien faits. On y remarque une sorte d'art, et l'on ne peut croire que ce soit une capucinade ou l'ouvrage d'un écolier. D'un autre côté, la noblesse, la décence qui règnent dans le poème, ne doivent point faire suspecter l'auteur d'avoir voulu jeter du ridicule sur ce mystère, fût-ce, comme on le prétend, M. *de Voltaire.* Imaginons plutôt que, voulant tenter tous les genres de travaux, il se sera imposé cette tâche difficile. Ainsi *Corneille,* dans sa vieillesse, mit en vers l'*Imitation,* ainsi *Newton* commenta l'Apocalypse.

Ces rapprochemens sont beaux, mais l'imagination du rédacteur n'est point heureuse en cette occasion. L'ouvrage dont il s'agit n'est point du tout de M. *de Voltaire.*

Ibid., page 246, *du* 2 *août. Fragmens des instructions pour le prince royal de....;* Berlin, 1767. L'ouvrage contient sept paragraphes qu'on termine par deux morceaux sur le divorce et la liberté de conscience. Cette brochure de M. *de Voltaire* est un mélange de la morale la plus exquise, avec les assertions les plus hardies et les plus dangereuses, et toujours un vernis de plaisanterie sur les choses les plus graves... C'est *Arlequin* qui jette bientôt le manteau de philosophe, et se montre à découvert.

Ces *Instructions* étaient pour le prince royal de Prusse. On qualifie l'auteur d'*arlequin;* c'est apparemment une *honnêteté littéraire* du rédacteur des *Mémoires.* Elle se concilie assez mal avec des qualifications tout opposées, qu'il veut bien quelquefois accorder, par grâce, à M. *de Voltaire.*

Tome XVIII, *page* 279, *du* 29 *août.* Il paraît une *Lettre sur les Panégyriques,* qu'on attribue à M. *de Voltaire;* et en effet elle semble être de lui, à en juger par le style, et son art de présenter les choses les moins intéressantes d'une façon piquante.

Cet opuscule est de M. *de Voltaire* (50).

(50) Tome XLIX, pag. 214.

Ibid., page 289, *du* 18 *septembre.* On parle de deux nouveaux ouvrages de M. *de Voltaire :* La *Théologie portative*, et l'*Imposture sacerdotale.* On ne connaît que les titres de ces deux brochures infernales, comme on s'en doute bien.

Ces *brochures infernales dont on ne connaît que les titres*, ne sont ni l'une ni l'autre de M. *de Voltaire.*

Tome III, *page* 266, *du* 21 *septembre. Tableau philosophique de l'histoire du genre humain, depuis la création du monde jusqu'à Constantin,* ouvrage traduit de l'anglais, en trois parties. C'est encore une production de M. *de Voltaire,* qui a voulu lutter cette fois-ci contre *Bossuet.* Mais c'est un nain qui s'élève en vain sur la pointe des pieds pour atteindre un superbe géant.

Cette production n'est point de M. *de Voltaire*, et si ce *nain*, quel qu'il soit, a, comme vous l'ajoutez ici, *embrassé en moins de volumes beaucoup plus de faits que l'Histoire universelle* de l'évêque de Meaux, la qualification que vous lui donnez me paraît fausse et déplacée.

Ibid., page 233, *du* 6 *octobre.* L'excessive licence qui règne depuis quelque temps sur les matières les plus respectables, est portée à son comble. On voit journellement les écrits les plus répréhensibles... Tels sont les *Doutes sur la religion,* suivis de l'*Analyse,* ou *Traité théologico-politique de Spinosa, par le comte de Boulainvilliers.* Il y a tout lieu de présumer que ce dangereux ouvrage est plus celui d'un auteur vivant que du feu comte, sous le nom duquel on le met.

Si par un *auteur vivant* vous vouliez insinuer

que cet auteur est M. *de Voltaire*, je vous certifie, monsieur, que vous vous trompez.

Ibid., page 239, du 18 octobre. On parle beaucoup d'un mémoire historique et critique sur l'affaire des dissidens de Pologne. On l'attribue à M. *de Voltaire.*

Cet ouvrage a été imprimé en 1767, sous le nom de *Bourdillon*, professeur en droit public. Il est de M. *de Voltaire*, et a pour titre : *Essai sur les dissensions des églises de Pologne* (51).

Ibid., page 283. *Charlot*, ou *la comtesse de Givri*, est un drame tragi-comique, en trois actes, en vers, joué à Ferney au mois de septembre. Il est de M. *de Voltaire.*

Cela est vrai, et la pièce fut composée en moins de trois jours.

Ibid., page 286, du 26 octobre. La brochure intitulée : *Doutes sur la religion*, suivis de l'*Analyse du Traité théologico-politique de Spinosa*, commence à pénétrer dans ce pays-ci. Quoique ces ouvrages soient attribués au comte de *Boulainvilliers*, on reconnaît facilement dans le premier la tournure d'esprit et le style de M. *de Voltaire*. A travers les objections fortes qui ne sont pas de lui, on démêle ce ton d'ironie qui le caractérise. Il y a spécialement dans le chapitre sur l'église et les conciles, un dialogue entre l'église et un Indien, où il se dilate la rate, et s'en donne à cœur joie. Il y prend le singulier plaisir de faire dire à la première bien des sottises et des absurdités. Quant au second traité, il est moins susceptible de plaisanterie. C'est une discussion

---

(51) Il est joint aux fragmens historiques, tome XXVIII, pag. 141, édition de Kehl.

sèche, mais dangereuse, de l'authenticité des livres de l'Ecriture sainte. C'est un projet abominable d'avoir mis à portée du commun des lecteurs, et réduit à peu de pages l'énorme dissertation de cet athée, dont le poison se trouvait noyé dans un fatras de verbiages.

Je n'ai rien autre chose à dire sur cet ouvrage que ce que l'on a vu ci-dessus.

Ibid., page 248, du 29 octobre. La *Théologie portative, par M. l'abbé Bernier,* licencié en théologie, n'est point de M. *de Voltaire.* On sent bien aussi que cet abbé *Bernier* est un auteur pseudonyme.

Vous confirmez ici ce que nous avons dit plus haut.

Ibid., page 292, du 31 octobre. Aux libelles scandaleux dont on a déjà parlé, il en succède de nouveaux ; un des plus dangereux est le *Militaire Philosophe.* Quoique ce livre, attribué à M. *de Voltaire,* soit proscrit en France, on ne le voit pas sans étonnement s'y introduire par lambeaux dans le *Courrier du Bas-Rhin.*

Ce livre n'est point de M. *de Voltaire.*

Ibid., page 300, du 19 novembre. *Lettres à S. A. monseigneur le prince de* ***, *sur Rabelais et d'autres auteurs, accusés d'avoir mal parlé de la religion chrétienne...* Cet ouvrage est de M. *de Voltaire ;* il contient des faits curieux et intéressans. La partie historique en est très-bien faite.

C'est à monseigneur le prince de Brunswick que M. *de Voltaire* a adressé ces lettres.

Ibid., page 309, du 8 décembre. L'épigramme sur M. *Dorat :*

Bons Dieux! que cet auteur est triste en sa gaîté!

est attribuée à M. *de La Harpe.* D'autres la prétendent de M. *de Voltaire.*

Elle n'est certainement pas de M. *de Voltaire.*

ANNÉE 1768.

Tome III, *page* 329, du 10 janvier 1768. On parle d'une plaisanterie récente de M. *de Voltaire,* intitulée : *Le Dîner du comte de Boulainvilliers.* C'est un dialogue en trois parties... On le dit très-gai et très-impie.

Cet ouvrage est de M. *de Voltaire.*

Ibid., page 358, du 15 février. De tous les écrits scandaleux qui ont paru, aucun ne mériterait plus l'anathème que celui qu'on vient d'imprimer sous le titre du *Catéchumène...* L'auteur y rassemble en 34 pages, sous une fiction ingénieuse, tout le sel de la plus coupable plaisanterie... On ne peut douter que cet ouvrage ne soit de M. *de Voltaire.*

Non, il est de M. *Bordes,* de Lyon.

Ibid., page 362, du 21 février. L'*Homme aux Quarante Écus* est une brochure nouvelle de M. *de Voltaire.* Il prétend y démontrer l'absurdité des faiseurs de projets de l'impôt unique, etc. *Fréron, Nonotte* reparaissent sur la scène. Cela devient fastidieux jusqu'à la nausée.

Je suis fâché, monsieur, que cette plaisanterie vous ait causé des nausées.

Ibid., page 366, du 28 février. L'inépuisable auteur du *Siècle de Louis XIV* vient de donner, sous le nom de *Sermon prêché à Basle par Josias Rosette*, un écrit très-agréable à lire. Il roule sur l'esprit de tolérance qui commence à se répandre de proche en proche.

Ibid., page 368. M. *de Voltaire*, grand défenseur de *Bélisaire*, répand une plaisanterie contre le mandement de l'archevêque de Paris sur cet ouvrage. Elle est intitulée : *Lettre de l'archevêque de Cantorbéry à l'archevêque de Paris*.

Cette plaisanterie est de M. *de Voltaire*, **ainsi que le** *Sermon prêché à Basle*.

Ibid., page 370, du 8 mars. Madame *Denis*, nièce de M. *de Voltaire*, vient de quitter ce cher oncle... Cette séparation donne lieu à mille propos, que le temps seul peut éclaircir. On débite aussi que M. *de Voltaire* va à Stuttgard, chez le prince de Wirtemberg, répéter des sommes considérables qui lui sont dues. D'autres donnent à ce voyage un motif plus important et plus fâcheux. Ils disent que M. *de* ***, accueilli par M. *de Voltaire* avec tant de bonté, **a eu l'ingratitude de lui voler des manuscrits** où il s'explique avec toute la liberté qu'on se permet dans le silence du cabinet, sur le gouvernement de France, les ministres, le roi même, etc. que dans la crainte de leur publicité, il avait cru devoir en prévenir les suites, en se retirant chez l'étranger.

Voyez sur toute cette aventure mes *Additions au Commentaire historique*.

Ibid., page 372, du 10 mars. *Relation de la mort du chevalier de la Barre, par M. C***, avocat aux conseils, à M. le marquis de Beccaria*. Toute cette histoire tragique est contée avec une oration bien propre à inspirer l'horreur la plus forte contre les auteurs du jugement dont il s'agit.

Cette relation contée avec *oration* est de M. *de Voltaire*.

Ibid., page 317, du 14 mars. On ne tarit point sur les histoires de toute espèce auxquelles donne lieu l'arrivée de madame *Denis* à Paris. Il passe pour constant aujourd'hui que M. *de Voltaire* est encore à Ferney avec un secrétaire et le père *Adam*, jésuite, qu'il a recueilli lors du désastre de la société.

Cela était vrai.

Ibid., page 382, du 27 mars. La *Princesse de Babylone* est un roman de M. *de Voltaire*, espèce de féerie ou de folie; il y règne une grande gaîté, à laquelle il a su adapter des traits philosophiques, comme aussi de satire, contre des personnages qu'il aime à remettre sur la scène.

Ibid., Ibid., du 28 mars. Un des principaux griefs de M. *de Voltaire* contre M. *de la* ***, c'est d'avoir retenu de mémoire les divers lambeaux que le premier récitait à l'autre, du second chant de la *Guerre de Genève*, et de les avoir fait paraître sans son aveu; d'autant qu'il y a une tirade contre *Tronchin*, que l'auteur n'eût pas voulu rendre publique. C'est ainsi que le fait est raconté par madame *Denis*.

Non, M. *de la* *** avait pris à M. *de Voltaire* non-seulement deux chants de la *Guerre civile de Genève*, mais encore les *Mémoires sur le roi de Prusse*, et d'autres manuscrits. Les passages sur *Tronchin* dans le poème n'ont rien d'offensant pour lui; il a ri de ces plaisanteries, et n'a jamais cessé d'être un véritable ami de M. *de Voltaire*.

Ibid., page 383, du 30 mars. Il paraît très-constant que madame *Denis* est à Paris pour y rester, que sa séparation d'avec son oncle est une suite de querelles domestiques. Les dépenses considérables que M. *de Voltaire* a faites aux Délices et dans ses châteaux de Ferney et Tourney, ont fort dérangé ses affaires. Il n'a pas compté avec lui-même; il se trouve aujourd'hui fort en avance sur ses revenus, dont la plupart ne sont pas liquidés; ce qui l'a forcé à réformer sa maison, dont l'entretien était très-cher, et surtout entre les mains de personnes peu économes. Dans cet embarras, M. *de Voltaire* se trouvait un riche malaisé, et a voulu, pour se débarrasser tout de suite de ses créanciers et se remettre au niveau, vendre sa terre de Ferney, comme celle dont la vente serait plus facile et rapporterait davantage. Il a fallu le consentement de madame *Denis*, sous le nom de laquelle elle avait été achetée; et cette nièce l'a refusé opiniâtrement. *Inde iræ.*

Il n'y a rien de vrai dans cet article, sinon que M. *de Voltaire* chassa madame *Denis*. Il ne se servit, dans le public, du prétexte du dérangement de sa fortune, que pour sauver encore l'honneur de sa nièce. Leur querelle ne vint pas cette fois de la permission que refusa madame *Denis* à M. *de Voltaire*, de vendre Ferney; elle l'envoya à son oncle quelques mois après son arrivée à Paris, lorsqu'il la lui demanda, sans nulle envie d'en faire usage, mais pour mieux découvrir encore les sentimens de sa nièce à son égard.

Tome IV, *page* 1, du 1er avril. Il paraît deux nouveaux chants de la *Guerre de Genève*, le quatrième et le cinquième, qui terminent ce poème satirique. Ils sont imprimés ainsi que les autres. Il paraît que cette publicité est une suite de l'infidélité de M. *de La Harpe*. On assure que M. *de Voltaire*, irrité de ces larcins et des tracasseries qui en résultent, a signifié qu'il ne voulait plus recevoir chez lui tous ces petits auteurs. Ce sont ses termes.

Le fond de cet article est vrai. M. *de Voltaire* prit alors la résolution de ne plus voir tant de monde et de vivre dans la solitude; mais je ne crois pas qu'il se soit servi des termes méprisans qu'on lui prête ici à l'égard de M. *de La Harpe*, dont il aimait l'esprit et les talens, et qu'il regardait comme un de ses meilleurs élèves. Je ne l'ai jamais entendu s'exprimer ainsi.

Tome XVIII, *page* 331, dudit jour 1er avril. Il court, en manuscrit, une lettre de M. *de La Harpe*, justificative de sa conduite envers M. *de Voltaire*. On dit qu'elle doit être insérée dans les journaux. La voici :

« Monsieur, je n'ai eu connaissance qu'aujourd'hui d'un
» article inséré dans la Gazette d'Utrecht, au sujet de mon
» départ de Ferney; article qui n'est composé que d'injures
» et de faussetés. Le correspondant du gazetier, auteur de ce
» morceau, commence par dire *que je n'ai jamais su me*
» *concilier l'amitié de personne.* Il paraît du moins que je n'ai
» pas la sienne. Il prétend que j'ai été *recueilli* et *congédié* par
» M. *de Voltaire*. Quand cela serait vrai, je ne vois pas trop
» pourquoi on en ferait un article de gazette ; mais l'un et
» l'autre est faux. Il ajoute que je *perds six mille livres de*
» *rentes que M. de Voltaire m'avait assurées après sa mort.* Cet
» homme apparemment a lu le testament de M. *de Voltaire*.
» Comme je n'en sais pas autant que lui, je n'ai rien à ré-
» pondre là-dessus. Il finit par insinuer, sans rien affirmer

» pourtant, que c'est moi qui ai répandu dans le public
» le *Catéchumène*, l'*Homme aux Quarante Ecus*, le *Sermon prê-*
» *ché à Basle*, et la *Lettre de l'archevêque de Cantorbéry*. Je doute
» que M. *de Voltaire* trouve bon qu'on lui attribue ainsi publi-
» quement le *Catéchumène* qui n'est point de lui, et d'autres
» ouvrages anonymes, qu'il n'est permis d'attribuer à per-
» sonne, à moins d'avoir des preuves. Quant à ce qui me
» regarde, tout ce qui a le moindre commerce avec la litté-
» rature sait à quel point l'imputation du gazetier, au sujet
» des ouvrages ci-dessus, est fausse et calomnieuse. Ce serait
» lui donner plus d'importance qu'elle n'en mérite, que d'y
» répondre par des témoignages authentiques, qui sûrement
» ne me manqueraient pas. Je satisfais suffisamment à ce que
» je me dois moi-même, en opposant la vérité au mensonge.
» Je dois ajouter aussi, quoi qu'il en doive coûter au bon-
» heur de certaines gens, que je ne suis point brouillé avec
» M. *de Voltaire*, et que ce grand homme n'a rien diminué
» de son amitié pour moi, qui m'est aussi chère qu'hono-
» rable. Je vous supplie, monsieur, de rendre cette lettre
» publique. J'ai l'honneur d'être, etc. Ce 26 mars 1768. »

Il sera parlé de cette lettre ci-après.

Tome IV, *page* 4, *du* 8 *avril*. M. *de Voltaire* vient encore de s'égayer aux dépens de la religion dans un libelle intitulé: *Relation de l'expulsion des jésuites de l'empire de la Chine*, par *l'auteur du Compère Matthieu.* C'est à peu près la même tournure que celle du *Catéchumène* qu'on assure aujourd'hui n'être point de lui. L'empereur de la Chine interroge un jésuite sur la religion qu'il vient prêcher de si loin. Le moine dit tant d'absurdités que le prince lui rit au nez et lui permet de débiter ses folies; mais apprenant que cette religion est intolérante, il chasse le jésuite et tous ses secta-teurs. La matière est traitée rapidement et avec une viva-cité peu commune.

Cet opuscule est de M. *de Voltaire* (52).

Ibid., page 5, du 9 avril. M. *de Chabanon*, de l'académie des belles-lettres, revenu depuis quelque temps d'auprès de M. *de Voltaire*, a cru devoir saisir le moment de solitude où se trouve ce grand homme pour lui offrir de retourner à Ferney et de lui tenir compagnie. Il a répondu par une lettre fort polie, où il éconduit M. *de Chabanon* avec l'honnêteté la plus adroite ; ce qui prouve le dire qu'on lui attribue, qu'il ne voulait plus de ces *petits auteurs*.

Je n'ai point eu connaissance de cette anecdote ; elle me paraît fort douteuse. M. *de Chabanon* était parti depuis peu de Ferney, après un assez long séjour. Il n'est pas trop vraisemblable qu'il eût sitôt demandé à y retourner, ne pouvant ignorer l'intention manifestée par M. *de Voltaire*, de vivre désormais dans la plus grande retraite. Quand même l'anecdote serait vraie, je ne vois pas que le propos des *petits auteurs* en serait mieux *prouvé*, soit à l'égard de M. *de Chabanon*, soit à celui de M. *de La Harpe*. Le premier, dans ce temps-là même, travaillait à une tragédie ; il écrivait assez souvent à M. *de Voltaire* pour le consulter sur cet ouvrage, et celui-ci lui a toujours répondu avec la plus grande amitié et un ton de franchise

---

(52) C'est le dialogue de l'*Empereur de la Chine et de frère Rigolet*, t. XXXVI, p. 398. Ce titre a été oublié dans la table du t. XXXVI de l'édition de Kehl. C'est l'article xxvii ; les *Pensées de l'abbé de Saint-Pierre* qui le précèdent, ne formant point un article à part, et n'étant qu'une annexe de l'article xxvi.

et d'intérêt qui exclut toute idée de mépris (53).

Ibid., page 6, du 11 avril. Le bruit est général depuis quelques jours que M. *de Voltaire* a fait ses pâques. Il passe pour constant qu'il est arrivé ici en même temps de Ferney deux lettres de ce grand homme, qui s'expliquent tout différemment là-dessus. Dans la première, écrite à M. le duc *de Choiseul*, M. *de Voltaire* renouvelle et perpétue les désaveux si souvent faits de toutes les productions clandestines qu'on lui attribue; elle contient une espèce de profession de foi, et il y déclare que, pour preuve de la vérité de ses sentimens, il a profité de sa solitude et des bonnes instructions du père *Adam*, pour faire un retour vers Dieu et se présenter à la sainte table.

Dans l'autre, à madame *du Deffand*, il se plaint du public peu reconnaissant; il se désespère de voir que, malgré le sacrifice qu'il lui a fait de sa santé, de sa liberté, en consacrant sa vie à ses plaisirs et à ses amusemens, il soit assez injuste pour adopter légèrement tous les bruits que ses ennemis font courir sur son compte; et qu'en dernier lieu il apprend que, pour comble de ridicule, on débite et l'on croit à Paris qu'il s'est confessé et a fait ses pâques. Il finit par ajouter qu'il n'est ni assez hypocrite pour se prêter à des actions aussi contraires à sa façon de penser, ni assez imbécile pour donner de bonne foi dans de pareilles puérilités. Toutes ces inconséquences sont dans le caractère de M. *de Voltaire*, et n'étonnent point ceux qui le connaissent.

(53) M. *de Chabanon* a remis aux éditeurs de Kehl les lettres qu'il avait reçues de M. *de Voltaire*. On n'en a trouvé aucune qui eût le moindre rapport à l'anecdote rapportée dans les *Mémoires de Bachaumont*. Leur correspondance vers cette époque roule principalement sur la tragédie d'*Eudoxie*, de M. *de Chabanon*. On a plus d'une fois inventé des fables de cette espèce pour susciter de nouveaux ennemis à M. *de Voltaire*.

Voyez sur cette aventure et sur celle des pâques de 1769, mes *Additions au Commentaire historique*. Au surplus, les lettres à M. le duc *de Choiseul* et à madame la marquise *du Deffand* sont vraies (54).

Ibid., page 12, du 16 avril. Il n'est plus de doute sur le fait des pâques de M. *de Voltaire*. On varie seulement sur les motifs, que les uns attribuent à la peur du diable, d'autres à la politique. L'acte dont il a accompagné cette cérémonie peut servir de commentaire à sa conduite. Le jour même, et sortant de la sainte table, il a prêché ses vassaux, il leur a débité tous les principes de la morale la plus pure et la plus sage; il a apostrophé un de ses paysans connu pour un coquin; il l'a exhorté à se réconcilier avec Dieu, à reconnaître combien il lui était redevable, et à lui, son seigneur, de n'avoir pas été pendu; il a fini par lui dire que s'il n'avait pas encore accusé ses fautes, de le faire à son pasteur, ou à lui. Ce dernier mot ayant gâté tout le reste, a fait dégénérer en farce ce spectacle vraiment édifiant pour les dévots. Les deux lettres dont on a parlé plus haut sont également vraies, et celle à madame *du Deffand* donne encore mieux la clef de cette étrange conduite.

Voyez mes *Additions* déjà citées aux articles précédens.

Tome XVIII, *page* 316, du 18 avril. Quoique M. *de La Harpe* ait répandu une lettre justificative, où il prétend répondre à l'article du gazetier d'Utrecht, qui attribue son retour de Ferney au mécontentement de M. *de Voltaire*, on trouve que ce jeune homme se défend très-mal des griefs qu'on lui impute.

(54) On n'a point la lettre à madame *du Deffand*. Celle au duc *de Choiseul* est probablement du 1er avril. *Voyez* tome LX.

1° Quant à l'article où son cœur se trouve si fortement attaqué par le reproche de n'avoir jamais su *se concilier l'amitié de personne*, il ne montre point la vivacité de toute âme honnête sur une pareille imputation ; il glisse légèrement à la faveur d'une épigramme : et c'est mettre de l'esprit où il faudrait du sentiment.

2° Il pèche contre la gratitude et la vérité, en assurant qu'il n'a point été recueilli chez M. *de Voltaire*. Il se serait fait plus d'honneur en ne protestant pas avec tant de délicatesse contre un mot peut-être offensant pour l'amour-propre, mais jamais pour la reconnaissance. Il ne peut nier que lui et sa femme n'aient été au moins *accueillis*, s'ils n'ont pas été *recueillis*, par ce grand homme, pendant un an ou dix-huit mois.

3° On voit qu'il élude le vrai larcin dont il est coupable, en affectant de donner le catalogue de ceux dont on ne l'accuse pas aussi formellement. C'est le second chant de la *Guerre de Genève*, de la publicité duquel M. *de Voltaire* se plaint, et c'est de cette réclamation dont M. *de La Harpe* ne parle point.

Enfin il assure qu'il a toujours l'amitié de M. *de Voltaire*; mais il ne dit pas si c'est par suite d'un sentiment non interrompu, ou à titre de générosité, de compassion, de pardon... Une lettre du philosophe de Ferney à son ami *Damilaville* va nous apprendre jusqu'où il faut apprécier celle de M. *de La Harpe*, et l'ostentation fastueuse avec laquelle il fait valoir la continuité des bontés d'un ami de cette trempe. Dans cette lettre, que plusieurs personnes ont lue, M. *de Voltaire*, en convenant du larcin de M. *de La Harpe*, et du chagrin qu'il lui donne, termine par dire que *le public met à la chose plus d'importance qu'elle n'en mérite, et qu'il lui pardonne de tout son cœur.* Cette phrase, jointe à ce que madame *Denis* débite là-dessus, prouve que M. *de La Harpe* est réellement coupable, et que malheureusement ce qui ne serait qu'une légère infidélité, ou une gentillesse dans tout autre cas, devient une faute grave, un vice du cœur envers un bienfaiteur aussi généreux; et M. *de La Harpe*, bien loin d'avoir pour lui-même l'indulgence qu'a M. *de Voltaire*, devrait pleurer amèrement une pareille offense.

Ces réflexions sur la lettre de M. *de La Harpe* nous paraissent très-justes (55).

Tome IV, *page* 18, du 27 avril. M. *de Voltaire* remplit Paris de lettres, où il parle de sa communion pascale. Dans une, entre autres, à M. *de Falbaire*, il avoue cette bonne action, mais il ajoute, *toujours rancune tenante contre maître Aliboron dit Fréron.* Tout cela vérifie le pronostic du bon père *Adam*. Ce jésuite, très-long-temps assez déplacé chez M. *de Voltaire*, était le plastron de toutes les plaisanteries, des sarcasmes, des bons mots de ceux qui étaient à la table de ce poète magnifique. Quelqu'un lui dit un jour: *Que faites-vous ici, père? Ne voyez-vous point que vous n'allez pas à tout ce monde-là?* Le béat répondit: *Je patiente, je guette le moment de la grâce.* Au reste M. *de Voltaire* commence à se rendre un peu au grand monde, et le duc *de Villahermosa,* espagnol qui était à Paris, a obtenu l'agrément de ce grand homme et se rend auprès de lui.

La lettre à M. *de Falbaire* est vraie. Quant à l'anecdote du jésuite, voilà un pronostic bien vérifié, et *le moment de la grâce* bien trouvé!

Ibid., page 18, du 28 avril. Madame *Denis* n'ayant pas trouvé sa conduite envers son oncle fort approuvée dans

---

(55) On n'a point la lettre à M. *Damilaville* dont il est parlé dans cet article des *Mémoires*, ni celle à M. *de Falbaire*, citée dans l'article suivant.

ce pays-ci, s'est enfin rendue à ses instances, à ce qu'on assure, et a donné son consentement pour la vente de Ferney. On prétend que M. *de Voltaire,* par arrangement, lui a fait ici un sort pécuniaire qui doit la mettre à même de tenir une maison ; en conséquence elle vient d'en louer une.

Son oncle lui faisait vingt mille francs de pension. A l'égard de la vente de Ferney, nous en avons parlé plus haut.

Ibid., page 24, du 1er mai. Toutes les circonstances de la communion pascale de M. *de Voltaire* sont remarquables. Voici l'ordre et la marche de cette cérémonie : il faut savoir d'abord qu'il a fait bâtir l'église paroissiale de Ferney, où l'on voit au frontispice cette inscription, très-propre à fournir matière aux dissertations des commentateurs futurs : *Dicavit Deo de Voltaire.* M. *de Voltaire* partit de chez lui, précédé de deux de ses gens portant des hallebardes, en forme de suisses. Venait après, l'architecte avec le plan de l'église, espèce d'offrande que le catéchumène faisait précéder comme acte de sa réconciliation. Il marchait ensuite, avec la figure d'un pénitent, avec la componction sur le visage, et sans doute dans le cœur. Deux garde-chasses fermaient la marche, la baïonnette au bout du fusil. A l'entrée de l'église s'est trouvé le père *Adam,* qui a fait le rôle de médiateur entre le ciel et le pécheur. On est instruit du reste, et surtout du sermon... Il ne faut pas oublier les tambours et les fanfares qui célébraient ce grand jour.

La cérémonie burlesque que l'on se plaît à décrire ici, est une pure dérision ; tout cela est de la plus grande fausseté. Apparemment, pour égayer les lecteurs, on a voulu parodier certaine procession du village de Pompignan, dont M. *Le Franc* lui-même avait donné une description emphatique, et que M. *de Voltaire*, à son tour, a célébrée en prose et en vers. Le rédacteur estropie l'inscription de l'église, qui est : *Deo erexit Voltaire.*

Tome XVIII, *page* 321, du 12 mai. On a parlé d'une déclaration de M. *de Voltaire*, datée de Ferney, 31 mars 1768. Elle disculpe vaguement M. *de La Harpe*, et porte sur les mêmes procédés articulés dans la gazette d'Utrecht, qui sont en effet étrangers au vrai grief de ce jeune homme. On voit facilement que l'humanité a dicté cet écrit à celui qui l'a tant célébrée.

Quoi qu'il en soit, il paraît que M. *Boutin*, intendant des finances, n'en a pas eu plus de foi à ce certificat. M. *de La Harpe* était entré chez lui comme secrétaire intime ; il l'a congédié sous prétexte que M. *de La Harpe* ayant une femme, cela entraînerait une suite de procédés trop gênans. Il est plus vraisemblable que ce protecteur ne sachant à quoi s'en tenir, d'après les bruits injurieux à l'âme de M. *de La Harpe*, a craint d'élever un serpent dans son sein. D'ailleurs le jeune homme, en se consacrant au service de M. *Boutin*, annonçait bien la perte de tout espoir de rentrer en grâce auprès de M. *de Voltaire.*

La déclaration de M. *de Voltaire* est vraie, mais il la donna par commisération, et par égard aussi pour sa nièce, impliquée dans cette affaire.

Tome IV, *page* 40, du 19 mai. On s'imagine tenir la clef de la conduite de M. *de Voltaire*, en supposant, ce qui est facile à croire, qu'il ait toujours un désir ardent de rentrer dans sa patrie, ou du moins de revenir à Paris. On veut que, sur ses sollicitations auprès d'un grand ministre, celui-ci lui ait fait entendre que la reine s'y opposait, prévenue contre lui, et le regardant comme l'auteur de tous les libelles contre la religion qui se répandent depuis quelque temps en France ; que la seule façon de détruire ces calomnies, et de mériter l'indulgence de cette majesté, était de faire un acte de catholicité qui détruisît les imputations de ses ennemis ; que, d'après ces conseils, ce vieux pécheur se soit déterminé à rentrer dans le giron de l'Eglise. Malheureusement, à force de vouloir donner d'éclat à sa conversion, il a joué une scène de dérision, dont on n'a pas manqué de se prévaloir auprès de la reine pour l'indisposer encore plus contre lui ; et conséquemment toute cette hypocrisie est une pure perte, et ne lui servira ni pour le ciel ni pour la terre.

Il n'y a pas un mot de vrai dans tout cet article. Le ministre dont on veut parler est sans doute M. le duc *de Choiseul.* Nous avons déjà observé que M. *de Voltaire* n'était point hors de France ni du giron de l'église romaine, et qu'il était ridicule de répéter sans cesse qu'il avait le plus grand désir *d'y rentrer.*

Ibid., page 39, du 24 mai. Le poème de la *Guerre de Genève* paraît enfin complet dans toutes ses parties, et orné des honneurs typographiques. Malgré la fécondité de son auteur, il semble avoir coûté à M. *de Voltaire* plus de temps qu'il n'en consacre ordinairement à ces sortes de productions. Il est en cinq chants ; les deux derniers n'ont rien de ces couleurs atroces répandues à grands flots dans les premiers ; ils sont gais, et font honneur à l'imagination riante de ce poète aimable. Il y a beaucoup de notes, qui servent à faire connaître les obscurs bourgeois de Genève qu'il a plu à M. *de Voltaire* d'illustrer, et qui sans lui n'auraient jamais été connus.

Les premiers chants ayant été publiés à son insu, il en fut fort irrité, et hésita quelque temps s'il achèverait ce poème; il s'occupa d'autres travaux plus sérieux : il y revint ensuite à la sollicitation de quelques amis qui le pressèrent de le terminer, aimant mieux voir l'auteur s'occuper de poésie que de théologie et de métaphysique. Il en parut bientôt après plusieurs éditions copiées de celle qu'il permit à ses libraires de publier.

Tome XIX., *page* 1, *du* 7 *juillet.* M. *de Voltaire*, ranimant les restes de son feu, qu'il assure n'être plus que de la cendre, vient d'enfanter une ode pindarique à l'occasion d'un tournois donné en Russie par la czarine. On croirait, en lisant cette production, que le poète a eu moins en vue de célébrer l'impératrice, que de décrier *Pindare*. C'est plutôt une satire burlesque qu'un ouvrage héroïque. On y remarque les convulsions effrayantes d'un forcené, au lieu des sublimes élans d'un homme de génie. Ce grand homme dans différens genres, a toujours échoué dans celui-ci, et il voudrait effacer du temple de mémoire les noms des grands maîtres de l'ode.

Ce beau jugement mérite d'être conservé en son entier comme une preuve du goût et de l'intelligence du rédacteur de l'article; on croirait qu'il n'a point lu, ou qu'il n'a pas compris la pièce qu'il critique d'une manière si curieuse (56).

(56) On reconnaît dans cet article des *Mémoires*, le langage banal des ennemis de M. *de Voltaire*. Désespérés de ses succès brillans en plusieurs genres, qu'ils ne pouvaient nier ni obscurcir, ils s'en conso-

Tome IV, *page* 68, *du* 12 *juillet.* Un négociant de Nantes ayant écrit à M. *de Voltaire* qu'il avait baptisé un de ses

laient en s'imaginant les compenser, à force de crier et répéter en toute occasion, qu'il était incapable de réussir en d'autres genres, et particulièrement dans l'ode. On lit cependant de fort belles odes dans le petit nombre de celles que renferment ses OEuvres, soit du ton le plus relevé, soit du ton le plus agréable, car l'ode les comporte tous. Mais une cabale envieuse tantôt les trouvait plus que sublimes ou extravagantes, comme dans l'exemple présent, et d'autres fois trop froides et trop compassées, c'est-à-dire trop raisonnables. Ne pourrait-on inférer de cette critique même que M. *de Voltaire* a su garder, là comme ailleurs, un juste milieu, et ne pas sacrifier, comme tant d'autres soi disant poètes lyriques, le bon sens et la raison aux fougues de l'imagination. Cet avantage résultait chez lui de la *justesse d'esprit* qui se manifeste dans toutes ses compositions. Personne ne la possède à un plus haut degré. Il la conservait (comme le remarque très-bien M. *de Condorcet,* dans sa *Vie de Voltaire*) *au milieu de l'enthousiasme poétique, comme dans l'ivresse de la gaîté. Partout elle dirigeait son goût et réglait ses opinions; et c'est une des principales causes du charme inexprimable que ses ouvrages ont pour tous les bons esprits.* Cette qualité précieuse est surtout d'un très-grand poids pour la postérité; elle y arrive intacte, et s'y maintient à travers les changemens et les altérations que les siècles introduisent dans toutes les langues. C'est l'attribut le plus essentiel des grands hommes;

> Scribendi rectè sapere est et principium et fons.
> Hor.

Et comme tout ce qui est bien pensé est presque toujours bien exprimé, c'est aux époques où un concours de circonstances heureuses a réuni le plus de bons esprits, que l'on trouve aussi les meilleurs écrivains, et que les langues ont été fixées. L'exemple de ces grands siècles, si renommés dans l'histoire, en est la preuve. La remarque est applicable également à tous les beaux-arts. On les voit portés à leur plus haut degré de perfection en même temps que les belles-lettres. Cette influence favorable s'étend aussi sur les sciences, et jusques à la politique et à la guerre. C'est la justesse d'esprit, ou, en d'autres termes, le coup d'œil sûr et rapide d'un jugement sain, qui fait les grands hommes en

vaisseaux du nom de ce grand poète, il y a répondu par une épître fort longue, adressée au vaisseau. Elle est pleine de fraîcheur, de poésie et de philosophie ; mais elle est déparée par cet esprit satirique et burlesque qui se mêle aujourd'hui aux plus beaux ouvrages de philosophie de Ferney.

L'épître est de M. *de Voltaire*. Le rédacteur voit partout du burlesque où d'autres ne voient que de la gaîté, de la critique fine et enjouée, qui s'allient très-bien à des idées philosophiques dans une épître familière.

Ibid., page 70, du 15 juillet. M. *de Voltaire*, depuis sa communion, était resté dans un silence édifiant, mais il paraît que le diable n'y a rien perdu. Il tombe aujourd'hui sur le corps d'un nouvel adversaire ; c'est M. *Bergier*, curé de Franche-Comté, auteur de plusieurs ouvrages en faveur du christianisme, qu'on connaissait peu, et qui devront leur célébrité au grand homme qui les tire de la poussière et les honore de sa critique. Ce pamphlet est intitulé : *Conseils raisonnables à M. Bergier, par une société de bacheliers en théologie.* Sans approuver le fond de cet ouvrage impie,

tout genre ; et c'est par leur nombre et leur réunion que se signalent ces époques mémorables qui sont si rares, qui ne paraissent qu'une fois dans une contrée, et y sont bientôt remplacées par des siècles de médiocrité et même de barbarie ; comme des phénomènes brillans d'autant plus remarquables qu'ils sont précédés et suivis d'une obscurité profonde. Ils s'éteignent chez une nation, et après un laps de temps plus ou moins long, et à une distance plus ou moins grande, ils éclatent de nouveau pour l'illustration d'un autre peuple. Ce période de gloire pour la France peut se circonscrire dans les règnes de *Louis XIV* et de *Louis XV*, ou depuis le milieu du dix-septième siècle, jusques un peu au-delà de celui du dix-huitième, c'est-à-dire dans un espace d'environ 120 ans.

on peut dire qu'on y reconnaît facilement son auteur, peu logicien, mais toujours agréable dans les matières les moins susceptibles de gaîté.

C'est quelque chose que l'agrément; il fait trouver des lecteurs et s'accorde fort bien avec la raison. Ne serait-on bon logicien, au gré du rédacteur, qu'en se livrant à des discussions pédantesques, et en répandant partout l'ennui avec une série d'argumens bien longs et bien lourds (57)?

Tome XIX., *page* 6, du 24 juillet. M. *de Voltaire* ne perd aucune circonstance de faire sa cour à la czarine, qu'il appelle la *Sémiramis* du Nord. A l'occasion des troubles de Pologne, il paraît un *Discours aux confédérés catholiques de Kaminieck*, etc. Tel est le titre d'une petite brochure échappée récemment à la plume de cet écrivain célèbre. Elle est digne de l'apôtre de la tolérance... Mais l'humanité lui saurait plus de gré de son zèle, s'il n'était toujours armé de sarcasmes, et s'il ne prodiguait trop immodérement des éloges qu'on pourrait suspecter de flatterie.

Cet ouvrage, imprimé sous le nom du *major Kaiserling, au service du roi de Prusse*, est de M. *de Voltaire*. On peut souffrir dans le langage d'un officier prussien quelques sarcasmes contre des fanatiques et des assassins, et chacun pouvait, sans être flatteur, louer une grande impératrice qui voulait rendre la paix à des peuples qui se déchiraient pour des opinions religieuses (58).

(57) L'ouvrage dont il s'agit est tome XXXIII, pag. 374.
(58) Tome XXX, pag. 29.

Ibid., page 8, du 29 juillet. M. *de Bury* a fait, il y a quelques années, une *Histoire de Henri IV*, peu digne de ce héros. M. *de Voltaire*, sous un de ces noms étrangers dont il se masque si souvent, attaque aujourd'hui cet auteur, le taxe de peu d'exactitude, et relève ses erreurs de toute espèce. Mais on est tenté de croire que cette guerre directe n'est qu'un prétexte pour se ménager une excursion sur le président *Hénault*, dont il dissèque l'*Abrégé chronologique*, etc.

On veut parler ici d'un *Examen de l'histoire de Henri IV*, etc., brochure qui n'est pas de M. *de Voltaire*, mais du marquis *de Bélestat* (59).

Tome IV, *page* 79, du 11 août. M. *de Pompignan*, dans son oraison funèbre de la reine, a mis en opposition la religion de S. M. avec l'esprit d'incrédulité si commun aujourd'hui. Il a paru se complaire à faire des portraits satiriques des philosophes du siècle, et à se venger théologiquement de tous les brocards que plusieurs lui ont prodigués. On se doute bien que M. *de Voltaire* n'est pas celui qu'il a eu le moins en vue, et il l'a désigné avec les couleurs odieuses que lui a fournies son zèle amer.

M. *de Pompignan* espérait obtenir un meilleur évêché en déployant un grand zèle pour la religion; d'ailleurs, il se souvenait des plaisanteries de

---

(59) Cette brochure est de plus de cent pages. La critique du président *Hénault* n'y occupe que quelques lignes. M. *de Voltaire* lui-même y est critiqué. Le nom de l'auteur est peu connu dans la république des lettres. Quelques personnes l'attribuent à *La Beaumelle*, d'autres, à M. *de Voltaire* lui-même. *Sub judice lis est. Voyez* les notes 30 et 65.

M. *de Voltaire*, et cette occasion de s'en venger lui semblait trop favorable pour n'en pas profiter.

Ibid., page 93, *du* 13 *août. Epître aux Romains, par le comte de Passéran, traduction de l'italien.* C'est une brochure de 42 pages, où l'on établit un parallèle de l'ancienne Rome avec la nouvelle, qui n'est sûrement pas à l'avantage de la dernière. Au titre et mieux encore au style, on juge aisément que cette parodie est de M. *de Voltaire.*

Cet opuscule est en effet de lui (60).

Ibid., page 120, *du* 15 septembre. On prétend que M. *de Voltaire* ne marche jamais sans la *Bible,* sous prétexte que quand on a un procès, il faut toujours avoir sous les yeux le *factum* de ses adversaires. Quoi qu'il en soit, il possède parfaitement ce livre... il le dépèce pour enrichir ses ouvrages à sa manière... On le voit dans la *Profession des Théistes, par le comte d'A... du R...,* traduit de l'allemand.

Elle est de M. *de Voltaire.*

Ibid., page 128, *du* 1er *octobre. A. J. Rustan,* pasteur suisse, à Londres, s'est avisé de publier un *État présent du christianisme,* où il n'a pu résister à la rage de mordre M. *de Voltaire.* Tout théologien croit lui devoir au moins un coup de dents en passant. Le philosophe de Ferney n'a pas tardé à prendre sa revanche. Il vient de publier des *Remontrances du corps des pasteurs du Gevaudan à Antoine Jean Rustan.* Il le couvre de sarcasmes, et le laisse en cet état exposé à la risée publique.

Ce qu'on dit de la conduite de *Rustan* est vrai.

(60) Le lecteur trouvera facilement dans l'édition de Kehl, au moyen de la table alphabétique, tom. LXX, page 357, tous les petits ouvrages de M. *de Voltaire* dont il est parlé dans ces *Mémoires.*

Étant encore en Suisse, il avait été très-bien reçu chez M. *de Voltaire* : il ne s'en souvenait plus à Londres.

Tome XIX, *page* 29, du 6 octobre. Au sujet des colimaçons auxquels on a coupé la tête et qui leur est revenue, découverte dont plusieurs papiers publics ont parlé, M. *de Voltaire* vient de donner un petit pamphlet ayant pour titre : *les Colimaçons du R. P. l'Escarbotier, capucin indigne,* etc. Cette facétie, qui roule sur quantité de systèmes de physique, est accouplée à la brochure intitulée : *les Droits des Hommes et les Usurpations des Papes,* et n'est pas à beaucoup près de la même force, ni pour l'intérêt, ni pour le sarcasme, ni pour le style.

Ces deux opuscules de M. *de Voltaire* sont de nature si différente, qu'ils ne peuvent ni ne doivent avoir le même intérêt et le même style.

Tome IV, *page* 103, du 4 octobre. Le roi est allé le 28 septembre visiter le fameux pavillon de M. *Bouret.* Il l'a trouvé augmenté de plusieurs choses curieuses, mais surtout de sa statue exécutée en marbre par *Tassard.* Ce qui a le plus flatté S. M., ce sont deux vers inscrits au bas par le sieur *Bouret.* Ils caractérisent à merveille les vertus du maître et le zèle tendre du sujet. Ils sont dignes de passer à la postérité, et valent sans doute toutes les légendes qu'aurait pu enfanter l'Académie des belles-lettres. Les voici :

> Juste, simple, modeste, au-dessus des grandeurs,
> Au-dessus de l'éloge, il ne veut que nos cœurs.

Ces deux vers, mis par M. *Bouret* au bas de la statue de Louis XV, sont de M. *de Voltaire*, à qui

M. *Bouret* avait demandé une inscription pour ce monument.

Ibid., *page* 131, du 9 octobre. *Les Droits des Hommes et les Usurpations des Papes,* prétendue traduction de l'italien, datée de Padoue, le 24 juin 1764. C'est un tableau des usurpations de la cour de Rome..., des moyens de toute espèce mis en usage par les pontifes pour étendre leur domination..., des forfaits nouveaux dont l'atrocité semble leur être réservée. Le lecteur indigné serait tenté de fouler aux pieds un pareil libelle, s'il n'était malheureusement qu'un extrait succinct de tout ce qu'on trouve épars dans l'histoire. On sent qu'un pareil ouvrage était digne de la plume de M. *de Voltaire.* Aussi l'y reconnaît-on facilement. On ne peut qu'admirer l'art avec lequel ce grand historien sait égayer cette terrible matière, et rapprocher quantité d'anecdotes également rares et curieuses.

Pourquoi qualifier cet écrit de *libelle*, s'il n'est qu'un extrait des histoires les plus authentiques? Il paraît, par tout ce que fait l'empereur Joseph II, qu'il n'a pas regardé cette brochure comme un libelle digne d'être foulé aux pieds, et si c'en était un à vos yeux, pourquoi vous-mêmes, messieurs, finissez-vous votre article par un assez bel éloge de l'ouvrage et de l'auteur?

Ibid., *page* 134, du 13 octobre. Extrait d'une lettre de Ferney du 30 septembre... « Rassurez-vous sur les inquiétudes que vous avez à l'égard de M. *de Voltaire.* Ce grand homme, accoutumé à dire qu'il se meurt, depuis plus de cinquante ans, se porte à merveille... Le jour que j'eus l'honneur de le voir, il était en robe de chambre de Perse. Il nous fit beaucoup d'excuses de n'être point habillé... Il parut à l'entremets. On avait réservé un grand fauteuil à bras, où cet illustre vieillard se mit. Il mangea des légumes, des pièces de four, des fruits; il pétilla d'esprit. Après le dîner il joua aux échecs avec le père *Adam* qui est assez jésuite pour se laisser perdre. On s'amusa ensuite à des petits jeux d'esprit, puis on se mit à dire des histoires de voleurs. Chaque dame ayant conté la sienne, on demanda à M. *de Voltaire* s'il n'en savait pas quelqu'une. Il répondit ainsi: *Mesdames, il y avait un jour un fermier général... Ma foi, j'ai oublié le reste.....* Nous le laissâmes après cette épigramme. »

Père *Adam* n'était point du tout assez jésuite pour se laisser gagner exprès aux échecs par M. *de Voltaire* : c'était tout le contraire. Il n'y avait pas de grand fauteuil à bras réservé spécialement pour M. *de Voltaire* quand il se mettait à table; le sien ne différait pas de celui des autres convives. Il se servait de fauteuil ou de chaise, indifféremment, quand il était en compagnie. Le reste de la lettre peut être vrai.

Ibid., page 135, du 14 octobre. Extrait d'une lettre de Fontainebleau, du 10 octobre 1768... « Le bruit avait couru ici que M. *de Voltaire* était décédé. La cour paraissait croire cette nouvelle. On l'a inféré du propos de M. le comte *d'Artois*. Ce prince, à son dîner, a dit : *Il est mort un grand homme et un grand coquin.* Les ennemis de M. *de Voltaire* ont saisi avidement cette phrase et l'ont répandue avec profusion... Quoi qu'il en soit, la nouvelle de cette mort est fausse. La Providence laisse encore à ce philosophe incrédule le temps de se repentir et de mériter un éloge funéraire plus flatteur. »

J'ai trop de respect pour S. A. R. pour croire qu'elle ait été capable de tenir un tel propos. Si Monseigneur le comte d'Artois avait pensé ainsi, il n'aurait pas, dix ans après, envoyé M. le prince *d'Henin* à M. *de Voltaire*, pour le complimenter de sa part. La fin de l'article semble dénoter par quelle espèce de gens peut avoir été forgée une semblable nouvelle.

Ibid., *page* 139, *du* 21 *octobre*. *Homélie du pasteur Brown, prêchée à Londres le jour de la Pentecôte*, 1768.

Elle est de M. *de Voltaire*.

Ibid., *page* 143, *du* 26 *octobre*. *Le Lion et le Marseillais, fable en vers, par Saint-Didier*... A ce persifflage on reconnaît M. *de Voltaire*, mais encore mieux à l'ouvrage même où ce grand poète se retrouve tout entier. Rien de plus philosophique et de plus mâle. Dans ce dialogue, l'homme prétend établir sa supériorité sur les bêtes, et il est obligé de reconnaître à chaque réponse son infériorité. L'auteur prouve que le droit du plus fort est le seul droit de la nature, et il embellit son raisonnement de toutes les richesses de la plus brillante poésie.

Il est aisé de voir que cet article n'est pas de la même main que la plupart des précédens.

Ibid., *page* 146, *du* 28 *octobre*. Madame *Du Bocage*, connue par les grâces de son esprit et de sa figure, auteur de plusieurs ouvrages, ayant adressé le 4 de ce mois des vers à M. *de Voltaire*, au sujet de sa fête, ce grand homme, qui n'est jamais en reste, y a répondu par ceux-ci :

 Qui parle ainsi de saint François, etc. (61)

(61) Tome XIV, pag. 368.

Ibid., page 151, du 4 novembre. *Les Trois empereurs en Sorbonne, par l'abbé Caille,* conte en vers de M. *de Voltaire,* où il enchâsse de nouvelles injures contre la Sorbonne, au sujet de la censure de *Bélisaire...* Fréron s'y trouve placé, ainsi que d'autres cuistres littéraires, dont l'auteur prétend avoir à se plaindre; et non content d'injurier en vers tous ces gens-là, il y a encore des notes où il les injurie en prose. Plus on réfléchit sur ce grand homme, et plus on se console de n'avoir point ses talens compensés par tant de faiblesses.

Cette satire est de M. *de Voltaire*, ainsi que les vers précédens adressés à madame *du Bocage*. Il est assez singulier que le rédacteur des *Mémoires* trouve mauvais que M. *de Voltaire* s'égayât de temps en temps aux dépens de gens qui le harcelaient sans cesse dans leurs feuilles périodiques, et que le rédacteur lui-même flétrit du nom de *cuistres;* et d'après cela, on peut douter qu'il soit bien sincère, en disant qu'il ne voudrait pas avoir les talens de M. *de Voltaire* avec ses faiblesses : il établit là une singulière compensation.

Ibid., page 176, du 25 novembre. M. *de Voltaire* s'amuse de tout... Il embouche avec une égale facilité la trompette et le flageolet. Il court aujourd'hui une énigme sous son nom. Les sociétés de la cour et de la ville s'en occupent... Le mot est *Tête à perruque* (62).

Cette pièce, attribuée à M. *de Voltaire*, l'a été aussi à d'autres personnes, et chacun a pu faire

(62) Cette énigme épigrammatique est fort jolie. Elle a été répandue en manuscrit, par M. le comte *de La Touraille,* un des amis les plus

là-dessus des conjectures, comme *Bachaumont*, sans rien prouver.

Ibid., page 158, du 3 décembre. Extrait d'une lettre de Ferney du 25 novembre... « M. *de Voltaire* se porte à merveille; il ne voit plus personne, et semble redoubler d'assiduité au travail. Son *Précis du siècle de Louis XV* est imprimé; il le conduit jusqu'en 1766. Je ne vois rien de bien hardi dans cet ouvrage, et qui doive l'empêcher de pénétrer à Paris. Ce qui m'y a paru le plus singulier, c'est la chaleur avec laquelle l'auteur justifie M. *de Lally*. Vous êtes

zélés de M. *de Voltaire*, avec lequel il était en relation; ce qui fait que cette énigme a été attribuée à l'un et à l'autre. Quel qu'en soit l'auteur, nous la transcrivons ici, persuadés qu'elle sera lue avec plaisir par ceux qui ne la connaissent pas.

> A la ville ainsi qu'en province,
> Je suis sur un bon pied, mais sur un corps fort mince,
> Robuste cependant, et même fait au tour.
> Mobile sans changer de place,
> Je sers, en faisant volte-face,
> Et la robe et l'épée, et la ville et la cour.
> Mon nom devient plus commun chaque jour;
> Chaque jour il se multiplie
> En Sorbonne, à l'Académie,
> Dans le Conseil des Rois et dans le Parlement.
> Par tout ce qui s'y fait on le voit clairement.
> Embarrassé de tant de rôles,
> Ami lecteur, tu me cherches bien loin,
> Quand tu pourrais peut-être, avec un peu de soin,
> Me rencontrer sur tes épaules.

Le Recueil de *Berthelin* n'a point d'énigme meilleure que celle-ci. L'esprit, la justesse, la critique à la fois naïve et fine, la bonne versification, tout s'y trouve. Quand les premières copies en furent connues, on l'attribua généralement à M. *de Voltaire*. Dans la suite, on l'a donnée à d'autres écrivains, mais personne ne l'a jamais réclamée. Tout cela nous porte à croire que l'opinion de *Bachaumont* était bien fondée.

curieux de savoir s'il donnera en 1769 le spectacle édifiant qu'il a donné en 1768... Sa dévotion paraît fort ralentie, et il prétexte souvent quelqu'incommodité pour ne point aller à la messe. Au reste, cette farce a si mal pris la première fois, qu'il pourrait se dispenser de récidiver.

Voyez sur cela mes *Additions* déjà citées.

Ibid., page 189, *du* 12 *décembre.* L'*A, B, C, Dialogue curieux, traduit de l'anglais, de M. Hut.* A ce titre baroque, on reconnaît aisément l'auteur de la brochure, ce *Protée* littéraire qui depuis quelques années prend toutes sortes de formes, non pour tromper ses semblables, comme celui de la fable, mais pour les éclairer et les instruire. Que de métamorphoses n'a-t-il pas fait subir à la vérité, dans l'espoir de la faire recevoir enfin de quelque façon ?... L'ouvrage roule sur la politique, la morale, la métaphysique... On sent que la religion doit y entrer pour beaucoup. On commence par y prouver un Dieu qu'on finit par détruire, et le spinosisme paraît être le vrai système de l'auteur.

Cette réflexion du rédacteur n'est pas juste; M. *de Voltaire* n'était point spinosiste, mais un vrai théiste.

Ibid., page 171, *du* 20 *décembre.* Le *Siècle de Louis XV,* par M. *de Voltaire,* est arrêté. Le parlement a trouvé mauvais que cet historien censurât son jugement de M. *de Lally,* et ne veut point d'appel de ses arrêts, même à la postérité. Il s'est soulevé contre l'ouvrage, qui ne paraît que clandestinement.

ANNÉE 1769.

Tome IV, *page* 207, du 1ᵉʳ janvier. Il paraît un nouveau conte en vers, intitulé *l'Apothéose du roi Petau*. On l'attribue à M. *de Voltaire*. C'est une allégorie satirique, réservée pour les ténèbres dans lesquelles elle a été enfantée.

Cette plate satire contre *Louis XV* n'est assurément pas de M. *de Voltaire*.

Ibid., *page* ..., du 10 janvier. M. *de Voltaire* vient de perdre en ce pays-ci un de ses intimes amis, en la personne de M. *Damilaville*. La correspondance de ce grand homme et quelques louanges dont il l'a honoré dans ses ouvrages lui avaient donné une sorte d'illustration. Il avait ainsi acquis une consistance dans la littérature, et s'était trouvé lié avec les personnages les plus célèbres.

Cela est vrai.

Ibid., *page* 226, du 4 février. *Les Singularités de la nature, par un académicien de Londres, de Bologne, de Pétersbourg, de Berlin.* Tel est le titre d'une nouvelle production de M. *de Voltaire*, dans laquelle ce poëte, devenu philosophe, physicien, métaphysicien, combat nombre d'erreurs...

Ibid., *page* 244, du 12 mars. *Le Cri de l'honnête homme* est une brochure très-clandestine, composée (suivant le récit qu'elle contient) par le premier magistrat d'une ville de province du second rang, qui, ayant eu le malheur de faire un mariage mal assorti, après avoir épuisé tous les moyens de patience et de conciliation, a été obligé de se séparer d'une Messaline. Sa position ambiguë lui a fait faire beaucoup de recherches sur le *divorce*, et il en a composé un mémoire en faveur de cette pratique. Il établit qu'elle est autorisée par un passage très-formel, très-précis de l'Ecriture sainte; que le divorce est conforme aux usages de la primitive Église, et que la morale, le droit naturel et politique concourent également à le rendre nécessaire. Cet ouvrage, écrit avec force, n'est pas moins appuyé de raisons. On y trouve une peinture des mœurs actuelles très-énergique, où l'on prouve que leur dépravation est une suite infaillible de l'indissolubilité des mariages. L'auteur s'est permis des plaisanteries et un style ironique, qui ne nuisent point à la dignité de la matière, et qui servent seulement à égayer le sujet avec noblesse. Ils n'empêchent pas qu'il ne règne dans tout l'ouvrage beaucoup d'onction et de sentiment, très-capables d'intéresser pour l'historien, et d'attendrir le lecteur sur son malheureux destin.

M. *de Voltaire* a travaillé à cet ouvrage, mais le fond ou le canevas du mémoire lui avait été envoyé.

Ibid., pages 247 *et* 248, du 18 et du 20 mars. La muse de M. *de Voltaire* vient de se réveiller par une *Épître à Boileau*, fort longue, fort diffuse... où il tombe sur une infinité de choses et sur une multitude de gens. Tout cela n'est qu'un rabâchage des injures qu'il a débitées ailleurs, et d'une façon au moins plus passable.

Il court aussi de lui une épître en vers à l'auteur du livre des *Trois Imposteurs*. Ce grand homme s'y élève avec force contre l'athéisme, et détruit en poète tous les raisonnemens qu'il fait ailleurs en philosophe, en faveur du même système. Mais on sait qu'il est accoutumé à prêcher le pour et le contre. Cette pièce, en général lâche, prosaïque, se sent de la décrépitude du faiseur.

Le rédacteur décide que ces deux pièces de

poésie sont fort mauvaises; à lui permis, c'est une affaire de goût, et chacun peut exprimer le sien : mais dire que M. *de Voltaire* a soutenu en philosophe le système de l'athéisme, c'est une calomnie très-odieuse, que l'on ne devrait pas se permettre si légèrement.

Ibid., *pages* 267 *et* 268, du 23 et du 29 avril. Par différentes lettres que M. *de Voltaire* a écrites dans ce pays-ci, on sait que ce grand poète a renouvelé cette année le spectacle édifiant de l'année dernière, qu'il a fait ses pâques avec beaucoup de dévotion.., qu'il a prononcé un beau et pathétique discours où il s'est expliqué catégoriquement sur sa foi.

On peut voir des détails exacts sur ces événemens dans mes *Additions au Commentaire historique*, par où l'on jugera le peu d'exactitude des nouvelles que l'on débitait dans des gazettes à la main ou imprimées, et de la plupart des conjectures que l'on hasardait à ce sujet.

Tome XIX., *page* 65, du 1ᵉʳ mai. Il paraît une *Cinquième Homélie, prêchée à Londres*, etc. Elle roule sur la communion... La meilleure morale à tirer de cet écrit, comique et sérieux tour à tour, est cet esprit de tolérance que l'auteur prêche dans tous ses ouvrages avec une constance vraiment philosophique... Il pourra figurer à la fin parmi les plus abondans sermonaires.

Cette homélie est de M. *de Voltaire*.

Ibid., *page* 79, du 4 mai. Il paraît un petit recueil de pièces relatives à *Nonotte*. Ce sont des lettres, des attestations de MM. *Damilaville, Bigex, Wagnière*, etc. Cet assemblage paraît avoir été fabriqué à Ferney. On y attribue la cause de la haine des jésuites contre M. *de Voltaire*, à une très-bonne œuvre de sa part. On est si fort en garde contre le persifflage de ce philosophe, qu'on n'ose rien croire sur sa parole ; mais on rit à bon compte aux dépens de ses victimes ; et c'est vraisemblablement tout ce qu'il demande.

Ce recueil a paru en effet du consentement de M. de Voltaire.

Ibid., page 80, du 6 mai. Dans le temps où M. *de Voltaire* faisait sa profession de foi, et reniait ce déluge de brochures scandaleuses dont il inonde l'Europe, une nouvelle production du même genre se répand, c'est la *Canonisation du père Cucufin*, etc. Ce recueil abondant de saillies, de quolibets, d'anecdotes comiques et impies, est très-propre à amuser un cercle de femmes et de petits-maîtres. Il est recherché avec fureur.

Cette plaisanterie est de M. de Voltaire.

Tome IV, *page* 274, du 16 mai. On vient de réimprimer le *Discours de l'empereur Julien contre les Chrétiens*, traduit par le marquis *d'Argens*. On y a joint beaucoup de notes dont le plus grand nombre paraît être de M. *de Voltaire*. Il y en a de M. *Damilaville*, de M. *Boulanger*, de plusieurs écrivains, qui tous tendent au même but, et renouvellent les objections cent fois répétées par les incrédules. On a mis en tête de l'ouvrage un portrait de l'empereur *Julien*, tiré du *Militaire philosophe;* une introduction ou examen du livre, et un supplément à la fin, paraissent être de la même main, c'est-à-dire de M. *de Voltaire*, dont l'ardeur ne se ralentit pas contre tout ce qu'il croit être contraire à cet esprit de tolérance et d'humanité, dont il est depuis si long-temps l'apôtre, et qu'il voudrait inculquer à tous ses lecteurs.

Toutes les notes nouvelles sur le Discours de l'empereur *Julien*, sont de M. *de Voltaire;* les anciennes sont du marquis *d'Argens :* il n'y en a aucune de MM. *Damilaville, Boulanger,* ni d'autres; mais M. *de Voltaire* a mis leurs noms au bas de plusieurs des siennes (63), pour dérouter les critiques.

Ibid., page 276, du 27 mai. On vient de publier en corps de volume les notices et fragmens de *Cinquante évangiles du premier siècle du christianisme, extraits de Fabricius, Grabius, etc., par l'abbé* ***. Quelques plaisanteries semées dans l'avant-propos décèlent l'esprit dans lequel on a fait cette collection.

Elle a été imprimée d'abord séparément à Genève, en un volume in-8°, et ensuite recueillie par MM. *Cramer,* dans un des derniers tomes de leur édition des œuvres de M. *de Voltaire,* encadrée, en quarante volumes in-8° (64).

(63) Dans la plupart des éditions des *OEuvres de Voltaire,* faites depuis 1817, on a inséré le *Discours de l'empereur Julien,* et les notes de *Voltaire.*

(64) C'est une traduction française d'anciens monumens grecs et latins, recueillis par *Fabricius,* dans son *Codex apocryphus novi Testamenti,* et sa Bibliothèque grecque; par *Grabe,* dans le *Spicilegium sanctorum patrum et hereticorum;* par *Cottelier,* dans ses *Monumenta ecclesiæ Græcæ;* par *Gronovius* et *Gravius,* dans les *Trésors des Antiquités grecques et romaines,* etc. Ces notices et fragmens d'anciens évangiles servent de complément ou de pièces justificatives à la seconde partie du *Commentaire sur la Bible.* L'auteur (pag. 24, tome XXXV)

Tome XIX., *page* 82, du 7 juin. La France semble être le pays de l'Europe qui rende le moins de justice au grand poète qui fait aujourd'hui l'honneur de notre patrie et de son siècle. Tandis que, sans être exilé, il semble dans une sorte de proscription, dans un éloignement injurieux que ses ennemis lui reprochent, les étrangers s'empressent de lui rendre hommage et de le couronner de gloire. Les souverains le comblent de leurs bienfaits et lui consacrent des monumens durables de leur estime et de leur vénération. On vient de frapper en son honneur, dans les Etats de l'électeur palatin, une très-belle médaille, comme au génie qui *ôte aux nations le bandeau de l'erreur*. Il est inutile d'ajouter combien la superstition et le fanatisme s'élèvent contre le titre auguste que lui défèrent de concert la raison, la philosophie et l'humanité.

Cette médaille, très-bien frappée, existe dans les cabinets de plusieurs curieux. L'électeur palatin, *Charles-Théodore*, est un des princes souverains qui ont témoigné à M. *de Voltaire* le plus d'attachement.

Tome IV, *page* 302, du 15 juin. On parle d'une *Histoire*

dit qu'après l'examen des quatre évangiles canoniques, il traitera en particulier des évangiles nommés *apocryphes*. Dans quelques-unes de ses lettres, il attribue cette traduction à un abbé *Bigex*. On pouvait avec assez de vraisemblance attribuer un pareil travail à un théologien et même à un père bénédictin, car il fallait pour l'entreprendre une grande érudition, et beaucoup de patience, ne fût-ce que pour la vérification d'une multitude de citations et de renvois. Le but évident du traducteur (comme on le fait entendre *ibid.*, pag. 238) a été de communiquer aux gens du monde un monument très-curieux qui n'était connu que d'un petit nombre de savans, dont la vie se consume à scruter péniblement les débris de l'antiquité.

du Parlement qu'on attribue à M. *de Voltaire.* Ceux qui ont lu l'ouvrage, encore excessivement rare, croient y reconnaître sa touche et le vernis satirique qu'il répand partout. L'auteur, dit-on, y conteste au parlement les titres sur lesquels il se fonde pour s'immiscer dans la législation, et le réduit aux simples fonctions de judicature.

M. *de Voltaire* n'a point reçu de matériaux, pour la composition de cet ouvrage, de la part du ministère, comme on l'a dit dans le temps, mais il est bien vrai qu'il l'a fait à son instigation et à celle d'un prince. Voyez mes *Additions au Commentaire historique.*

Tome XIX, *page* 106, du 27 juin. M. *de Voltaire* s'annonce indirectement pour l'auteur de deux ouvrages nouveaux, dans une lettre (du 29 mai) à M. *Thiriot,* dépositaire de ses secrets, et son agent littéraire. L'un est une *Histoire du Parlement,* l'autre un petit roman intitulé : *Lettres d'Amabeb,* par le docteur *Tamponet.*

Ces deux ouvrages sont de M. *de Voltaire.*

Tome IV, *page* 304, du 5 juillet. On vient d'imprimer un petit recueil contenant la *Réquisition de M. de Voltaire* à son curé, en date du 30 mars, pour qu'il vînt lui donner la communion chez lui ; des *déclarations,* des *dépositions de témoins,* des *certificats,* etc. Il était réservé à nos jours et à un génie aussi original que celui de M. *de Voltaire,* de donner un pareil spectacle, d'en répandre les détails par l'impression, etc.

Ce n'est point M. *de Voltaire* qui fit imprimer ce recueil. Je renvoie à mes *Additions* déjà citées, sur tout ce que dit ici un rédacteur doux et charitable, qui semble regretter le temps où l'on se faisait un jeu de brûler les hommes pour des opinions.

Ibid., page 306, du 7 juillet. Il paraît une tragédie intitulée : *Les Guèbres* ou *la Tolérance,* attribuée à un M. D. M... (*Desmahis*). Au ton persiffleur et philosophique tour à tour de cet auteur anonyme, dans sa préface, les connaisseurs décèlent aisément le *Protée* littéraire qui se plaît aujourd'hui à prendre tant de formes diverses pour l'instruction du genre humain.

Cette tragédie est de M. *de Voltaire.*

Ibid., page 310, du 12 juillet. M. *de Voltaire,* qui s'attribue avec raison l'étonnante révolution arrivée depuis trente ans dans les esprits en général, et même dans les conseils des princes, sur la manière d'y traiter la religion, de la dégager de tout ce qui lui est étranger, de la rendre subordonnée, en la personne de ses ministres, à la raison d'Etat, et de détruire, en un mot, cette distinction barbare et fanatique des *deux puissances,* continue et renouvelle ses efforts pour maintenir et étendre cet heureux changement. Il vient de répandre une feuille intitulée : *Le Cri des Nations,* qui a principalement rapport à ces objets. Cet écrit rapide et lumineux est d'autant meilleur que, rempli de raisons et de sentiment, il est purgé de toutes les mauvaises plaisanteries que se permet trop souvent le philosophe de Ferney, dans ceux qu'il donne sur cette matière.

On reconnaît à tout ce que l'empereur *Joseph II* vient de faire, qu'il avait bien lu cette brochure de M. *de Voltaire,* ainsi que ses autres ouvrages. Aussi le roi de Prusse, après sa première entrevue avec l'empereur, l'écrivit-il à M. *de Voltaire*.

Ibid., page 311, du 13 juillet. *Procès de Claustre, pour servir de supplément aux Causes célèbres.* Tel est le titre d'un nouveau pamphlet de M. *de Voltaire*, qui, après avoir joué toutes sortes de rôles littéraires, fait aujourd'hui le personnage d'avocat. C'est un extrait lumineux de huit énormes *factums*.

Cela est vrai, et c'était en faveur de la famille de MM. *de la Borde*, que M. *de Voltaire* écrivit dans cette affaire.

Ibid., page 313, du 14 juillet. Extrait d'une lettre de Ferney, du 1ᵉʳ juillet... « Vous me demandez des nouvelles du patron. C'est un homme charmant de tout point, mais intraitable sur l'article de la santé. Il devient furieux quand on lui dit qu'il se porte bien. Vous savez qu'il a la manie d'être malade depuis quarante ans. Elle ne fait qu'augmenter avec l'âge... Il est inconcevable qu'un homme aussi ferme et aussi philosophe, ait sur sa santé les frayeurs et les ridicules d'un hypocondre et d'une femmelette. Dès qu'il se sent la moindre chose, il se purge. Le plus singulier, c'est que, dès la fleur de l'âge, il ait été tel. »

Je le répète, M. *de Voltaire* ne craignait point la mort, mais il voulait qu'on le crût toujours bien malade, se persuadant que cela pouvait contribuer à sa sécurité et rendre ses ennemis moins acharnés à sa perte. Du reste, il est certain qu'il était sujet à des douleurs d'entrailles, et que je l'ai vu s'en plaindre très-fréquemment.

Tome XIX, *page* 128, du 21 juillet. M. *de Voltaire* a écrit le 5 de ce mois à M. *Marin*, secrétaire-général de la librairie, pour désavouer l'*Histoire du Parlement*, et l'*Examen d'une histoire de Henri IV*, par M. *de Buri*, examen publié sous le nom du marquis *de B****. De pareilles protestations ne méritent aucune créance. C'est à l'œuvre qu'on connaît l'ouvrier. Tout ce que fait cet auteur anonyme, pseudonyme, est heureusement marqué toujours à quelque endroit de son cachet; de manière que les connaisseurs ne peuvent s'y tromper. Ses ennemis disent que c'est une ruse pour inspirer plus de curiosité à lire cette *Histoire du Parlement*, encore excessivement rare, et proscrite de ce pays-ci avec le plus grand soin; que cette lettre de désaveu, imprimée dans le *Mercure*, instruira toute la France de l'existence d'un livre à peine connu, *etc.*

Voyez ce que j'ai dit ci-dessus de ces deux ouvrages (65).

Ibid., page 107, du 2 août. M. *de Voltaire*, qui trouve sans doute que son *Histoire du Parlement* ne perce pas assez à son gré, et fait encore peu de bruit, la désavoue une seconde fois dans une nouvelle lettre (du 9 juillet à M. *La Combe*) insérée au *Mercure* de ce mois, dans laquelle il annonce que cette histoire est *hardie* et *indécente*. Il sent bien que ces qualifications exciteront encore mieux la curiosité des lecteurs. Il en a obtenu l'effet qu'il attendait; c'est une fureur pour courir après son *Histoire du Parlement de Paris*, par M. *l'abbé Big***, que des fous achètent jusqu'à six louis. On a telle-

---

(65) *L'Examen de l'Histoire de Henri IV*, attribué au marquis de B***, est un problème littéraire difficile à résoudre. La discussion en serait trop longue. D'ailleurs, un savant bibliographe et son littérateur l'attribue à *La Beaumelle. Voyez* la seconde édition du *Dictionnaire des ouvrages anonymes et pendonymes*, N° 6152, par M. *Barbier*.

ment châtié les colporteurs, qu'il ne s'en trouve plus qui osent se charger de pareille marchandise, et surtout de celle-ci, contre laquelle le parlement a demandé les prohibitions les plus sévères.

Personne ne doutera du zèle du parlement en cette occasion.

Ibid., page 112, du 21 août. M. *de Voltaire,* doué d'un cœur aussi actif que son esprit, a favorisé de sa recommandation auprès du ministre de la guerre un jeune médecin chargé de deux hôpitaux dans le pays de Gex, et qui venait solliciter à Paris une augmentation d'appointemens. Muni de la lettre de M. *de Voltaire*, M. *Coste* a été très-bien accueilli de M. le duc *de Choiseul;* il a eu l'honneur de dîner avec madame la duchesse ; et ses appointemens, qui n'étaient que de 50 écus, ont été portés à 1200 livres ; et il a reçu en outre 600 livres pour les frais de son voyage (66).

Tome IV, *page* 339, du 22 août. Dans le cinquième volume de l'*Evangile du jour,* imprimé soi-disant à Londres, 1769, on trouve une correspondance entre M. l'évêque d'Annecy et M. *de Voltaire,* qui donne la clef de la conduite de ce dernier depuis deux ans, et jette un grand jour sur les deux farces qu'il a jouées à Pâques successivement..... Rien de plus plaisant que cette correspondance, et que l'assaut de persifflage que se livre tour à tour l'ouaille et le pasteur..... On est fâché que l'éditeur n'ait pas conservé dans ce volume une estampe qu'on voyait à la tête d'une édition des lettres et profession de foi en question. Cette caricature représente M. *de Voltaire* en buste, la figure enflammée comme celle d'un séraphin, les yeux tournés vers un Christ en l'air,

---

(66) La lettre de recommandation de M. *de Voltaire* est au t. LXI, pag. 167.

qui regarde amoureusement ce pécheur converti, et semble le pénétrer de tous les rayons émanés de la gloire qui l'environne.

J'ai rapporté dans mes *Additions au Commentaire historique*, cette correspondance et tout ce qui y est relatif.

Ibid., *page* 307, *du* 8 *septembre*. On assure que le parlement, vivement touché des impressions fâcheuses que peut répandre contre lui l'histoire que vient de publier M. *de Voltaire*, a chargé des avocats d'y répondre, non par le désaveu des faits, qu'on assure être vrais, mais en rétablissant ceux que l'auteur a omis exprès, et en mettant à découvert toute la malignité d'un pareil ouvrage.

J'ignore si des avocats ont été chargés de cette besogne, et s'ils l'ont commencée. Le parlement a eu bientôt après d'autres affaires plus sérieuses, qui lui auront fait négliger celle-là, et de plus, cette réfutation prétendue, si on avait eu le temps de l'achever, n'aurait guère été utile à ce corps, et ne l'aurait probablement pas sauvé de sa suppression, arrivée environ un an après.

Ibid., *page* 359, *du* 17 *septembre*. *De la paix perpétuelle, par le Docteur Goodheart*. Ce projet, traité politiquement par l'abbé *de Saint-Pierre* et *Rousseau* de Genève, n'est ici qu'un cadre où se développe le système de tolérance que ne cesse de prêcher le philosophe de Ferney. Il voudrait qu'on abolît tous les dogmes, source intarissable de troubles et de divisions; il trace le tableau des horreurs du fanatisme : et ce sujet, remanié cent fois par le même auteur, reprend sous son pinceau encore plus de chaleur et d'énergie. Le fiel qu'il broie avec ses couleurs donne à sa touche tout le terrible des peintures de *Michel-Ange*. M. *de Voltaire* est toujours sublime quand il parle d'après son cœur.

Le rédacteur de cet article semble parler ici d'après la sensation que la lecture de ce petit ouvrage lui a faite. On peut d'autant mieux applaudir à la manière dont il s'exprime, qu'elle pouvait lui attirer l'animadversion de plusieurs de ses collègues.

Ibid., page 369, du 11 octobre. Madame *Denis*, nièce de M. *de Voltaire*, dont la séparation d'avec ce cher oncle avait occasioné tant de mauvais propos, et de conjectures sinistres qui n'ont jamais été bien éclaircies, vient de quitter Paris pour se réunir avec lui, et, par son retour, va sans doute égayer la retraite du philosophe de Ferney.

Il fallait dire plutôt : Madame *Denis* va sans doute quereller de nouveau son oncle. Si elle n'était jamais revenue à Ferney, M. *de Voltaire* aurait vécu encore bien des années.

Tome V, *page* 1, du 1er novembre. Il s'est trouvé à la poste une lettre ayant pour suscription : *Au prince des poètes, phénomène perpétuel de gloire, philosophe des nations, mercure de l'Europe, orateur de la patrie, promoteur des citoyens, historien des rois, panégyriste des héros, Aristarque des Zoïles, arbitre du goût, peintre en tout genre, le même à tout âge, protecteur des arts, bienfaiteur des talens ainsi que du vrai mérite, admirateur du génie, fléau des persécuteurs, ennemi des fanatiques, défenseur des opprimés, père des orphelins, modèle des riches, appui des indigens, exemple des sublimes vertus.* Cette lettre, tout considéré, a été rendue à M. *de Voltaire*, quoiqu'elle ne portât pas son nom, comme le seul à qui toutes ces qualités pussent convenir..... Les ennemis de M. *de Voltaire* prétendent que c'est lui-même qui s'est adressé ou fait adresser cette lettre; ils appuient cette conjecture sur l'invraisemblance qu'elle pût venir d'ailleurs que des Petites-Maisons, etc.

La conclusion est admirable! Et où donc faut-il envoyer ces messieurs qui mettent ainsi d'un coup de plume M. *de Voltaire* aux Petites-Maisons? Voici le vrai, cette lettre n'est pas supposée, et elle arriva en effet à Ferney. Ce fut moi qui la reçus et qui la portai à M. *de Voltaire;* il ne voulut point la recevoir, disant qu'elle était de quelque fou, et la renvoya au bureau. Elle était d'un abbé *de Launay*, comme nous l'apprîmes depuis; ainsi les imputations que l'on fait ici à M. *de Voltaire* sont aussi fausses qu'extravagantes (67).

Ibid., page 4, *du* 2 *novembre. Dieu et les hommes, œuvre théologique, mais raisonnable, par le docteur Obern, traduit par Jacques Aimon.* Tel est le titre d'un volume de 204 pages, qui repaît en ce moment la curiosité des incrédules. En effet, cette œuvre prétendue théologique n'est qu'une œuvre du diable, et n'en est que plus courue. Le fond, très-rebattu, est enrichi des grâces du style; et les connaisseurs y reconnaissent la touche du philosophe de Ferney. Cet auteur infatigable a voulu donner sans doute matière à une nouvelle

(67) Cet abbé de *Launay* se mêlait de poésie, un peu malgré *Minerve;* il a été long-temps en prison à Paris, pour dettes, et s'occupait pendant ce temps à écrire ainsi à tous ceux dont il espérait obtenir quelques secours.

abjuration pour l'année prochaine, lorsqu'il fera ses pâques avec la ferveur dont il édifie le public depuis deux ans.

Il est singulier d'appeler *œuvre du diable* une œuvre où l'on établit que l'opinion de l'existence de Dieu est utile et nécessaire au genre humain; qu'elle a été celle de presque toute l'antiquité et de toutes les nations. Comment, après avoir lu cet ouvrage, le *Principe d'action*, les *Lettres de Memmius*, et autres écrits où M. *de Voltaire* combat avec force l'athéisme, se trouve-t-il encore des fanatiques qui l'appellent *athée*? Et comment, parmi les rédacteurs des *Mémoires*, y en a-t-il d'assez crédules ou d'assez mauvaise foi pour répéter quelquefois cette sottise?

Tome XIX, *page* 128, du 13 novembre. On a vu par là souscription de la statue de M. *de Voltaire*, jusqu'où va l'enthousiasme de ses amis. Ses ennemis, toujours acharnés contre lui, viennent d'en faire la parodie la plus amère. C'est précisément l'inverse de l'autre, c'est-à-dire une suite de toutes les qualifications injurieuses que peuvent enfanter la plus basse envie et la haine la plus active.

Ibid., *page* 129, du 19 novembre. Les ennemis de M. *de Voltaire*, dont la rage contre ce grand homme ne s'éteindra qu'avec sa vie, ne cessent de répandre contre lui des libelles aussi obscurs qu'eux. L'un de ces Zoïles vient d'en faire un portrait si effroyablement crayonné, qu'il ne peut être reconnaissable qu'à ceux qui sont aussi aveugles que l'auteur sur le mérite de ce prince de la littérature, et aussi prévenus contre lui.

Tout cela était une suite assez naturelle du projet de souscription pour la statue. Un pareil honneur décerné pour la première fois en France à un homme de lettres, donnait des convulsions à ses ennemis. Il fallait bien qu'ils jetassent leur écume (68).

Tome V, *page* 28, du 5 décembre. En 1753, un élève de l'école militaire de Berlin, nommé *Mingard*, âgé de 16 ans, que le roi avait distingué plusieurs fois aux exercices, étant très-curieux d'assister au spectacle de la cour, s'adressa à M. *de Voltaire* par le billet suivant :

> Ne pouvant plus gourmander
> Le goût vif qui me domine,
> Daignez, seigneur, m'accorder
> Un billet pour voir *Nanine*.

M. *de Voltaire* y fit cette réponse impromptu :

> Qui sait si fort intéresser,
> Mérite bien qu'on le prévienne;
> Oui, parmi nous viens te placer,
> Nous dirons tous : Qu'il y revienne.

Il conduisit en effet le jeune homme à la comédie, et le présenta au roi, qui les retint tous deux ce soir même à son souper. M. *de Voltaire* quitta Berlin peu de temps après. M. *Mingard*, ayant dans la suite négligé le soin de sa fortune

(68) Le rédacteur des Mémoires ne croyait pas se tromper en disant que la rage des ennemis de *Voltaire* s'éteindrait avec sa vie. C'est en effet une espèce d'axiome, que l'envie et la haine ne s'acharnent que sur les vivans. Il était encore réservé à *Voltaire* de donner en ceci un exemple du contraire. Cette rage contre ses chefs-d'œuvre et contre sa mémoire n'est pas encore assouvie, et se propage de génération en génération. Il faut que son mérite soit bien extraordinaire, car il est

pour des objets frivoles, tomba dans la disgrâce de sa famille, et par une suite de catastrophes sinistres, s'est trouvé très-malheureux. Réfugié à Paris et sans ressources, il s'adressa à un homme de lettres qu'il engagea à écrire en sa faveur à M. *de Voltaire*. L'homme de lettres le recommanda en effet, en rappelant à M. *de Voltaire* l'anecdote de Berlin. Celui-ci répondit par une lettre assez laconique et un peu vague. Mais quelques semaines après, M. *Mingard* reçut avec surprise des secours de la part de sa famille, accompagnés d'une lettre pleine de tendresse, et crut ne devoir qu'à M. *de Voltaire* cet heureux changement, qui semblait renouveler pour lui la réconciliation de l'enfant prodigue. Ce trait de bienfaisance, quoiqu'un peu ancien, n'a guère été connu jusqu'ici.

Cette anecdote est vraie. Il y a plus ; M. *Mingard* accourut lui-même à Ferney pour remercier M. *de Voltaire*, qui le reçut très-bien, lui prodigua aussi des secours, et, par sa recommandation, lui procura un accueil favorable chez plusieurs de ses voisins. Malheureusement les suites ne répondirent point à ses bonnes intentions. Le jeune homme finit par se comporter d'une manière très-peu honnête, qui le fit abandonner de tous ses protecteurs. Il partit, et depuis lors on n'a plus entendu parler de lui à Ferney.

inouï, non-seulement qu'un homme vulgaire, mais qu'un homme justement célèbre, trente ans après sa mort, soit harcelé dans son tombeau, avec autant d'acharnement que s'il vivait encore. Mais aussi la raison et le goût ne sont point anéantis; ils veillent pour la défense du grand homme, et leur voix étouffera à la fin les clameurs de l'envie, de la vengeance et de l'intérêt.

Ibid., *page* 32, du 13 décembre. On connaît les soins de M. *de Voltaire* pour faire rendre justice à la famille des *Sirven*, ces malheureux père et mère, accusés d'être auteurs du meurtre de leur fille, et condamnés comme tels par contumace au parlement de Toulouse... Ils ont eu le courage de se rendre en cette ville, de faire juger la contumace, et ils ont été déclarés innocens d'une voix unanime. Ils ont été remis en liberté et en possession de leurs biens qui avaient été confisqués au profit du domaine. Cet événement, qu'on doit principalement aux réclamations de M. *de Voltaire*, assure de plus en plus à ce poète philosophe une place parmi les bienfaiteurs de l'humanité. On ne doute pas que M. *Elie de Beaumont*, avocat célèbre, qui a passé plusieurs mois de l'été et de l'automne à Ferney, n'ait beaucoup contribué à éclaircir l'affaire. On ne doute pas non plus que M. *de Vaudeuil*, le nouveau premier président du parlement de Languedoc, n'ait versé dans ce tribunal l'esprit de tolérance dont il est lui-même animé, et qu'il n'éteigne tout-à-fait le feu du fanatisme qui n'avait que trop éclaté dans la malheureuse affaire des *Calas*.

Le rédacteur rend ici justice à la vérité. M. *de Voltaire* a été la première cause du salut des *Sirven*. Il fut secondé avec beaucoup de zèle par M. *de Beaumont*, à qui ses avis ne furent pas moins utiles en cette occasion que dans la cause des *Calas*.

ANNÉE 1770.

Tome XIX, *page* 177, du 9 janvier 1770. Dans un des volumes des *Ephémérides du citoyen*, les économistes ont eu l'audace d'attaquer de front et à découvert le règne de

Louis XIV, comme le règne de cet esprit réglementaire qui leur déplaît, et qu'ils prétendent n'être bon qu'à introduire un odieux despotisme. M. *de Voltaire* n'a point vu sans indignation flétrir un règne dont il a écrit les fastes mémorables, et qu'il a représenté comme un des plus beaux siècles de l'histoire. Il s'est cru obligé d'en prendre la défense. On se doute bien avec quelle éloquence victorieuse il soutient une pareille cause ; mais ce dont on ne se doute pas, c'est la modération avec laquelle il épargne ces journalistes, pour lesquels il montre tous les égards dus à de pareils philosophes. Il donne dans ce petit ouvrage de trente pages un modèle d'une critique saine, juste et sage, que ces écrivains polémiques observent trop rarement, et dont M. *de Voltaire* s'est aussi malheureusement trop souvent écarté. Une simple brochure de cette espèce suffirait pour faire la réputation d'un auteur qui n'aurait pas d'autres titres littéraires (69).

Ibid., page 178, du 10 janvier. Outre la justification éloquente du siècle de Louis XIV par le philosophe de Ferney, il paraît de lui d'autres pamphlets qui ne lui mériteront pas les mêmes éloges de la part des dévôts et même des gens attachés aux anciennes routines. Ces petits ouvrages clandestins ont pour titre : *Les adorateurs ou les louanges de Dieu*, par M. Imhoff; *Requête à tous les magistrats du royaume*, etc., *sur les abus des fêtes*, etc. *Instruction du gardien des capucins*, etc. *Tout en Dieu*, etc. On présume facilement que M. *de Voltaire* n'avoue pas ces écrits ténébreux, mais ses principes soutenus qu'on y retrouve, et surtout le malheureux charme de son style, n'en décèlent que trop l'auteur ; et ils sont recherchés avec l'avidité ordinaire pour tout ce qui sort de sa plume.

Ces divers ouvrages sont tous de M. *de Voltaire.*

(69) Cette *Défense du siècle de Louis XIV* est dans le t. XXVIII, pag. 123.

S'ils étaient si recherchés, ils n'étaient pas trop *ténébreux*. Le rédacteur ne veut faire entendre apparemment par ce mot, que l'espèce de mystère avec lequel ces livres anonymes se débitaient sous le manteau. A l'égard de ce *malheureux* charme de style, il paraît que les lecteurs avides dont on parle n'étaient point arrêtés par cet inconvénient.

Tome V, *page* 58, *du* 19 *janvier. Requête à tous les magistrats du royaume, composée par trois avocats d'un parlement.* Cette brochure, écrite avec autant de chaleur que d'onction, est une espèce de sermon moral, ou plaidoyer en faveur du peuple. Après une peinture aussi vraie que touchante des calamités accumulées sur cette nombreuse portion de l'humanité, elle attaque les abus du carême et des fêtes, et tend à prouver l'utilité de supprimer ces abus, etc.

Ibid., page 59, *du* 20 *janvier. Les Adorateurs*, ou *les ouvrages de Dieu, ouvrage unique de M. Imhoff, traduit du latin.* Ce sont deux interlocuteurs raisonnant sur l'existence de Dieu, son essence, sur le monde, et toutes les questions abstraites de la métaphysique... M. *de Voltaire,* dans un ouvrage aussi court et aussi frivole en apparence, a concentré les connaissances profondes d'une infinité de traités de métaphysique et de physique, enrichies de toutes les grâces d'une imagination brillante.

Ce langage, en parlant des deux brochures de M. *de Voltaire* dont on vient de faire mention, ne ressemble guère à celui que le rédacteur, ou l'un de ses collègues, tenait le 10 janvier, en les traitant avec mépris d'ouvrages *ténébreux*, et gémissant d'y retrouver un *malheureux* charme de style (70).

Tome XIX, *page* 181, du 5 février. On parle d'une nouvelle comédie de M. *de Voltaire*, intitulée : *Le Dépositaire*. Elle roule sur un trait connu de la vie de *Ninon de l'Enclos*. On doute qu'elle passe à la police, quoiqu'il ait substitué un marguillier au grand-pénitencier.

Cette comédie, imprimée en 1770, ne put être représentée sur le théâtre de Paris.

Tome V, *page* 88, du 2| mars. M. *de Voltaire*, pour préliminaire de la farce spirituelle qu'il se propose de jouer, vraisemblablement pour la troisième fois, à Pâques prochain, vient de se faire nommer père temporel des capucins de la province de Gex. Ces bons pères qu'il a tant bafoués sont aujourd'hui sous sa protection.

M. *de Voltaire* n'a nullement cherché à se faire nommer *père temporel* des capucins; mais il avait depuis peu sollicité et obtenu pour eux, de M. le duc *de Choiseul*, une pension annuelle de six cents livres, payable à leur couvent de Gex. Quelque temps après le gardien de ce couvent apporta à M. *de Voltaire*, pour marque de la reconnaissance de l'ordre, la patente de *don Alamballa*, général des capucins à Rome, qui nommait M. *de Voltaire* père temporel des capucins de la province de Gex.

(70) La *Requête à tous les Magistrats* est au tom. XXIX, pag. 175; *Les Adorateurs*, etc. tome XXXVI, pag. 332.

Ibid., page 115, du 12 avril. On a déjà composé l'inscription pour la statue projetée de M. de Voltaire. Elle portera : *A Voltaire pendant sa vie; par les gens de lettres, ses compatriotes et ses contemporains.*

Tome XIX, *page* 203, du 17 avril. On prétend aujourd'hui qu'un grand ouvrage auquel travaille M. de Voltaire, et qui lui fait désirer de vivre encore quelque temps, est une encyclopédie entière qu'il a entrepris de rédiger.

Ibid., page 206, du 26 avril. On croit que l'*Encyclopédie*, qu'on annonce comme l'occupation actuelle du philosophe de Ferney, n'est qu'un titre vague sous lequel il videra son porte-feuille et rassemblera une infinité de broutilles disparates qui avaient besoin d'un point de ralliement pour se produire au grand jour. Quoi qu'il en soit, le public dévore d'avance cette agréable rapsodie.

L'ouvrage dont il s'agit a paru sous le titre de *Questions sur l'Encyclopédie*, en neuf volumes. C'est le *Dictionnaire philosophique* qui avait été publié en 1764, qui se reproduisait ici sous un autre titre, avec des augmentations considérables. Le premier titre avait été changé, parce que le *Dictionnaire philosophique* avait excité une grande rumeur chez les ennemis de M. de Voltaire, et l'avait exposé à une violente persécution, qu'il ne détourna que par beaucoup d'adresse.

Ibid., page 221, du 9 juin. C'est aujourd'hui sous le nom de *Jean Plokoff, conseiller de Holstein*, que M. de Voltaire fait paraître une espèce d'ode en prose, qu'il donne comme la traduction d'un poème de cet Allemand, sur les affaires présentes, et principalement la guerre des Russes et des Turcs.

Ibid., *page* 226, du 19 juin. Il paraît une nouvelle édition de l'ancienne *Sophonisbe de Mairet, réparée à neuf.* Elle est précédée d'un épître dédicatoire à M. le duc *de la Vallière.* Le style de ce préambule, le persifflage qui y règne, etc., tout annonce que cette plaisanterie est du Vieillard de Ferney.

C'est moins une édition de la *Sophonisbe de Mairet*, qu'une tragédie nouvelle sur le même sujet. Elle est de M. *de Voltaire*, ainsi que l'opuscule attribuée à *Jean Plokoff*, dont il est parlé à l'article précédent.

Tome V, *page* 153, du 19 juin. Le projet de dresser une statue à M. *de Voltaire* a été enfanté et rédigé chez madame *Necker*, femme du banquier de ce nom, qui reçoit chez elle beaucoup de gens de lettres. En conséquence ce grand poète lui a adressé l'épître suivante:

Quelle étrange idée est venue, etc.

Tout cela est vrai.

Ibid., *page* 170, du 27 juillet. On parle d'une diatribe diabolique que le sieur *de Voltaire* vient de vomir contre plusieurs petits auteurs, entre autres les sieurs *Lemierre*, *Dorat*, etc. Ce dernier lui a répondu par une épigramme bien digne de faire le pendant de l'autre pièce, et dont la pointe est dans ce dernier vers:

S'il n'avait point écrit, il eût assassiné.

Ibid., *page* 175, du 8 août. La diatribe de M. *de Voltaire* qui a provoqué la sanglante épigramme qu'on a citée, n'est autre chose que les *Anecdotes sur Jean Fréron*, imprimées depuis long-temps dans un recueil, mais qui n'avaient fait aucun bruit. Ce libelle diffame le sieur *Fréron*, et ceux que l'on croit ses suppôts. Le sieur *Dorat*, entre autres, qu'on sait être fort lié avec lui, se trouve obligé aujourd'hui de renier son ami, et, dans une lettre à M. *de Voltaire*, qu'il vient de faire imprimer, se disculpe absolument de ce commerce.

Ces *Anecdotes sur Fréron* ne sont absolument point de M. *de Voltaire;* elles lui avaient été envoyées de Paris, depuis plusieurs années, par M. *Thiriot.* L'épigramme dont on parle est de la dernière infamie. On ose l'imputer à M. *Dorat;* ce qui doit paraître bien douteux et se concilier mal avec la lettre qu'il écrivit à M. *de Voltaire*, et dans laquelle il se disculpe d'être l'ami de *Fréron* (71).

Ibid., page 185 du 19 août. Il y a une requête adressée au roi par les habitans de Saint-Claude, contre les abbé et religieux dudit lieu, que l'on attribue à M. *de Voltaire,* et qui respire en effet tous les sentimens d'humanité dont est pétri ce poète philosophe.

Tome XIX, *page* 248, du 27 août. Le sieur *La Beaumelle,* l'homme de lettres que M. *de Voltaire* déteste le plus après *Fréron,* prétend que ce philosophe a envoyé des écrits injurieux contre leur seigneur, aux vassaux d'une terre à lui appartenante en Languedoc; que, dans son indignation, il avait été sur le point de faire décréter l'anonyme par son

---

(71) *Voyez* la réponse de M. *de Voltaire* à M. *Dorat*, tome LXI, pag. 356. L'épigramme dont on parle ici commençait par ce vers :

Un jeune homme bouillant invectivait Voltaire.

bailli, ayant les preuves nécessaires pour sa conviction; mais revenu à lui-même, il s'est contenté de mépriser ces injures, etc.

Tout ce que l'on dit ici de M. *de Voltaire* est faux. Quand il a repoussé les erreurs et les calomnies de *La Beaumelle*, il l'a toujours fait ouvertement; il le méprisait plus qu'il ne le *détestait*.

Ibid., page 252, *du* 3 *septembre. Anecdotes sur Fréron, écrites par un homme de lettres à un magistrat qui voulait être instruit des mœurs de cet homme.* Tel est le titre de ce pamphlet imprimé dans le second volume des *Choses utiles et agréables*. C'est une atrocité effroyable contre la famille, les mœurs et la réputation de cet auteur. On y détaille ses divers croupiers, savoir : MM. l'abbé *de la Porte, du Tertre*, ex-jésuite, *de Caux, de Resseguier, Palissot, Bret, Berlan, Bruix, Dorat, Louis, Bergier, d'Arnaud, Coste, Blondel, Patte, Poinsinet, Vandermonde, Rivery, le Roy, Sedaine, Castillon, Colardeau, d'Éon de Beaumont, Gossard*, etc. Il y a quelques coups de pate pour plusieurs de ces messieurs, mais légers; M. *Dorat* surtout n'est que nommé, et il n'y a pas d'apparence que sa bile se soit allumée au point de produire l'épigramme qu'on lui attribue. Du reste on reconnaît parfaitement M. *de Voltaire* au style, et à ce talent particulier qu'il a pour dire des injures.

Voyez ce que nous avons dit plus haut sur ces *Anecdotes*.

Tome V, *page* 192, *du* 4 *septembre*. On voit dans l'atelier du sieur *Pigal* une esquisse de la figure entière de M. *de Voltaire*. Il est représenté nu, assis, tenant un rouleau d'une main et une plume de l'autre. Il paraît que cette manière de le poster n'agrée pas au public, et ce n'est pas le dernier effort de l'artiste qui essaie différentes attitudes pour faire valoir ce squelette, sujet ingrat pour le statuaire.

Tome XIX, *page* 253, *du* 6 *septembre*. Il y a une grande fermentation dans le corps des encyclopédistes et des partisans de M. *de Voltaire*, contre M. *Séguier*, avocat-général... en ce que dans les seuls livres, au nombre de sept, qu'il a dénoncés au parlement, il ait affecté d'en choisir un du dieu de la littérature, auquel on travaille actuellement à dresser une statue. On se plaint aussi de ses déclamations contre les académiciens ses confrères, vagues, il est vrai, mais que l'on sent tomber indirectement sur les encyclopédistes.

L'ouvrage de M. *de Voltaire* englobé dans la proscription de M. *Séguier*, a pour titre : *Dieu et les hommes* (72).

Tome V, *page* 195, du 8 septembre. Le sieur *de Voltaire* vient de répandre une petite brochure intitulée : *Dieu*, où il s'annonce pour réfuter le *Système de la nature* sur l'athéisme... Ce pamphlet peut passer pour le traité d'athéisme le plus formidable, par l'adresse avec laquelle le sieur *de Voltaire* a rapproché les divers argumens de son adversaire, qui restent dans toute leur force, et n'en reçoivent que davantage par cette réunion lumineuse, rapide et serrée... Par cet extrait du *Système de la nature*, en 2 vol. in-8°, où tout le monde ne pouvait pas mordre, et qui n'était fait que pour des têtes fortement organisées, l'athéisme, ainsi dégagé de toute la forme syllogistique, enrichi de toutes les grâces du style et de tout le piquant de la satire, va se répandre sur toutes les toilettes et infecter les esprits les plus frivoles.

Cette brochure de M. *de Voltaire* est tirée des

---

(72) Tome XXXIII, pag. 171.

Questions sur l'Encyclopédie (73). Mais, monsieur le rédacteur des *Mémoires*, il est bien étrange que vous prêtiez toujours à M. *de Voltaire* des vues et des sentimens qu'il n'avait pas, et que vous hasardiez si légèrement de répandre des réflexions si fausses. Quoi! parce que ce philosophe fut le premier à prendre le parti de la Divinité, quand le *Système de la nature* parut, vous l'accusez de prêcher l'athéisme! Est-ce parce qu'il dit: *Il faudrait trouver ailleurs une preuve démonstrative que Dieu n'existe pas; et c'est ce qu'assurément personne n'a trouvé ni ne trouvera?* Est-ce parce que *le sieur de Voltaire* dit quelques pages après: *Le plus bel hommage, à mon gré, qu'on puisse rendre à* Dieu, *c'est de prendre sa défense sans colère; comme le plus indigne portrait qu'on puisse faire de lui, est de le peindre vindicatif et furieux. Il est la vérité même: la vérité est sans passion. C'est être disciple de* Dieu *que de l'annoncer d'un cœur doux et d'un esprit inaltérable?*

Ibid., page 198, *du* 13 septembre. A la suite du petit pamphlet intitulé *Dieu*, se trouve une espèce de réponse de M. *de Voltaire* au livre ayant pour titre: *Lettres de quelques juifs portugais, allemands*, etc. Il paraît que cet autre pamphlet fera aussi corps des remarques de l'auteur sur l'*Encyclopédie*.

Cette réponse de M. *de Voltaire* est composée

(73) C'est la section IV de l'art. *Dieu*, du *Dict. philos.* t. XXXIX, pag. 3c8.

de plusieurs lettres et fait partie de l'article JUIF, des *Questions sur l'Encyclopédie* (74).

Ibid., page 199, du 16 septembre. Le sieur *de La Beaumelle*, semblable au milan qui, dépouillé par l'aigle, laissait croître ses plumes dans le silence, pour se venger de son ennemi, après avoir passé douze ans dans la retraite, lacéré de toutes parts par M. *de Voltaire*, est sorti, comme on dit, armé de pied en cap, et va lui rendre tous les coups qu'il en a reçus. Il fait imprimer la *Henriade corrigée*, où il trouve plus de trois mille vers à reprendre. Il attaque encore mieux le plan, mais, par une maladresse impardonnable, il s'est avisé de vouloir substituer ses vers à ceux de M. *de Voltaire*. C'est *La Motte* qui traduit l'*Iliade* en vers. Outre ces critiques, et des commentaires sur les Œuvres de M. *de Voltaire*, le sieur *La Beaumelle* a encore en porte-feuille des traductions et d'autres ouvrages, etc.

Ce milan déplumé qui sort *armé de pied en cap* n'a pas fait grand carnage, et personne n'en mourra. On n'oserait en dire autant des critiques, corrections, commentaires, traductions, mémoires et autres ouvrages, publiés ou non publiés, de ce réformateur de la *Henriade*.

Tome XIX, *page* 261, du 6 octobre. On parle d'une épigramme sur la statue de M. *de Voltaire* dont on voit l'esquisse chez M. *Pigal*. Elle est éclose, sans doute, sous la plume d'un des détracteurs de ce grand homme.

Ce monument irritait sans doute les ennemis de M. *de Voltaire*, et les plus acharnés d'entre eux

---

(74) *Dict. philos.* tome XLI, pag. 159.

croyaient s'en venger par des satires et des épigrammes. C'était en quelque sorte se reconnaître eux-mêmes, à quelques traits emblématiques, exprimés par l'artiste au bas de ce monument.

Tome V, *page* 218, du 6 novembre. Le mémoire de M. *de Voltaire,* en faveur des habitans de Saint-Claude, réveille l'attention du public. Il est question de juger cette affaire au conseil des dépêches... La cause de l'humanité à plaider d'une part, et la satire à faire des moines de l'autre, était un trop beau sujet pour ne pas enflammer l'imagination de notre poète philosophe. Il a traité la matière supérieurement et avec tout l'intérêt possible. On ne doute point que le chapitre de Saint-Claude ne perde.

Le succès ne répondit point à cette attente, M. *de Voltaire* ne fut pas aussi heureux dans cette affaire qu'il l'avait été dans la cause des *Calas* et des *Sirven* (75).

Tome XIX, *page* 287, du 3 décembre. Il paraît une nouvelle facétie de M. *de Voltaire,* ayant pour titre : *Lettre au roi de la Chine sur son recueil de vers,* etc. C'est un nouveau cadre où le poète de Ferney enchâsse encore ses victimes ordinaires, et les repasse en revue, etc.

Le rédacteur peut y remarquer aussi de la bonne poésie et de la gaieté.

Tome V, *page* 234, du 9 décembre. Tandis que M. *de Voltaire* ne cesse de s'égayer aux dépens de ses ennemis,

---

(75) Ses écrits sur l'affaire de *Saint-Claude* sont dans le t. XXIX, pag. 455.

ceux-ci cherchent à prendre leur revanche, et le sieur *Marchand* vient de faire paraître le Testament politique de ce grand homme, qui n'est pas mal plaisant.

Ce testament a été fait par l'avocat *Marchand*. Plusieurs personnes m'ont écrit pour savoir si c'était véritablement celui de M. *de Voltaire*.

ANNÉE 1771.

Tome XIX, *page* 297. Du 7 janvier 1771. Dans la querelle sur les avantages ou désavantages de la compagnie des Indes, on a cité l'auteur du *Siècle de Louis XIV*, comme un écrivain politique dont le suffrage devait être de quelque poids dans la balance. Voici comme il s'exprime dans une lettre à M. *Dupont,* auteur des *Ephémérides du citoyen,* datée de Ferney, le 16 juillet 1770 : *A l'égard de la compagnie des Indes, je doute fort que ce commerce puisse jamais être florissant entre les mains des particuliers ; j'ai bien peur qu'il n'essuie autant d'avanies que de pertes, et que la compagnie anglaise ne regarde nos négocians comme de petits interlopes qui viennent se glisser entre ses jambes, etc.*

Ibid., page 299, du 21 janvier. On assure que M. le chancelier (*de Maupeou*) sentant la nécessité d'avoir dans son parti des plumes éloquentes, s'en est attaché plusieurs, et qu'il fait même solliciter de loin M. *de Voltaire,* dont il flatte la vanité.

Il est vrai que M. *de Voltaire* a applaudi aux réformes opérées par le chancelier *de Maupeou,* et les a même soutenues dans quelques écrits anonymes contre le grand nombre des adversaires qui les combattaient; mais ce n'était ni par aucune instigation, ni pour flatter M. le chancelier, dans quelque vue d'intérêt, mais par l'intime conviction où il était de la nécessité de défendre l'autorité royale contre les entreprises toujours renaissantes de la magistrature (76).

Tome V, *page* 263, du 11 mars. Il paraît une *Epître* manuscrite du sieur *de Voltaire au roi de Danemarck*, sur la liberté de la presse que ce prince vient d'accorder dans ses Etats. Elle est écrite de ce style familier que ce poète s'est attribué depuis long-temps envers les rois, et qui dégénère en licence indécente et punissable : il sent moins le génie fier et indépendant, que le bas flatteur, qui, à la faveur des éloges outrés qu'il prodigue à un monarque, espère faire passer les injures qu'il dit aux autres, etc.

L'épître dont il s'agit dans cet article est de M. *de Voltaire*. Mais, monsieur ou messieurs les rédacteurs, je crois que c'est vous-mêmes qui écrivez trop souvent avec une licence indécente et punissable, et particulièrement ici, où vous tâchez, avec une basse perfidie, d'insinuer que M. *de Voltaire*, en louant le roi de Danemarck, voulait insulter le roi de France; comme si approuver celui qui fait une bonne action, c'était outrager tous ceux qui ne la font pas (77).

(76) Parmi les écrits de M. *de Voltaire* dont on parle ici, se trouvent des *Remontrances du grenier à sel*.

(77) Ces compilateurs de nouvelles à la main avaient eu apparemment bien plus d'occasions que *Voltaire* de s'entretenir avec des souverains,

Tome XIX, *page* 308, *du 6 avril*. M. *de Voltaire* a adressé une lettre à M. *d'Alembert*, à l'occasion de celle au roi de Danemarck. C'est une sorte de supplément à la première, où il dépose toutes les injures qu'il n'avait osé y vomir par respect pour le monarque, malgré la familiarité qu'il s'y est permise. Il a jugé son confrère moins délicat, et il s'y exprime de la façon la plus obscène et la plus atroce sur ses ennemis ordinaires, les *Larcher*, les *Foucher*, les *La Beaumelle*, les *Rousseau*, les *Fréron*, etc.

Le rédacteur qui a jugé et proscrit si équitablement l'*épître* en vers *au Roi de Danemarck*, ne devait pas épargner celle à M. *d'Alembert*; cela est tout simple.

Tome V, *page* 285, *du 9 avril. Avis important à la noblesse; Réponse aux Remontrances de la Cour des Aides, du 13 février, par un membre du Conseil supérieur; Lettres américaines sur les parlemens; Extraits de différens écrits, réglemens, ordonnances, etc.; Lettre d'un président d'un bailliage de Normandie, à un président du parlement de Rouen; Sentimens des six conseils souverains, etc.* Tels sont les ouvrages nouveaux qu'on

et savaient mieux que lui de quel ton il convient de leur parler. Si le roi de Danemarck, en venant à Paris, s'était éclairé à leur école, il n'aurait pas répondu d'une manière si gracieuse à l'épître de *Voltaire*, et l'aurait trouvée, comme ces messieurs, d'une insolence punissable. Il aurait réformé son goût hyperboréen sur le leur, et appris ce que *sent* le style qu'ils *s'attribuent* envers des lecteurs qui ont du bon sens et du goût; enfin, il se serait convaincu de la parfaite connaissance qu'ils ont eux-mêmes de toutes les convenances, si bien observées dans cette phrase qui termine merveilleusement leur article : *Les OEuvres du sieur de Voltaire ne sont plus que des écrits fangeux, les bourbiers d'Ennius, toujours excellens à cribler pour quelques paillettes d'or qui s'y trouvent.*

répand avec profusion, pour favoriser le système du despotisme qu'on cherche à accréditer. Il y en a pour tous les genres d'esprit et pour toutes les espèces de lecteurs, de plaisans et de sérieux, de savans et de superficiels (78).

Ibid., page 298, du 16 avril. Deux nouveaux écrits se répandent en faveur des opérations de M. le chancelier, ou pour décrier ceux composés par le parti adverse. L'un a pour titre *la Tête leur tourne;* l'autre, *Remontrances du Grenier à sel.*

Cette dernière plaisanterie est de M. *de Voltaire.*

Ibid., page 306, du 11 mai. L'ouvrage de M. *de Voltaire,* annoncé depuis un an, en forme de dictionnaire, paraît en partie; on en voit déjà trois volumes, sous le titre de *Questions sur l'Encyclopédie par des amateurs.*

Ibid., page 310, du 15 mai. Il paraît constant que M. *de Voltaire* a adressé une lettre à M. le chancelier, où il félicite ce chef de la magistrature de l'heureux succès de ses projets. Il en exalte l'étendue, l'importance et la vaste combinaison; il loue l'éloquence de ses discours et préambules d'édits, où il trouve, dit-il, l'élégance de *Racine* et la sublimité de *Corneille;* il finit par observer que le cardinal *de Fleuri* a, par un traité, ajouté la Lorraine à la France; que M. le duc *de Choiseul* nous a conquis la Corse : mais que M. *de Maupeou,* supérieur à ces deux grands ministres, rend au roi la France entière.

La lettre de M. *de Voltaire* dont il est parlé ici est vraie; mais elle n'était pas écrite à M. le chancelier. Voyez d'ailleurs mes *Additions au Commen-*

---

(78) Parmi ces écrits, il en est qui sont de *Voltaire.*

taire historique, pour tout ce qui concerne M. le duc *de Choiseul* et M. *de Maupeou* (79).

Ibid., page 316, *du* 2 *juin.* Il vient d'arriver deux nouveaux volumes des *Questions sur l'Encyclopédie*, de M. de Voltaire. C'est une sorte de *Dictionnaire philosophique* sous une autre dénomination. On y reconnaît la même affectation de choisir certains articles les plus propres à lui fournir sujet à ses blasphèmes effroyables contre la religion..... C'est encore un répertoire d'injures de tout genre contre la multitude de ses ennemis qui grossit journellement, par la raison que tout homme qui prend la liberté de critiquer ses ouvrages est à l'instant réputé infâme, abominable, exécrable, etc.

Courage, monsieur le rédacteur; n'épargnez pas les mensonges. On vous a dit déjà, et l'on vous le répète pour la dixième fois, que M. *de Voltaire* n'a eu pour ennemis que ceux qui ont voulu le devenir de gaieté de cœur, en exerçant contre lui les premières hostilités, et en s'attirant par là de justes représailles : il n'en usait même souvent que quand il était poussé à bout par leur acharnement et après les avoir long-temps dédaignés.

Ibid., page 319, *du* 16 *juin.* M. *de Voltaire*, qui rumine en cent façons la même idée, vient de reproduire ses belles maximes sur la tolérance, dans une facétie ayant pour titre : *Sermon du Papa Nicolas Chariteski, prononcé dans l'église de Sainte-Toléranski*, etc.

(79) On n'a point la lettre de M. *de Voltaire* dont il s'agit ici, et l'on ne sait à qui elle était adressée.

Si ces maximes étaient belles et utiles, pourquoi avoir l'air de blâmer M. *de Voltaire* de ce qu'il les répétait, dans un temps où il voyait encore les peuples se déchirer pour les avoir méconnues?

Ibid., page 330, *du* 15 *juillet.* Les partisans de M. *de Voltaire* annoncent son retour en cette capitale comme certain. Ils prétendent que c'est M. le chancelier qui a engagé madame *du Barri* à obtenir du roi cette faveur désirée depuis long-temps par ce poète. Ils ajoutent que le chef de la magistrature n'a pu se refuser au zèle que l'illustre proscrit a montré pour la bonne cause; qu'il a jugé par les petits échantillons que l'on connaît de lui sur cette matière, de quelle utilité il lui pourrait être pour subjuguer les esprits; et que de son côté le philosophe de Ferney a promis de renoncer à écrire contre la religion, et de s'attacher uniquement aux objets politiques, sur lesquels on veut qu'il s'exerce. Toute la littérature est dans l'attente d'un tel événement. Ses amis s'en réjouissent, et ses ennemis en tremblent. Le sieur *Fréron* craint fort l'interruption de ses feuilles.

Ce qu'on dit ici de M. *de Voltaire* n'est absolument pas vrai. Il était fort étonné quand ses amis lui mandaient quelquefois que de pareils bruits circulaient dans les sociétés de la capitale; ils n'avaient pas le moindre fondement.

Ibid., page 334, *du* 23 *juillet.* A la suite de la nouvelle édition de la *Dunciade*, le sieur *Palissot* a fait imprimer un volume intitulé : *Mémoires pour servir à l'histoire de notre littérature*, etc.; ils embrassent cent quatre-vingt-sept notices. Il paraît que l'auteur a pris pour modèle le petit catalogue mis par M. *de Voltaire* au-devant de son *Siècle de Louis XIV*;

mais il n'a pu imiter le goût, la légèreté et la concision de ce grand maître. Il y règne d'ailleurs une partialité bien sensible... Il se place lui-même dans ce Panthéon littéraire, avec une impudence suffisante pour démentir tout le bien qu'il dit de lui-même et dont il a rempli ces trois volumes nouveaux de ses œuvres.

M. *Palissot* a suivi à peu près le plan de M. *de Voltaire* dans sa liste des écrivains et des artistes du siècle de Louis XIV, ce qui était facile; mais il ne l'était pas autant de le remplir avec le même succès.

Tome VI, *page* 35, du 9 novembre. Tout le monde a lu les éloges outrés dont M. *de Voltaire* accablait M. le duc *de Choiseul*, et l'on sait avec quelle adulation basse il exalte aujourd'hui M. le chancelier et ses opérations. Le premier n'a pas cru pouvoir mieux se venger du vieillard qu'en faisant élever dans son château de Chanteloup, une girouette surmontée d'une tête modelée sur celle de M. *de Voltaire*, et qui tourne sans cesse au gré des aquilons.

Je ne crois pas cette anecdote vraie; je m'en suis informé particulièrement, et l'on m'a assuré qu'elle n'a nulle réalité. D'ailleurs, M. le duc *de Choiseul* a l'âme trop noble pour avoir fait cette plaisanterie, quand même il aurait cru que M. *de Voltaire* aurait changé de sentiment à son égard, ce qui n'était point vrai. On connaît son épître à madame la duchesse *de Choiseul*, écrite après l'exil de son mari (80).

(80) Elle a pour titre : *Bénaldaki à Caramouftée, femme de Giafarte Barmecide.* Tome XIII, pag. 265.

Ibid., page 53, du 17 novembre. M. *de Voltaire* vient de faire paraître, à l'occasion d'un prétendu parricide, commis à Saint-Omer, par un nommé *Montbailly,* une brochure nouvelle, intitulée : *La Méprise d'Arras.* Il y plaide la cause de l'humanité avec son éloquence et son onction ordinaires, mais on découvre que ce n'est qu'un cadre pour y enchâsser ses invectives contre la magistrature et contre ses ennemis, qu'il déchire avec un acharnement inhumain. Il profite aussi de l'occasion pour encenser M. le chancelier, et louer ses opérations de la façon la plus outrée et la plus basse.

Il est singulier que le rédacteur des *Mémoires* accuse M. *de Voltaire* d'un *acharnement inhumain contre les magistrats.* Mais qui donc est l'inhumain, de celui qui fait rouer et brûler injustement ses concitoyens, ou celui qui réclame la justice en faveur des opprimés, et qui sauve la vie à une femme innocente? A l'égard de son opinion sur les opérations de M. le chancelier, pourquoi lui faire un crime de les louer s'il les croyait louables? Est-ce parce que vous les croyez blâmables? Mais qui sera juge entre vous et lui?

ANNÉE 1772.

Tome VI, *page* 100, du 23 janvier. La fécondité du philosophe de Ferney s'était ralentie depuis quelque temps. Il vient de réveiller l'attention du public par un petit pamphlet, dont le titre assez piquant porte : *Tocsin des rois.* On sait avec quelle adresse M. *de Voltaire* choisit toujours l'à-propos pour jeter plus d'intérêt dans ses ouvrages. Celui-ci est composé à l'occasion de l'attentat commis sur la personne du roi de Pologne, attentat qui rend sa cause commune à tous les souverains, etc.

Cet opuscule est de M. *de Voltaire.*

Ibid., page 121, du 22 février. Il nous est arrivé de Genève une tragédie de M. *de Voltaire,* intitulée : *Les Pélopides, ou Atrée et Thyeste.*

M. *de Voltaire* dans cette pièce a traité le même sujet que *Crébillon;* il en dit les raisons dans sa préface. Il a voulu éviter les grands défauts qu'il trouvait dans la tragédie de son devancier. Les connaisseurs pourront comparer les deux pièces, et juger si celle de M. *de Voltaire,* surtout après les dernières corrections qu'il y a faites, ne doit pas être préférée à l'autre.

Ibid., page 147, du 8 avril. La place d'historiographe de France qu'avait eue M. *Duclos,* et avant lui M. *de Voltaire,* est conférée aujourd'hui à M. *Marmontel.* On prétend qu'il n'a que l'honorifique, ainsi que son prédécesseur, et que le philosophe de Ferney, en renonçant au titre, s'est conservé la pension.

Ce qu'on dit ici de cette pension conservée à M. *de Voltaire* est destitué de toute vérité.

Tome XXIV, *page* 144, du 22 avril. On a reçu la neuvième partie des *Questions sur l'Encyclopédie.* On trouve, à la fin du volume, des *Lettres de Memmius à Cicéron,* qui sont de main de maître.

M. *de Voltaire* avait joint ce dernier ouvrage au

neuvième volume des *Questions*, pour le rendre à peu près égal aux autres.

Tome VI, *page* 158, *du* 1ᵉʳ *mai*. Il est arrivé depuis peu à Paris un nouveau conte manuscrit de M. *de Voltaire*, ayant pour titre : *La Bégueule, conte moral, par le R. P. Nonotte, prédicateur*. Il y a joint un envoi à madame *de Florian*, en date du 19 avril.

Ce conte est de M. *de Voltaire* ; il n'eut jamais d'autre titre que *La Bégueule* ; le reste a été ajouté, on ne sait pourquoi, par quelque copiste de Paris.

Ibid., *page* 172, *du* 28 *mai*. M. *de Voltaire* vient d'envoyer à l'abbé *de Voisenon* une petite pièce intitulée : *Jean qui pleure et Jean qui rit*. Il y fait tour à tour l'*Héraclite* et le *Démocrite*. On y trouve beaucoup de choses agréables et légères. M. l'abbé *Terrai* y reçoit aussi son coup de pate, et par une réticence dont on doit savoir gré à ce philosophe rancunier, il n'y est question ni de *Fréron*, ni de *Nonotte*, ni d'aucun des autres cuistres de la littérature qu'il injurie avec tant d'abondance.

Tome XXIV, *page* 165, *du* 6 *juin*. M. *de Voltaire* est actuellement affamé de mémoires d'avocats. Il écrit à un de ses amis, auquel il demande tout ce qui paraît au Palais : *Qu'il devient comme Perrin Dandin sur ses vieux jours ; qu'il aime à juger*. Il dit en parlant des *factum* répandus dans l'affaire de M. le comte *de Morangiés* : *Vos avocats ont bien de l'esprit ; quand on les a lus, on ne sait plus qu'en croire.*

Cette lettre est vraie (81).

(81) Les éditeurs n'ont point eu cette lettre.

Tome VI, *page* 175, du 12 juin. Les comédiens ont reçu une nouvelle tragédie de M. *de Voltaire*, ayant pour titre : *Les Lois de Minos*. Ils en ont fait lecture à leur assemblée, et l'ouvrage a été agréé avec applaudissement; ils ont trouvé la pièce bien conduite, et ils sont disposés à la jouer. On prétend que c'est un sujet allégorique composé en l'honneur de M. le chancelier; qu'on y trouve des allusions très-sensibles à ses institutions nouvelles; que la conduite du législateur français y est tellement exaltée, que lui seul met obstacle à la représentation : sa modestie répugne à des louanges si fortes. On espère vaincre la résistance du chef de la magistrature trop pudibond. En attendant, sa reconnaissance envers M. *de Voltaire* se manifeste de la façon la plus sensible par la liberté qu'il donne au sieur *Merlin*, libraire, de vendre publiquement tous les ouvrages impies du philosophe.

M. *de Voltaire*, en composant cette tragédie, n'avait point en vue le chancelier de France, mais le roi de Pologne, l'anarchie de ce royaume et le fanatisme des confédérés (82).

Ibid., *page* 180, du 20 juin. M. *de Voltaire* vient de répan-

---

(82) L'allégorie qu'on suppose dans les *Lois de Minos*, aurait encore eu un rapport plus exact avec la révolution opérée en Suède, par *Gustave III*, qu'avec la suppression des parlemens en France. Il est bien vrai que dans ces deux royaumes, ainsi qu'en Pologne, il y avait une lutte entre le monarque et une portion de ses sujets, et que partout elle se termina à l'avantage du monarque, qui se remit en possession de l'autorité souveraine, qu'on lui disputait en partie. Il n'est pas étonnant que des passages de cette tragédie aient pu s'appliquer à ce qui se passait en France, et que l'esprit de parti, qui était encore dans toute son effervescence, n'ait vu partout que des allusions dans l'ouvrage de *Voltaire*.

dre une brochure ayant pour titre : *Essai sur les probabilités en fait de justice.* Elle est relative à l'affaire du comte *de Morangiés* et de la famille *Véron*... Il prend la balance et pèse les vraisemblances pour et contre, et il résulte de son calcul qu'il y en a cent quarante-quatre pour l'officier général, et rien pour les *Véron*. Cette méthode anglaise de soumettre au calcul les faits douteux, est très-amusante, très-attrayante pour le philosophe ; elle fixe l'imagination, et semble écarter tout esprit de cabale et de parti... Ce petit écrit se lit avec beaucoup de plaisir. On y voit une cause intéressante, présentée sous un point de vue neuf. Malgré la sécherese de ce genre de plaidoyer, l'auteur a su y répandre le charme inexprimable qui fait lire avec avidité ses rapsodies les plus absurdes.

Vous avez l'air, messieurs, de rendre ici justice à ce petit écrit de M. *de Voltaire*, et vous ne pouvez cependant vous abstenir, en terminant votre article, de l'injurier encore, lui et ses lecteurs, au risque de vous contredire formellement vous-mêmes ; car il n'y a que des hommes dépourvus de sens et de goût qui puissent *lire avec avidité les rapsodies les plus absurdes*, et y trouver un *charme inexprimable*. Or si, comme il est vrai, on lit avidement tout ce qui vient de M. *de Voltaire*, il faut supposer, ou que tout le monde est insensé, ou que ses écrits ne sont pas aussi absurdes, ni ses lecteurs aussi sots que vous voudriez le faire accroire.

Tome XXIV, *page* 173, *du* 27 *juin. Les Cabales, œuvre pacifique.* C'est le titre d'une nouvelle satire de M. *de Voltaire.*

Elle paraît dirigée principalement contre M. *Clément* et contre l'abbé *de Mably*, protecteur de ce *Clément*. L'auteur y passe en revue les différens partis qui divisent aujourd'hui la France, en politique, en littérature, en religion, et pour se moquer de tout, suivant sa coutume. Le livre du *Système de la nature* semble, depuis quelque temps, l'objet de sa rage ; on ne sait pourquoi ; car, malgré la profession qu'il fait dans cette épître de croire en Dieu, on ne peut attribuer à un zèle vraiment sincère et éclairé les anathèmes burlesques qu'il prononce contre ce livre, son auteur et ses partisans. Il faut qu'il y ait quelque motif secret à cela, que le public ne connaît pas. Au reste, il y a de la chaleur et de la légèreté dans ce pamphlet toujours marqué au cachet de son auteur.

Voilà un singulier article. Quelle espèce de zèle et quels motifs secrets pouvait donc avoir M. *de Voltaire* en réprouvant le *Système de la nature?* Le public, dites-vous, ne les connaît pas, ni vous non plus ; je le crois bien ; c'est que vous les chercheriez en vain ailleurs que dans sa conviction intime d'un être suprême.

Ibid., page 178, du 10 juillet. *Les Oreilles des Baudets de Corinthe*. Tel est un nouveau pamphlet attribué à M. *de Voltaire*, qui paraît principalement dirigé contre un abbé *Sabatier*, auteur du *Tableau philosophique de l'esprit de M. de Voltaire*, et qui dès lors s'est attiré la fureur implacable de ce philosophe, qui, dans cet écrit, se compare à *Thésée ;* à la suite est une lettre de l'auteur sur les comètes, écrite, en 1759, à M. *Clairaut*.

Je ne connais pas cet ouvrage sous ce titre, mais

les Chevaux et les Anes, ou *Étrennes aux sots*, par M. *de Voltaire*. La lettre à M. *Clairaut* est vraie (83).

Tome VI, *page* 191, du 15 juillet. Depuis long-temps on parlait d'une comédie nouvelle, intitulée *Le Dépositaire*, en cinq actes, en vers, envoyée par M. *de Voltaire* aux comédiens. Il paraît que ceux-ci n'en ont pas eu la même bonne opinion que des *Lois de Minos*. On assure qu'ils l'ont rejetée. Elle paraît imprimée sous le vrai nom de son auteur, et le public est en état d'en juger.

Ibid., *page* 203, du 2 et du 4 août. On voit chez M. *Pigal* le modèle en plâtre de la statue de M. *de Voltaire*... Il est assis, nu, et n'offre qu'un vrai squelette. La tête est couronnée de lauriers. Ceux qui ont vu depuis peu le philosophe de Ferney, le trouvent très-ressemblant. Il semble porter ses regards au loin et se moquer de toutes les folies des hommes. Il tient de la main gauche un rouleau, et de la droite un poinçon. A ses pieds sont le poignard de Melpomène, le masque de Thalie, de gros livres, et tous les attributs qui peuvent caractériser ses divers genres de compositions. On n'a point encore décidé où serait placée la statue qui doit être exécutée en marbre, et dont la singularité sera précieuse sans doute à la postérité la plus reculée.....

Ibid., *page* 205, du 6 août. Il vient d'arriver de Ferney une petite pièce ayant pour titre : *Le Chinois Catéchisé*. On peut dire que M. *de Voltaire* finit comme il a commencé.

---

(83) *Wagnière* confond ici deux ouvrages différens. *Les Chevaux et les Anes*, est le titre d'une satire en vers assez connue. (*Voyez* tome XIV, pag. 169.) Il en existe une autre en prose intitulée : *Les Oreilles des Bandits de Corinthe*. C'est de cette brochure que parlent ici les rédacteurs des Mémoires, en rapportant le titre d'une manière inexacte. On la croyait aussi de *Voltaire*. Il a été vérifié depuis qu'elle est de l'abbé *Remy*.

C'est son *Épître à Uranie*, plus vive, plus resserrée, plus gaie, etc.

Cette pièce n'est point de M. *de Voltaire*, et je ne crois pas qu'il l'ait jamais vue.

Ibid., *page* 214, du 27 août. M. *de Voltaire* a pris tellement à cœur l'affaire du comte *de Morangiés*, qu'il vient de répandre une seconde édition de l'*Essai sur les probabilités*, très-augmentée, et où il défend plus que jamais le maréchal de camp.

Tome XXIV, *page* 209, du 28 août. M. *de Voltaire* a saisi l'à-propos de la révolution périodique du second siècle depuis la funeste journée de la Saint-Barthélemi, époque si honteuse pour la France. Il a fait à cette occasion cinq strophes dignes de son meilleur temps. On y retrouve cette philosophie douce, riante, pleine d'humanité qui caractérise le chantre de *Henri IV*.

Le rédacteur avoue donc ici que M. *de Voltaire* pouvait quelquefois faire des odes *passables*. Il y a, au sujet de celle-ci, une chose bien singulière, c'est que toutes les années, le jour de la Saint-Barthélemi, M. *de Voltaire* avait une espèce de fièvre, et éprouvait un malaise si marqué, que tout le monde s'en apercevait.

Tome VI, *page* 217, du 1er septembre. Les vers de M. *de Voltaire* sur le 24 auguste ou août 1772, d'abord envoyés à Paris en manuscrit, sont aujourd'hui imprimés; ils sont à la suite de deux petits pamphlets, l'un sur le procès de mademoiselle *Camp*, l'autre est une réponse à l'abbé *de Caveyrac*, apologiste de la Saint-Barthélemi, et qui l'avait accusé quelque part de s'être attribué les *Mémoires de Brandebourg*, et de les avoir vendus à son profit, etc.

M. *de Voltaire* y réfute avec raison ces assertions très-fausses de l'abbé *de Caveyrac*, et déclare que ces mémoires sont bien du roi de Prusse, le seul historien de sa patrie.

Ibid., page 233, du 29 septembre. M. *de Voltaire,* qui saisit toujours l'à-propos des circonstances, vient d'adresser des vers au roi de Suède, à l'occasion de la dernière révolution de ce royaume. On y lit quelques beaux vers, dignes encore du chantre d'*Henri IV.*

Lorsque le roi de Suède était à Paris, au moment de son départ, occasioné par la mort de son père, qui venait de lui être annoncée, il écrivit de sa main à M. *de Voltaire* une lettre très-flatteuse où il lui témoignait le vif regret de ce que la mort seule de son père le privait du plaisir de venir le voir à Ferney, ce qui avait été un des buts de son voyage. Après la révolution de Suède, S. M. en envoya le détail à M. *de Voltaire;* et c'est à cette occasion que les vers dont on parle ici furent adressés au roi.

Ibid., page 236, du 30 septembre. M. *de Voltaire* vient de se répondre à lui-même. Après avoir fait le *Chinois Catéchisé,* il fait parler celui-ci. Il se sert de ce cadre pour étaler divers points d'antiquité chinoise, et faire encore des plaisanteries sur notre sainte religion, etc.

Ces deux pièces ne sont ni l'une ni l'autre de

M. *de Voltaire*, et passent pour être de M. *de la Condamine*. Le rédacteur le reconnaît ci-après.

Ibid., page 247, du 18 octobre. La *Réponse du Chinois*, qu'on avait attribuée à M. *de Voltaire*, est de M. *de la Condamine*. Ce n'est pas un petit honneur pour ce dernier, qu'on ait pu un instant prendre le change, et confondre sa verve octogénaire avec celle du vieillard de Ferney.

On pouvait ajouter que la demande est de la même main que la *réponse;* nous ne croyons pas qu'aucun connaisseur ait pu prendre le change sur ces vers, en les croyant de M. *de Voltaire*.

Ibid., Ibid., dudit jour. Après un souper de virtuoses chez mademoiselle *Clairon*, on a fait une espèce d'apothéose de M. *de Voltaire*. Le buste du grand homme était au milieu de l'assemblée. Mademoiselle *Clairon* y a lu, avec l'enthousiasme le plus véhément, une ode que lui présenta M. *Marmontel*, et qu'il avait composée en l'honneur du nouveau dieu du Pinde. M. *de Voltaire*, bientôt instruit de cette cérémonie, en a témoigné sa reconnaissance à mademoiselle *Clairon* par des vers très-agréables (84).

Tout cela est vrai, il en a été parlé ailleurs.

Ibid., page 248, du 20 octobre. Il vient de nous arriver deux nouveaux pamphlets de *M. de Voltaire*. Le premier est intitulé : *La Voix du Curé sur le procès des serfs du Mont-Jura;* et le second : *Lettre de M. l'abbé Pinzo, au surnommé Clément XIV, son ancien camarade de collége, qui l'a condamné à une prison perpétuelle après lui avoir fait demander pardon*

---

(84) *Voyez* tome XIV, pag. 375.

d'avoir dit la vérité. Le premier est une espèce de plaidoyer pour les habitans du Mont-Jura contre les moines de l'abbaye de Saint-Claude. On voit, par le titre du second, combien le saint Père doit être mal équipé par M. *de Voltaire*, qui n'en recevra pas certainement un bref aussi flatteur que celui que lui adressa *Benoît XIV*. On ne sait qui peut l'avoir ulcéré contre Sa Sainteté, mais on ne peut la maltraiter plus durement qu'il le fait. Le prétendu abbé *Pinzo* lui rappelle sa basse extraction, lui reproche son ambition, son hypocrisie et sa cruauté. M. le maréchal *de Biron* ne sera sans doute pas content de s'y voir turlupiner, mais apparemment que M. *de Voltaire* ne le craint pas, ayant pour lui M. le chancelier.

Le premier de ces écrits est de M. *de Voltaire*, le second n'en est pas; ainsi les réflexions du rédacteur sont fausses.

Ibid., page 254, du 27 octobre. M. *de Voltaire* vient de répandre encore de *Nouvelles probabilités en fait de justice*, où il fait un dernier effort pour les faire pencher en faveur de M. *de Morangiés*. Pour cette fois l'apôtre de l'humanité paraît absolument vendu à la faveur, etc.

Cela est très-faux, car il ne connaissait pas personnellement M. *de Morangiés*; il avait connu autrefois sa famille, et il n'écrivit dans cette affaire que par la conviction où il était de la friponnerie dont on voulait le rendre victime.

Ibid., page 256, du 29 octobre. Il paraît une *Épître à Horace*, de M. *de Voltaire*, de près de trois cents vers. Le philosophe poète français tâche de s'y rendre digne du poète philosophe romain; il semble lui avoir dérobé sa lyre. Cette nouvelle production est pleine de grâce, d'imagination, de raison et de sel.

Tome XXIV, *page* 243, du 6 novembre. L'*Épître à Horace* est comme tout ce que fait aujourd'hui M. *de Voltaire*, inégale, incorrecte; elle n'annonce pas dans son auteur ce goût sûr et délicat du grand maître auquel il écrit..... Il y a des tirades piquantes contre des personnages du premier ordre. On y trouve surtout cette dureté de caractère, cette incompatibilité qui le rendent ennemi de quiconque le critique et lui font vomir des flots d'injures et de grossièretés, autre défaut que n'avait pas le satirique romain.

Tout homme de goût, tout lecteur éclairé qui connaît l'*Épître à Horace*, peut décider lequel de ces messieurs en parle le plus pertinemment (85).

Tome VI, *page* 273, du 28 novembre. Le sieur *Thiriot* est mort depuis peu de jours, âgé de soixante-seize ans. Il était le correspondant littéraire du roi de Prusse, dès le temps même que ce monarque n'était que prince royal. C'était un homme de lettres qui n'a rien produit, mais qui était prodigieusement riche des productions des autres. Il avait la tête meublée d'une quantité d'anecdotes extrêmement curieuses. Il n'écrivait rien, se fiant beaucoup à sa mémoire. Il était bibliographe, et se connaissait très-bien en livres. On lui fait le reproche d'avoir été l'espion et le gagiste de M. *de Voltaire*.

(85) Le rapprochement de ces deux articles est assez plaisant. On en peut conclure que les rédacteurs de ces bulletins manuscrits dont on a composé les *Mémoires de Bachaumont*, étaient des gens d'espèces très-différentes; que leur goût, leurs lumières ne se ressemblaient point, et qu'ils écrivaient chacun de leur côté, sans se communiquer. De là, cette bigarrure et ces contradictions si fréquentes dans ces *Mémoires*.

Tout ce que l'on dit ici de M. *Thiriot* est très-vrai, excepté qu'il n'était ni espion ni gagiste de M. *de Voltaire*. Il était un de ses plus anciens amis, mais il ne lui écrivait que rarement, du moins depuis le temps que j'étais avec M. *de Voltaire;* et il ne lui parlait que d'objets de littérature.

Ibid., page 277, du 1ᵉʳ décembre. On a fait une plaisanterie assez méchante sous le nom d'un abbé *Lilas*, où l'on tourne en dérision l'auguste cérémonie de l'inauguration du buste de M. *de Voltaire*, qui se fit au mois de septembre chez mademoiselle *Clairon*. Cette facétie est attribuée à M. *Dorat*, maltraité précédemment par M. *de Voltaire*, et que son attachement au sieur *Fréron* rend ennemi né du parti encyclopédique et de tous ses adhérens.

Je ne connais pas cette plaisanterie, que l'on attribue peut-être faussement à M. *Dorat*. Le rédacteur se trompe en disant que cet auteur avait été maltraité par M. *de Voltaire;* il a cru apparemment (comme le bruit en avait été répandu à dessein) qu'une épigramme de M. *de la Harpe* était de M. *de Voltaire*. A l'égard de l'attachement de M. *Dorat* pour *Fréron*, qui prônait ses vers, j'ignore s'il était bien vif, mais je sais que M. *Dorat*, dans une lettre qu'il écrivit à M. *de Voltaire* au mois de juillet 1770, s'efforce de se disculper à ses yeux, comme d'un *affront*, d'être l'ami et le collaborateur de *Fréron* (86).

(86) *Voy*. la réponse de M. *de Voltaire* à M. *Dorat*, t. LXI, p. 356.

Ibid., *page* 282, du 5 décembre. L'*Epître d'Horace à M. de Voltare* est fort au-dessous de l'idée que les partisans de M. *de la Harpe* en avaient donnée. Elle est également indigne et de celui qu'il fait parler et de celui auquel il parle... Il aurait fallu éviter ce ton dur, ce style injurieux et grossier, ces personnalités directes dont son héros lui a donné le modèle, et qu'il a trop imité. On est surpris que la police ait toléré dans cet écrit, qui se vend publiquement, une pareille licence, bien digne de son animadversion.

Entre tous les gens de lettres, M. *de la Harpe* paraît être le plus constamment l'objet de la haine et de l'injustice de ces rédacteurs de bulletins. Quand on se permet de dénigrer dans M. *de Voltaire* les vers du maître, on ne peut que trouver plus mauvais encore les vers du disciple. Nonobstant l'avis de ces messieurs, l'*Épître d'Horace à M. de Voltaire*, par M. *de la Harpe*, a trouvé dans Paris et chez l'étranger des lecteurs en grand nombre qui l'ont appréciée plus équitablement (87).

Ibid., *page* 288, du 25 décembre. Il paraît un *Eloge de Racine* par M. *de la Harpe*. On y voit visiblement que son

(87) Si les gens de bonne foi trouvent *détestables* les vers de M. de *Voltaire*, ou ceux de M. *de la Harpe*, et le disent ingénument, on ne peut leur défendre de parler selon leur goût; on pourrait seulement les plaindre de ne l'avoir pas meilleur. Si d'autres gens le répètent, contre leur opinion, par esprit de parti, par intérêt, par envie ou d'autres motifs bas et odieux, il faut les plaindre bien davantage. Mais s'ils joignent à cela l'audace de se faire, d'office, les délateurs de leurs concitoyens, et de provoquer contre eux l'animadversion du gouvernement, en transformant en crimes ce qui n'était aux yeux mêmes de l'autorité que des plaisanteries poétiques, c'est une infamie qu'on ne

but a été de mettre ce grand poète au-dessus de *Corneille*, pour mettre ensuite M. *de Voltaire* au-dessus *de Racine*.

Ce que je *vois visiblement*, c'est le parti pris par les rédacteurs de ne jamais parler de M. *de la Harpe* que pour le déprimer ou le calomnier. Ce que le public a *vu* non moins *visiblement* dans cet *Éloge de Racine*, c'est l'éloquence de l'auteur, c'est le goût avec lequel il discute et compare le mérite respectif de ces trois grands maîtres de la scène française, et la justice qu'il rend à chacun d'eux.

Ibid., page 290, *du* 29 *décembre. Les Trois siècles de notre littérature*, etc. Le but de cet ouvrage paraît être de dénigrer tous ceux qui se sont rangés sous les drapeaux de M. *de Voltaire*, et qu'on connaît sous le titre de *Parti encyclopédique*... Quoique cette diatribe volumineuse soit attribuée à l'abbé *Sabatier*, on ne doute pas qu'il n'ait eu des coopérateurs en méchancheté : le sieur *Palissot*, très-profond dans cet art, passe pour n'avoir pas été d'un faible secours à l'auteur en nom.

J'ignore si M. *Palissot*, ennemi des philosophes, a coopéré avec l'abbé *Sabatier* à ce dictionnaire

---

peut pardonner, surtout à des gens dont la volumineuse rapsodie étale presqu'à chaque page des exemples en tout genre de la licence la plus effrénée, et les personnalités les plus outrageantes. Leur distribution clandestine ne les rendait que plus perfides et plus dangereuses, jusqu'au moment où quelqu'un s'avisa, en 1777, 15ᵉ année depuis l'origine de ces bulletins, de les recueillir et de les publier en corps d'ouvrage. On doit savoir gré à *Wagnière* d'avoir pris la peine d'examiner ce recueil qu'on a prolongé jusqu'en 1787, et d'en avoir relevé les erreurs en tout ce qui est relatif à *Voltaire*.

dirigé principalement contre eux. Ce qui paraît plus évident, c'est que cet abbé a profité du travail d'un de ses confrères, nommé *Martin*, qui venait de mourir; qu'il y a joint sa propre besogne et a donné le tout pour sien : il y a eu même à ce sujet un procès intenté par les héritiers du défunt, et dont il a été parlé dans les *Additions au Commentaire historique.*

ANNÉE 1773.

Tome VI, *page* 305, 16 janvier 1773. M. *Clément,* ce critique infatigable, qui, nouvel *Erostrate*, ne veut s'illustrer que par les dévastations et les ruines, paraît s'attacher décidément à M. *de Voltaire,* comme à l'homme le plus digne de la guerre qu'il respire. Il entreprend une critique générale de ses œuvres, etc.

M. *Clément*, de Dijon, étant fort jeune, adressa des hommages à M. *de Voltaire*, et lui écrivit diverses lettres que j'ai vues (*). Piqué peut-être de ce que M. *de Voltaire* ne s'empressa pas de lui répondre avec la même bienveillance qu'il avait témoignée à d'autres jeunes gens en qui il avait trouvé de l'esprit et des dispositions pour les belles lettres, M. *Clément*, d'admirateur se fit ennemi d'un grand homme, et se jeta dans le parti de ses

---

(*) Il y en a quelques-unes d'imprimées dans l'édition de Kehl, tome LXX, comme pièces justificatives, à la suite de la *Vie de Voltaire*, par *Condorcet*.

illustres adversaires, les *Fréron*, les *la Beaumelle*, les *Sabatier*, les *Nonotte* et *tutti quanti*.

Ibid., page 312, du 23 janvier. M. *Piron* a été enterré hier... Il formait quelques gens de lettres qui s'étaient rangés sous ses étendards, et dès lors s'affichaient pour ennemis de M. *de Voltaire*, car il y avait une haine irréconciliable entre ces deux hommes célèbres.

J'ignore si M. *Piron* haïssait si violemment M. *de Voltaire;* quant à celui-ci, je peux protester que pendant les vingt-cinq dernières années de sa vie, je ne lui ai jamais vu témoigner d'inimitié contre M. *Piron*, ni marquer même aucune animosité, quand il recevait quelquefois de Paris des épigrammes ou ce poète caustique le maltraitait; il n'y montrait que de l'indifférence. Il faisait à la vérité fort peu de cas de presque toutes les productions de *Piron*. Quand le rédacteur des *Mémoires* avance que cet auteur contenait au moins le faux goût et s'opposait à ses progrès en dressant des élèves contre M. *de Voltaire*, c'est dire nettement que le bon goût était chez le premier et le mauvais chez ce dernier. Assertion qu'on pourra lui contester, et qui semble donner la juste mesure de son propre goût.

Ibid., page 316, du 26 janvier. On écrit de Ferney que M. *de Voltaire*, quelque dégagé qu'il soit de la matière, a cependant encore des velléités charnelles, qu'il a recours quelquefois au secret du bon roi *David* pour prolonger sa vieillesse, et qu'il admet à sa couche de jeunes filles. On ajoute que depuis peu, s'étant trouvé l'imagination exaltée, il avait tenté d'en venir à l'acte, mais que cet effort prodigieux lui avait causé un évanouissement considérable, ce qui avait alarmé toute sa maison. On assure qu'heureusement cet accident n'a pas eu de suites.

Cette anecdote sur M. *de Voltaire* est de la plus grande fausseté, car, dans le moment de son étourdissement, j'étais dans sa chambre avec mademoiselle *de S****, et il me dictait de son lit. C'est à tort que l'on a cherché à déshonorer cette demoiselle aimable et respectable par elle-même et par sa famille. Ce fut madame *Denis* qui se plut à faire courir ce bruit, excitée par son esprit de jalousie extrême contre toutes les personnes auxquelles son oncle témoignait de l'estime et de l'amitié. M. *de Voltaire* se plaisait à raisonner avec mademoiselle *de S****, qui était très-instruite et avait beaucoup d'esprit.

Ibid., page 318, du 28 janvier. On vient d'imprimer les *Lois de Minos*, ou *Astérie*, tragédie de M. *de Voltaire*, que les comédiens français annonçaient et devaient donner incessamment, sans le succès éclatant de la nouvelle actrice, mademoiselle *Raucourt*.

Ibid., page 326, du 1ᵉʳ février. Plusieurs littérateurs, offensés du ton tranchant et despotique de l'auteur des *Trois Siècles*, ont répandu leur bile dans plusieurs ouvrages. M. *d'Aquin*, un des plus maltraités, a fait cette épigramme :

Certain jour, chez Pigal, en contemplant Voltaire,
Je disais : Qu'a donc mis le fameux statuaire

Sous les pieds de notre Apollon?
Et pourquoi lui fait-on écraser du talon
Ce masque hideux, dont la bouche effroyable
Semble ouverte pour aboyer?
Est-ce l'Envie? Est-ce le Diable?
Quelqu'un cria dans l'atelier :
Oh! ce n'est rien; c'est l'abbé Sabatier.

Il y a joint cette autre épigramme :

Mons Sabatier, ta sotte paperasse,
Pour quelques mois te donnera du pain :
L'ami, je vois, à ta burlesque audace,
Que tu crains moins le bâton que la faim.

Ce dictionnaire des *Trois siècles* a donné lieu à beaucoup d'autres critiques ou satires, et même à des réclamations plus sérieuses de la part de plusieurs gens de lettres de Paris, de la première classe, qui y sont insultés par cet abbé *Sabatier*, sans ménagement. Cet ennemi de M. *de Voltaire* avait aussi commencé par être son admirateur et l'avait encensé dans les opuscules et les lettres qu'il lui adressait, sauf à lui casser bientôt après l'encensoir sur la tête, s'il n'en était pas accueilli comme il le voulait; et c'est ce qu'il a bravement fait dans ses compilations satiriques.

Ibid., page 332, du 7 février. L'Université de Paris a proposé, pour prix du discours latin de cette année, le sujet que voici : *Non magis Deo quam regibus infensa est ista quæ vocatur hodie philosophia.* Cette assertion effrayante pour les philosophes modernes, a excité l'éloquence de leur coryphée : M. *de Voltaire* a pris le contrepied dans un discours, sous le nom de M⁰ *Belleguier*, avocat. On y trouve la plus profonde érudition, et un art étonnant pour rapprocher tout ce que l'antiquité la plus reculée peut lui offrir de favorable à la justification qu'il entreprend.

Le discours de *Belleguier* est de M. *de Voltaire*, et il eut beaucoup de succès. Les philosophes et les principaux gens de lettres lui surent gré d'avoir si bien plaidé leur cause (88).

Ibid., page 336, du 10 février. Lettre de M. *de Voltaire* à M. le maréchal *de Richelieu*, dans laquelle il est parlé de l'évanouissement dont on a fait mention.

Cette lettre est vraie (89).

Tome XXIV, *page* 273, du 21 février. M. *de Voltaire* ayant su combien sa pièce des *Lois de Minos* perdait à la lecture, jette les hauts cris contre le libraire qui l'a imprimée; il prétend que c'est le larcin de quelque canaille de la littérature, et a écrit au lieutenant de police pour se plaindre de cet attentat. On commence à croire que cette tragédie ne sera pas jouée. M. *de Voltaire,* pour donner plus de véhicule à son ouvrage, avait imaginé d'engager mademoiselle *Raucourt* à y prendre un rôle ; mais celle-ci s'en est défendue ; ce qui a allumé la bile du philosophe de Ferney, qui a écrit à cette occasion une lettre à M. le maréchal *de Richelieu,* où il injurie cette jeune actrice et la représente comme une hypocrite dont la vertu a reçu plus d'un échec. Ces calomnies du vieux philosophe ont sensiblement affligé la débutante.

(88) Des grammairiens ont soutenu que le recteur de l'Université avait fait un solécisme et un barbarisme en prenant *magis* pour *minus;* qu'il avait dit tout le contraire de ce qu'il voulait dire, et avait rendu lui-même, par son texte, le plus bel hommage à la philosophie.

(89) C'est celle du 21 décembre 1772, tome XV, page 342.

Ce fut véritablement par un larcin ou l'infidélité très-condamnable de quelque personne attachée à la comédie, que les *Lois de Minos* furent imprimées; et M. *de Voltaire* en fut d'autant plus piqué, que cette pièce devait être représentée dans ce même temps, et perdait par là le mérite de la nouveauté et l'effet de la surprise aux yeux des spectateurs.

Tout ce que l'on ajoute ici concernant mademoiselle *Raucourt* est faux (90).

Tome VI, *page* 346, du 13 mars. M. *de Voltaire* a fait une réplique au sieur *Falconnet*, qui a répondu aux *Probabilités* avec tant de succès. Aussi le philosophe de Ferney baisse-t-il beaucoup le ton : il est très-modeste dans cet écrit.

La *Réponse aux probabilités en fait de justice*, par un avocat qui ne s'était point nommé, n'était qu'un libelle ridicule contre M. *de Voltaire*. La *Réponse à un Avocat* est au contraire du ton le plus ferme et le plus noble.

Ibid., page 350, du 5 mai. Il nous est arrivé de Genève un gros volume qui atteste la pleine existence de M. *de*

---

(90) Il paraît que c'est quelque plaisanterie du maréchal *de Richelieu*, qui avait donné occasion au mécontentement de mademoiselle *Raucourt*. Voyez les lettres de *Voltaire* à *Richelieu*, des 19 février et 26 auguste 1773 (tome LXII). On n'a malheureusement point une autre lettre antérieure dont il est fait mention dans celle du 19 février 1773. On y aurait trouvé l'explication de l'anecdote.

Voltaire, il est intitulé : *Les Lois de Minos, tragédie, avec les notes de M. de Morza et plusieurs autres pièces détachées.*

Ce recueil fut imprimé avec l'autorisation de M. *de Voltaire.*

Tome XXIV, *page* 305, du 9 mai. Un certain abbé *de Launay*, tête chaude et facile à s'exalter, a imaginé de donner du nouveau à l'occasion de la convalescence du patriarche de la littérature; en conséquence il a broché une pièce intitulée : *La Nouvelle de Ferney.* C'est un divertissement en l'honneur de M. *de Voltaire.* Il est en trois parties, l'une en récit, la seconde en chant et la troisième en danses. Il a lu son canevas aux comédiens français, etc.

Jamais M. *de Voltaire* n'a entendu parler de cette farce.

Tome VI, *page* 373, du 11 mai. Un plaisant a fait une chanson sur le squelette de M. *de Voltaire,* qu'on va voir chez le sculpteur, et qui fait peur à tout le monde. Elle est sur l'air de l'*Alleluia.*

> Voici l'auteur de l'*Ingénu.*
> Monsieur Pigal nous l'offre nu :
> Monsieur Fréron le drapera.
> *Alleluia.*

Ibid., *page* 375, du 18 mai.
Extrait d'une lettre de Nancy « Un petit neveu du marquis *de la Fare* est l'auteur d'un quatrain impromptu en l'honneur de M *de Voltaire;* le voici :

> Rien ne change sur la terre
> Que de forme et de nom :
> Les païens nommaient *Apollon*
> Le dieu que nous nommons *Voltaire.*

On voit par ces deux articles si rapprochés, que M. *de Voltaire* était un objet perpétuel d'entretien, surtout parmi les gens de lettres. Chaque jour voyait éclore des éloges et des satires au sujet de ce grand homme; c'était la suite de sa renommée extraordinaire. La plupart de ces pièces ne parvenaient pas à sa connaissance, il n'aurait pas eu assez de temps pour les lire toutes, et me disait qu'on en aurait composé une bibliothèque entière.

Tome VII, *page* 6, du 13 juin 1773. M. *de Voltaire* n'a pas laissé échapper l'occasion de la prétendue comète pour s'égayer et écrire. Il a fait une *Lettre* à ce sujet où il développe son érudition ordinaire, et jette du ridicule sur les principaux astronomes qui ont parlé des comètes. Il est tour à tour savant et bouffon.

Cette lettre est de M. *de Voltaire*. Le rédacteur se serait exprimé plus convenablement en disant qu'elle est en même temps savante et gaie. M. *de Voltaire* connaissait mieux que lui la différence de la plaisanterie ingénieuse et de la bouffonnerie.

Tome XXIV, *page* 328, du 18 août. La lettre de M. *de Voltaire* à madame *du Barri* fait une sensation prodigieuse parmi les courtisanes de cette capitale. Il n'en est aucune d'une certaine espèce qui n'en ait une copie sur sa toilette. Les patriotes sont indignés de l'assimilation qu'il fait de cette divinité avec la nymphe *Égérie*, comme si, à l'exemple de celle-ci, qui inspira *Numa*, législateur des Romains, il exaltait la part que la favorite a eue dans la révolution de la magistrature.

Cette lettre est de M. *de Voltaire.* Le rédacteur donne ici une bien grande importance à un simple compliment mêlé de prose et de vers, et paraît fort étranger au commerce des muses et aux priviléges de la poésie.

Ibid., page 335, du 26 août. M. *de Voltaire* n'est pas resté muet parmi tant de Mémoires répandus dans l'affaire du comte de *Morangiés.* Il a repris la plume et a écrit un *Précis du procès de M. le comte de Morangiés contre la famille Véron......* Non content de cet écrit anonyme, il en répand un autre qu'il avoue plus authentiquement. Il est intitulé : *Lettre de M. de Voltaire à MM. de la noblesse du Gévaudan, qui ont écrit en faveur de M. le comte de Morangiès.* Ce qui rend ce nouvel ouvrage de M. *de Voltaire* extrêmement insidieux, c'est l'adresse infernale qu'il a eue d'y insérer le propos soi-disant du roi, etc.

Ces écrits sont aussi de M. *de Voltaire;* la Lettre à MM. de la noblesse du Gévaudan fut suivie de trois autres que lui adressa également M. *de Voltaire.* Il est singulier qu'un rédacteur de bulletins, en parlant des Mémoires publiés de part et d'autre dans un procès célèbre, s'avise de juger d'avance ce procès, en représentant sans cesse comme démonstratifs les mémoires pour les *Véron,* et ceux de leur partie adverse seulement comme insidieux; en ne trouvant surtout dans les écrits de M. *de Voltaire* qu'un charme de style très-dangereux et une *adresse infernale.* L'événement a pourtant prouvé que M. le rédacteur jugeait fort mal.

Ibid., page 397, du 10 septembre. M. *de Voltaire* vient

d'adresser une *Épître à M. Marmontel, auteur de jolis contes, historiographe de France.* Telle est sa dédicace. C'est un persifflage assez léger de la cour et de Paris, où il n'y a rien de neuf que des tournures ingénieuses et piquantes pour faire passer les sarcasmes que le philosophe de Ferney ne peut s'empêcher de lancer.

L'épître est de M. *de Voltaire*, mais je n'ai pas eu connaissance de la prétendue *dédicace*, qui n'est qu'une épigramme de quelque plaisant de Paris.

Tome VII, *page* 63, du 17 septembre et du 20. Il paraît un nouveau pamphlet de M. *de Voltaire*, en faveur de M. *de Lally*, intitulé : *Fragmens sur l'Inde*, etc. Il est incroyable comment ce célèbre auteur peut se permettre de juger ainsi le parlement, et d'insulter à des magistrats dispersés, qu'il accuse d'une partialité atroce, partialité qu'il décèle lui-même avec une impudence lâche !

Quoi, monsieur ! vous appelez impudence lâche la noble hardiesse de M. *de Voltaire*, d'oser se faire dans toutes les occasions le champion des infortunés ! et vous ne rougissez pas de vous ériger encore ici en juge, et d'appeler (dans votre supplément, tome 24, page 400, du 13 septembre) M. *de Lally* un illustre *scélérat !* Je prie le lecteur de voir mes *Additions au Commentaire historique.*

Ibid., *page* 79, du 15 octobre. M. *de Voltaire* vient de répandre une feuille sanglante contre l'abbé *Sabatier* de Castres, intitulée : *Extrait d'un nouveau Dictionnaire de calomnies.* Il le peint comme un hypocrite des plus méprisables, et rapporte différens écrits de cet abbé dans lesquels il attaquait la religion qu'il défend aujourd'hui. L'abbé *Sabatier* profitera sans doute de la nouvelle édition de son dictionnaire pour se disculper, et confondre le philosophe de Ferney, qui ne se pique pas toujours d'une grande exactitude dans les faits.

L'*Extrait d'un nouveau Dictionnaire de calomnies* est de M. *de Voltaire*, et je certifie qu'il n'y avance rien qui ne soit très-exact, qu'il en avait les preuves les plus complètes, écrites de la main même de l'abbé *Sabatier*. J'ai vu son *Analyse de Spinosa*, où il finit par dire : *Point de religion, et j'en serai plus honnête homme ; la loi n'arrête que la main et ne fait que des esclaves*. Ce n'est pas sans preuve non plus qu'il est peint dans cet opuscule comme un nouveau *Tartufe* qui, ayant été nourri et entretenu chez M. *Helvetius*, a fini par diffamer son bienfaiteur après sa mort.

Ibid., page 104, du 27 novembre. M. *de Voltaire*, qui n'est jamais long-temps sans alimenter la curiosité du public, vient d'envoyer dans ce pays-ci une espèce de satire intitulée *La Tactique*. L'humanité du vieux philosophe se récrie contre l'art meurtrier de la guerre, tandis qu'un interlocuteur veut lui prouver la nécessité d'apprendre aux hommes à s'égorger méthodiquement. Il y a un tour original dans cette pièce. C'est un mélange de persifflage et de sentiment, de bouffonnerie et de sublime, qu'il amalgame si bien, qu'il fait passer des choses qui révolteraient dans la bouche de tout autre. Du reste on y trouve des descriptions très-pittoresques et dignes d'un vrai poète. La tirade du *Te Deum*, qu'on va chanter après une bataille sanglante, ou une ville prise d'assaut, est le morceau le plus neuf et le plus piquant.

M. *de Voltaire* fit cette petite pièce à l'occasion de l'envoi que lui avait fait M. *de Guibert* d'un ouvrage sur la tactique, dont il était l'auteur. Celui des rédacteurs qui parle ici des vers de M. *de Voltaire* ne cherche pas au moins à les dénigrer, comme le font assez souvent quelques-uns de ses collègues, et paraît ne point partager leur goût ni leurs préventions.

Tome XXIV, *page* 315, *du* 29 *novembre.* On parle du *Taureau blanc,* conte en prose, qu'on dit être de M. *de Voltaire,* mais dont on ne cite encore que le titre.

Ce conte ou roman est effectivement de M. *de Voltaire.*

Tome XXVII, *page* 139, *du* 6 *décembre. A Warburton;* telle est l'adresse d'un petit pamphlet, en quatre pages, de M. *de Voltaire* à cet écrivain, qui, pour l'avoir contredit à l'égard des Juifs, essuie de la part du philosophe une bordée d'injures. Ce *Warburton* est un auteur vivant, anglais, qui a commenté *Shakespear* et écrit ce que M. *de Voltaire* appelle une rapsodie en quatre gros volumes : espèce de commentaire sur *Moïse.*

M. *Warburton,* évêque anglais, a le premier injurié M. *de Voltaire* dans ses écrits lourds et pédantesques. Il était bien permis à celui-ci de lui témoigner en passant une légère reconnaissance.

ANNÉE 1774.

Tome VII, *page* 124, du 11 janvier 1774. Madame la marquise *du Deffand* est une vieille muse de la cour de madame la duchesse *du Maine*. Elle était renommée autrefois pour ses grâces, son esprit et sa méchanceté. Elle a toujours conservé quelque liaison avec M. *de Voltaire*, et il vient de lui adresser une épître où l'on retrouve encore la fraîcheur de son jeune âge.

Ce sont les vers qui commencent ainsi :

Eh quoi! vous êtes étonnée, etc. (91)

Ibid., *page* 126, du 16 janvier. On a donné hier la première représentation de la *Sophonisbe de Mairet, réparée à neuf par M. de Voltaire*. Le concours a été immense. Il faut convenir que cette pièce, supérieure à toutes les pièces modernes les mieux accueillies, par la marche, la netteté, l'enchaînement de l'intrigue, par la vérité des caractères et le naturel des situations, est cependant froide, parce que Massinisse et Sophonisbe depuis la fin du troisième acte restent toujours dans la même situation; mais le dénouement, de la plus grande beauté, répare la langueur qu'on éprouve jusque là. On ne peut exprimer surtout l'art avec lequel le sieur *le Kain* y joue le rôle de Massinisse. Le public n'a pas, en général, très-bien accueilli cette pièce, dont la deuxième représentation est annoncée pour mercredi.

C'est le même sujet que *Mairet* a traité, mais la

---

(91) Tome XIII, page 320. Mais ce n'est point à madame *du Deffand* qu'ils ont été adressés par l'auteur.

pièce est d'ailleurs très-différente de la sienne à tous égards.

Ibid., page 127, dudit jour 16 janvier. *Fragmens sur l'Inde, etc.* C'est la deuxième partie de l'ouvrage dont on a déjà parlé. Elle contient le précis de l'histoire des Indiens et de leur religion, etc.

Tome XXVII, *page* 193, du 14 février. On prétend que M. *de Voltaire* fait intriguer beaucoup par des magistrats adroits auprès de la famille de *la Beaumelle*, pour faire soustraire le commentaire qu'il préparait sur les œuvres du grand poète et principalement sur la *Henriade.*

Ceux qui prétendent cela connaissent fort peu M. *de Voltaire*, qui méprisait *la Beaumelle*, et ne s'inquiétait pas plus de ses œuvres posthumes que de celles qu'il avait publiées de son vivant.

Tome VII, *page* 152, du 20 février. Le *Taureau blanc*, conte allégorique de M. *de Voltaire*, n'est point encore imprimé. C'est une espèce de féerie qui ressemble beaucoup à l'histoire de *Nabuchodonosor* changé en bête.

Ibid., page 154, du 24 février. M. *de Guibert* étant allé à Ferney aux vacances dernières, et ayant dîné avec madame *Denis* sans que M. *de Voltaire* eût paru, il écrivit avant de partir un billet au maître de la maison, conçu ainsi : *Je vous avais toujours soupçonné d'être un dieu, mais j'en suis aujourd'hui convaincu, puisqu'on vous boit et vous mange sans vous voir.* Cette saillie impie et galante plut tellement au patriarche, qu'il se montra et vint embrasser l'auteur du billet. Un adulateur du grand homme l'a mis en vers.

O céleste génie, aimable octogénaire,
Philosophe sublime, ô grand homme ! ô Voltaire !

> Je vous avais toujours soupçonné d'être un dieu :
> Vous ne m'êtes plus un problême,
> Puisqu'ainsi que l'Être suprême,
> Sans vous voir on vous mange et vous boit en ce lieu.

L'anecdote du billet à M. *de Voltaire* est vraie, mais ce n'est pas M. *de Guibert* à qui cela est arrivé.

Tome XXVII, *page* 217, *du* 22 *mars*. M. *Clément*, dans une note de ses Lettres sur M. *de Voltaire*, annonçait que ce grand poète était petit-neveu du fameux *Mignot*, pâtissier-traiteur, contemporain de *Boileau*. L'abbé *Mignot*, vrai neveu de M. *de Voltaire*, s'est trouvé compromis par cette note. Comme il est conseiller de grand'chambre, il s'en est plaint au premier président. Ce magistrat a envoyé chercher M. *Clément*, et lui a appris que M. *de Voltaire* et M. l'abbé *Mignot* ne descendaient nullement du traiteur, mais d'une famille ancienne de Paris, qui a passé du commerce en gros dans la magistrature, au commencement du siècle. En conséquence M. *Clément* a écrit à M. l'abbé *Mignot* une lettre qui se trouve dans le *Mercure* de mars, où il lui fait des excuses, et réforme une erreur aussi importante, surtout entre gens de lettres.

M. *Clément* s'imaginait apparemment qu'en dénigrant la naissance de M. *de Voltaire*, il en ferait paraître les ouvrages plus mauvais aux yeux de ses lecteurs; c'était là le but de ses Lettres. Quand même ce qu'il a dit eût été vrai, ce n'aurait été encore qu'une bien misérable ressource et très-déplacée; M. *de Voltaire* ne s'est jamais targué de rien à cet égard, et

> L'on ne recherche la naissance
> Que des parvenus *insolens*.

Pendant le dernier séjour de M. *de Voltaire* à Paris, un officier lui écrivit qu'il avait découvert que la famille des *Arouet* était originaire du Poitou, et que l'un d'eux s'y était distingué dans les lettres, il y a plusieurs siècles. M. *de Voltaire* lui a répondu avec politesse que la chose n'était pas impossible, mais qu'il n'en avait pas connaissance, et ne pouvait lui donner là-dessus aucun renseignement.

Tome VII, page 166, du 23 mars. Il court une Épître à Ninon de l'Enclos, qui est certainement de M. de Voltaire. Quoiqu'on y reconnût aisément sa touche, on ne pouvait la croire de lui, à raison de son portrait qui s'y trouve agréablement fait ; cependant il n'est plus permis d'en douter depuis qu'il en a fait l'aveu à madame d'Argental, dans une lettre. Différens traits historiques enrichissent cette production, pleine de poésie, de grâce et de philosophie satirique, en sorte qu'elle est extrêmement courue, comme tout ce qui sort de la plume de cet auteur célèbre. La pièce cependant paraît sous le nom de M. le comte Schouwalof, chambellan de l'impératrice de Russie, etc.

Cette épître est réellement de M. *de Schouwalof*, qui l'envoya à M. *de Voltaire* : celui-ci la fit imprimer, et y changea seulement un nom propre. Je crois d'ailleurs que madame *d'Argental*, dont on parle ici, était morte depuis long-temps.

Ibid., page 167, du 24 mars. Lettre d'un ecclésiastique de province sur le prétendu rétablissement des Jésuites dans Paris. Dans ce pamphlet, attribué à M. de Voltaire, et marqué au coin de sa touche satirique, l'auteur semble avoir eu moins en vue de raisonner que de plaisanter. Après avoir parlé assez sérieusement du premier objet, il tombe sur tous les moines en général, et donne l'essor à sa bile... Ce petit écrit se fait lire avec beaucoup d'intérêt et de plaisir.

Ibid., *page* 173, du 2 avril. Il paraît deux caricatures sur M. *de Voltaire*, à l'occasion du projet de lui ériger une statue. Le sujet de la première estampe, intitulée : *La Vengeance divine*, est la Religion qui appelle la foudre sur la statue, qui en est triste. La Sottise, à la tête des philosophes, est consternée de cet événement, dont se réjouissent d'un autre côté les prêtres, les jésuites, etc. L'autre gravure, plus simple, plus sagement composée, est le pendant de l'autre. Elle est intitulée : *La Vengeance humaine*. L'Imagination y remplace la Religion, et présente à M. *de Voltaire* le flambeau du Génie. L'Envie, la Sottise, plongées dans la fange, s'y montrent sous des figures emblématiques, et insultant, chacune à leur manière, à la gloire dont il jouit. Dans l'une et l'autre estampe la figure de M. *de Voltaire* est peu ressemblante.

Tome XXVII, *page* 232, du 4 avril. On a exécuté trois fois dans cette quinzaine, au concert spirituel, et avec un grand succès, un *oratorio* de *Samson*, tiré, quant aux paroles, de l'opéra de M. *de Voltaire* intitulé de ce nom. Ainsi voilà encore une scène où n'avait jamais paru ce poète universel, et qui lui a procuré un nouveau triomphe, de concert avec M. *Mereaux*, organiste de Saint-Sauveur, dont la musique est grande, majestueuse, pittoresque.

Ibid., *page* 245, du 20 avril. M. *de Voltaire*, écrivant à un ami qui lui avait fait l'éloge de l'épître de M. *de Schouvalof*, et lui en parlait comme d'un ouvrage auquel il le soupçonnait d'avoir eu part, s'échauffe à cette occasion et prétend qu'il n'est pas assez impertinent pour se louer ainsi lui-même ; qu'elle est tout entière du chambellan de l'impératrice : qu'il est un prodige pour l'esprit, les grâces, la philosophie. Il ajoute que l'impératrice de Russie écrit en prose aussi bien que ce seigneur en vers ; que le roi de Prusse cause l'admiration de tous les Français qui le lisent. Il finit par demander à qui l'on doit attribuer ces progrès étonnans de notre langue chez les étrangers : *Est-ce aux énigmes du Mercure?* ajoute-t-il... Au reste, tous ces dits et contredits du philosophe de Ferney, sont si communs qu'on peut facilement ajouter foi aux uns et aux autres. Il est constant que le Russe lui avait adressé une épître, mais que M. *de Voltaire* lui a tellement corrigé son thème, qu'il n'est pas resté un vers du premier.

Voyez ce que j'ai dit là-dessus dans une des remarques précédentes.

Ibid., page 253, du 2 mai. On annonce un *Dialogue de Pégase avec un vieillard,* en vers, nouvelle facétie de M. *de Voltaire,* qui est encore très-secrète. On dit M. l'abbé *Terrai* furieux des trois vers suivans, qu'il regarde comme une ironie sanglante, un reproche de son peu de goût pour les arts.

> Monsieur l'abbé Terrai, pour le bien du royaume,
> Préfère un laboureur, un prudent économe,
> A tous nos vains écrits, qu'il ne lira jamais.

Tome VII, *page* 195, du 11 mai. Le *Taureau blanc,* et le *Dialogue de Pégase et du Vieillard,* sont imprimés. Le premier est un conte en prose qui ressemble assez à ceux des Mille et une Nuits ; l'autre, une satire en vers. Le nom de l'auteur leur donne de la vogue.

Tome XXVII, *page* 282, du 12 juin. M. *de Voltaire* a vu le monarque défunt sous un coup d'œil plus favorable que tant de satiriques. Il fait vendre son *Éloge*. Il avait autrefois composé un *Panégyrique de Louis XV*. Il l'étend et le complète aujourd'hui. M. le chancelier n'est pas oublié dans cette brochure, et le philosophe de Ferney ne peut se lasser d'admirer ce génie destructeur et réparateur.

Tome VII, *page* 203, du 13 juin. *Éloge de Louis XV, prononcé dans une académie. De la Mort de Louis XV et de la Fatalité.* Ce sont les titres de deux brochures de M. de Voltaire. Dans la deuxième, il rapporte des anecdotes sur la mort du roi, dont on n'avait point connaissance à Paris. Il y a apparence que, n'osant conter le fait comme il s'est passé, il en a substitué d'autres au véritable.

Ce fut M. *de la Borde*, premier valet-de-chambre du roi, qui manda à M. *de Voltaire* l'anecdote du dentiste *Bourdet*, et la rencontre de l'enterrement de la jeune fille morte de la petite vérole.

Tome XXVII, *page* 287, du 24 juin. M. *de Voltaire*, qui se joue de la vérité depuis si long-temps, nie aujourd'hui *l'Éloge de Louis XV*, comme lui étant faussement attribué : il dit qu'il a été prononcé dans l'académie de Valence, par M. *Chambon;* qu'il en a trouvé par hasard deux exemplaires à Genève, où *Louis XV* est fort regretté, et *Louis XVI* adoré; et qu'il les envoie à son ami. Ce ne sera pas une petite peine pour les *Saumaises* futurs de débrouiller le chaos de mensonges et de contradictions que ce singulier philosophe a répandus dans l'histoire de notre littérature moderne.

On a pu voir dans une autre remarque que M. *de Voltaire* avait des raisons pour emprunter des noms étrangers et pour désavouer certains ouvrages dans l'occasion. Ses amis savaient à quoi s'en tenir, et ne l'accusaient pas pour cela de mensonge.

Ibid., page 300, du 14 juillet. **M.** *de Voltaire,* dans une lettre à l'un de ses amis, ne semble pas approuver le titre même du nouveau drame intitulé : *Le Vindicatif.* Il dit à cette occasion que ce n'était point assez d'avoir fait dégénérer la comédie de son véritable but, en introduisant le comique larmoyant; que nous allons avoir le comique horrible. Quelle exclamation ne ferait-il pas en voyant le monstre dramatique en question?

Ibid., page 311, du 30 juillet. *Épître à Henri IV sur l'avénement de Louis XVI, par M. de Voltaire.* On aurait peine à croire que cette bagatelle fût du vieillard poète dont elle porte le nom, si son avis au lecteur et plusieurs passages de sa petite poésie, *comme il l'appelle,* n'attestaient leur auteur. Elle n'est distinguée des autres que par une adulation encore plus basse : et en effet, il a grand besoin de flatter le jeune monarque fortement prévenu contre lui. Un trait connu prouve combien il le déteste : Un jour on demandait à ce prince, devenu dauphin, quel spectacle il désirait. *Tout ce que vous voudrez,* répondit-il, *pourvu que ce ne soit pas de Voltaire.*

L'épître dont on parle n'est point de M. *de Voltaire;* j'ignore où le rédacteur a trouvé l'anecdote concernant le Dauphin. Il est permis d'en douter; mais, fût-elle vraie, que prouverait-elle, sinon que, dans l'enfance de ce prince, on cherchait moins à développer en lui le germe des qualités essentielles à un roi, parmi lesquelles la philosophie et le goût des beaux arts peuvent trouver place, qu'à l'entretenir dans la bigoterie, l'empêcher de juger d'après lui-même, et le laisser dans la dépendance de ceux qui l'entouraient?

Ibid., *page* 327, du 14 août, et *page* 329, du 17 août. M. *de Voltaire* vient de lâcher un nouveau pamphlet contre l'abbé *Sabatier*, sous le titre de *Lettre d'un théologien à l'auteur des Trois siècles...* Sous cette tournure il dévoile ironiquement les manœuvres du parti anti-encyclopédique, dont il regarde cet abbé comme un suppôt, et relève en même temps les erreurs et les faux jugemens du critique. Il profite aussi du personnage emprunté pour se donner sans façon les louanges les plus outrées; elles semblent devoir être d'autant moins suspectes, qu'il les met dans la bouche d'un ennemi, c'est-à-dire d'un défenseur zélé de la religion... On reconnaît dans l'ouvrage la méchanceté du philosophe de Ferney. Quoiqu'il y ait moins d'agrément et de légèreté, il est impossible, au premier coup d'œil de l'ensemble de sa composition, de douter qu'elle soit de lui.

Quelques connaisseurs cependant attribuent cette diatribe au marquis *de Condorcet,* qui commence à s'exercer dans l'art du libelle, et est pourvu de la méchanceté suffisante pour y réussir, qui d'ailleurs ne manque pas des autres talens de l'écrivain.

Cette brochure est de M. *de Condorcet*, et les réflexions du rédacteur sur M. *de Voltaire* tombent à faux. On reconnaît au ton de l'article un ennemi des encyclopédistes.

Tome VII, *page* 242, du 16 septembre. On parle d'un pamphlet où l'oraison funèbre de *Louis XV*, par M. l'évêque de Senez, est fort maltraitée. Il a pour titre : *Au R. P. en Dieu Messire Jean de Beauvais, créé par le feu roi Louis XV évêque de Senez.* On regarde cette satire comme une gaîté de M. *de Voltaire,* etc.

Cette apostrophe à l'abbé de *Beauvais* est en effet de M. *de Voltaire,* qui fut indigné de voir que, dans une oraison funèbre de *Louis XV,* cet abbé se fût permis en quelque sorte d'insulter à la mémoire de ce prince, et de dénigrer et calomnier ses actions et une partie de ses sujets (92).

Tome XXVII, *page* 344, du 17 septembre. *De l'Encyclopédie.* Tel est le titre d'une légère brochure en six pages attribuée à M. *de Voltaire.* L'honneur que la secte lui a fait de le choisir pour son coryphée, l'oblige d'en prendre la défense. Aussi ce pamphlet roule-t-il sur l'énorme dictionnaire en question, dont il fait l'éloge et fustige les détracteurs.

Ibid., page 346, du 21 septembre. Dans la diatribe du vieillard de Ferney contre l'évêque de Senez, il lui repro-

(92) La petite pièce satirique de M. *de Voltaire,* dont il est ici question, est dans le tome XLVI de ses œuvres, page 364. Il ne put voir sans émotion un petit abbé tiré de l'obscurité (il était fils d'un chapelier), et promu à l'épiscopat par *Louis XV,* manquer ainsi, dans un discours public, au respect et à la reconnaissance qu'il devait à la mémoire de son roi et de son bienfaiteur. Qu'on nous permette une remarque à cette occasion. Parmi les auteurs français il n'y en a peut-être aucun qui, dans toutes les circonstances, ait loué avec plus d'éclat et plus de succès les événemens mémorables du règne de *Louis XV,* que *Voltaire.* Il était sans doute lui-même un des titres de gloire de ce règne. Les souverains étrangers enviaient un pareil écrivain à la France. Ils le comblaient à l'envi des témoignages de leur estime et de bienfaits. Cependant *Louis XV* seul parut toujours méconnaître le mérite de cet homme extraordinaire, et ne montra pour lui que du dédain et presque de la haine. Lors même que *Voltaire* fut ap-

che de parler trop durement des défauts du roi; de s'être expliqué trop ouvertement en faveur des jésuites; il va jusqu'à lui faire un crime de désapprouver les coups d'autorité frappés sur le parlement. Il trouve aussi très-mauvais qu'on injurie notre siècle... Rien de plus puéril que ce pamphlet, où l'on découvre cependant l'adresse ordinaire du philosophe à saisir l'à-propos et à se prévaloir de tout ce qui peut le soutenir auprès des grands.

Voyez la remarque à l'article du 16 septembre.

Ibid., page 248, du 27 septembre. Le petit pamphlet de M. *de Voltaire*, intitulé *De l'Encyclopédie*, est la plus aimable gaîté qui lui ait échappé depuis long-temps. Point d'âcreté, point d'humeur, un persifflage léger et du meilleur ton, le vrai style d'un homme de cour. Aussi est-ce là qu'il place ses interlocuteurs. La scène est à Trianon, où Louis XV, avec ses courtisans, ne peuvent terminer une discussion qui s'est élevée entre eux qu'au moyen de l'Encyclopédie; de là un éloge de ce grand dictionnaire. C'est sur ce faible canevas que le philosophe appuie sa morale exquise.

Tome XXIX, *page* 325 *et* 326, des 15 et 16 décembre. La

pelé à la cour pour travailler aux fêtes du mariage du Dauphin, il n'attribua cette espèce de faveur, et les récompenses qui la suivirent, qu'à la bienveillance de madame *de Pompadour*, et à l'amitié de MM. *d'Argenson* et *Richelieu*. Il ne paraît pas que durant tout ce temps de quinze à seize mois, le roi ait daigné quelquefois converser avec lui; on pourrait même douter qu'il lui eût adressé une seule fois la parole. Environ trente ans après, *Louis XV* meurt. *Voltaire*, confiné, depuis un temps presque aussi long, dans une espèce d'exil volontaire ou non, à cent trente lieues de Paris, sur les confins de la Suisse, apprend la mort du roi. Aussitôt, sans se démentir, il est encore, entre les gens de lettres, le premier qui s'empresse à rendre à la mémoire de son souverain un hommage solennel, dans un *Éloge funèbre* bien différent de l'*Oraison* de l'abbé *de Beauvais*. Que d'étranges contrastes dans tout cela!

nouvelle brochure sur les événemens du jour a pour titre : *La Ligue découverte, ou la Nation vengée; Lettre d'un Quakre à F. M. A. de Voltaire sur les affaires du temps*, etc. Elle est dirigée contre M. *de Voltaire*, à qui l'on reproche son silence. Il est d'autant plus extraordinaire en effet, que cet auteur est toujours fort empressé à saisir l'à-propos. Mais il a si hautement affiché sa façon de penser, qu'il est fort embarrassé pour se rétracter. Quoi qu'il en soit, on tourmente à cet égard le vieux philosophe de Ferney, et la matière prêterait infiniment à un meilleur plaisant. Celui-ci est lourd, sans sel; mauvais style d'ailleurs, et satire dégoûtante, dont l'écrivain est anonyme, et fait prudemment.

Le changement survenu dans les événemens n'en avait apporté aucun dans la façon de penser de M. *de Voltaire*, et le silence même qu'on lui reproche ici semblait assez le prouver.

Tome VII, *page* 288, du 22 décembre. *Extrait d'une lettre de Ferney, du 8 décembre* 1774... « M. *de Voltaire* est un homme si illustre, que tout en est intéressant. Je vais donc entrer dans des détails qui paraîtraient minutieux en tout autre cas. Sa vie ordinaire est de rester dans son lit jusqu'à midi. Il se lève alors et reçoit du monde jusqu'à deux heures, ou travaille. Il va se promener en carrosse jusqu'à quatre, dans ses bois ou à la campagne, avec son secrétaire, et presque toujours sans autre compagnie. Il ne dîne point, prend du café ou du chocolat. Il travaille jusqu'à huit, et se montre alors pour souper, quand sa santé le lui permet. On remarque depuis cet automne qu'elle est bien chancelante, qu'elle varie d'un jour à l'autre; qu'il est si faible à certains jours, qu'il est hors d'état de paraître, et le lendemain on ne s'en aperçoit plus. Il est d'une gaîté charmante. J'ai visité et compté sa bibliothèque : elle est de 6210 volumes.

Il y en a beaucoup de médiocres, surtout en fait d'histoire. Il n'y a pas trente volumes de romans; mais presque tous ces livres sont précieux par les notes dont M. *de Voltaire* les a chargés. Il a 150,000 livres de rentes, dont une grande partie gagnée sur les vaisseaux. La dépense de sa maison se monte à 40,000 livres environ; on en met 20,000 livres pour le gaspillage, les incidens, etc.; restent 90,000 livres qu'il amasse ou place. Il fait bâtir beaucoup de maisons, qu'il loue à deux et demi pour cent du capital qu'elles lui ont coûté. Il commande une maison à son maçon, comme un autre commanderait une paire de souliers à son cordonnier. Il a grande envie que Ferney devienne considérable: il secourt les habitans et leur fait tout le bien possible. En général, c'est lui qui se mêle de toute l'administration extérieure et intérieure de son bien. Madame *Denis* n'y a rien à voir et ne s'en mêle aucunement. J'ai visité l'église, et le tombeau de ce philosophe, qui est dans le cimetière attenant l'église, de pierre de taille, et simple... »

Ibid., page 289, du 13 décembre. *Extrait d'une autre lettre de Ferney, du 10 décembre* 1774. « Nous avons reçu le procès-verbal du lit de justice. On a lu devant M. *de Voltaire* les édits; il a tout admiré, et surtout celui concernant le rétablissement du parlement de Paris, dont les articles lui ont paru tous propres à brider cette compagnie. Il fait un grand éloge de M. *de Maurepas.* Quant à M. *Turgot*, il est payé pour cela; c'est son ancien ami et partisan. Il en a reçu ces jours-ci une lettre de quatre pages qui l'a comblé de joie; mais ce qui l'a plus affecté encore, c'est une réponse qu'il a reçue de M. *de Buffon,* auquel il avait écrit. Je suis bien aise de vous apprendre que ces deux grands hommes se sont réconciliés. On en fait l'honneur à madame *de Florian,* mais la gloire en est due à M. *Gueneau* de Montbeillard. Pour revenir aux détails intérieurs, vous seriez surpris comment le sieur *Wagnière,* qui, de postillon du philosophe de Ferney, est devenu son secrétaire et son ami, peut suffire seul aux écritures immenses qu'il a à faire. Une des choses qui font le plus d'honneur à M. *de Voltaire,* c'est le soin qu'il prend de faire fleurir son village. Il y établit une manufacture de montres, qu'il protége par son crédit et par son argent. En 1773, il est sorti de ce lieu quatre mille montres, objet d'un commerce de 400,000 livres. Il y a douze maîtres horlogers : il y a entre autres un M. *Delfin,* beau-frère du fameux *Lépine,* et qui est auteur d'une pendule curieuse que *Lépine* a présentée au feu roi, comme de lui, et qui est réellement l'ouvrage de son beau-frère *Delfin.* »

P. S. M. *de Voltaire* a reçu ces jours-ci, de Suisse, un mouchoir sur lequel est représentée toute l'histoire des jésuites.

Ces deux lettres sont d'un M. *de Saint-Remi.* Les détails sur M. *de Voltaire* qu'on y lit sont en partie justes et conformes à ce que j'en ai dit dans mes *Additions au Commentaire historique.* La réconciliation de M. *de Voltaire* avec M. *de Buffon,* qu'il attribue à M. *Gueneau-de-Montbelliard,* est bien due aussi à madame *de Florian.* Quant à l'article qui me concerne, je remercie M. *de Saint-Remi* du titre honorable qu'il me donne ici d'ancien postillon de M. *de Voltaire;* et quoique je n'aie jamais eu l'honneur d'exercer une charge si importante, ma reconnaissance envers M. *de Saint-Remi,* pour sa bonne volonté à mon égard, n'en doit pas être moins vive.

Ibid., page 292, du 26 décembre. M. *La Grange de Chécieux,* censeur royal, vient de mourir. C'était un homme de lettres obscur, remarquable seulement par sa bizarrerie de mettre en vers l'*Ecossaise* de M. *de Voltaire*, et de la faire jouer aux Italiens.

ANNÉE 1775.

Tome VII, *page* 304, du 17 janvier 1775. *Extrait d'une lettre de Ferney, du* 6 *janvier* 1775... « Rien de plus vrai que la réconciliation de M. *de Voltaire* avec M. *de Buffon*. C'est ce dernier qui a fait les avances par un billet qu'il remit le 22 octobre dernier à madame *de Florian*, qui passait par Montbar. J'ai lu cet écrit, où il fait une espèce de réparation à M. *de Voltaire* de tout ce qu'il a pu écrire contre lui. Cette dame l'envoya sur-le-champ à ce grand poète, qui en a été on ne peut pas plus content, et qui a répondu au philosophe son confrère par une lettre très-touchante et très-honnête. Celui-ci a répliqué par une autre, qui a cimenté la réunion de ces deux grands hommes. M. *de Voltaire*, enchanté, a fait présent à madame *de Florian* d'une montre d'or à répétition, d'environ 60 louis, pour la remercier de cette heureuse négociation. Le vrai est que c'est M. *Gueneau*, ami de M. *de Buffon*, qui a seul opéré ce rapatriement. Ce M. *Gueneau* est un très-habile homme, qui a beaucoup travaillé à l'Histoire naturelle. Celle des oiseaux, à l'exception du discours préliminaire, est entièrement de lui. Il a donné aussi beaucoup d'articles pour l'*Encyclopédie*, entre autres celui d'*Étendue*, etc.

» Ferney, dont vous me demandez des nouvelles, est un très-beau château, très-solidement bâti. Il a des jardins et des terrasses magnifiques. Il n'y a pas de jour où M. *de Voltaire* ne mette *des enfans en nourrice*. C'est son terme pour dire qu'il plante des arbres. Il y préside lui-même. Il a une grande quantité de tableaux, de statues, de choses rares, qui doivent valoir un argent immense. Le village est composé d'environ quatre-vingts maisons, toutes très-bien bâties. La plus vilaine en dehors vaut mieux et est plus belle que la plus superbe de nos villages des entours de Paris. Il y a environ huit cents habitans; trois ou quatre maisons de bons bourgeois. Les autres habitans sont des horlogers, menuisiers, artisans de toute espèce. Sur ces quatre-vingts maisons, il y en a au moins soixante à M. *de Voltaire.* Il est certainement le créateur de ce pays-là; il y fait infiniment du bien, etc. »

Cette lettre est encore de M. *de Saint-Remi*. Quoi qu'il en dise, madame *de Florian* n'a pas été tout-à-fait étrangère à la réconciliation de M. *de Voltaire* avec M. *de Buffon.* Elle en a du moins, de son aveu, fourni l'occasion immédiate, et déterminé le moment, puisqu'elle fut chargée de porter la première lettre de M. *de Buffon*, qui profita du séjour de cette dame à Montbar, pour faire une démarche qu'elle seconda avec empressement, et qui eut la plus heureuse issue (93).

A l'égard de la grande quantité de tableaux, statues, du château de Ferney, ce qu'en dit M. *de*

---

(93) *Gueneau*, homme d'un grand mérite, était fait pour apprécier celui de *Voltaire* et de *Buffon*. Il était plus intimement lié avec ce dernier dont il était le digne collaborateur, mais il était aussi l'ami et l'admirateur de *Voltaire*. On ne peut guère douter qu'il n'ait eu la principale part à la réconciliation de ces deux grands hommes. Il y aura préparé dès long-temps *Buffon*, et l'occasion de madame *de Florian* aura fait le reste. *Gueneau* prenait un vif intérêt à l'édition des œuvres de *Voltaire*, et nous remit dans le temps plusieurs lettres et pièces de vers inédites qui y ont été insérées.

Saint-Remi est fort exagéré; M. *de Voltaire* n'avait qu'une vingtaine de tableaux au plus et quelques bustes, parmi lesquels étaient plusieurs portraits de princes et d'hommes célèbres qui lui étaient chers. Son château était meublé très-proprement, mais sans aucun luxe. Tout y était simple et commode.

Ibid., page 304, du 19 janvier. M. le président *de Malesherbes* a écrit à M. *de Voltaire* pour avoir son suffrage au sujet d'une place à l'Académie française. Ces deux lettres sont, dit-on, un chef-d'œuvre d'adresse pour s'épier, s'observer, ne pas se compromettre. La conduite connue du poète dans les circonstances où l'orateur magistrat s'est couvert de gloire, était trop opposée pour que son suffrage fût bien sincère.

Le suffrage de M. *de Voltaire* en faveur de M. *de Malesherbes* fut très-sincère. Il avait toujours eu la plus grande estime pour ce respectable magistrat; et ni l'un ni l'autre ne cherchèrent à s'épier dans cette occasion. Ces deux lettres ne furent que l'expression des sentimens réciproques de ces deux hommes illustres (94).

(94) Rien de plus vrai que ces remarques de *Wagnière*. *Malesherbes* rechercha toujours avec empressement les écrits de *Voltaire*. Il en avait même transcrit plusieurs de sa main avant qu'ils eussent été imprimés. Il nous les remit avec les lettres qu'il avait reçues de lui, en ajoutant que sa bibliothèque était à la disposition des éditeurs des œuvres de ce grand homme, s'ils en avaient besoin pour quelques recherches. *Voltaire* de son côté a toujours révéré dans *Malesherbes* le magistrat intègre et éclairé, l'écrivain éloquent et le philosophe. La diversité de leurs opinions politiques, à l'époque de 1771, n'altéra en

Tome **XXIX**, *page* 342, du 27 janvier. On annonce une lettre de M. *de Voltaire* sur l'arrêt du conseil qui rend libre le commerce des grains dans l'intérieur du royaume. On ne doute pas qu'il n'y fasse sa cour à M. *Turgot.*

Tome **VII**, *page* 324, du 10 février. Il vient d'arriver de Ferney un petit volume de productions de M. *de Voltaire,* contenant la tragédie de *Don Pèdre*, dédiée à M. *d'Alembert;* un discours historique et critique sur cette tragédie, et un *Éloge de la Raison,* prononcé dans une académie de province par M. *de Chambon.* La tragédie est supposée être l'ouvrage d'un jeune homme. L'*Éloge de la Raison* est un roman allégorique extrêmement ingénieux, où l'auteur fait voyager la *Raison* avec la *Vérité*, sa fille. On sait combien il a toujours réussi dans ce genre.

Tout le contenu de ce volume est de M. *de Voltaire,* qui depuis long-temps avait pris l'habitude de donner ses ouvrages sous des noms supposés.

Ibid., page 346, du 4 mars. Un curé de Gascogne qui, malgré un tempérament très-robuste et très-ardent, avait gardé la plus exacte continence, a été atteint d'une maladie terrible (sans doute une sorte de priapisme) dont il paraît n'avoir été guéri qu'en condescendant enfin à ce que la

---

rien les sentimens qu'ils avaient l'un pour l'autre. Celle de *Malesherbes* sur les opérations du chancelier de *Maupeou*, s'accordait avec l'opinion presque universelle de la France. *Voltaire,* au contraire, était le seul écrivain de marque qui osât les approuver et les défendre. Cependant bien des gens de toutes conditions qui suivaient alors le torrent, auraient sans doute changé d'avis quelques années après, et *Malesherbes* lui-même aurait pu se dire avec amertume et un repentir tardif, en parlant de *Voltaire* :

Nous avons failli tous, lui seul avait raison.
TANCRÈDE, acte v.

nature semblait exiger de lui. Revenu en santé, il a décrit les symptômes extraordinaires de sa maladie dans un mémoire qu'il a adressé à M. *de Buffon.* Ce manuscrit, remarquable par les détails et une imagination prodigieuse, contient des faits récens et authentiques, desquels beaucoup de témoins peuvent déposer.

Ce curé envoya aussi son mémoire manuscrit à M. *de Voltaire.* Il est actuellement à Pétersbourg dans la bibliothèque de S. M. I., où je le portai parmi d'autres papiers, en même temps que les livres de M. *de Voltaire.*

Ibid., Ibid., du 6 mars. *Extrait d'une lettre de Ferney, du 25 février....* Ne soyez pas surpris si M. *de Voltaire* n'écrit point en faveur de son ami, le maréchal *de Richelieu;* il commence à se lasser d'être ainsi le *Don Quichotte* des gens de la cour, qui ne sont que des ingrats ensuite. Vous vous rappelez tout ce qu'il a dit, écrit, et fait pour le comte *de Morangiés.* Savez-vous comment il en a été récompensé? Peut-être quinze jours après le jugement, cet accusé lui a écrit un petit bout de lettre, où il lui demandait excuse de ne lui avoir pas annoncé plus tôt le gain de son procès, en rejetant cet oubli sur la multitude de ses affaires, et en remerciant très-légèrement M. *de Voltaire* de la part qu'il y avait prise. La sensibilité du philosophe a été fortement émue d'une pareille froideur.

Ce qu'on dit ici relativement à M. *de Morangiés* est vrai; mais on se trompe en ce qui concerne M. *de Richelieu.* M. *de Voltaire* lui écrivit plusieurs lettres sur son procès avec madame *de Saint-Vincent,* et ne lui épargna pas ses conseils dans cette affaire, non moins désagréable pour M. *de Richelieu*, que celle des *Véron* pour M. *de Morangiés*. Il est vrai qu'il ne publia rien à ce sujet, parce qu'il crut que cette cause n'en avait pas besoin, et que M. *de Richelieu* ne la pouvait pas perdre : il la gagna en effet.

Tome VIII, *page* 4; du 3 avril 1775. On parle d'une nouvelle épître de M. *de Voltaire* contre *les pestes publiques appelées philosophes*. C'est sous le nom du chevalier *de Morton* que paraît cet ouvrage, qu'on juge aisément être une ironie.

Ibid., *page* 6, du 10 avril. L'épître nouvelle de M. *de Voltaire* est adressée au comte *de Tressan*. Les vers sont précédés d'un *Avis aux Parisiens*, où l'auteur se plaint qu'on ne veuille pas adopter ses travestissemens, etc.

Cette épître n'est point de M. *de Voltaire* ; voyez là-dessus la lettre qu'il écrivit au comte *de Tressan* (95).

Tome XXX, *page* 279, du 19 mai. A la séance de l'Académie française du 15 de ce mois, M. l'abbé *Delille* a lu sa traduction en vers du IVe livre de l'Enéide. On sait que dans ses Géorgiques la partie technique est la mieux traitée, et qu'au contraire dans les morceaux d'onction, de sensibilité, il échoue et ne saurait lutter contre son original. Autant qu'on en a pu juger, il n'est pas plus heureux dans

---

(95) Voyez la lettre du 22 mars 1775, tome XLIX, page 295. Non-seulement *Voltaire* y désavoue l'épître, mais la critique en détail. On n'a jamais connu le véritable auteur qui a pris le nom supposé de *Morton*.

l'Enéide. S'il se propose de la traduire tout entière, on peut lui prédire d'avance qu'il ne sera pas lu s'il veut avoir toujours à la bouche les éclats bruyans de la trompette; la *Henriade* est peut-être le seul poème épique français qui sera constamment admiré de nous, parce qu'il est le moins long des poèmes de cette espèce, qu'il est très-intéressant pour les Français, et que son auteur a une magie de style dont on ne doit pas compter qu'il laisse le secret à personne.

Tome VIII, *page* 41, du 22 mai. Madame *Denis*, nièce de M. *de Voltaire*, ayant eu une maladie longue et dangereuse, est enfin en parfaite convalescence. Le philosophe de ce canton a voulu célébrer cet heureux événement par une fête; mais en bon chrétien, il a attendu qu'on eût remercié DIEU par une grand'messe, accompagnée de musique et de symphonie.

Ibid., *page* 68, du 3 juin. On annonce un nouveau conte de M. *de Voltaire* intitulé : *Le Dimanche, ou les filles de Minée*. On sent combien ce cadre doit prêter entre les mains d'un écrivain pareil, et l'on assure que c'est un ouvrage charmant.

Ce conte en vers, assez étendu, est de M. *de Voltaire* (*).

Ibid., *page* 99, du 19 juin. Le *Petit écrit* de M. *de Voltaire* sur l'arrêt du conseil du 13 septembre qui permet le libre commerce des blés, a pour objet de réfuter ce que M. *Linguet* avait écrit contre ce système, etc.

Tome XXX, *page* 319, du 6 juillet. On a parlé des fêtes données à Ferney en réjouissance de la convalescence de

(*) Voyez l'édition de Kehl, tome XIV, page 87.

madame *Denis*. Voici les complimens enfantés à cette occasion, plus précieux par leur objet que par leur mérite intrinsèque. On les croit de M. *de Florian,* neveu de M. *de Voltaire,* et qui se mêle un peu de littérature.

A M. de Voltaire.

» La joie que votre colonie témoigne en ce jour est l'effet de la reconnaissance des personnes de diverses nations que la liberté, et la renommée de vos bienfaits ont réunies pour fonder, sous vos auspices, une fabrique que plusieurs rois ont inutilement entrepris d'établir dans leurs Etats. Le présent que vous en faites à la France est une preuve de cette vérité, que pour commander aux hommes il faut parler aux cœurs. L'Auteur de la nature, qui s'est plu à façonner votre esprit d'une manière aussi éclatante, pour le bonheur de l'humanité, se refuserait-il aux vœux que nous formons pour votre bonheur et la conservation de vos précieux jours? »

A Madame Denis.

« Pendant que vous étiez malade tous les cœurs l'étaient avec vous; on ne voyait partout que tristesse, alarmes, désolation, comme dans l'approche du plus affreux malheur.

» Enfin, le Ciel, favorable à nos vœux, a éloigné vos maux et nos dangers en vous rendant à la vie : il fait renaître partout la nature, les plaisirs et la joie, et nos cœurs lui ont rendu de solennelles actions de grâces.

» L'allégresse nous a transformés en militaires : cette décoration convient à des hommes charmés de sacrifier leurs jours pour conserver les vôtres. Le bruit des canons relèvera celui de nos acclamations; les feux que nous ferons éclater vous peindront l'ardeur de nos sentimens et la vivacité de nos transports.

» Daignez, madame, honorer toujours de vos bontés cette colonie naissante, fondée par l'immortel *Voltaire;* nous tâcherons de nous en rendre toujours plus dignes par nos travaux et notre industrie.

» Puissiez-vous, madame, puissiez-vous vivre aussi long-temps que durera la gloire de notre fondateur, et que votre nom brillera dans les fastes de la bienfaisance! »

En prononçant ce discours, les colons de Ferney se flattaient sans doute que madame *Denis* et sa famille auraient été long-temps leur appui après qu'ils auraient eu le malheur de perdre M. *de Voltaire*. Ils étaient loin de prévoir que leur attente serait aussitôt et si cruellement trompée par madame *Denis*; voyez la *Relation du voyage à Paris*, etc.

Tome VIII, *page* 124, du 6 juillet. La *Diatribe à l'auteur des Éphémérides du citoyen* roule principalement sur l'agriculture et la liberté du commerce des blés. L'auteur n'avait fait qu'effleurer très-légèrement la matière dans son *Petit écrit*. Les économistes doivent se féliciter d'avoir acquis un défenseur tel que M. *de Voltaire*, dont les écrits sur toutes sortes de matières se font lire même des gens les plus frivoles. La *Diatribe* est savante, historique, agréable, et toujours aiguisée d'une pointe de sarcasme qui réveille et soutient la curiosité. On conçoit que M. *Turgot* est le héros auquel se rapporte tout l'ouvrage.

Les deux écrits de M. *de Voltaire* dont on parle ici, sont une apologie de l'agriculture et des principes de M. *Turgot*, qui la considérait comme la principale source de la prospérité des États.

Ibid., page 110, du 8 juillet. Le conte des *Filles de Minée* paraît sous le nom de M. *de la Visclède*. Rien de plus gai, de plus agréable, de plus philosophique que cet ouvrage charmant... Il est raconté avec des grâces, et embelli d'un coloris qui font toujours soupçonner aux connaisseurs que M. *de Voltaire* a des morceaux de réserve composés dans ses plus beaux jours, et qu'il ne répand qu'aujourd'hui. Ce sont des fleurs de son jeune âge, dont il couronne ses cheveux blancs.

Ce soupçon exprimé plusieurs fois par les rédacteurs, dans le cours des *Mémoires*, est destitué de tout fondement. Tout ce qui a paru de M. *de Voltaire* pendant que j'ai été près de lui, était de très-fraîche date; s'il y avait eu quelque reproche à lui faire, c'aurait été plutôt celui de livrer trop précipitamment ses écrits à la presse. J'ai vu quelquefois MM. *Cramer* lui rapporter les premières feuilles imprimées de certains ouvrages qui n'étaient point finis, et recevoir la matière des feuilles suivantes à mesure qu'il la composait.

Tome XXX, *page* 323, du 8 juillet. A la suite du nouveau conte de M. *de Voltaire*, sous le nom de M. *de la Visclède*, est une lettre prétendue de ce secrétaire de l'Académie de Marseille, au secrétaire de l'Académie de Pau. Celle-ci est en prose. On voit que le but de l'auteur est de prétendre faire des contes mieux que *La Fontaine*, et de le dénigrer, ainsi que son genre, qu'il appelle *petit*... Il n'exalte le fabuliste que pour mieux le rabaisser. *Corneille* n'est pas plus épargné dans cette lettre, où la critique, juste à bien des égards, ne déplaît que parce qu'on voit l'envie qui la produit et la dirige. L'auteur termine par une sortie vigoureuse contre la préface de l'éditeur des *Contes de La Fontaine*, sous le nom de Londres, 1743. Il ne lui pardonne pas de dire qu'un poète qui fait des tragédies ne doit jamais écrire sur l'histoire et la physique, et le traite en conséquence comme tous les cuistres qu'il injurie depuis long-temps. Malgré le radotage de cette épître, on la lit avec intérêt, à raison des anecdotes qu'on y trouve, de la manière dont elles sont présentées, et, pour tout dire en un mot, parce que c'est de *Voltaire*.

Pour juger combien le rédacteur de cet article y a mis de partialité et d'injustice, il suffit de relire cette Lettre écrite sous le nom de *la Visclède*, laquelle est plutôt une dissertation littéraire, aussi instructive qu'amusante (96).

Tome VIII, *page* 168, du 15 août. Il paraît un *Commentaire* de *la Beaumelle* sur la *Henriade*, publié par *Fréron*, en deux gros volumes. Un pareil ouvrage ne peut qu'allumer de plus en plus la bile du philosophe de Ferney, et ne pouvant plus rien sur la cendre inanimée du commentateur, il se dispose, dit-on, à faire un procès à *Fréron*, pour avoir, sous ce titre de *Commentaire*, imprimé en entier la *Henriade*, en contravention des règles de la librairie.

M. *de Voltaire* n'a jamais pensé à un pareil procès; il s'est contenté de rire du commentaire et de l'estampe qui le décore, comme les gens de

---

(96) Elle est au tome XLIX, page 341, de l'édition de Kehl.

goût ont ri des vers fabriqués par *la Beaumelle*, pour être substitués à ceux de la *Henriade*.

Ibid., page 188, du 1ᵉʳ septembre. M. *de Voltaire* s'occupe depuis long-temps de l'affaire de M. *d'Etallonde de Morival*, ce jeune gentilhomme impliqué dans le procès criminel d'Abbeville, qui est actuellement au service du roi de Prusse. Le philosophe de Ferney vient de publier en sa faveur un mémoire intitulé : *Le Cri du sang innocent.* Il est adressé *au Roi en son conseil.* On ne peut qu'être attendri de cette requête où il fait parler l'accusé. A la suite est un *Précis de la procédure d'Abbeville*.

Tome XXXI, *page* 342, du 6 septembre. L'arrêt du conseil du 19 août, contre la brochure de M. *de Voltaire* (la *Diatribe à l'auteur des Ephémérides*), faisant grand bruit et ne se vendant point par les colporteurs, on va en rapporter les endroits les plus remarquables. « Le roi ayant été informé » qu'il a été imprimé chez *Valleyre*, et distribué sans per- » mission une brochure intitulée : *Diatribe*, etc., digne de » toute l'animadversion de la justice, etc. »

D'abord cet arrêt part d'un énoncé faux, puisque, sur l'approbation du censeur *Cadet de Senneville,* une permission avait été donnée à l'imprimeur. L'arrêt continue :

« Etant informé en outre qu'il en a été fait dans le » *Mercure de France* un extrait, où les passages les plus ré- » préhensibles de ladite brochure ont été insérés; que ces » passages contiennent des ironies indécentes contre des » ecclésiastiques, à l'occasion des troubles arrivés dans » quelques parties du royaume, etc.; que d'ailleurs la *né-* » *gligence du censeur,* qui a laissé insérer ledit extrait dans le » *Mercure* du présent mois, mérite d'être réprimée, S. M. » voulant empêcher qu'il ne soit donné atteinte, etc. »

Par une contradiction fort singulière, voilà un censeur

qu'on paraît accuser de négligence pour avoir laissé insérer dans le *Mercure* l'extrait d'un ouvrage déjà publié à Paris, avec permission et sous l'approbation du censeur *Cadet de Senneville*, auquel on ne fait nul reproche. En outre, dans le *Mercure* il est annoncé que l'extrait de la *Diatribe* est *fait par le sieur de la Harpe*, qui n'éprouve non plus aucune animadversion du conseil.

En conséquence, l'arrêt supprime la *Diatribe*, etc., comme scandaleuse et calomnieuse, contraire au respect dû à la religion et à ses ministres; déclare *Valleyre* interdit de la profession de libraire et imprimeur; ordonne que le sieur *Louvel*, censeur du *Mercure*, sera rayé de la liste des censeurs royaux, etc.

Les observations du rédacteur des *Mémoires*, sur ces inconséquences et ces contradictions ministérielles, sont fort justes. On ne conçoit pas d'ailleurs comment le gouvernement sévissait avec tant d'appareil contre une petite brochure dont le but était essentiellement de faire respecter son autorité et réprimer les séditions excitées contre lui, en couvrant de ridicule ces manœuvres et leurs fauteurs. Ce ne pouvait être que par déférence aux réclamations du clergé, ce qui suppose que son crédit à la cour était encore bien grand.

Tome VIII, *page* 195, du 7 septembre. On se flattait, à Genève, que *Monsieur*, frère du Roi, dans sa tournée, irait voir cette république. M. *de Voltaire*, par contre-coup, espérait avoir l'honneur d'être visité de ce prince. Mais le Roi a détourné son frère de voyager dans ces cantons. On sait que S. M. n'aime pas le philosophe de Ferney, et sans doute c'est ce qui aura contribué pour beaucoup à cette défense.

Voici encore une anecdote fort suspecte ou fort exagérée. Je ne sais si *Monsieur* a eu le projet de voir Genève, mais je sais qu'il n'a jamais été question à Ferney que ce prince dût venir voir M. *de Voltaire*.

Ibid., page 208, du 15 septembre. *Extrait d'une lettre de Ferney du* 1er *septembre.* « M. *de Voltaire* continue à s'occuper infatigablement de tout ce qui peut contribuer à agrandir, améliorer ce petit endroit, et le rendre plus florissant. Il profite de son crédit sur l'esprit du nouveau ministère pour réussir, et il vient d'obtenir tout récemment une foire et un marché publics. Il fait bâtir actuellement dix-huit maisons, ce qui les portera au nombre de cent environ. Pour lui plaire, différentes personnes s'empressent de les acheter. Madame *de Saint-Julien* en a pris une. On dit que M. *de Chabanon* en prend une autre; M. *Henin*, le résident de France à Genève, une troisième, etc. Le marché n'est point onéreux. M. *de Voltaire* les vend en rentes viagères modiques, sur sa tête et celle de madame *Denis*. Quant à la sienne, octogénaire, on sent que c'est une condition fort douce; la nièce est plus que sexagénaire; d'ailleurs elle se porte mal, etc.

» Le commerce des montres va de mieux en mieux, et M. *de Voltaire* travaille à l'obtenir absolument libre. Il profite de l'amitié de M. le baron *d'Ogny*, intendant-général des postes, qui lui a permis de les faire passer à Paris sous son couvert; ce qui les rend à bien meilleur compte et ne peut qu'en augmenter le débit.

» Outre l'utile, le philosophe de Ferney n'oublie pas l'agréable; on travaille à une salle de comédie et à un théâtre public; ce qui va bientôt nous procurer des plaisirs qui amenèront les tristes habitans de Genève, et feront crier les ministres...»

J'ai parlé des objets mentionnés ici, dans mes *Additions au Commentaire historique.*

Ibid., page 245, *du* 20 *octobre.* M. *de Voltaire,* fâché que personne ne répandît avec éclat la narration d'une fête qu'il a donnée à Ferney, le jour de la Saint-Louis, en l'honneur du roi, l'a fait lui-même dans une *Lettre à* M. *D***,* datée de Ferney, le 26 août 1775. On dit *lui-même,* quoique l'auteur n'en parle qu'à la tierce personne... Cette fête consistait en un prix accordé à celui des habitans qui tirerait le mieux à l'arquebuse. Le prix était une médaille où l'on voyait la tête de M. Turgot. On lisait au revers : *Tutamen regni.* Madame *de Saint-Julien,* la femme du receveur-général du clergé de France, qui se trouvait là, a tiré la première et a gagné le prix, comme on s'en doute, afin que le contrôleur-général des finances puisse le voir. Il faut pardonner ces puérilités à un vieillard plus qu'octogénaire. Il ne manque pas de faire mention du prince *du Darmstadt,* du fils de ce souverain et de la nièce de l'impératrice de Russie, présens à cette fête. Voici le compliment, sorti vraisemblablement de la *Minerve* de M. *de Florian,* neveu de M. *de Voltaire,* qui fut adressé à son oncle par les habitans: *Monsieur, dans un jour qu'il nous est si doux de célébrer, daignez agréer un hommage que vous méritez à tant de titres. Oui, Monsieur, vous êtes à la fois l'*Idoménée *et le* Mentor *de cette nouvelle Salente. Ce doit être pour votre grande âme une satisfaction bien digne d'elle, après une carrière si glorieusement fournie, après avoir réuni l'admiration universelle, de voir encore les talens et les arts venir en foule se réfugier auprès de leur protecteur. Puissent des jours aussi précieux à l'humanité, être prolongés jusqu'au plus* *long terme! C'est le vœu de nos cœurs, auxquels vous avez inspiré les sentimens de la plus vive reconnaissance.*

C'est fort mal à propos que le rédacteur cherche ici à jeter du ridicule sur cette fête, qui fut très-agréable, et dont j'ai parlé déjà dans mes *Additions au Commentaire historique*. Il y a d'ailleurs beaucoup de faussetés dans ce qu'il en dit. Ce ne fut pas M. *de Voltaire* qui donna cette jolie fête, ni le prix qui fut tiré; ce furent, au contraire, les nouveaux colons de Ferney qui la lui donnèrent, et qui choisirent le jour de la Saint-Louis pour solenniser en même temps la fête du roi. Ce ne fut point lui non plus qui en fit la narration dans la lettre dont on parle, laquelle d'ailleurs ne rapporte que la vérité. Enfin, l'auteur du compliment qu'on rapporte, et qui fut prononcé à M. *de Voltaire* au nom de tous les habitans de Ferney, est M. *Rival*, l'un d'entre eux, et non pas M. le marquis *de Florian*, neveu de M. *de Voltaire*. Voyez les *Additions* ci-dessus citées.

Tome XXXIII, *page* 328, *du* 10 *novembre.* On écrit du pays de Gex que pour essayer en petit le projet de l'impôt territorial, on a commencé dans cette province à y établir cet arrangement. M. *de Voltaire* n'a pas peu contribué à déterminer le ministre à cette épreuve. Il y veille, il la suit, et l'on espère qu'il ne tardera pas à lâcher quelque pamphlet sur cette matière.

Il n'est point douteux que le crédit de M. *de Voltaire* n'ait été fort utile aux états du pays de

Gex, et n'ait contribué aux améliorations de divers genres qu'ils introduisirent alors dans leur administration.

Tome VIII, *page* 285, du 13 novembre. M. *de Voltaire* montre aux amateurs qui vont le voir à Ferney, le portrait du roi de Prusse dont ce monarque lui a fait présent, ainsi que de celui de M. *de Voltaire*, fait en porcelaine dans une nouvelle fabrique établie dans ses états; on y lit ce mot en lettres d'or : IMMORTALI. Il vante aussi beaucoup l'impératrice de Russie, qui le comble de louanges dans le commerce réciproque de lettres qu'elle soutient avec ce grand poète. En causant avec ses amis, il l'appelle quelquefois sa *Catau*.

Le portrait du roi est très-bien peint, en buste de grandeur naturelle. M. *de Voltaire* a reçu aussi le portrait en grand de l'impératrice *Catherine II*, brodé en tapisserie par elle-même.

Tome XXXIII, *page* 348, du 27 novembre. Le vieillard de Ferney, toujours malin, vient de jouer un tour bien propre à désoler ceux qu'il concerne. On voit une lettre de lui au comte *de Schomberg*, où il fait l'éloge de l'ouvrage de M. *de Guibert*, qui a concouru pour le prix de la Saint-Louis, et le met bien au-dessus de celui de M. *de la Harpe*, couronné, en disant que le premier est l'ouvrage d'un homme de génie, et le second celui d'un homme d'esprit. Cette épître humilie étrangement le pupille, ainsi que la compagnie dont elle censure indirectement le choix. M. *de Voltaire* en rit sous cape, en se plaignant, à son ordinaire, de l'indiscrétion de celui à qui il écrit (97).

(97) On parle ici de la lettre à M. *de Schomberg* (tome LXIII, page 93, de l'édition de Kehl), où M. *de Voltaire* applaudit à l'*Éloge de*

Tome VII, *page* 323, du 10 décembre. Il est arrivé de Genève une petite brochure sans titre, mais qu'on attribue avec raison au philosophe de Ferney. Il se jette à corps perdu dans l'économisme, qui est la secte dominante. Le nouvel écrit est pour faire sa cour à M. *Turgot*, relativement à la suppression des corvées, qu'on regarde comme décidée.

Cette petite pièce sur les corvées est de M. *de Voltaire*, qui depuis long-temps était lié particulièrement avec M. *Turgot*.

Tome XXXIII, *page* 359, du 11 décembre. On voit dans la *Gazette de Clèves*, nos 83 et 84, une espèce de mémoire apologétique, en date du 6 octobre, du sieur *Duval de Soicourt*, ancien lieutenant particulier criminel d'Abbeville, fort maltraité dans *le Cri du sang innocent*, pamphlet de M. *de Voltaire*, rapporté précédemment dans la même

Catinat, par M. *de Guibert*. Voici ses termes : « Le discours de M. *de* » *la Harpe* est digne d'un académicien plein d'esprit, d'éloquence » et de goût; l'autre est d'un génie guerrier et patriotique. Ces deux » ouvrages valent bien le mausolée du maréchal *de Saxe*....... C'est à » vous de juger lequel de ces deux portraits est le plus ressemblant. » Vous êtes du métier de ce grand homme. » Qui soupçonnerait dans cette comparaison un *tour joué* à M. *de la Harpe* et à l'académie? qui pourrait même en inférer une préférence en faveur du discours de M. *de Guibert?* Le portrait de *Catinat* y fût il plus ressemblant que dans le discours de M. *de la Harpe*, cela empêcherait-il que celui-ci ne pût être en général mieux composé, plus éloquent et plus digne de la palme académique? Il est évident que le compilateur des *Mémoires* a voulu faire lui-même une satire en en supposant une là où il n'y en a point, et dénigrer M. *de Voltaire* en lui faisant dire ce qu'il n'a pas dit ni pensé. Et voilà comme on fait des anecdotes et comme on s'imagine exciter mieux l'attention des lecteurs, n'importe à quel prix. Voyez dans le même tome LXIII, la lettre à *la Harpe*, page 86, et celle à *Richelieu*, page 103.

Gazette, où il s'élève de nouveau contre les auteurs du supplice du jeune *la Barre*. Le philosophe de Ferney, usant cette fois-ci d'une modération qui ne lui est pas ordinaire, a fait imprimer une rétractation dont il faut lire les paroles mêmes pour en apprécier la valeur. Elle a pour titre: *Rétractation nécessaire d'un des auteurs des Questions sur l'Encyclopédie.*

Dans la *Relation de la mort du chevalier de la Barre*, qui avait été d'abord imprimée sous le titre de *Lettre de M. Cassen*, avocat, à M. le marquis *de Beccaria*, ce *Soicourt* est nommé *Saucourt*. La rétractation dont on parle ici a été publiée à la fin du dernier volume des *Questions sur l'Encyclopédie* (98).

Tome VIII, *page* 324, du 13 décembre. *Histoire de Jenny, ou le Sage et l'Athée*, par M. Sherloc, traduit par M. de la Caille. C'est un roman philosophique de M. *de Voltaire*. Il est en partie historique dans le goût du *Bélisaire*. Le but principal de l'auteur est de combattre l'athéisme, dans une dissertation dialoguée où l'on épuise le pour et le contre sur cette matière.

Cet ouvrage est de M. *de Voltaire*.

Ibid., *page* 327, du 15 décembre. Dans sa brochure sur les corvées, M. *de Voltaire* se fait le champion du contrôleur-général, et répond à ceux qui se récrient contre la substitution d'un impôt à cette charge. Mais, non content de résoudre les objections les plus ordinaires et les plus fortes

---

(98) On n'en a point fait usage dans l'édition de Kehl. Voyez la *note des éditeurs*, tome XXX, page 336.

sur cet objet, il évente les causes secrètes de ces clameurs, qu'il développe, et qu'il attribue à l'ignorance des riches habitans de la capitale, aux mécontentemens des gros financiers, et au désespoir des intrigans, qui sous un pareil ministre désespèrent de faire fortune (99).

Ibid., page 342, *du* 26 *décembre.* Depuis qu'il est question de valider les mariages des protestans, le gouvernement a invité M. *de Voltaire* à écrire sur ce sujet intéressant; en conséquence, il fait ramasser à Paris toutes les pièces qui ont paru depuis quelque temps sur cette matière, etc.

Il n'y a pas un mot de vrai à tout cela.

Ibid., Ibid., du 28 *décembre.* M. *de Voltaire* vient d'adresser à M. *Turgot* une épître intitulée: *Le temps présent.....* On y retrouve la manière unique de l'auteur de tant de productions de ce genre, qu'on lit toujours avec un nouveau plaisir.

Ibid., page 344, *du* 30 *décembre.* M. *de Voltaire*, fort lié avec feu l'abbé *de Voisenon*, vient de faire son épitaphe. *Ici gît, ou plutôt frétille,* etc.

Cela est vrai. Un jour M. *de Voltaire* m'ayant dicté une lettre pour l'abbé *de Voisenon,* je fus arrêté à l'adresse, parce qu'il ne se rappelait pas, ni moi non plus, le nouveau domicile de cet abbé. Après un moment d'hésitation : « Parbleu, me dit-il, vous n'avez qu'à mettre : *A M. l'abbé de Voisenon,*

---

(99) Il est singulier que *Wagnière* ait laissé cet article sans y joindre aucune remarque. Peut-être ignorait-il que cette brochure sur les corvées est de *Condorcet.*

chez madame Favart, à la comédie Italienne, à Paris; la lettre lui parviendra. »

Ibid., page 344, *du* 30 *décembre.* Il paraît une *Lettre d'un fermier de Champagne, à M. Necker,* facétie qu'on attribue à M. *de Voltaire.* Elle roule sur le livre de ce banquier touchant le commerce des grains, etc.

Cette lettre n'est pas de M. *de Voltaire.* Quand ses amis lui écrivaient relativement à M. *Necker,* ils désignaient assez souvent ce dernier par le nom de M. *de l'Enveloppe,* parce que son style et ses raisonnemens leur semblaient trop abstraits.

ANNÉE 1776.

Tome IX, *page* 45, *du* 12 *février.* M. *de Voltaire* écrit qu'il a rendu libre le pays de Gex et de Ferney; qu'il l'a débarrassé des corvées et des fermiers; que soixante-douze commis se sont retirés de ce pays-là, et que le commerce va être libre au dehors avec Genève, la Suisse et la Savoie. Il ajoute qu'il mourra content après cette bonne œuvre.

Tout cela est vrai, sauf qu'il ne put venir à bout de faire supprimer les corvées; les états du pays s'y opposèrent, et rendirent ses efforts inutiles : ce ne fut qu'en 1781 qu'on les abolit.

Ibid., page 47, *du* 16 *février.* La nouvelle édition de Genève des œuvres de M. *de Voltaire,* en 40 vol. in-4°(*), pa-

---

(*) L'édition de Voltaire en 40 volumes est in-8°, et non in-4°, comme le disent les *Mémoires secrets.* Ce n'est peut-être qu'une faute d'im-

raît ici furtivement, car le libraire *Panckoucke*, qui a eu une permission d'en introduire une certaine quantité d'exemplaires, ne pourra les débiter qu'avec des cartons; ce qui ôtera tout son mérite à l'ouvrage. Il coûte 178 livres.

M. *Panckoucke* avait acquis, par arrangement avec MM. *Cramer*, la propriété de cette édition.

Ibid., *page* 75, du 15 mars. On parle d'une nouvelle petite pièce en vers de M. *de Voltaire*, intitulée *Sésostris*. On dit que c'est une allégorie sous laquelle il exalte le roi.

Ibid., *page* 82, du 26 mars. La pièce de *Sésostris*, quoique roulant sur une allégorie commune, est pourtant très-agréable, par une fraîcheur de coloris, une délicatesse de pinceau, par des vers heureux qui coulent encore de source, et se ressentent du charme inépuisable que le poète répand sur ses plus petites productions. On parle aussi d'une pièce en prose de ce philosophe, intitulée : *Remontrances du pays de Gex au Roi*. Celle-ci, par le titre, semble être un persifflage des *Remontrances* du parlement, mais elle contient, au contraire, de véritables actions de grâces à l'occasion des bienfaits répandus par le roi sur le pays de Gex, etc. Il finit par conclure que le règne de la raison est venu avec celui de *Louis XVI*, et que c'est à la philosophie, si honnie, si calomniée, qu'on a pourtant cette obligation.

Ces deux petits ouvrages de M. *de Voltaire* parurent à peu près en même temps et furent également bien accueillis à Paris.

pression, mais il est bon de la signaler. L'édition in-4° n'avait, en 1776, que 24 volumes. Elle a été depuis portée à 45. Les 40 volumes in-8° sont encadrés, et portent la date de 1775. *Voyez* les remarques de *Wagnière* sur l'article du 6 octobre 1778.   B.

Ibid., page 92, du 14 avril. La *Lettre d'un laboureur de Picardie à M. N***, auteur prohibitif à Paris*, qu'on attribuait à M. *de Voltaire*, et fort rare jusqu'ici, commence à devenir plus commune; mais il n'y a pas d'apparence qu'elle soit du philosophe de Ferney.... On croit plus vraisemblable que ce soit une production du marquis *de Condorcet*.

Je ne sais si cette lettre est la même que celle du *Fermier de Champagne à M. Necker*, dont les *Mémoires* font mention ci-dessus, à la date du 30 décembre 1775, ou si c'est un autre opuscule du même genre; en ce cas, je ne crois pas que M. *de Voltaire* ait eu plus de part à l'un qu'à l'autre.

Ibid., page 96, du 17 avril. M. *de Voltaire* a écrit une lettre au roi de Prusse, en date du 30 mars dernier, sur un prétendu bruit de la mort de l'empereur de la Chine. Il y amène l'éloge du roi, et des édits de M. *Turgot*, etc. Il en a envoyé une copie exacte, *ne varietur*, à un de ses amis, le 7 avril, sous prétexte qu'elle court dans Paris toute défigurée, etc.

Cette lettre au roi de Prusse est vraie, et il est vrai aussi qu'on l'avait falsifiée, ce qui engagea M. *de Voltaire* d'en donner une copie véritable.

Ibid., page 99, du 12 avril. On annonce, de l'infatigable M. *de Voltaire*, un nouvel ouvrage, ayant pour titre : *Lettres tartares et chinoises*.

Ibid., page 150, du 16 juin. M. *de Voltaire*, qui se rend volontiers le *don Quichotte* de tous les illustres scélérats, depuis long-temps a pris la défense du comte de *Lally*, etc.

De quels scélérats M. *de Voltaire* a-t-il embrassé

la défense? Il ne l'a jamais prise qu'en faveur des innocens. Vous vous servez sans doute, monsieur, de ces termes indignes, parce qu'il a le courage de mettre au jour des injustices.

Ibid., page 164 *et* 165, *du* 27 *et du* 29 *juin.* Les *Lettres chinoises, indiennes et tartares* sont un peu plus répandues ; elles sont adressées à M. *de Paw,* ce chanoine de Breslau, qui a publié des idées si nouvelles et si étranges sur la Chine et sur les Égyptiens. C'est d'un bénédictin dont M. *de Voltaire* emprunte aujourd'hui le froc, et il observe en cela le costume, attendu le scientifique de la matière, mais il ne le suit pas long-temps, car il effleure en quelques pages des sujets qui auraient fourni au moins des *in-folio*. Pour grossir le recueil, on y a joint plusieurs autres pièces intéressantes, c'est-à-dire qui sont de M. *de Voltaire*, ou le concernent ; entre autres des lettres du chevalier *de Boufflers*, pendant son voyage en Suisse, en 1764 ; une pièce en vers, intitulée *Les Finances*, où M. *de Voltaire* présente rapidement l'esquisse du roman politique que les économistes ont mis plusieurs fois en œuvre pour peindre en action les suites affreuses du système actuel des finances dans la perception des impôts... A la suite des *Lettres chinoises*, vient encore un *Dialogue de Maxime de Madaure*, ouvrage philosophique, rempli d'une excellente morale, et où l'on apprend la science difficile de vivre et de mourir. On ne peut que féliciter M. *de Voltaire* sur la découverte de ce *Maxime* que l'on ne connaissait guère, non plus que son œuvre.

Ces divers ouvrages, sauf les lettres du chevalier *de Boufflers*, sont de M. *de Voltaire*, sous des noms empruntés.

Ibid., page 180, *du* 11 *juillet.* M. *de Voltaire*, accusé de tourner à tout vent, et d'oublier facilement ses bienfaiteurs disgraciés, a voulu prouver le contraire, ou du moins se corriger. Il vient d'adresser une épître à M. *Turgot*, dont on parle avec beaucoup d'éloge.

Elle a pour titre : *Epître à un homme*. Elle est vraie, mais il ne l'est pas que son auteur changeât à tout vent; et M. *Turgot*, M. *de Choiseul*, ne sont pas les seuls exemples du contraire qu'on trouverait dans le cours de sa vie.

Ibid., page 188, du 20 juillet. C'est pour l'ouverture du nouveau théâtre que M. *de Voltaire* a fait construire à Ferney, que *le Kain* est parti. Il doit être un des acteurs concourant à l'inauguration du spectacle.

Ce n'était pas précisément pour cela que M. *le Kain* vint à Ferney, mais parce que M. *de Voltaire* lui avait plusieurs fois témoigné son désir de le revoir chez lui, l'avait excité à faire ce voyage, et que cet acteur en avait obtenu la permission de la reine.

Ibid., page 192, du 26 juillet. Il paraît un *Commentaire sur la Bible*, qui ne ressemble point à ceux que l'on connaît jusqu'à présent. On l'attribue à M. *de Voltaire*. Malheureusement cette matière est épuisée, le procès est jugé pour ceux qui veulent se servir de leur raison et de leurs lumières, et les autres ne liront pas plus ce *Commentaire* que le reste.

L'ouvrage est de M. *de Voltaire*, et il fut publié comme celui de plusieurs aumôniers du roi de Prusse.

Ibid., page 219, du 24 août. Il est fort question d'une lettre de M. *de Voltaire* à l'académie française, sur une nouvelle traduction de *Shakespear*, par M. *Le Tourneur* et compagnie. L'objet est de tourner ces traducteurs en ridicule. On dit la critique très-plaisante, et l'on veut immoler les victimes à la risée publique en lisant cette diatribe à la séance de la Saint-Louis.

La lettre fut lue en effet dans cette assemblée, et y fut très-applaudie.

Ibid., page 229, du 3 septembre. M. *de Voltaire*, sentant que sa carrière s'avance et que ses ennemis n'attendent que le moment où il aura les yeux clos pour donner les prétendus mémoires de sa vie, a cru devoir gagner les devans : il les a lui-même composés en bref, et les répand depuis peu sous le titre de *Commentaire historique sur les œuvres de l'auteur de la Henriade*, etc., avec les pièces originales et les preuves. C'est un tiers qui est censé parler; mais au style et à la manière favorable dont tous les faits sont présentés, d'ailleurs à une multitude de détails secrets et particuliers, on ne peut douter qu'il n'ait fourni les matériaux et mis le coloris.

Voyez mes *Additions* à cet ouvrage (100).

Ibid., page 230, du 5 septembre. Madame *Denis*, nièce de M. *de Voltaire*, arrive cette semaine à Paris, sous prétexte de venir consulter M. *Tronchin* sur sa santé. Mais on voit que ce n'est qu'un jeu concerté entre les amis de M. *de Voltaire*, qui désirerait fort revoir encore une fois Paris et y recueillir des couronnes de toute espèce qu'on lui prodiguerait. Son affectation de faire lire en pleine académie une

---

(100) Le lecteur peut voir aussi l'avertissement de l'éditeur, au-devant des *Additions de Wagnière*.

de ses lettres le jour de la Saint-Louis, et celle d'amener tout récemment l'éloge de la reine dans de mauvais vers au sieur *le Kain*, sont autant de circonstances qui fortifient cette conjecture, mais le clergé se dispose à s'y opposer vigoureusement.

Le rédacteur de cet article, de quelque robe qu'il soit, cherche en vain à accumuler des raisons pour fortifier sa conjecture, qui est fausse. On suppose à M. *de Voltaire* un très-grand désir de revenir à Paris, qu'il n'avait certainement pas, mais que sa nièce avait pour lui. Il n'aurait pas quitté sa retraite en 1778, et y aurait sans doute vécu encore long-temps, si un concours de circonstances singulières et les ruses les plus fatales ne l'en eussent arraché. A l'égard des vers à M. *le Kain*, qui ont le malheur d'être *mauvais* aux yeux de M. le rédacteur, c'était une manière indirecte et assez adroite, ce me semble, de remercier la reine de la permission qu'elle avait donnée à M. *le Kain* de venir à Ferney.

Ibid., page 241, *du* 15 *septembre.* Le sieur *le Kain*, revenu de Ferney, a rapporté que madame *Denis* n'était point partie, et était retenue par une indisposition qui avait retardé son voyage de Paris. Cet acteur a reparu hier dans *Andromaque*, devant la reine, avec tout le succès ordinaire.

Ce voyage projeté de madame *Denis* ne se fit point alors; elle ne vint à Paris qu'en 1778, avec son oncle.

Ibid., ibid., du 16 *septembre.* A la suite du *Commentaire historique sur les œuvres de l'auteur de la Henriade,* se trouvent des lettres de M. *de Voltaire*, à différens particuliers, les unes connues, d'autres plus récentes. Dans une, entre autres, il s'explique assez ouvertement sur la tragédie du *Siége de Calais,* qui, dit-il, *n'est plus admiré qu'à Calais.* Dans une autre, il détruit le préjugé de ceux qui attribuaient à *Ganganelli* les lettres imprimées sous le nom de ce pape.

On a su depuis que ces prétendues *Lettres de Ganganelli* avaient été fabriquées à Paris par un auteur nommé *Caraccioli.*

Ibid., page 251, *du* 28 *septembre. Extrait d'une lettre de Ferney, du* 15 *septembre...* Pour vous donner une idée de la galanterie du philosophe de ce lieu, voici un impromptu qu'il a fait depuis peu, en faveur d'une dame *Poura,* femme d'un banquier de Lyon, qui, sans être jolie, a des yeux très-lascifs et propres à réveiller le vieillard le plus engourdi. Vous vous rappelez l'aventure de mademoiselle *Chau......,* cette sœur d'un professeur de Genève, qui lui procura un évanouissement si délicieux, où il pensa rester. Il ne s'agit pas ici de quelque chose d'aussi fort, mais d'un pur jeu d'esprit, où le cœur cependant pouvait avoir quelque part. Madame *Poura* folâtrait avec M. *de Voltaire,* lui disait des choses agréables, et entre autres, combien elle s'intéressait à sa santé, lui ajoutant impérieusement qu'il fallait qu'il se conservât. Le poète octogénaire lui répondit sur-le-champ avec une ingénieuse vivacité :

> Vous voulez arrêter mon âme fugitive,
> Ah! madame, je le crois bien;
> De tout ce qu'on possède on ne veut perdre rien,
> On veut que son esclave vive.

Ces vers ne furent point adressés à madame

Poura, mais à madame *de Florian;* et les mauvaises plaisanteries que fait ici l'auteur de la lettre (M. *de Saint-Remi*), sont très-déplacées et très-fausses; mais ce monsieur ne se pique pas d'exactitude, comme on le verra ci-après par ses autres lettres, dans lesquelles il n'a pas plus de respect pour la vérité que pour M. *de Voltaire*, à qui il avait pourtant bien des obligations. Il est plaisant de lui voir mettre en jeu le *cœur* d'un vieillard plus qu'octogénaire, à propos d'un petit compliment poétique, tel qu'*Anacréon* en pouvait faire au même âge, sans pour cela être amoureux des belles grecques qui s'amusaient à le cajoler.

Ibid., page 271 et 280, du 22 octobre et du 7 novembre. Le nonce du pape, effrayé du scandale que la *Bible commentée* de M. *de Voltaire* allait causer, et convaincu de la nécessité d'y répondre, s'il est possible, l'a achetée pour l'envoyer à Sa Sainteté. Le vrai titre est *La Bible enfin expliquée par plusieurs aumôniers de S. M. le R. de P.;* c'est un billot en deux parties, formant 550 pages. Il pourra quelquefois faire rire Sa Sainteté, mais il lui fera plus souvent froncer le sourcil. Il donnera lieu à l'érudition et à la sagacité de ses théologiens de se déployer s'ils veulent y répondre.

Ibid., page 281, du 8 novembre. *Extrait d'une lettre de Ferney, du* 30 *octobre* 1776. «Le patron se porte toujours à merveille pour son âge; il lit sans lunettes l'impression la plus fine; il a l'oreille un peu dure, en sorte que lorsqu'on fait quelque bruit, il est obligé de faire répéter les paroles qu'on lui adresse, ce qui le fâche; car, quoiqu'il dise depuis vingt ans qu'il perd les yeux et les oreilles, il ne voudrait pas qu'on s'en aperçût. C'est cette envie de paraître et de briller toujours, qui fait qu'il n'aime pas à se trouver et à manger en grande compagnie; le babil des femmes, surtout, l'incommode, et leur conversation frivole et décousue l'ennuie. Il ne voit point de médecin; quand sa santé l'inquiète, il consulte ses livres. Il continue à se purger trois fois par semaine avec de la casse; il ne va à la garde-robe que de cette manière. Il reste la plus grande partie de la journée au lit; il mange quelque chose quand il en a envie; il paraît le soir, et soupe, mais pas toujours. Quelquefois sa casse le tracasse, et il se tranquillise. Il ne s'est pas beaucoup promené depuis que je suis ici. Il reste souvent en robe de chambre, mais il fait régulièrement chaque jour sa toilette de propreté, et les ablutions les plus secrètes, comme s'il attendait pour le soir quelque bonne fortune. Quand il s'habille, c'est ordinairement avec magnificence et sans goût; il met des vêtemens qui ne peuvent aller ensemble; il a l'air d'un vendeur d'orviétan.

Je n'ai plus trouvé le père *Adam* chez lui; il l'a renvoyé, et lui fait une modique pension dans le voisinage, où il demeure. Ce jésuite lui servait à faire sa partie aux échecs, et à feuilleter des livres pour des recherches dont avait besoin ce second écrivain. L'âge et les infirmités l'ont rendu impropre à ces fonctions. M. *de Voltaire* compare les hommes à des oranges, qu'on serre fortement pour en exprimer le jus, et dont on jette le marc ensuite comme inutile : pensée plus digne de *Machiavel* que de l'apôtre de l'humanité.

Il a décidément donné Ferney à madame *Denis*, sa nièce. Il continue à augmenter ce lieu; il y a dépensé peut-être cent mille francs, cette année, en maisons. Le théâtre est charmant, avec toutes les commodités possibles pour les acteurs et actrices.

Je juge que M. *de Voltaire* est fort mal servi par ses correspondans de Paris, puisqu'il ignorait même l'existence de la *F... romanie*. Je suis le premier qui lui ait parlé de ce livre. Sa première question a été : *Y suis-je?* Je lui ai répondu que non, mais bien *Rousseau*. Ce qui l'a affligé, car il veut qu'on parle de lui, même en mal.

Il serait trop long de réfuter en détail toutes les sottises et les faussetés dont cette lettre est pleine; je me bornerai à en relever quelques-unes en peu de mots.

Bien loin que M. *de Voltaire* eût toujours envie de briller, c'est que rien n'était plus remarquable que son attention à se mettre au niveau de ceux qui conversaient avec lui, à ne leur parler que des objets qu'ils connaissaient le mieux et dont ils pouvaient discourir avec le plus d'avantage et de satisfaction. C'est une observation que chacun a pu faire souvent, et qui est échappée à l'auteur de cette lettre. D'ailleurs, il me semble, monsieur, qu'en l'écrivant, vous êtes un peu en contradiction; car enfin, quand on *a toujours envie de paraître et de briller*, on ne fuit pas les grandes compagnies, mais au contraire, on les recherche.

Le babil des femmes, dites-vous, *l'incommode et l'ennuie.* Pas plus que celui des hommes, et même moins, surtout le vôtre, monsieur, qu'il daignait quelquefois supporter. Jamais il n'était plus gai et plus aimable, quand il ne souffrait pas, que dans la compagnie des dames. Ce n'est pas dans leur sexe qu'il trouvait la futilité insupportable, et qu'il cherchait beaucoup de savoir; il connaissait trop le genre humain pour confondre ainsi toutes choses.

Le père *Adam* ne faisait autre chose que jouer assez souvent aux échecs, et point du tout de recherches. M. *de Voltaire* fut enfin obligé de le renvoyer, parce qu'il était devenu, non pas inutile, mais d'une société insupportable, et occasionait continuellement des querelles, tant avec les étrangers qu'avec les personnes de la maison. Ce renvoi fut le troisième et dernier, et la comparaison de l'orange pressurée, que l'auteur de la lettre fait ici, est bien étrange et impardonnable; il croit dire quelque chose de neuf et de profond, et il n'est que l'écho d'un autre calomniateur, qui, vingt-cinq ans auparavant, jaloux de la faveur de M. *de Voltaire* à la cour de Prusse, et voulant y dominer seul, avait attribué ce même propos au roi, en parlant de M. *de Voltaire*, et n'avait pas manqué de le faire savoir à celui-ci.

Vous êtes bien mal instruit, monsieur, dans ce que vous dites d'une donation de la terre de Ferney. Puisque vous avez été plusieurs fois chez M. *de Voltaire* pour le consulter sur différentes choses, et qu'il vous y a reçu d'une manière plus honnête que celle dont vous parlez de lui, tant dans cette lettre que dans celle du 11 novembre (voyez ci-après, p. 403), vous ne deviez pas ignorer qu'il avait donné cette terre à madame *Denis* au moment même de l'acquisition qu'il en fit en 1758, et que le contrat était au nom de sa nièce.

La fin de votre letre, monsieur, enchérit sur tout le reste; passe que vous jugiez que M. *de Voltaire* était mal servi par ses correspondans de Paris; cela est vrai et n'est point étonnant; il n'avait plus, depuis long-temps, dans cette ville, de commissionnaire chargé spécialement de l'instruire des nouvelles littéraires. M. *Thiriot*, plusieurs années même avant sa mort, avait cessé de lui écrire régulièrement, et de le tenir au courant des nouveautés de la capitale. L'abbé *Duvernet*, quoi qu'on en ait dit dans ces *Mémoires*, n'a jamais rempli cette fonction, et n'était pas plus le correspondant littéraire de M. *de Voltaire* que son *espion*. Mais, dans tous les cas, comment peut-on faire une espèce de reproche à ce grand homme, d'ignorer l'existence du beau poème de *la F.....manie?* et, ce qui est plus incroyable, comment oser dire qu'il fut affligé d'apprendre qu'il ne figurait pas dans cette œuvre ténébreuse de corps-de-garde et de mauvais lieu? qu'il voulait qu'on parlât de lui, même en mal? En vérité, cela fait pitié; il faut que l'écrivain fût bien dénué de ressource et mauvais observateur, s'il ne pouvait intéresser ses amis de Paris et exciter leur curiosité qu'en fabriquant de pareilles nouvelles. A l'égard d'autres petits détails de la vie privée de M. *de Voltaire*, plus ou moins défigurés dans la lettre, on peut voir mes *Additions au Commentaire historique*.

Ibid., page 284, du 10 novembre. Le *Commentaire sur la Bible* embrasse tout l'*Ancien Testament*, et jamais père de l'Eglise ne l'a mieux étudié. Suit un sommaire de l'*Histoire des Juifs*, depuis les Macchabées; et l'ouvrage se termine par un précis des *Quatre Évangélistes*. Ce recueil est à l'usage de tout le monde, et il est extrêmement commode pour les incrédules, en ce qu'il rassemble en un seul corps les observations et les railleries éparses dans la multitude d'ouvrages écrits ou imprimés depuis trente ans contre la religion. Il l'est par la même raison pour ses défenseurs. On assure que l'avocat-général *Séguier* s'est pénétré, pendant les vacances, de ce *Commentaire* contre lequel il prépare un réquisitoire.

Ibid., page 284, du 11 novembre. *Extrait d'une lettre de Ferney, du 4 novembre.* « J'ai oublié, en vous parlant du physique de M. *de Voltaire*, de vous dire une particularité que tout le monde aurait pu remarquer, et dont personne, que je sache, n'a encore fait mention : c'est qu'il n'a point de barbe; du moins il en a si peu qu'il ne se fait jamais raser. On voit sur sa cheminée trois ou quatre paires de petites pinces épilatoires, avec lesquelles il se joue, et s'arrache de temps en temps quelques poils en causant avec l'un et l'autre. Vous vous imaginez mal-à-propos qu'il voit beaucoup de monde : on ne vient presque plus le visiter. Il a tant d'humeur depuis quelque temps, qu'il ne se montre pas à tous ceux qui viennent au château, et on est quelquefois plusieurs jours avant de pouvoir en jouir. Il y a cependant toujours la table des étrangers; on l'appelle ainsi parce que le maître mangeant séparément, madame *Denis* aussi, depuis qu'elle est obligée de vivre de régime, cette table, régulièrement servie, ne sert en effet qu'aux allans et venans ; et comme ils sont en petit nombre, il n'y a quelquefois personne à cette troisième table, bonne et bien fournie.

» La porte de l'appartement de M. *de Voltaire* est toujours bien fermée; les fidèles entrent par les garde-robes. On m'a raconté que le fils de M. *Le Clerc*, l'ancien premier commis du trésor royal, ayant attendu quelques jours avant de pouvoir jouir de la présence du philosophe de Ferney, celui-ci lui avait enfin donné rendez-vous dans son jardin, mais que lui ayant demandé son nom, il l'avait rudement gourmandé d'en porter un pareil, et l'avait quitté après ce compliment. Je ne sais cette anecdote que par tradition; mais j'ai été témoin de la réception d'une milady, à laquelle, après beaucoup de difficultés, le vieux malade se montra enfin, en lui disant qu'il sortait de son tombeau pour elle; c'est tout ce qu'elle en eut; il ne tarda pas à se retirer. La veille de la Saint-François dernière, plusieurs dames du voisinage étaient venues avec des bouquets pour lui souhaiter la bonne fête; on attendait dans le salon qu'il parût: il vint, disant d'une voix sépulcrale: *Je suis mort!* Il effraya tellement son monde, que personne ne lui fit de compliment.

» Il nie constamment d'être l'auteur du *Commentaire historique sur les Œuvres de l'auteur de la Henriade*. M. *de Florian*, son neveu, étant venu pour lui dire qu'un grand seigneur lui avait écrit pour savoir ce qui en était: *Quelle pauvreté!* s'écria M. *de Voltaire; est-ce que je serais un homme à me louer ainsi moi-même?* Le vrai est que l'ouvrage est de M. *de Morsan*, le fils du richard *Durey d'Harnoncourt*, père de madame *de Satwigny*. Après avoir fait beaucoup de sottises et avoir été déshérité par son père, il est maître d'école dans ces cantons et a gagné quelqu'argent à ce *Commentaire*, dont le patron lui a fourni cependant les anecdotes et le style: c'est le couteau de Matignon. »

On peut dire d'une partie de cette lettre ce qu'on a dit de la précédente. Toujours de l'exagération dans les petits détails, pour paraître plus piquant aux yeux de ses correspondans; et en d'autres endroits, des faussetés et des contradictions, et surtout dans le dernier article. Le *Commentaire historique* n'est point du tout de M. *Durey de Morsan*; M. *de Voltaire* avait accueilli et gardé assez long-temps au château ce frère de madame *de Sauvigny*, dans l'espérance de le réconcilier avec sa famille. Lui voyant du goût pour la littérature et pour les livres, il le chargeait quelquefois de faire des recherches dans sa bibliothèque, ou des extraits de pièces justificatives, dont il avait besoin pour la composition du *Commentaire historique*. C'était un amusement pour M. *de Morsan*; il se plaisait même à me remplacer de temps en temps, et écrivait sous la dictée de M. *de Voltaire*; voilà toute la part qu'il a eue à l'ouvrage. Si d'ailleurs, comme le dit la lettre même, M. *de Voltaire* en avait fourni la matière et le coloris, qu'aurait pu y ajouter M. *de Morsan*, qui ne connaissait l'auteur que depuis quelques mois ? N'est-ce pas avouer clairement que le *Commentaire historique* est de M. *de Voltaire* lui-même, et contredire ce qu'on a dit un peu plus haut (101)?

(101) L'observation de *Wagnière* est juste, et l'aveu de l'auteur de la lettre très-formel. Le propos qu'il fait tenir à *Voltaire*, pour dérouter la curiosité d'un grand seigneur, n'infirme pas ce qu'on avoue à la fin de cette lettre. On connaissait depuis long-temps ce que valaient ces désaveux de *Voltaire*, en certaines circonstances où ils lui étaient très-utiles pour établir et propager d'autant mieux la vérité; indispen-

Ibid., *page* 290, du 13 novembre. M. *de Voltaire* vient d'adresser une épître à madame *Necker*, à l'occasion de la nouvelle qualité de son mari. Cette pièce légère, badine, ne dit pas grand' chose au fond, mais est marquée au coin d'une facilité, d'une gentillesse que ne peut attraper aucun de nos poètes modernes. Ce qu'on n'aime pas, c'est que le philosophe de Ferney, toujours variable dans ses affections, y parle assez lestement de M. *Turgot*, et, sans le dénigrer absolument, le subordonne au saint du jour.

Le rédacteur, apparemment, n'a pas su lire ni comprendre cette épître, quoique très-claire; M. *de Voltaire* y rend justice aux deux ministres, quoique leurs idées sur le commerce et l'agriculture fussent différentes.

Ibid., *page* 314, du 6 décembre. *Extrait d'une lettre de Ferney, du 27 novembre.* « Malgré toutes mes recherches je n'ai pu découvrir le motif du renvoi du père *Adam*. Je soupçonne que c'est la suite de ses tracasseries avec les domestiques, et surtout avec la *Barbara*, gouvernante du vieux solitaire, avec laquelle il jase tous les matins de l'intérieur de son ménage lorsqu'elle lui porte sa chemise; car il faut que vous sachiez que c'est lui qui fait toutes les dépenses. Il n'a pas fait de pension au jésuite et lui a donné seulement dix louis en l'expulsant. Au reste, depuis long-temps il n'était plus propre à l'amuser, et M. *de Voltaire* avait renoncé à jouer aux échecs. Le père *Adam* est retiré chez un curé du voisinage, où il ne pourra même profiter du

sables pour sa sûreté, et qui même lui étaient suggérés par les personnages de qui elle dépendait. Il est évident que le désaveu dont il s'agit ici était chose convenue et nécessaire, attendu que l'auteur du *Commentaire historique* parle en tierce personne, et que par conséquent l'ouvrage est supposé écrit par une plume étrangère.

petit bénéfice de dire la messe, son séjour chez M. *de Voltaire* lui ayant valu l'interdiction de la part de l'évêque d'Annecy, ce fanatique, le plus cruel ennemi du philosophe.

» Je crois M. *de Voltaire* occupé à faire encore une tragédie. »

Cette lettre offre encore des inexactitudes, comme on peut le voir par ce que nous avons dit touchant le père *Adam* dans les *Additions au Commentaire historique.*

Ibid., page 323, *du* 14 *décembre. Extrait d'une lettre de Ferney, du* 4 *décembre.* « Vous avez déjà vu que M. *de Voltaire* est fort mal servi par ses amis et correspondans. Il n'a pas même cette universalité de gazettes, de journaux et autres ouvrages périodiques que devrait lui faire désirer son ardeur de tout lire, de tout savoir, de parler de tout, et que son opulence lui donne le moyen d'acquérir aisément. Il a la manie de recéler dans son cabinet ce qu'il reçoit en ce genre, et de ne les pas envoyer au salon, suivant l'usage des campagnes, où l'on s'amuse de ces feuilles courantes. Quand il les a lues, seulement il vient en faire part. *Eh bien!* dit-il, voilà donc les *insurgens qui ont été battus*, etc. Ce qui vous surprendra, c'est qu'entre les écrits périodiques de Paris, celui qu'il lisait le plus assidûment, c'était les feuilles de *Fréron.* Quand il en recevait une, et qu'il la prenait pour la parcourir, on a remarqué que la main lui tremblait; il avait l'air d'un criminel qui va entendre sa sentence. M. *d'Argental* est celui de ses amis qui le sert le plus exactement et le plus assidûment: il n'est pas de semaine où il n'en reçoive plusieurs lettres; il en a des commodes pleines. Ce gobe-mouche lui écrit tout ce qu'il sait et ne sait pas. C'est surtout pour les nouvelles politiques, pour les anecdotes de cour qu'il lui est utile. Ce recueil sera un jour très-précieux pour quiconque voudra écrire l'histoire. »

» Voulez-vous encore mieux juger combien le patron est mal instruit des détails littéraires, même le concernant? Apprenez qu'il a su par moi le premier qu'un certain abbé *Martin*, vicaire de la paroisse de Saint-André-des-Arts, se déclarait depuis deux ans pour l'auteur des *Trois Siècles de la Littérature*; il m'a répondu plaisamment : *Oh! je sais bien qu'ils sont plusieurs messieurs de ce nom-là.* Et il ne m'en a pas paru moins disposé à continuer de prendre pour plastron de ses injures l'abbé *Sabatier.* »

L'auteur de la lettre entasse encore ici des nouvelles controuvées pour égayer ses amis ou flatter leur malignité. Ce qu'il dit de Fréron ou de son *Année littéraire* est surtout d'une grande fausseté. M. *de Voltaire* ne recevait point ce journal, et il lisait avec beaucoup d'indifférence ou de mépris ce qu'on lui en rapportait quelquefois dans les lettres de Paris (102).

ANNÉE 1777.

Tome X, *page* 3, du 4 janvier 1777. On écrit de Genève que M. *de Voltaire* travaille avec plus d'ardeur que jamais;

(102) Cette lettre du nouvelliste de Ferney ne le cède guère aux précédentes, en sottises, en faussetés et en contradictions. Il aurait voulu trouver le salon de *Voltaire* garni de papiers publics comme un café. C'était là apparemment la principale nourriture de son esprit. Quant au maître du château, il savait mieux employer son temps qu'à lire *l'universalité des gazettes, journaux et autres ouvrages périodiques*, et surtout les *feuilles de Fréron*, qu'il ne recevait pas. Si, d'après le nouvelliste, *Voltaire* s'enfermait dans son cabinet pour lire le très-petit nombre de papiers de ce genre qui lui parvenaient, comment le

qu'il est dans un accouchement laborieux, sans qu'on dise ce que c'est. On présume que c'est la tragédie que l'on a annoncée.

Je l'ai toujours vu se livrer au travail avec ardeur, et quelquefois occupé de plusieurs ouvrages de genre différent; se délassant de l'un par l'autre, et les reprenant tour à tour.

Ibid., page 47, du 17 février. Il paraît une *Requête au roi* pour les malheureux habitans du Mont-Jura. On connaît depuis long-temps cette affaire par les éloquens écrits du philosophe de Ferney. Tout récemment encore il a offert à M. *de Mirbeck*, avocat aux conseils, leur défenseur, de le seconder de sa plume, de son crédit et de sa bourse, pour faire briser les fers de ses cliens.

Cela est très-vrai, mais il n'a pas été heureux dans cette entreprise.

Ibid., page 122, du 13 avril. On écrit de Genève que M. *de Voltaire* a eu, il y a peu de temps, une attaque d'apoplexie qui n'a pas eu de suite : sa tête même n'en est point affectée, et il se dispose à reprendre ses travaux. En effet, par une lettre du 16 avril, il demande à un ami de lui

voyait-on trembler et pâlir en prenant des feuilles de *Fréron ?* feuilles qui n'arrivaient point à Ferney, et qui probablement en auraient été proscrites d'une voix unanime par les habitans ? A quoi bon aussi d'injurier gratuitement M. *d'Argental*, et toujours en se contredisant ? Entre tous les amis de *Voltaire*, M. *d'Argental* était, dites-vous, celui qui lui donnait les nouvelles les plus exactes et les plus assidues, et le recueil de ses lettres serait très-précieux pour écrire l'histoire. Si cela est vrai, comme je le crois, la qualification que vous vous permettez de lui donner ici n'est-elle pas une insulte aussi absurde qu'injuste ?

rassembler toutes les pièces relatives à M. *de Lisle de Sales*, et de lui en rendre le compte le plus détaillé. On juge avec raison, qu'il veut écrire sur cette matière, sur l'injustice de flétrir cruellement un écrivain pour des opinions qu'il a soumises à l'examen des censeurs qui lui ont été donnés par le gouvernement, et qui a rempli toutes les formalités ordonnées pour l'impression. Cet auteur est plus intéressé que personne à faire rougir les magistrats d'une sentence atroce.

Ce qu'on dit de l'apoplexie de M. *de Voltaire* est vrai. Il demanda les pièces du procès de M. *de Lisle de Sales*, mais il ne les reçut jamais; depuis ce temps, M. *de Lisle* vint passer quelques mois à Ferney, il fut très-bien accueilli par M. *de Voltaire*, en qui il trouva un consolateur et tous les secours que pouvait exiger la position de ce jeune homme après la persécution qu'il venait d'essuyer.

Ibid., page 146, du 16 mai. Le n° 15 du sieur *de la Harpe* contient encore un extrait de la main de M. *de Voltaire,* c'est le troisième qu'il fournit. Ce grand homme ne dédaigne aucun genre, et se fait aujourd'hui *garçon journaliste*. On sait qu'il est un de ceux les plus ardens de l'académie, pour qu'on donne à ce corps le privilége exclusif des feuilles périodiques, sauf à elle à en accorder en sous-ordre à qui bon lui semblerait. Voilà toujours un journal qu'elle regarde comme sien, et dont elle ne laissera pas échapper la rédaction.

Il est vrai que M. *de Voltaire* a fourni à M. *de la Harpe* quelques articles pour son journal, comme il en avait donné autrefois pour la *Gazette littéraire*, rédigée par MM. *Arnaud* et *Suard*. Quant à l'anecdote du privilége des journaux pour l'académie, je n'en ai point entendu parler et je la crois fort douteuse.

Ibid., page 156, *du* 30 *mai.* M. *de Voltaire* a enfin découvert que les prétendus Juifs, ses adversaires, défendant leur nation, tantôt sous le nom de *Trois Juifs hollandais* (en 1771), et tantôt sous celui de *Trois Juifs portugais* (en 1776), n'étaient autre chose qu'un simple abbé, ex-précepteur; et il lui a répliqué dans l'ouvrage intitulé : *Un Chrétien contre six Juifs.* On est fâché qu'il se montre infiniment au-dessous de son rival...... Sa diatribe est ennuyeuse; l'apologie de l'abbé *Guénée,* solide, lumineuse, instructive; et, malgré son étendue, se faisant lire avec un plaisir continu. Par une finesse dont personne n'est plus la dupe, M. *de Voltaire* ne parle point directement; c'est un *La Roupillière,* son ami, qui le défend.

Ce jugement du rédacteur semblerait dicté par quelque intérêt personnel; si c'est par son goût seul, il n'y a rien à lui dire, chacun a le sien; et tout le monde, à beaucoup près, n'a point partagé son avis.

Ibid., page 168, *du* 15 *juin. Extrait d'une lettre de Ferney, du* 5 *juin.* « Nous sommes arrivés ici à notre retour d'Italie : nous avons eu le bonheur d'en voir le seigneur, et nous en avons été d'autant plus flattés qu'il devient très-sauvage, et que nous avions rencontré dans notre route plusieurs grands et notables personnages qu'il avait refusés. Il a passé la journée entière avec nous. L'endroit de sa terre qu'il nous a montré avec le plus de complaisance, c'est l'église. On lit en haut, en lettres d'or : *Deo erexit Voltaire.* L'abbé *de Lille* s'écria : *Voilà un beau mot entre deux grands noms! Mais est-ce le terme propre?* ajouta-t-il en riant. *Ne faudrait-il pas* dicavit, sacravit ? *Non, non,* répondit le patron. Fanfaronade de vieillard. Il nous fit observer son tombeau, à moitié dans l'église et à moitié dans le cimetière : *Les malins*, continua-t-il, *diront que je ne suis ni dehors ni dedans.* La religion l'occupe toujours beaucoup. En gémissant sur la petitesse de ce lieu saint, il dit : *Je vois avec douleur aux grandes fêtes qu'il ne peut contenir tout le sacré troupeau ; mais il n'y avait que cinquante habitans dans le village quand j'y suis venu, et il y en a douze cents aujourd'hui. Je laisse à la piété de madame Denis à faire une autre église.* En parlant de Rome, il nous demanda si cette belle basilique de Saint-Pierre était toujours bien ferme sur ses fondemens. Sur ce que nous lui dîmes qu'*oui*, il s'écria : *Tant pis!*

Cette lettre est de M. *de Trudaine*, qui était accompagné de M. l'abbé *de Lille*. Tout ce qu'on y dit est très-vrai (103).

Ibid., page 168, *du* 18 *juin. Extrait d'une lettre de Ferney, du* 10 *juin.* « Pour vous continuer notre relation, nous vous ajouterons que M. *de Voltaire*, devant toujours exercer sa bienfaisance envers quelqu'un, n'ayant plus le père *Adam*, et étant brouillé avec madame *Dupuits*, ci-devant mademoiselle *Corneille*, a pris chez lui mademoiselle *de Varicourt*, fille de condition, dont le père est officier des gardes-du-corps, mais pauvre et chargé d'une nombreuse famille. Il l'a couchée sur son testament, et l'aurait voulu marier à son neveu, M. *de Florian*. C'est une fille aimable, jeune, pleine de grâces et d'esprit. Elle est en embonpoint, et c'est

---

(103) L'application du mot *fanfaronade*, par M. *de Trudaine*, n'est peut-être pas ici trop juste. M. *de Voltaire* avait bien réellement, non-seulement dédié, mais aussi *bâti*, *érigé* cette église à ses frais. Le mot *erexit* est donc le mot propre, d'autant plus qu'en cette occasion il renferme implicitement, et sans aucun doute, ceux de *sacravit*, *dicavit*. Mais l'abbé *de Lille*, qui le savait bien, ne cherchait qu'à faire parler M. *de Voltaire*.

quelque chose de charmant de voir avec quelle paillardise le vieillard de Ferney lui prend, lui serre amoureusement et souvent ses bras charnus.

» Il ne faut pas vous omettre que dans notre conversation, nous fûmes surpris de le voir s'exprimer en termes injurieux sur le *parlement Meaupeou*, qu'il a tant prôné; mais nous avions avec nous un conseiller du parlement actuel, et nous admirâmes sa politique.

» Du reste, on nous a rapporté deux bons mots de cet aimable *Anacréon*, qu'on nous a donnés pour récens, et qui vous prouveront que son attaque d'apoplexie, qui ne consistait que dans des étourdissemens violens, n'a point affaibli la pointe de son esprit. Madame *Paulze*, femme d'un fermier-général, venue dans ces cantons où elle a une terre, a désiré voir M. *de Voltaire;* mais sachant la difficulté d'être introduit, elle l'a fait prévenir de son envie, et pour se donner plus d'importance auprès de lui, a fait dire qu'elle était nièce de l'abbé *Terrai*. A ce mot de *Terrai*, frémissant de tout son corps, il a répondu : *Dites à madame* Paulze *qu'il ne me reste plus qu'une dent, et que je la garde contre son oncle.*

» Un autre particulier, l'abbé *Coyer*, dit-on, ayant très-indiscrètement témoigné son désir de rester chez M. *de Voltaire*, et d'y passer six semaines, celui-ci l'ayant su, lui dit avec gaîté : *Vous ne voulez pas ressembler à* Don Quichotte *; il prenait toutes les auberges pour des châteaux, et vous prenez les châteaux pour des auberges.* »

Cette seconde lettre de M. *de Trudaine* n'est point en tout aussi exacte que la première; et il paraît s'y livrer à un peu d'exagération, particulièrement en ce qui concerne mademoiselle *de Varicourt*. Il était mal informé en rapportant que

M. *de Voltaire* l'avait mise sur son testament; jamais il n'y a pensé; d'ailleurs c'est madame *Denis* qui avait obtenu des parens de mademoiselle *de Varicourt* qu'elle vînt demeurer auprès d'elle au château de Ferney. M. *de Voltaire* ne peut guère avoir pensé davantage à la marier à M. *de Florian;* celui-ci, qui était neveu de M. *de Voltaire,* pour avoir épousé autrefois une sœur de madame *Denis* (madame *de Fontaine*), était alors remarié depuis trois ou quatre ans en troisièmes noces. Avant ce temps, mademoiselle *de Varicourt* n'était qu'un enfant, et à peine connue encore de madame *Denis* et de M. *de Voltaire.* Le chevalier *de Florian,* auteur de plusieurs petits ouvrages, et neveu du précédent, n'était rien à M. *de Voltaire.*

L'auteur de la lettre se trompe aussi à l'égard de madame *Dupuits*, qui n'a jamais été brouillée avec M. *de Voltaire.*

Les anecdotes sur madame *Paulze* et l'abbé *Coyer* sont vraies.

Ibid., page 186, du 10 juillet. Un certain abbé *Martin*, vicaire de la paroisse de Saint-André-des-Arts, qui, lorsque la première fermentation occasionée par le livre des *Trois Siècles de la Littérature française* fut passée, que l'abbé *Sabatier*, s'en avouant l'auteur, eut reçu toutes les injures et les invectives des coryphées du parti encyclopédique, très-maltraités dans l'ouvrage, s'était avisé de lui disputer cette paternité, est devenu fou depuis quelques mois, et les remèdes n'ayant pu opérer, il vient d'être renfermé dans une maison de force. Ses partisans continuent à assurer que non-seulement il a été le coopérateur de l'abbé *Sabatier*, mais encore que celui-ci ne faisait que lui servir de manœuvre pour les recherches et la découverte des matériaux ; que le vicaire était en chef, assemblait les articles, les rédigeait, et mettait à tous ses sarcasmes son style et son vernis. Ce qu'il y a de sûr, c'est que le grand-aumônier était persuadé du fait, puisqu'il avait donné une pension de 1500 livres à ce cuistre littéraire, en lui disant que ce n'était qu'un encouragement pour l'exciter à continuer. C'est dans cette noble ardeur qu'il a forcé de travail, et que la tête lui a pété.

Ibid., page 189, du 17 juillet. L'abbé *Martin* est mort à Senlis, des suites de son état.

C'est celui dont il a été parlé ci-devant dans une lettre rapportée à l'article du 14 décembre, et dont il sera encore question ci-après, au sujet du procès que ses héritiers intentèrent à l'abbé *Sabatier,* pour la revendication du livre des *Trois Siècles.*

Ibid., page 195, du 23 juillet. On assure que l'empereur est passé très-près de Ferney, sans avoir daigné seulement s'informer quel en était le maître. Il faut que ce prince ait eu ses raisons pour humilier ainsi M. *de Voltaire,* qui avait fait de grands préparatifs pour le recevoir.

Ibid., page 198, du 26 juillet. Extrait d'une lettre de Ferney, du 20 juillet. « M. *de Voltaire* est dans un chagrin d'autant plus sensible que son amour-propre est blessé au vif. Il avait fait les plus superbes préparatifs dans l'espoir que le comte *de Falkenstein* viendrait le visiter; il avait rassemblé autour de lui tous ses amis des environs pour grossir sa cour; il avait composé des vers que devait débiter à l'illustre étranger mademoiselle *de Varicourt.* Tous ces soins ont été inutiles. Le prince n'a pas daigné le voir, ni son château, ni son village. Il n'a demandé aucune de ses nouvelles ; il s'est cependant arrêté à Genève, et, par une affectation encore plus cruelle, est allé à Versoi, et a parcouru en détail et avec attention ce lieu, affligeant pour M. *de Voltaire,* en ce qu'on devait y bâtir une ville, ce qui aurait occasioné des émigrations de Ferney. On assure que le projet est abandonné, ce qui calme un peu les tourmens du patron. Mais l'empereur brûler son ermitage avec un mépris aussi marqué ! Il ne peut digérer cet affront. »

Ibid., page 212, du 9 août. M. *de Voltaire* sentant bien le mauvais effet que pourrait faire dans le public l'indifférence de l'empereur à son égard, a cherché à le diminuer par la lettre ci-jointe, écrite à un ami, pour qu'elle soit un peu répandue.

Extrait d'une lettre de Ferney, du 23 juillet 1777.

« ..... Le vieux malade n'a pu aller au-devant de l'empereur à son passage, et la familiarité républicaine de quelques Genevois, habitans de Ferney, n'a pas disposé Sa Majesté à faire les avances. Deux seigneurs, ouvriers en horlogerie, s'avisèrent de se faire députer de la colonie, et allèrent arrêter le carrosse du prince. L'un d'eux monta sur le marche-pied qui tient au brancard, et demanda si le comte de *Falkenstein* n'était pas là, d'où il venait, et où il allait. L'empereur, un peu étonné, lui répondit qu'on ne lui avait jamais fait de pareilles questions en France. Cet excès d'impertinence le dégoûta de Ferney, et avec beaucoup de raison.

On peut voir, sur le contenu de ces trois articles, mes *Additions au Commentaire historique.* Nous ajouterons ici quelques particularités. La lettre du 23 juillet, qu'on cite, est de M. *de Voltaire;* mais ce qu'on dit de son violent chagrin, de ses préparatifs extraordinaires, de l'invitation à tous ses amis du voisinage, tout cela est faux.

Le roi de Prusse avait mandé à M. *de Voltaire* qu'il croyait être assuré que l'empereur lui ferait visite; à quoi celui-ci avait répondu, *qu'il était très-sûr que non* : S. M. Prussienne peut le certifier. Les amis de M. *de Voltaire* lui avaient aussi écrit de Paris qu'il aurait l'honneur de recevoir ce monarque à Ferney; il les assura également *que ce prince ne viendrait jamais chez lui.* Tout le monde, dans les environs de Ferney, était cependant persuadé qu'il y viendrait, et se rassembla autour du château. M. *de Voltaire* eut beau faire dire à ces curieux qu'ils attendaient inutilement, la plupart s'obstinèrent à rester. Pendant ce temps, l'empereur passa et traversa, sans s'arrêter, une partie du territoire de Ferney. Quand M. *de Voltaire* en fut informé, il sortit et vint au milieu de cette assemblée en riant beaucoup, et répétant : *Ne vous l'avais-je pas bien dit?* Il est très-vrai que deux horlogers avaient couru au-devant de l'empereur à deux lieues de Ferney; l'un d'eux, qui était ivre, monta sur le marche-pied de la voiture, et interrogeant le monarque par l'appellation de *Monsieur l'empereur*, lui demanda en propres termes d'où il venait, où il allait, et s'il ne viendrait pas voir M. *de Voltaire?* S. M. répondit, en se détournant avec humeur : « *L'empereur ne dit jamais où il va.* » M. *de Voltaire* n'apprit cette impertinence extraordinaire que plusieurs jours après, et il écrivit depuis, à ce sujet, à M. le comte *de Cobentzel* et à M. *de Colloredo*.

Quelques jours avant cette aventure, un ami de M. *de Voltaire* m'avait envoyé, pour le lui communiquer, une espèce de discours dans lequel il était fait mention de lui, et qui avait été adressé à l'empereur, à son passage dans une ville de France; lorsque mon maître l'eut parcouru, il me le rendit en disant : *Si jamais Joseph II avait eu l'idée de passer chez moi, ceci l'en empêcherait.*

Le roi de Prusse me fit l'honneur de me dire, en 1779, la raison pour laquelle l'empereur n'avait pas vu M. *de Voltaire*. Je ne sais trop si le grand *Frédéric*, qui était fort gai dans le moment où il me parlait de ceci, n'affecta pas de jouer sur le mot en prononçant deux ou trois fois *l'empeureux* (104).

On a vu que ce n'est pas ici la seule fois que les rédacteurs des *Mémoires de Bachaumont* ont rapporté sur M. *de Voltaire* des choses très-contraires à la vérité. J'ai cru que c'était pour moi un devoir indispensable de prémunir les lecteurs

---

(104) On a supposé, avec assez de vraisemblance, que l'impératrice *Marie-Thérèse*, princesse très-pieuse, avait fait promettre à son fils que, s'il voyageait en Suisse, il s'abstiendrait de voir *Voltaire*. Voyez, ci-après, l'article du 19 février 1778.

contre un grand nombre de leurs assertions, quand j'avais la certitude qu'elles étaient fausses ou très-inexactes. Je suis d'autant plus porté à continuer dans le même esprit l'examen de ces *Mémoires*, que j'ai observé que dans les pays étrangers, où l'on n'est point toujours à même de prendre de bonnes informations, on regarde ces sortes d'ouvrages comme des archives de vérité. Il en résulte que les auteurs de ces compilations tromperaient même la postérité, si, parmi les contemporains, personne ne prenait soin de les démentir.

J'ai vu aussi, et avec plus de peine et d'indignation, dans le cours de ces *Mémoires*, que plusieurs personnes qui venaient voir le philosophe de Ferney, qui se disaient ses amis, qui en recevaient le meilleur accueil, sont celles-là mêmes qui, dans leurs lettres, écrivaient de la manière la plus propre à jeter du ridicule sur lui, et à le dénigrer.

Ibid., page 269, du 10 août. La contestation élevée par l'abbé *Martin* et ses adhérens à l'occasion du livre des *Trois Siècles*, dont le défunt s'était depuis quelque temps déclaré l'auteur, n'a encore été que sourde. Depuis la mort du premier, l'abbé *Sabatier* se propose de donner une nouvelle édition de cet ouvrage, à Toulouse, et sans doute afin de s'en assurer mieux la propriété exclusive; mais les parens et amis du vicaire semblent disposés à ne plus rien ménager, et à établir ses droits devant le public. M. l'archevêque de Paris perd aussi dans l'abbé *Martin* un confident littéraire qu'il avait choisi pour la confection de ses mandemens. On doit donner quelques opuscules posthumes de cet abbé, qui serviront d'échantillon de comparaison, et pourront faire juger s'il était en état de composer les *Trois Siècles*.

Il n'est pas surprenant que cette diatribe contre les philosophes et contre M. *de Voltaire*, si souvent appelé leur *coryphée*, dans ces *Mémoires*, ait eu quelque vogue dans le parti de leurs antagonistes. Un livre commandé et prôné par le clergé, appuyé de son crédit et de son opulence, dut se répandre aisément chez ses partisans et valoir de l'argent à l'auteur et à l'imprimeur. C'est ce qui a donné lieu à des contestations entre ceux qui prétendaient l'avoir composé, et même à un procès dont il sera encore parlé ci-après.

Ibid., page 239, du 23 septembre. *Extrait d'une lettre de Genève, du premier septembre.* « Nous avons été ces jours-ci chez le philosophe de Ferney. Madame *Denis*, sa nièce, nous a très-bien accueillis, mais elle n'a pu nous promettre de nous procurer une conversation avec son oncle. Elle a bien voulu cependant lui faire dire que des milords anglais souhaitaient de le saluer. Il s'est excusé sur sa santé, à l'ordinaire, et nous avons été obligés de nous conformer à l'étiquette qu'il a établie depuis quelque temps, pour satisfaire notre curiosité, car son amour-propre est très-flatté de l'empressement du public. Mais cependant il ne veut pas perdre son temps à recevoir des visites oiseuses, ou en des pourparlers qui le fatigueraient et l'ennuieraient. A une heure indiquée, il sort de son cabinet d'étude, et passe par son salon pour se rendre à la promenade. C'est là qu'on se tient sur son passage, comme sur celui d'un souverain, pour le contempler un instant. Plusieurs carrossées entrèrent après nous, et il se forma une haie à travers laquelle il s'avança en effet. Nous admirâmes son air droit et bien portant. Il avait un habit, veste et culotte de velours cizelé, et des bas blancs. Comme il savait d'avance que des milords avaient voulu le voir, il prit toute la compagnie pour anglaise, et il s'écria dans cette langue : *Vous voyez un pauvre homme!* puis parlant à un jeune enfant, il lui dit : *Vous serez quelque jour un Marlborough,* pour moi je *ne suis qu'un chien de français.* Quant aux valets et autres personnes qui ne peuvent entrer dans le salon, ils se tiennent aux grilles du jardin; il y fait quelques tours pour eux. On se le montre, et l'on dit : *Le voilà! le voilà!* C'est très-plaisant. »

Voici encore une de ces lettres dont j'ai parlé tout-à-l'heure, et qui sont en grande partie fausses et dérisoires. Bien loin que M. *de Voltaire* fût si flatté de l'empressement du public à se porter sur ses pas pour le voir, rien ne lui était plus à charge, et il évitait la foule tant qu'il pouvait. Il n'y avait point chez lui d'étiquette ni d'heure réglée pour rien. L'été, vers le soir, nous allions ordinairement nous promener nous deux seuls, et quand il s'apercevait qu'il y avait dans les cours beaucoup de gens rassemblés, et qui semblaient attendre pour le voir passer, il donnait fort souvent ordre à son cocher de mener le carrosse à une sortie sur les derrières du jardin, et nous allions y monter, sans qu'on s'en aperçût, pour gagner plus promptement les bois ou les champs. L'auteur de la lettre aurait bien dû nous apprendre le nom de cet enfant à qui M. *de Voltaire* fit cette belle prédiction et tint un propos si extraordinaire, et quels étaient ces *milords anglais* dont il parle, comme s'il y avait des lords ailleurs qu'en Angleterre. Quelle ineptie de dire que M. de Voltaire faisait quelques tours dans ses jardins pour les valets qui le regardaient à travers les grilles!

Ibid., page 268, *du* 13 *octobre. Extrait d'une lettre de Ferney, du* 4 *octobre.* « J'ai dîné aujourd'hui chez M. de Voltaire en très-grande compagnie. L'automne le dérange et il redoute les approches de l'hiver : il se plaint de sa stranguarie; il est cassé et a la voix éteinte : mais son esprit n'a que quarante ans. Il rabâche moins encore dans sa conversation que dans ses écrits. Il est précis et court dans les histoires qu'il raconte. Comme nous avions la jolie madame *de Blot*, il a voulu être galant, et il était plus coquet qu'elle des mines et de la langue. Pour vous donner une idée de la vigueur et de la force de son esprit, je ne vous en citerai que deux traits, ils suffiront. La comtesse, parlant du roi de Prusse, louait son administration éclairée et incorruptible : *Eh! par où, madame,* s'écria-t-il, *pourrait-on prendre ce prince? Il n'a ni conseil, ni chapelle, ni maîtresse.* On n'a pas manqué de parler de M. *Necker*, et j'étais curieux d'apprendre sa façon de penser sur son compte. Il a apostrophé un Genevois qui était à table avec nous : *Votre république, Monsieur, doit être bien glorieuse,* lui a-t-il dit, *elle fournit à la fois à la France un philosophe pour l'éclairer* (M. Rousseau), *un médecin pour la guérir* (M. Tronchin), *et un ministre pour remettre ses finances* (M. Necker); *et ce n'est pas l'opération la moins difficile. Il faudrait,* a-t-il ajouté, *lorsque l'archevêque de Paris mourra, donner ce siège à votre fameux ministre* Vernet, *pour y rétablir la religion.* Ce dernier persifflage, sans autre réflexion ultérieure, m'a décelé son jugement sur notre directeur général. Je l'avais pressenti par une citation écrite de sa main au bas d'un portrait de M. *Turgot* : *Ostendent nobis hunc lentum fata*. Le marquis *de Villette* était des nôtres, et paraît goûté du patron, qui lui a dit des douceurs. Je crois qu'elles sont intéressées, et qu'il s'agit de l'amadouer pour un mariage. Ce qui indispose encore plus le philosophe contre M. *Necker*, c'est la faveur qu'il accorde à la loterie royale de France, qui s'est étendue dans ces cantons. On vient d'établir à Ferney un bureau de cette loterie ; il redoute avec raison que les habitans de sa colonie ne donnent dans ce piége. »

Le propos de M. *de Voltaire* à madame *de Blot* n'est point supposé ; celui au Genevois est également réel, et l'un des convives me les a répétés dans la même journée. Mais je crois que dans le deuxième, le persifflage ne tombait que sur le professeur *Vernet*, et non sur M. *Necker*, avec qui M. *de Voltaire* était lié depuis long-temps, ainsi qu'avec madame *Necker* qu'il estimait et respectait. Il trouvait seulement, et ses amis aussi, un peu d'entortillement dans les ouvrages de M. *Necker* ; et c'est pourquoi il était désigné quelquefois dans leurs discours ou dans leurs lettres, sous le nom de M. *de l'Enveloppe*.

L'inscription mise par M. *de Voltaire* au bas du portrait de M. *Turgot* n'est point rapportée exactement dans la lettre ; il y avait : *Ostendent terris hunc tantum fata*. C'est une allusion heureuse tirée de *Virgile*.

Ibid., *page* 304, du 16 novembre. On parle ici d'une

nouvelle brochure de M. *de Voltaire* ayant pour titre : *Ephémère*. C'est encore un dialogue sur la religion, à ce qu'on dit.

On veut parler des *Dialogues d'Evhemère*, qui venaient de paraître.

Ibid., page 312, du 21 novembre. *Extrait d'une lettre de* M. de Voltaire, *de Ferney, du 9 novembre* 1777. « Vous avez vu ici le mariage de M. *de Florian*; vous verriez aujourd'hui celui de M. le marquis *de Villette,* je dis *marquis*, parce qu'il a une terre effectivement érigée en marquisat par le roi, pour lui, comme seigneur de sept grosses paroisses, suivant les lois de l'ancienne chevalerie. Il est en outre possesseur de quarante mille écus de rente. Il partage tout cela avec mademoiselle *de Varicourt,* qui demeure chez madame *Denis*. La jeune personne lui apporte en échange dix-sept ans, de la naissance, des grâces, de la vertu, de la prudence. M. *de Villette* fait un excellent marché. Cet événement égaie ma vieillesse, etc. »

Cette lettre de M. *de Voltaire* est vraie (105).

Ibid., page 318, du 26 novembre. On écrit de Ferney qu'il paraît un nouvel ouvrage du patron, intitulé : *Prix de la Justice et de l'Humanité.*

Vrai.

Ibid., page 336, du 15 décembre. La tragédie dont on a mandé que M. *de Voltaire* s'occupait il y a quelques mois, a été donnée depuis peu aux comédiens par M. le comte *d'Argental*. Ils en ont fait lecture et l'ont jugée faible; mais

---

(105) Elle n'est point dans l'édition de Kehl, n'ayant pas été communiquée aux éditeurs, ainsi que beaucoup d'autres.

n'osant la refuser, pour gagner du temps et ne pas se rendre aux instances vives de l'ami de l'illustre vieillard, ils ont écrit à celui-ci sous prétexte de lui demander la distribution des rôles. Cette tragédie, intitulée d'abord *Alexis*, se nomme aujourd'hui *Irène*. On parle d'une seconde, et l'on écrit de Ferney que M. *de Voltaire*, redoublant d'activité, travaille en ce moment seize à dix-sept heures par jour.

Ce qu'on dit de l'activité de M. *de Voltaire* et de son ardeur pour le travail est très-vrai.

ANNÉE 1778.

Tome XI, *page* 75, du 16 janvier 1778. Le sieur *le Kain* ayant refusé de prendre un rôle qui lui était destiné dans la pièce de M. *de Voltaire* (*Irène*), M. le marquis *de Thibouville*, chargé des intérêts de ce grand homme, a écrit une lettre à l'assemblée des comédiens, où, en se plaignant de l'ingratitude et de l'impudence de celui-là, il le maltraite très-durement. Cette lettre s'est ouverte en présence de l'aréopage comique, et a été lue sans qu'on fût prévenu d'avance de ce qu'elle contenait. *Le Kain* a été furieux des expressions du marquis, et de la publicité qu'elles recevaient. Il a cru que c'était un tour qu'on lui jouait : il s'est emporté contre le lecteur, et il s'en est ensuivi un tumulte et un désordre qui ont occasioné un grand scandale parmi les amateurs du théâtre.

Voyez sur cela et sur tout ce qui sera dit par la suite concernant M. *de Voltaire*, la *Relation de notre voyage à Paris et de la mort de cet homme célèbre*.

Ibid., page 108, du 9 février. Par une lettre de Ferney, en date du 2 février, M. *de Voltaire* écrit à un de ses amis que M. le marquis *de Villette* et sa femme, avec madame *Denis*, doivent partir pour Paris le jeudi 5, et que lui, s'il ne survient aucun empêchement, partira le samedi 7, pour se rendre à Dijon, et y suivre un procès. On conçoit que ce n'est qu'une manière indirecte de nous annoncer son arrivée à Paris; on ne peut plus en douter après cette lettre positive.

La conjecture que l'on fait ici était très-fondée, et elle ne tarda pas à se vérifier.

Ibid., pages 114 *et* 115, du 12 février 1778. M. *de Voltaire* est en effet arrivé à Paris avant-hier dans l'après-dînée. Il a mis pied à terre rue de Beaune, chez M. le marquis *de Villette*, et une heure après il est allé gaillardement, et de son pied, rendre visite à M. le comte *d'Argental*, quai d'Orsay. Il était dans un accoutrement si singulier, enveloppé d'une vaste pelisse, la tête dans une perruque de laine surmontée d'un bonnet rouge et fourré, que les petits enfans, qui l'ont pris pour un chie-en-lit dans ce temps de carnaval, l'ont suivi et hué.

Hier M. *de Voltaire* s'est tenu toute la journée en robe de chambre et en bonnet de nuit, il a reçu ainsi la cour et la ville; il donnait pour excuse qu'il était extrêmement fatigué, incommodé. Il parlait toujours de se mettre au lit, et ne s'y mettait point.

Voici quel était l'ordre du cérémonial. On était introduit dans une suite d'appartemens superbes, dont madame la marquise *de Villette*, maîtresse de l'hôtel, et madame *Denis*, nièce de M. *de Voltaire*, faisaient les honneurs. Elles tenaient cercle. Un valet-de-chambre allait avertir M. *de Voltaire* à chaque personne qui venait. M. le marquis *de*

Villette et M. le comte *d'Argental*, chacun de leur côté, présentaient ceux que le philosophe ne connaissait pas, ou dont il avait perdu le souvenir; il recevait le compliment du curieux et lui répondait un mot honnête, puis retournait dans son cabinet, dicter à son secrétaire des corrections pour sa tragédie d'*Irène*. Il paraît que sa tendresse pour cet ouvrage, qu'il aurait grande envie de voir jouer, n'est pas entrée pour peu dans son retour ici. Mais quelle a été sa douleur d'apprendre la mort de *le Kain!*

M. *de Voltaire* est en effet arrivé à Paris dans l'après-dînée du 10 février. Tout ce que l'on dit ici est assez vrai, excepté le *chie-en-lit* et la *perruque de laine*. La fourrure qui bordait extérieurement son bonnet, a pu, de loin, donner lieu à la méprise de quelques personnes qui le virent passer sur le quai des Théatins.

Ibid., pages 118 *et* 119, du 14 février. M. *de Voltaire* continue à garder son appartement, à recevoir des visites, et à faire des corrections pour la tragédie d'*Irène*. Il a été si affecté de la perte de *le Kain*, qu'il s'est trouvé mal lorsque l'abbé *Mignot* lui en a annoncé en même temps la maladie et la mort.

M. *de Voltaire* a aussi consulté M. *Tronchin* sur la constipation habituelle dont il se plaint, et sur le peu de succès de la casse qu'il prenait trois fois par semaine pour aider la nature. Le docteur lui a répondu qu'à son âge, il n'y avait que de la patience à avoir; il lui a cependant indiqué quelques remèdes pour suppléer au premier. Du reste, le philosophe vit à peu près comme à Ferney; il tient son ménage chez le marquis *de Villette*, et a fait acheter jusqu'aux moindres ustensiles.

M. *de Voltaire* déclare lui-même ne pouvoir exprimer la joie qu'il a ressentie de l'accueil distingué qu'on lui a fait ici. L'Académie, assemblée jeudi, a cru devoir députer vers lui, par extraordinaire, pour le complimenter. Il paraît qu'il s'y rendra sous peu.

Voyez sur tout cela ma *Relation*. M. *de Voltaire* ne pouvait vivre à Paris comme à Ferney; il s'en fallait bien, à cause de la cohue. Mais il est très-vrai qu'il se fit monter son ménage, ne voulant être nullement à charge à M. *de Villette*.

Ibid., pages 121 et 122, du 16 février. M. *de Voltaire* a continué ces jours-ci à recevoir des hommages plutôt que des visites.

Samedi, les comédiens français ont député vers lui. Le le sieur *Bellecourt* le harangua, et M. *de Voltaire* lui répondit, après avoir parlé de sa mauvaise santé : *Je ne puis plus vivre désormais que pour vous et par vous.* Se tournant ensuite vers madame *Vestris*, il ajouta : *Madame, j'ai travaillé pour vous cette nuit comme un jeune homme de vingt ans.* Il voulait parler des corrections qu'il avait faites à sa tragédie, ce qui l'avait occupé une bonne partie de la nuit. La députation partie, quelqu'un ayant observé que le sieur *Bellecourt* avait débité son discours d'un ton fort pathétique, et qui avait presque attendri les auditeurs, il répondit : *Oui, nous avons fort bien joué la comédie l'un et l'autre.*

On a observé aux comédiens, après le cérémonial rempli, que M. *de Voltaire*, ayant toujours exalté *Cinna* comme le chef-d'œuvre de *Corneille*, ils auraient dû préférer de donner cette pièce lundi, au lieu d'*Héraclius*; à quoi ils ont promis de se conformer. M. *de Voltaire* s'est engagé d'y aller, si M. *Tronchin* le lui permettait.

M. *de Voltaire* a été fort gai pendant toute l'audience qu'il a donnée ce jour-là. Il a beaucoup parlé politique; il a montré une lettre du roi de Prusse qu'il avait reçue récemment. Il a observé que ce monarque y posait pour principe qu'il ne fallait pas prendre le bien d'autrui. *Cependant*, a-t-il ajouté en riant, *il veut s'emparer de quelque petite partie de la succession de l'électeur de Bavière, mais sans doute il est fondé en justice. Quant à l'empereur, il faut qu'un grand prince comme lui occupe plus de terrain, et marche par une voie large et spacieuse, convenable à sa dignité.*

Ce récit est vrai. Quelques momens après le propos qui vient d'être rapporté, un des spectateurs feignant de le prendre à la lettre, et paraissant approuver la prétention de l'empereur, M. *de Voltaire* ajouta : *Sa Majesté Impériale, dites-vous, ne demande qu'un passage? A la bonne heure; mais, pardieu! un chemin de trente lieues de large, c'est un peu trop.*

Ibid., *page* 124, *du* 17 *février.* M. *de Voltaire* n'a pu aller hier à *Cinna*. Il a été tourmenté, depuis dimanche, de la strangurie, c'est-à-dire d'une difficulté d'uriner. M. *Tronchin* lui a défendu de sortir. C'est cette incertitude de voir le philosophe ailleurs que chez lui, qui rend le concours encore plus grand. Ceux mêmes qui ne le connaissent pas et n'ont aucun prétexte de s'y présenter d'eux-mêmes, s'y font présenter par d'autres. D'ailleurs, on va là à peu près comme à l'audience des ministres : lui parle qui veut, et bien des gens se contentent de l'entendre et de le contempler.

Comme on a beaucoup varié sur un motif d'intérêt qu'on assigne pour un des sujets de sa venue, voici ce qui en est éclairci. M. *Marchand, de Varennes,* aujourd'hui fermier-général et neveu de M. *de Voltaire,* était en nom pour des intérêts accordés à son oncle par feu M. le comte *d'Argenson;* le dernier en a transigé avec M. *Marchand,* moyennant 8,000 liv. de rente viagère. Il y a dix ans que celui-ci n'en a rien payé, et il vient même d'entrer en faillite. On doute qu'une créance aussi véreuse, et sur un parent proche, eût pu déterminer M. *de Voltaire* à venir ici dans une aussi mauvaise saison.

Ce qu'on dit ici de M. *de Voltaire* dans le premier paragraphe est vrai; mais le second est faux, et le doute du rédacteur des *Mémoires*, à cet égard, est bien fondé.

Ibid., page 125, du 18 février. Lundi, M. *de Voltaire* n'a point donné d'audience générale à cause de son indisposition de dimanche; mais il a reçu quelques personnes en particulier, malgré les soins de M. *de Villette* à veiller à cette précieuse santé, et à empêcher les importuns de pénétrer. Les personnages les plus distingués qui ont eu le bonheur de voir le philosophe, sont le docteur *Franklin,* madame *Necker,* M. l'ambassadeur d'Angleterre et M. *Balbastre*. On a admiré comment il a varié sa conversation pour des acteurs aussi divers, et surtout avec quelle grâce, quelle vivacité, quel esprit il a cherché à plaire à la femme du directeur général des finances.

Quoiqu'il se plaignît du mal de tête, il a voulu flatter l'amour-propre de l'artiste renommé qui était venu lui rendre hommage; il lui a demandé une pièce de clavecin, et cet habile homme a semblé charmer les maux du malade.

M. *de Villette* nous paraît un peu flatté dans cet article, et son zèle exagéré.

Quant à M. *de Voltaire*, outre sa politesse ordinaire avec le sexe, et l'estime qu'il avait conçue pour madame *Necker*, lors même qu'elle était encore mademoiselle *Curchod*, il devait à cette dame respectable de la reconnaissance, pour avoir été une des premières à faire la proposition de lui ériger une statue. Elle avait été très-étonnée et fâchée du mariage de mademoiselle *de Varicourt* avec M. *de Villette*. Elle s'intéressait à cette famille avec laquelle elle avait vécu à Crassier étant enfant. Plusieurs personnes considérables de Paris avaient aussi une très-grande répugnance de venir voir M. *de Voltaire* dans la maison de M. *de Villette*.

Ibid., pages 128 et 129, du 19 février. M. *de Voltaire* s'étant trop fatigué dans la journée de lundi, a eu recours au docteur *Tronchin*, qui lui a trouvé les jambes enflées. Il l'a fait coucher, et lui a déclaré qu'il ne répondait pas de sa vie, qu'il n'avait pas huit jours à exister, s'il ne se conduisait pas autrement, et ne prenait un repos absolu.

Cela est vrai pour le fond, mais ce langage du médecin était concerté avec le malade, comme un prétexte plausible de procurer à ce dernier quelque repos. Du reste, comme je l'ai dit ailleurs, M. *Tronchin* est du très-petit nombre de ceux qui lui ont parlé à Paris en ami véritable.

En conséquence, le vieillard effrayé, ne voit plus personne, et se refuse aux gens de la plus haute considération. Il s'écrie que sa santé lui est plus précieuse que tous les hommages qu'on veut lui rendre; cependant il ne peut s'abstenir de travailler, et accable d'écritures son secrétaire *Wagnière*, pour cette malheureuse tragédie qui le tourmente.

D'après ce que nous avons dit ci-dessus, on peut croire que la plus grande partie de cet alinéa est absolument fausse. M. *de Voltaire* n'était point effrayé, et ne s'abstenait pas de voir quelques personnes qui lui avaient toujours été plus particulièrement attachées. C'est avec autant de précaution ou de défiance qu'on doit lire les paragraphes suivans, dont le troisième seul peut être en tout considéré comme vrai.

L'amour-propre de M. *de Voltaire* est d'autant plus affligé d'un tel contre-temps, que M. le comte *d'Artois* l'a fait assurer de sa bienveillance et du plaisir qu'il aurait de le voir à la comédie, et l'invitait en même temps de lui faire savoir le jour où il pourrait y aller.

La reine, ne pouvant lui donner d'audience publique par respect pour son auguste mère, qui, regardant M. *de Voltaire* comme un des plus grands ennemis de la religion, n'approuverait pas cette démarche, a fait dire aussi à ce philosophe qu'elle serait fort aise qu'il assistât à la cour à la représentation de quelqu'une de ses pièces.

C'est à l'occasion de cette inimitié, qu'on assure que l'empereur n'a point voulu s'arrêter à Ferney, et voir le philosophe, afin de se conformer à la parole qu'il en avait donnée à l'impératrice-reine.

Ibid., page 133, du 22 février. Le jour où le docteur *Franklin* est allé voir M. *de Voltaire*, il lui a présenté son petit-fils, et par une adulation indécente, puérile, basse, et même, suivant certains dévots, d'une impiété dérisoire, il lui a demandé sa bénédiction pour cet enfant. Le philosophe ne jouant pas moins bien la comédie que le docteur, s'est levé, a imposé les mains sur la tête du petit innocent, et a prononcé avec emphase ces trois mots : *Dieu, liberté, tolérance.*

Le fait est vrai, et c'est fort mal à propos que les rédacteurs des *Mémoires* essaient de le travestir en une espèce de farce. Tous ceux qui en furent témoins ne le trouvèrent ni ridicule, ni bas, ni impie; ils en furent, au contraire, émus et attendris. Voyez ma *Relation.*

M. *de Voltaire*, non moins étonnant au physique qu'au moral, s'est trouvé beaucoup mieux le jeudi. Ses jambes sont désenflées, et il s'est occupé de la distribution des rôles de sa tragédie. Le seul maréchal duc *de Richelieu* a eu permission de le voir relativement à cet objet. C'était un spectacle d'observer ces deux vieillards et de les entendre. Ils sont du même âge à peu près; le duc est un peu plus jeune; mais malgré sa toilette et sa décoration, il avait l'air plus cassé que M. *de Voltaire*, en bonnet de nuit et en robe de chambre. Celui-ci est convenu de se transporter dimanche à la comédie, et d'y assister au premier essai de répétition, le cahier à la main, pour connaître la portée de chaque acteur.

Vendredi M. *de Voltaire* a tellement travaillé, qu'il n'a pas laissé à son secrétaire le temps de s'habiller.

Tout cela est très-vrai.

Madame la comtesse *Dubarry* s'est présentée l'après-dînée pour le visiter. On a eu bien de la peine à déterminer le vieux malade à la voir. Son amour-propre souffrait de paraître sans toilette et sans préparation devant cette beauté. Il a cédé enfin à ses instances, et reparé par les grâces de l'esprit ce qui lui manquait du côté de l'élégance extérieure.

Cela est faux; madame *Dubarry* lui avait fait écrire, et l'on m'avait écrit aussi pour lui demander la permission de venir le voir; ainsi il l'attendait, et son amour-propre ne fut nullement blessé en cette occasion.

M. le marquis *de Villette* ayant demandé à mademoiselle *Arnould* ce qu'elle pensait de sa femme après l'avoir vue, *C'est*, lui a-t-elle répondu, *une fort belle édition de la Pucelle*. Il faut se ressouvenir que la marquise *de Villette* est une demoiselle *de Varicourt*, élevée depuis plusieurs années chez M. *de Voltaire*.

Elle était depuis environ deux ans auprès de madame *Denis*.

Ibid., page 135, dudit jour. Hier, l'enflure est un peu revenue aux jambes de M. *de Voltaire;* il a été en retraite toute la journée, et n'a vu que le médecin. On doute qu'il soit en état d'aller aujourd'hui à la comédie, ou même, de faire venir les comédiens chez lui, comme on le lui a proposé. Quoiqu'il lui fût défendu de rien faire, il a encore travaillé toute la journée.

Cela est vrai.

Ibid., pages 136, 137 et 138, du 23 février. M. *de Voltaire,* dimanche dernier, malgré l'enflure de ses jambes, s'étant jugé en état de recevoir les comédiens, a fait chez lui la distribution et la confrontation des rôles d'*Irène*. On est disposé pour commencer bientôt les répétitions, et l'on ne doit pas tarder à voir jouer cette tragédie. M. le maréchal *de Richelieu* était présent à la scène, et c'était un spectacle plaisant, de voir les deux vieillards se démener au milieu de ce troupeau d'histrions. Le soir, le poète s'est trouvé fatigué, et a été obligé de se coucher à huit heures.

Tout ce qui est rapporté ici est vrai.

Quoique le roi ait déclaré qu'il n'aimait ni n'estimait M. *de Voltaire*, et que M. *de Maurepas*, l'ayant pressenti sur le désir de cet illustre expatrié de venir à Versailles, Sa Majesté lui ait répondu, que c'était bien assez qu'elle fermât les yeux sur son séjour à Paris; cependant, par une inconséquence apparente, mais qui s'explique si l'on veut y réfléchir, M. le comte *d'Angivilliers* a obtenu que, dans les statues à faire exécuter par l'Académie de sculpture, après les dernières ordonnées, celle de M. *de Voltaire* serait comprise. Ce directeur-général des bâtimens n'a rien eu de plus pressé que de faire savoir au héros du Parnasse cette nouvelle flatteuse pour son amour-propre; il a cru que M. *Pigal*, chargé de ce travail, serait le messager le plus agréable à lui envoyer. Le grand poète, flatté de cette annonce, a répondu à l'artiste, aussi chargé de la statue du maréchal de Saxe, par les six vers suivans :

> Le roi sait que votre talent,
> Dans le petit et dans le grand,
> Ne fit jamais qu'œuvre parfaite.
> Aujourd'hui, contraste nouveau !
> Il veut que votre heureux ciseau,
> Du héros descende au trompette (106).

(106) On sait que M. *de Voltaire* a célébré le maréchal de Saxe dans le poème de Fontenoy, et ailleurs.

J'avoue que je ne saurais dire quel degré de croyance peut mériter ce qui est rapporté au commencement de ce paragraphe, ni même s'il s'y trouve rien de vrai. Quant à l'anecdote touchant M. *Pigal*, le récit en est exact.

Ibid., *pages* 145, 146, 147 et 148, du 28 février. Malgré le grand nombre de partisans et d'admirateurs de M. *de Voltaire*, il a encore plus d'ennemis. Il a contre lui tout le parti des dévots et du clergé. Ils ont été furieux de l'éclat qu'a fait ici son arrivée, et de la sensation incroyable qu'elle a produite : ils ont cherché d'abord à se prévaloir des défenses qu'ils croyaient exister, et d'après lesquelles il n'aurait pu reparaître dans la capitale. Ils ont compulsé les registres de la police, ceux du département de Paris, ceux des affaires étrangères, pour voir s'ils ne trouveraient pas quelque bout de lettre de cachet dont ils pussent s'autoriser pour le perdre pieusement dans l'esprit du roi, déjà très-mal disposé contre lui; projet dans lequel ils espéraient être secondés par *Monsieur*, qui, d'avance, ne goûtait pas le coryphée de la philosophie moderne. Malheureusement pour eux, il fut constaté qu'il n'y a jamais eu d'ordre par écrit qui ait expulsé M. *de Voltaire*, et que sa longue absence ne doit s'attribuer qu'à son inquiétude naturelle, et à des insinuations verbales de s'éloigner.

Tout cela est vrai. Voyez ma *Relation*, ainsi que sur la suite. J'ajouterai encore ici quelques nouvelles remarques à mesure que l'occasion s'en présentera.

Sans doute une foule de ses ouvrages brûlés pouvaient servir de prétexte à lui faire son procès ; mais il n'en avait signé aucun : ce sont des écrits anonymes ou pseudonymes, qu'il a toujours désavoués, et il faudrait établir une instruction en règle, qui serait trop odieuse dans ce siècle éclairé, et à laquelle ne se prêterait pas aujourd'hui le parlement, dans le sein duquel il a des parens, des amis et des admirateurs.

Auriez-vous, monsieur le rédacteur, osé répondre de cette modération dont vous faites honneur au parlement? Pour moi, qui voyais tout ce qui se passait, je n'aurais voulu répondre de rien.

Le fanatisme est donc réduit à s'intriguer sourdement d'un côté, à crier au scandale de l'autre, et à gémir universellement du séjour de cet apôtre de l'incrédulité dans cette ville. M. l'archevêque, comme le plus intéressé à son expulsion, et le plus zélé pour la défense de la religion, en a écrit directement au roi; mais on a représenté à Sa Majesté que ce vieillard, déjà fatigué de son déplacement dans une pareille saison, d'une longue route et de la multitude de visites qu'il avait reçues, et encore plus affecté du chagrin de déplaire au monarque, ne pourrait retourner à Ferney dans le moment; que ce serait une inhumanité de l'y contraindre, qu'il en mourrait, et qu'il était de la bonté de Sa Majesté de le laisser repartir de lui-même, ainsi qu'il se le proposait.

Voilà où en étaient les choses, lorsque M. *de Voltaire* est tombé sérieusement malade, par l'accident grave du crachement de sang qui lui est survenu. C'est la matière de nouvelles inquiétudes pour les prêtres. Il est question de pénétrer chez le moribond, de le convertir, ou du moins d'en obtenir quelque acte extérieur de religion, dont ils puissent se prévaloir et triompher.

C'est à quoi sont attentifs de leur côté ceux qui l'entourent; c'est ce qui les oblige de dissimuler leurs inquiétudes, et de ne pas laisser transpirer au dehors les nouvelles fâcheuses de son état. On ne donne le bulletin qu'aux amis connus.

Voyez sur cela l'ouvrage cité plus haut.

Ibid., page 147, du 1er mars 1778. Le amis de M. *de Voltaire* sentant la difficulté qu'il séjourne ici long-temps à cause des clameurs des dévots et du clergé, et craignant d'ailleurs pour sa santé, qui a commencé à s'altérer peu de temps après son arrivée, songeaient sérieusement à l'emmener lors de son accident. Madame *de Saint-Julien,* surtout, en grande liaison avec lui, faisait préparer une voiture exprès pour lui rendre le retour plus commode. Il est bien à craindre que ces précautions, prises trop tard, ne deviennent inutiles.

Il est de la dernière fausseté que ses amis songeassent sérieusement à l'emmener; presque tous, au contraire, se sont joints pour le faire rester à Paris. J'ajoute à mon témoignage le billet de M. *de Thibouville* à madame *Denis,* que j'ai encore entre les mains. Il n'y a eu à Paris que M. *Tronchin,* madame *de Saint-Julien,* M. *Dupuits* et moi, qui l'ayons pressé de repartir. Voyez la *Relation.*

Il paraît qu'on doit attribuer le crachement de sang qui lui est survenu le mercredi, aux efforts qu'il avait faits le dimanche précédent, lors de la répétition de sa pièce, qu'il s'est trouvé obligé de déclamer presque en entier, pour donner à chaque acteur le ton de son rôle. Et comme cet accident était la suite d'une fatigue extraordinaire, on critique les saignées faites en pareilles circonstances et à son âge. Il ne voit plus personne que sa famille; tout travail lui est interdit absolument, et il reste presque toujours au lit. Il fait bonne contenance cependant, et rassure les assistans, en disant que ce n'est rien.

Loin qu'il ne vît que sa famille, sa chambre, au contraire, était remplie de monde, et il s'y passait des scènes trop bruyantes et assez extraordinaires. Ce qu'on dit de sa bonne contenance est très-vrai.

Il y a de plus en plus de grands mouvemens dans le clergé pour aviser aux moyens de se conduire vis-à-vis du coryphée de la philosophie ; et les philosophes à leur tour redoublent d'efforts pour que leur chef ne fasse rien d'indigne de lui.

Ce que l'on dit ici du clergé est aussi vrai que ce que l'on dit des efforts des philosophes l'est peu. On peut voir là-dessus ma *Relation*.

Ibid., page 149, du 2 mars. Avant que M. *de Voltaire* tombât malade, madame *du Deffand* lui avait écrit pour aller voir l'opéra de Roland avec elle ; il lui répondit par le billet suivant :

> De ce Roland que l'on nous vante,
> Je ne puis avec vous aller, ô du Deffand !
> Savourer la musique et douce et ravissante :
> Si Tronchin le permet, Quinault me le défend.

Cette chute épigrammatique est piquante pour M. *Marmontel*, à qui le poète fait ainsi indirectement le reproche d'avoir osé retoucher le poème de Quinault.

M. *de Voltaire* disait toujours à Ferney qu'il ne mourrait pas content qu'il n'eût vu encore une représentation de la

Comédie française, et une séance publique de l'Académie. Il était à la veille de jouir de ce double spectacle, ou pour mieux dire, de ce double triomphe, et cependant il est à craindre qu'il n'en soit privé pour jamais; son état devient de plus en plus inquiétant; il continue à cracher un peu de sang.

Au reste, on ne sait même si la séance publique de l'Académie française n'aurait pas souffert quelque difficulté; du moins les prélats eussent-ils beaucoup remué pour empêcher le roi de la permettre. Ils ont déjà été trop scandalisés de la députation de cette compagnie vers le coryphée de l'impiété, en ce que, indépendamment de l'éclat que faisait cet acte solennel, il liait en quelque sorte le clergé aux hommages qu'on lui rendait en la personne de plusieurs cardinaux, archevêques, évêques et abbés, membres de l'Académie, et par conséquent censés avoir adhéré à la délibération. Tout le parti des dévots en a frémi et anathématisé le prince *de Beauvau* qui portait la parole. Les plaisans se sont contentés d'en rire; ils ont dit que *c'étaient les membres qui allaient chercher le corps.*

Le quatrain à madame *du Deffand* est vrai; mais le propos que répétait, dit-on, M. *de Voltaire* à Ferney, est une pure supposition; je ne l'ai jamais entendu s'exprimer ainsi; et même eût-il eu le désir qu'on lui prête, il était certainement incapable de le manifester d'une manière si maladroite. Ceux qui l'ont arraché à sa retraite peuvent avoir donné lieu à de pareils bruits.

Ibid., page 152, *du* 3 *mars.* Quelqu'un des philosophes qui forment la cour de M. *de Voltaire,* le voyant affligé de ne pouvoir aller à Versailles dans l'appareil qu'il aurait désiré, lui dit : *Vous êtes bien bon! savez-vous ce qui vous serait arrivé? je vais vous l'apprendre. Le Roi, avec son affabilité ordinaire, vous aurait ri au nez, et parlé de votre chasse de Ferney, la Reine, de votre théâtre;* Monsieur *vous aurait demandé compte de vos revenus;* Madame *vous aurait cité quelques-uns de vos vers; la comtesse* d'Artois *ne vous aurait rien dit, et le comte vous aurait entretenu de la Pucelle.*

Il est faux que M. *de Voltaire* ait paru affligé de ne pouvoir aller à Versailles. C'est encore une supposition pour amener et faire ressortir davantage ces propos épigrammatiques, qui en effet lui furent tenus un jour par un plaisant, qui apparemment n'avait pas lieu de se louer de la cour.

Les vers du marquis *de Villette*, adressés à M. *de Voltaire*, à l'occasion de sa prétendue convalescence, insérés dans le *Journal de Paris*, ne peuvent rassurer sur l'état de ce vieillard. Le marquis et lui ont été fâchés de l'éclat donné par ce même journal à l'accident du malade, et l'on a insinué au rédacteur de n'en plus parler afin d'endormir la vigilance du clergé, et de pouvoir éconduire sans scandale les prêtres qui se présenteraient.

Le vrai est, autant qu'on peut le conjecturer et le découvrir par les mouvemens de la maison, qu'on est toujours dans les alarmes sur une santé aussi précieuse; que les crachats sont teints; qu'il y a de la toux, quoique sans fièvre; de l'agitation les nuits, pendant lesquelles on garde M. *de Voltaire;* qu'il a aussi des assoupissemens; qu'il se lève peu; qu'on l'empêche de parler; et que tout annonce un vaisseau rompu dans la poitrine.

Le contenu de ces deux paragraphes est vrai.

Cependant on cherche à l'égayer, ou du moins à l'occuper des choses qui lui sont le plus agréables. C'est ainsi que, dimanche dernier, M. *de la Harpe* lui lisait un chant de sa *Pharsale*. Il le faisait avec tant d'emphase, avec des poumons si vigoureux, qu'on l'entendait de l'intérieur de la maison, et même de la rue. L'espoir d'être couché sur le testament du *Papa grand-homme,* fait redoubler ce poète et sa femme de zèle et d'assiduité auprès de lui.

Il se peut que M. *de la Harpe* ait eu cette idée, mais il ne s'était pas conduit envers M. *de Voltaire* d'une manière à oser l'espérer véritablement. M. *de la Harpe*, M. *de Voltaire* et moi, en savions bien la raison (107).

Ibid., *page* 155, du 5 mars. M. *de Voltaire,* depuis son retour ici, aura présenté en peu de temps le contraste le plus philosophique et le plus intéressant. A son arrivée, il a joui d'hommages enivrans, d'honneurs incroyables, d'une gloire dont il n'y a point d'exemple. On l'a vénéré comme un génie unique, comme un Dieu, n'ayant rien de commun avec ses semblables; aujourd'hui, il n'est plus qu'un spectacle affligeant pour l'humanité; son corps en a toutes les infirmités, son esprit toutes les faiblesses. Comme il ne parle à personne, on ne peut calculer jusqu'à quel point il est baissé, mais on en juge par les faits dont on va rendre compte.

Le contraste dont on parle n'était que trop réel; M. *de Voltaire* avait perdu sa santé et souffrait beaucoup, mais son esprit ne marquait point de

---

(107) Voyez les *Additions de Wagnière*, au *Commentaire historique*, etc.

faiblesse, j'en prends à témoin toutes les personnes qui le virent alors.

Dimanche M. *de la Harpe*, bien loin de soulager le malade, l'ayant extrêmement fatigué par sa déclamation dure et déchirante, et par les observations que M. *de Voltaire* ne pouvait s'empêcher de lui faire, le docteur *Tronchin* a défendu qu'on le laissât parler à personne; on ne fait plus que le montrer à ceux qui viennent. Il prend la main aux uns, leur sourit, et il témoigne aux autres qu'ils lui déplaisent, par des cris affreux.

M. *de Voltaire* avait prié M. *de la Harpe* de lui lire sa dernière tragédie (*les Barmécides*). Pendant la lecture, où nous n'étions que nous trois, M. *de Voltaire* faisait ses observations, et donnait à M. *de la Harpe* des conseils de père et d'un véritable ami. Celui-ci, piqué dans son amour-propre, dit avec altération qu'il ne pouvait continuer, et prétexta un mal de gorge. Eh bien, lui répliqua avec bonté M. *de Voltaire*, laissez-moi votre pièce, et si vous le voulez, je mettrai en marge mes observations; à quoi M. *de la Harpe* eut bien de la peine à consentir.

Il avait fait venir de Ferney un jeune homme pour aider le sieur *Wagnière*, son secrétaire, dans ses écritures. Comme celui-ci n'a plus grande occupation, le maître a renvoyé le premier avec une inhumanité singulière, et madame *Denis* a été obligée de lui fournir, à l'insu de son oncle, des secours pour se loger et se nourrir.

M. *de Voltaire* n'avait point du tout fait venir

de Ferney à Paris le sieur *Maissonat*; il s'était engagé à bâtir pour lui, son père et son oncle, pour le prix de quarante-quatre mille livres, à chacun une maison audit Ferney, lesquelles étaient déjà commencées. La mort de M. *de Voltaire* en a arrêté la confection. Ce jeune homme avait été établi procureur d'office des terres de Ferney et Tournay. Il servait de secrétaire à madame *Denis*, qui le protégeait beaucoup, et à l'instigation de laquelle il vint à Paris. Lorsque nous partîmes pour cette ville, M. *de Voltaire* lui fit donner dix louis, et pour récompense, ce *Maissonat* écrivit à M. *de Voltaire* une lettre très-insolente, que je conserve, et qui est apostillée de la main de ce grand homme.

Quelques jours après notre arrivée à Paris, nous fûmes fort étonnés d'y voir *Maissonat*; il continua de faire sa cour à madame *Denis*, qui fit tout ce qu'elle put pour engager son oncle à le prendre à ma place, à quoi il ne voulut jamais consentir. L'excès d'insolence de ce jeune homme obligea même un jour M. *de Villette* à lui donner un soufflet dans la chambre de M. *de Voltaire*, et de l'en chasser à coups de pied au derrière.

Depuis huit jours M. *de Voltaire* ne vit que de tisane et de bouillon coupé, ce qui lui rend la tête vide, et lui ôte le peu de forces qui lui restent; en sorte qu'il a peine à cracher; il a les yeux encore vifs et bons, au point de lire continuellement des brochures qu'on lui envoie; mais cette occupation est aujourd'hui chez lui plus machinale qu'intellectuelle.

On lui a représenté que son état exigeant qu'il fût veillé les nuits, ses domestiques trop fatigués de ce service, auquel ils n'étaient pas accoutumés, ne pouvaient y suffire, qu'il lui fallait une garde. Il y a consenti, à condition qu'elle serait jeune et jolie pour le regaillardir dans son ennui. Il en a une de vingt ans; mais au commencement du carême où nous entrons, il ne veut point absolument qu'elle fasse maigre.

La garde lui fut donnée dès le 25 février, jour de son hémorragie, par M. *Tronchin*. Le reste est une plate plaisanterie du rédacteur.

Le lundi gras, il s'est confessé sans préparation et avec beaucoup de docilité, ce qui de sa part est le comble du délire. Voici comment s'est passé cet événement curieux :

Le clergé voyant le moment de son triomphe, a tenu conciliabule sur conciliabule, pour arrêter la manière de se conduire envers ce coryphée de la philosophie. On est convenu d'envoyer d'abord un enfant perdu, un bon homme, simple, pour tâter le terrain. C'est un abbé *Gauthier*, que le curé de Saint-Sulpice a choisi pour cette mission. Il s'est présenté au marquis *de Villette*, qui, sentant le danger de cette visite insidieuse, n'a eu garde d'expulser le prêtre, l'a fort bien accueilli, et l'a conduit chez M. *de Voltaire*. Le philosophe est entré en pourparler, et s'est laissé dégrossir la conscience. Le curé profitant de la voie ouverte, est venu peu après, et a eu avec le malade une seconde conversation. Il est allé rendre compte du tout à M. l'archevêque; et l'on est dans l'attente du jour de l'administration. Cependant le mardi gras et le mercredi des cendres se sont écoulés sans que ces messieurs aient reparu.

Toute cette relation est fausse, excepté les conciliabules tenus par le clergé. Le lecteur peut le voir dans l'écrit déjà cité.

Ibid., *page* 159 *et suivantes*, du 7 mars. Comme la vérité est essentielle dans les moindres détails, et que les plus minutieux concernant M. *de Voltaire* acquièrent de l'importance, par l'intérêt qu'on prend à ce grand homme, et l'avidité du public à recueillir et à s'entretenir de tout ce qui le concerne, il faut réformer l'inexactitude de quelques faits précédens.

Depuis l'alarme donnée dans tout Paris sur l'accident grave de M. *de Voltaire*, plusieurs prêtres s'étaient déjà présentés chez lui sans une sorte de succès; lorsque M. *Tronchin*, qui, quoique protestant, est fort religieux à observer les devoirs de sa profession, se crut obligé de faire connaître au malade le danger de son état. Afin de mieux frapper son imagination, qu'il voulait ébranler pour s'en rendre le maître, et le réduire au repos absolu dont il avait besoin, il se servit d'expressions emphatiques, dont on a vu un échantillon dans le bulletin du *Journal de Paris*, n° 51; il lui dit entre autres choses qu'il devait toujours voir, comme *Damoclès,* une épée suspendue sur sa tête, ne tenant qu'à un fil. Cette menace répandit la terreur dans l'âme du philosophe, et c'est alors qu'arriva l'abbé *Gauthier.*

Celui-ci était envoyé par l'abbé *de l'Attaignant,* le fameux chansonnier, vieux pécheur, un des pénitens convertis par cet enthousiaste; il était encore tout radieux d'avoir regagné au giron de l'Église l'abbé *de Villemesens* (108). Il entra chez M. *de Voltaire* tout triomphant, il se jeta à ses genoux, il lui dit qu'il était un envoyé de Dieu, qu'il venait le con-

---

(108) Fameux janséniste de la paroisse de Saint-Nicolas-des-Champs, que l'abbé *Gauthier,* ex-jésuite, convertit *in articulo mortis.*

jurer de profiter du peu de jours qui lui restaient pour se repentir de ses erreurs, et songer à la grande affaire de son salut. Celui-ci, membre de l'Académie française, gentilhomme ordinaire de la chambre du roi, sur qui le clergé et la cour avaient les yeux ouverts, craignant de faire un éclat scandaleux, craignant la mort, affaibli par son hémorragie, par une saignée, par le lit, par une diète austère, encore tout ému de l'effrayant pronostic de Tronchin, se trouva pris, et se mit en devoir de satisfaire aux ordres du ciel, que ce fanatique lui signifiait d'un ton si imposant.

Cependant le curé de Saint-Sulpice, averti de son côté, et qui ignorait la démarche de l'abbé *Gauthier*, arriva et trouva mauvais qu'on l'eût devancé; il fit des reproches à l'enthousiaste, à qui M. l'archevêque a défendu vraisemblablement de mettre la faux dans la moisson d'autrui. L'abbé *Gauthier* n'a point reparu chez M. *de Voltaire;* mais le pasteur est revenu tous les jours jusqu'au vendredi exclusivement, et jeudi surtout il est resté plus de deux heures dans la maison.

M. le marquis *de Villette*, excédé de voir son hôtel en proie aux gens d'église, et de tous les propos qu'ils occasionaient dans Paris, ne pouvant faire gauchir le docteur *Tronchin* dans son avis, imagina avoir recours au docteur *Lorry*, médecin voyant aisément couleur de rose, petit-maître, homme d'esprit, dont il espérait plus aisément tirer parti. En effet, celui-ci, plus docile à rassurer M. *de Voltaire*, lui a dit que sa guérison était entre ses mains, et pour ralentir l'ardeur des prêtres, est convenu, non de donner aucune signature qui le compromît par un avis raisonné, mais de se laisser écrire par le marquis *de Villette* un billet qu'on publierait dans le *Journal de Paris*, n°. 64, duquel on pût s'autoriser afin de répandre l'espoir d'une convalescence prochaine. Tel en est le dessous de cartes. On passe sur le différend de M. *de Villette* avec *Tronchin*, relatif à la fermeté de celui-ci, sur celle de madame *Denis* avec le marquis, aussi à l'occasion du docteur *Lorry*, appelé sans la participation de M. *de Voltaire*. Toutes ces tracasseries de l'intérieur sont faites pour y rester. Au surplus, il y a un mieux marqué dans l'état du malade.

Toute cette relation est presque fausse. Je prie qu'on lui confère la mienne. C'est aussi l'amour de la vérité, jusque dans les moindres détails sur M. *de Voltaire*, qui m'a engagé à faire toutes ces remarques. Elles paraîtront peut-être frivoles et puériles à quelques lecteurs; mais je crois que tous ceux qui prennent quelque intérêt à la mémoire de ce grand homme, me les pardonneront aisément.

Ibid., page 162, du 8 mars. Les propos de M. *de Voltaire* au docteur *Lorry*, lors de l'apparition de ce médecin, confirment bien que ce philosophe n'avait pas la tête à lui tout entière; il fut le premier à lui apprendre qu'il s'était confessé. S'apercevant que le docteur mécréant faisait un sourire de pitié, plus que d'approbation : *Vous me croyez donc bien impie?* continue le malade. L'autre, servi par sa mémoire qui lui fournit en ce moment un vers de citation heureuse, lui répondit :

Vous craignez qu'on l'ignore, et vous en faites gloire.

Au reste, reprit M. *de Voltaire*, *je ne veux pas qu'on jette mon corps à la voirie. Tout cela me déplaît fort, cette prêtraille m'assomme; mais me voilà entre ses mains, il faut bien que je m'en tire. Dès que je pourrai être transporté, je m'en vais. J'espère que leur zèle ne me poursuivra pas jusqu'à Ferney. Si j'y avais été, cela ne se serait pas passé ainsi.*

C'est avec cette conversation qu'il a éconduit M. *Lorry*, dont l'avis au surplus était qu'on le substentât davantage. La nuit du vendredi au samedi ayant été bonne, le crachement de sang ayant cessé, M. *Tronchin*, toujours en possession de la confiance du vieillard, lui a permis de manger un œuf; il a fait supprimer les tisanes, et y a substitué de l'eau et du vin; ce qui l'a ranimé. Les idées dramatiques sont revenues, et il a envoyé vendredi madame *Denis*, sa nièce, chez M. le maréchal *de Richelieu*, vraisemblablement pour enjoindre aux comédiens de s'occuper de sa tragédie, qu'on aurait enterrée avec lui, car on la dit très-froide.

Tout considéré jusqu'ici, ce que le curé a tiré de mieux de M. *de Voltaire*, ce sont, à ce qu'on assure, des aumônes abondantes pour les pauvres de sa paroisse. Voilà le rôle du pasteur fini, à moins qu'il ne revienne quelque crise.

Cette conversation entre M. *de Voltaire* et M. *Lorry* est très-vraie; mais il est faux que le premier n'eût pas la tête libre; il l'avait au contraire très-présente, et il était très-gai.

Ibid., page 164, *du* 9 *mars.* Dès le vendredi soir M. *de Voltaire* a soupé avec des œufs brouillés, et le lendemain il s'est mis à table avec tout le monde, mais en robe de chambre, qu'il n'a point quittée depuis qu'il est arrivé... La tête est revenue; il a repris sa fermeté; il est resté enfermé avec son secrétaire, et lui a dicté beaucoup de lettres; tout cela fait présumer qu'on s'était trompé sur la nature de l'accident de ce vieillard, aussi étonnant au physique qu'au moral, et que le sang qu'il a rendu ne venait pas de la poitrine.

Sa confession a roulé sur deux points, sur une rétractation de ses ouvrages, qu'il a prétendu n'être pas obligé de faire, parce qu'il ne pouvait désavouer ce qu'il n'avait jamais avoué, et sur sa foi. Les prêtres se vantent qu'à cet égard il en a donné une profession par écrit, qui est entre les mains de M. l'archevêque, et dont on dira sans doute, comme *Ninon* de sa promesse à son amant : *Le bon billet qu'a la Châtre!* Les gens de la maison assurent que c'est pour la neuvième fois de sa vie qu'on le voit se confesser en pareille circonstance.

Le premier paragraphe est vrai; quant au second, voyez ma *Relation*. J'ajouterai à l'égard de la dernière phrase, que pendant près de vingt-cinq ans que je lui ai été attaché, ce fut la troisième fois qu'il fit cet acte, tant bien que mal. Pour les deux premières, on en trouvera les détails dans mes *Additions au Commentaire historique*.

Quoi qu'il en soit, au lieu de remarquer dans la maison la joie que devrait y répandre sa convalescence, on n'y observe qu'une consternation générale, et ses valets même semblent honteux de la pusillanimité que leur maître vient de montrer. M. le marquis *de Condorcet*, M. *d'Alembert* et autres philosophes, sont venus le gourmander fortement, et lui-même demande à tout le monde ce qu'on pense dans Paris de sa confession. Son refrain ordinaire est qu'il ne voulait pas que son corps fût jeté à la voirie. Cette première honte bue, il ne parle plus de partir, et ne songe qu'à sa tragédie qu'il veut faire jouer avant Pâque.

1° M. *de Voltaire* n'avait à Paris aucun domestique que son cuisinier et un valet de louage, lesquels ne semblaient, dans le fond, prendre qu'un médiocre intérêt à l'état de sa santé. Son cocher n'était pas encore arrivé.

2° Ce qu'on dit des philosophes relativement à la confession de M. *de Voltaire*, est très-faux. (Voyez ma *Relation*.) Je n'ai vu que le duc *de Choiseul* qui ait fait témoigner à M. *de Voltaire* sa surprise sur cette démarche.

3° Pardonnez-moi, monsieur, il parlait encore de partir, et le soin de faire représenter sa tragédie à Paris ne l'empêchait pas de songer à son retour à Ferney, et il m'en reparlait assez souvent.

Il n'était pas encore question sérieusement de le fixer dans cette capitale; et même, lorsqu'on lui en eut fait adopter le projet, il comptait bien encore aller passer quatre ou cinq mois chaque année dans sa colonie.

Ibid., page 167, *du* 11 *mars*. Les partisans de M. *de Voltaire* ne pouvant nier sa confession, trop répandue dans le public, cherchent aujourd'hui à effacer les impressions fâcheuses qui en pourraient résulter, en la faisant envisager comme un acte dérisoire. Pour preuve, ils en rapportent cette phrase remarquable au curé, qui l'exhortait à rentrer au giron de l'Eglise : *Vous avez raison, monsieur le curé; il faut mourir dans la religion de ses pères; si j'étais aux bords du Gange, je voudrais expirer une queue de vache à la main*. Mais, outre qu'il est constant par le témoignage de tous ceux qui l'entouraient, qu'il avait réellement peur ; outre qu'on a vu par les différentes actions qui ont précédé, accompagné et suivi cet acte, qu'il n'avait pas assez de présence d'esprit pour jouer alors la comédie, c'est que cette comédie serait indigne et d'un homme de génie, et d'un bon citoyen, et d'un honnête homme.

Les partisans de M. *de Voltaire* être inquiets de sa confession! S'efforcer d'en atténuer l'impression dans le public! Ils s'en sont, je vous assure, très-peu embarrassés.

Le curé de Saint-Sulpice ne l'a point exhorté à rentrer au giron de l'Église. D'ailleurs, pourquoi cette exhortation? Le malade avait-il jamais fait abjuration? M. *de Voltaire* ne lui répondit pas non plus: *Vous avez raison, monsieur le curé*, etc. Il avait trop de sagacité pour tenir un tel propos, au curé de Saint-Sulpice surtout. Mais un de ses amis, homme de lettres, lui dit un jour en ma présence: *Vous vous êtes donc confessé?* M. *de Voltaire* lui répondit: *Pardieu! vous savez tout ce qui se passe dans ce pays, il faut bien un peu hurler avec les loups, et si j'étais sur les bords du Gange*, etc.

Je dois dire aussi, et je suis bien à même de le certifier, que M. *de Voltaire* n'avait nulle crainte de la mort, comme on le répète si souvent.

Tout ce qui se trouve aux paragraphes suivans, pages 168, 169 et 170 des *Mémoires*, ayant rapport à M. *de Voltaire*, est très-vrai, excepté qu'il n'avait point reçu d'ordres supérieurs; et qu'un homme qui avait résidé plus de vingt ans et librement à Ferney, qui n'en avait été arraché momentanément que par ruse et séduction, et qui conservait le désir d'y retourner, ne témoignait pas d'avoir été aussi capricieux qu'on le dit. Son autre séjour, presque aussi long, à Cirey, jusqu'à la mort de madame *du Châtelet*, le prouverait encore.

Nous ne ferons donc aucune remarque sur ce qui suit, et nous le transcrivons pour ne rien omettre de ce qui a rapport au dernier séjour de M. *de Voltaire* à Paris, et pour suppléer quelques circonstances que j'ai pu négliger d'insérer dans ma *Relation*, et que les rédacteurs des *Mémoires* ont consignées dans leur recueil.

Au reste, l'empressement qu'il a montré, dès qu'il en a été le maître, pour faire jouer sa tragédie, prouve que sa conversion, si elle a été sincère dans le moment, n'a pas été longue. Depuis, il en a été tellement occupé, il a été si indocile aux avis du docteur *Tronchin*, que la nuit du dimanche au lundi le crachement de sang est revenu. Il a fallu le remettre de nouveau à la diète, aux tisanes, et surtout au silence.

Voici sa déclaration de foi : *Je soussigné, déclare qu'étant attaqué depuis quatre jours d'un vomissement de sang, à l'âge de quatre-vingt-quatre ans, et n'ayant pu me traîner à l'église, M. le curé de Saint-Sulpice ayant bien voulu ajouter à ses bonnes œuvres celle de m'envoyer M. l'abbé Gauthier, prêtre, je me suis confessé à lui; et que si Dieu dispose de moi, je meurs dans la sainte religion catholique, où je suis né, espérant de la miséricorde divine qu'elle daignera pardonner toutes mes fautes; et que si j'avais scandalisé l'Église, j'en demande pardon à Dieu et à elle. Signé* VOLTAIRE; *le* 2 *mars* 1778, *dans la maison de M. le marquis de Villette, en présence de M. l'abbé Mignot, mon neveu, et de M. le marquis de Villevieille, mon ami.*

Le mardi matin, il s'est fait dans le salon une répétition de sa tragédie, mais il a eu la douleur de n'y pouvoir assister; la toux le fatiguant trop la nuit, on avait été obligé de le relever; et s'étant recouché, le médecin avait exigé qu'il restât au lit, et même les rideaux fermés, afin de lui éviter l'envie de parler aux personnes qui seraient dans sa chambre; mais il faudrait lui lier la langue, et il dit toujours quelque chose.

Ce qui le fâche le plus, c'est la crainte de ne pouvoir assister à la première représentation d'*Irène*. Le docteur *Tronchin* s'y oppose, mais ceux qui s'embarrassent peu des suites, l'encouragent à cette démarche dont il aurait la plus grande envie.

Sa rechute lui a fait revenir le désir de s'en aller dès que sa pièce aura été jouée, et qu'on pourra l'embarquer avec sûreté. Pressé par ses amis et ses admirateurs de se fixer à Paris, ou du moins d'y avoir un domicile, il avait voulu louer l'hôtel que quitte le comte d'*Hérouville,* faubourg Saint-Honoré. Cet hôtel, qui donne sur les Champs-Élysées, lui convenait à tous égards. Outre un jardin magnifique qui y est attaché, outre un bon air et une vue étendue dont il aurait joui, il aurait eu la facilité de se dérober au tumulte de sa maison et de Paris, et d'aller à pied ou en carosse se promener dans le cours; ce qui lui aurait fait retrouver son habitude d'aller tous les jours où le temps le permettait, rêver pendant quelques heures, dans ses bois à Ferney.

La maladie, les tracasseries qu'il a éprouvées, et peut-être des ordres supérieurs, lui ont ôté ce projet, qui reviendra sans doute s'il n'y a point d'obstacle, et s'il jouit du triomphe qu'il espère pour sa tragédie. Il a toujours été fort capricieux, et l'âge, les infirmités et la flatterie ne l'ont pas guéri de ce défaut.

Ibid., page 173, *du* 13 *mars.* M. *de Voltaire* a passé encore une mauvaise nuit du mardi au mercredi; il a rendu beaucoup de sang clair, qu'on juge être de la poitrine. Le docteur *Tronchin* lui a ordonné le lait d'ânesse. On fait bonne contenance dans la maison pour éviter un second esclandre de la part des prêtres; mais on est inquiet, et la famille s'y rassemble assidûment et ne désempare pas. Comme il avait pour usage de refaire ou de revoir son testament tous les mois, afin de contenir les aspirans en haleine, on craint que la foule n'en augmente dans ce pays-ci, et l'on ne veut pas laisser enlever un aussi bon héritage.

Personne que moi ne savait jamais quand il faisait ses testamens. Le dernier qu'il avait fait était du mois de septembre 1776, et je le lui envoyai de Ferney, quand j'y retournai par son ordre.

Madame *Denis* avait, il est vrai, une grande frayeur que quelqu'autre n'eût part à la succession. Quand on leva les scellés, voyant que l'on ne trouvait point ce testament, dont elle m'avait demandé le contenu à mon arrivée, elle se jeta dans un fauteuil, accablée de douleur, jusqu'au moment que je le retrouvai.

Comme il n'y a pas moyen de le rendre docile à l'égard du repos, de la tranquillité et du silence, on a pris le parti de ne le plus tourmenter là-dessus. Madame *Vestris* est venue pour prendre ses avis sur certains endroits de son rôle, mais il n'a pas voulu la voir, et il a dit qu'il laissait ce soin-là à madame *Denis;* et sur ce qu'on lui représentait la nécessité d'une répétition générale dans sa maison, pour lui rendre compte, à mesure, des choses qui méritaient des observations: *Pourquoi faire?* a-t-il répondu, *voulez-vous que je fasse venir ici les comédiens pour me jeter de l'eau bénite?* Il était dans sa pusillanimité ce jour-là et ne semblait plus se souvenir de sa pièce; il déclarait surtout qu'il n'y assisterait pas; il renvoya à madame *Denis* tous ceux qui lui demandaient des billets. La veille il n'en devait distribuer que vingt-quatre; il est question aujourd'hui de cent cinquante. Le jour de la première représentation d'*Irène* est fixé jusqu'à présent à lundi.

La réponse de M. *de Voltaire* à madame *Denis* sur les comédiens est vraie. C'est elle en effet qui distribuait les billets, et une chose qui paraîtra peut-être singulière, c'est que je ne pus en obtenir un d'elle, quoique M. *de Voltaire* m'eût ordonné d'assister à la première représentation, et je fus obligé d'avoir recours à un étranger; et toutes les fois que j'ai été à la comédie, les comédiens m'ont toujours fait payer mes trois livres.

Mademoiselle la chevalière *d'Éon* est venue hier pour voir M. *de Voltaire*, et l'arrivée de cette fille célèbre n'a pas excité moins de curiosité que le vieillard qu'elle visitait. Tous les domestiques, ou plutôt toute la maison s'est rangée sur son passage pour la contempler; elle avait l'air honteux en quelque sorte, son manchon sous le nez, et le regard en dessous; elle est restée peu de temps, et l'on a su que sa visite n'était qu'une suite de l'invitation que lui avait faite le philosophe de lui procurer le plaisir de son entrevue.

C'est tout le contraire. Mademoiselle *d'Éon* me fit écrire deux lettres par un des chefs de bureau des affaires-étrangères, pour obtenir de M. *de Voltaire* qu'elle pût venir le voir, ce qu'il m'accorda.

Ibid., page 175, du 14 mars. Jeudi, M. *de Voltaire* était affaissé, et ceux qui le voient habituellement l'ont trouvé plus changé en quatre jours qu'il n'avait paru l'être en quatre ans. Il disait à ceux qui venaient le voir : *Voltaire se meurt; Voltaire crache le sang.* Il n'avait pas encore commencé le lait d'ânesse, et prenait du café avec très-peu de lait. La consternation était extrême dans la maison. Madame *Denis* pleurait. Cependant, pour en imposer à l'extérieur, M. et madame *de Villette* ont affecté de se montrer à l'Opéra.

Jamais je n'ai vu madame *Denis* verser une larme sur l'état de son oncle ni sur sa mort.

L'Académie, instruite de la rechute de ce membre précieux, a fait une députation ce jour-là même chez M. *de Voltaire*, pour lui témoigner l'intérêt qu'elle prenait à son état. Elle s'y est rendue dans le carrosse du prince *de Beauvau*, mais n'a pu être admise chez le malade, qui reposait.

Il n'est question que d'*Irène*, et c'est à qui se pourvoira pour assister à la première représentation de cette tragédie. On variait sur la place qu'y occuperait l'auteur. Les uns le mettaient dans un fauteuil sur le théâtre, pour que le public pût le contempler à l'aise; les autres lui faisaient l'honneur de l'admettre dans la loge de la reine, où il serait derrière Sa Majesté. Des gens plus sages le plaçaient dans celle des gentilshommes de la chambre. Il paraît aujourd'hui impossible que le moribond jouisse de ce triomphe; ce qui ralentirait l'ardeur de quantité de curieux, plus empressés de voir le poète que sa tragédie, si son état était bien constaté, et qu'on désespérât de jouir du spectacle de sa personne.

Il est possible que des curieux et des oisifs de Paris se soient livrés à ce sujet à toutes sortes de conjectures, même assez bizarres.

Ibid., page 178 et 179, *du* 15 *mars*. Jeudi, jour où M. *de*

Voltaire avait perdu toute sa vivacité, M. le marquis *de Villevieille*, un familier de la maison, un obligé du philosophe, par zèle pour sa personne, et voulant le ranimer par un remède violent sans doute, mais tel qu'il le jugeait nécessaire, lui apporta des vers contre *Irène*. M. *de Voltaire* les lut et les lui rendit sans dire mot, sans annoncer aucune sensibilité, ce qui déplut aux spectateurs et les affligea; ils le jugèrent bien malade.

Comme madame la marquise *de Villette*, associée aujourd'hui à la célébrité de M. *de Voltaire* son protecteur, joue un grand rôle, et qu'il court beaucoup de relations fausses sur sa naissance, sa personne et son impatronisation chez le vieillard de Ferney, il est bon de constater les détails de cette anecdote d'une façon certaine.

Madame *de Villette*, *de Varicourt* en son nom, est fille d'un officier des gardes-du-corps peu à l'aise et ayant douze enfans. Il était question de faire religieuse cette jeune personne, dont la famille n'avait aucun espoir de la marier. Mademoiselle *de Varicourt*, instruite de la bienfaisance de M. *de Voltaire*, se servit de son esprit pour lui écrire une lettre très-bien tournée, où elle se plaignait de son fâcheux destin. Touché de cette épître, il va trouver madame *Denis*; il lui dit *qu'il fallait arracher au diable cette âme qu'on prétendait donner à Dieu*, et il engagea sa nièce à proposer à la famille de mademoiselle *de Varicourt*, de permettre que celle-ci vînt passer quelque temps à Ferney. La jeune personne s'y est si bien conduite, qu'elle y a acquis le surnom de *belle et bonne*; ce qui a déterminé M. le marquis *de Villette* à en faire la fortune en l'épousant.

Ce qu'on dit dans le premier paragraphe est assez vrai. Pour ce qui concerne madame *de Villette*, voyez ma *Relation*.

Ibid., page 180, dudit jour 15 mars. Il n'y a pas longtemps que M. *de Voltaire*, quoique malade, se mêlait encore de l'intérieur de son ménage. Il était question d'une couverture qu'il voulait donner à sa garde. Le marchand, venu de loin, la laissait à 17 livres au philosophe, qui n'en offrait que 15. Celui-ci n'a pas voulu augmenter, et a forcé le vendeur à se retirer, jurant comme un démon de ce qu'on lui avait fait perdre sa peine et son temps. Ces petits détails, indignes d'être rapportés dans tout autre cas, servent ici merveilleusement à établir le caractère constant de ce grand homme, mélange d'opposés si inconcevables!

Le conte du marchand de couvertures est faux; il ne parla qu'à moi.

Le lait d'ânesse n'a pas réussi le premier jour; il y a eu une consultation de médecins, qui ont déterminé de le lui faire quitter. Il est moins mal, les crachats ne sont plus que teints, mais l'abattement est toujours le même. C'est madame *Denis* qui veille uniquement au succès de la pièce. Il y a eu, samedi, une répétition générale où elle a présidé.

M. *de Voltaire*, sans doute par une fantaisie de malade, voulait que l'on mît sur l'affiche d'annonce d'Irène, au lieu de ces mots sacramentaux : *Les Comédiens français ordinaires du roi*... ceux-ci : *Le Théâtre-Français donnera*, etc. Le sieur *Molé* est venu vendredi de la part de sa troupe, représenter au poète que ce changement ne dépendait pas d'eux; mais il n'a pu être admis en sa présence, et sa nièce s'est chargée de lui faire entendre raison.

M. *de Voltaire* demandait effectivement ce changement dans l'affiche, mais ce n'était point par fantaisie de malade; il avait eu cette idée depuis long-temps.

Tome XI, *page* 181, du 15 mars. On était curieux de savoir comment M. *de Voltaire*, très-mécontent de l'ingratitude du comte *de Morangiés*, pour la défense duquel il s'était si maladroitement compromis, recevrait cet ancien client. On a su qu'il s'était présenté à la porte, mais n'avait pas été admis.

M. *de Morangiés* ne vit M. *de Voltaire* qu'un moment. Il est vrai que celui-ci était peu content de la manière dont le premier en avait agi à son égard.

Ibid., *page* 184, du 17 mars. Malgré les éloges outrés prodigués à M. *de Voltaire* par les journalistes et par ses adulateurs à l'occasion de sa tragédie d'*Irène*, l'impartialité veut qu'on assure que les deux premiers actes ont été reçus avec de sincères applaudissemens, et sont en effet semés de beaux traits, mais que les trois derniers, absolument vides, sont glacials. Il y a dans l'ensemble quelques scènes nobles; il y a des morceaux de sensibilité, mais rien de vraiment tragique; rien de cette éloquence vigoureuse dont on trouve tant d'exemples dans Œdipe, Alzire, Mahomet, etc. Quant au dialogue, il est lâche, diffus, bavard et plein de répétitions. Les caractères sont ce qu'il y a de mieux. On les a trouvés assez bien frappés, vrais et soutenus; mais ils ne se développent guère qu'en paroles, la pièce étant presque tout-à-fait dénuée d'action : en un mot, elle ne peut que grossir le nombre des dernières pièces médiocres de l'auteur.

Tout le monde, à beaucoup près, n'était pas de l'avis du rédacteur des *Mémoires*. Les lecteurs n'ont pas porté de cette tragédie un jugement si défavorable. Écrite à quatre-vingt-quatre ans, elle pouvait encore, et même avec avantage, surtout pour les caractères et le style, soutenir la comparaison avec les pièces les mieux accueillies de ce temps-là.

Ibid., page 185, du 19 mars. On a fait sur la confession de M. *de Voltaire* une épigramme assez gaie, attribuée à M. *de La Louptière*, et que voici :

> Voltaire et L'Attaignant, d'humeur encor gentille,
> Au même confesseur ont fait le même aveu;
> En tel cas il importe peu
> Que ce soit à Gauthier, que ce soit à Garguille.
> Monsieur Gauthier pourtant me paraît bien trouvé.
> L'honneur de deux cures semblables,
> A bon droit, était réservé
> Au chapelain des incurables.

Dans une maladie grave de l'abbé *de L'Attaignant*, cet abbé *Gauthier*, aumônier de l'hôpital des incurables, avait été le visiter, et se vantait de l'avoir converti. Il voulait aussi se glorifier du salut de M. *de Voltaire*. Les deux malades, peut-être contre son attente, avaient survécu à leur prétendue conversion. L'épigramme dont il s'agit courut en effet dans Paris; on ne manqua pas de l'adresser à M. *de Voltaire*, ainsi qu'à l'abbé *de L'Attaignant* : ils ne purent s'empêcher de la trouver fort jolie, et d'en rire tous les premiers.

Ibid., page 190 et 191, du 20 mars. M. *de Voltaire* s'étant excédé de travail le dimanche, où il avait travaillé douze heures sans interruption, eut une fort mauvaise nuit, et toutes les louanges que ses adulateurs lui prodiguèrent au retour de la comédie, ne purent calmer son fâcheux état. Il pouvait s'appliquer cette fameuse sentence d'un père de l'Église, sur la futilité des réputations de tant d'hommes célèbres et immortalisés dans ce bas monde, lorsqu'ils brûlent en enfer : *Laudantur ubi non sunt, cruciantur ubi sunt.* L'anecdote qui l'aurait fait tressaillir de joie, s'il n'eût pas été si souffrant, c'était le spectacle de la reine, le crayon à la main, semblant écrire les plus beaux vers de la pièce. On s'est imaginé que c'était surtout ceux relatifs à *Dieu* et à la religion dont le poète parle avec beaucoup d'édification, ce qui fit crier à un plaisant : *On voit bien qu'il a été à confesse.* Quoi qu'il en soit, on a présumé que Sa Majesté voulait les citer au roi, pour justifier sur ses vrais sentimens ce coryphée de la philosophie, si décrié par les prêtres, si redoutable au clergé.

Le mardi et le mercredi le philosophe n'a pas encore été bien. On a refusé tout le monde, même le directeur général des finances, qui s'était dérobé un moment à ses importantes occupations pour le visiter, même M. *d'Argental*, son ami de soixante ans, son confident, son maître en politique, dont la conversation avait jusque là charmé le malade.

A la fin de la seconde représentation d'*Irène*, le parterre demanda des nouvelles du poète, et l'acteur qui annonçait donna des paroles consolantes.

Le jeudi M. *de Voltaire* est ressuscité pour la troisième fois; il a reçu du monde, entre autres le duc *de Praslin*; il a acheté des chevaux, et parle de se promener. Il est comme les marins, qui, pendant la tempête, promettent de ne plus quitter le port, et se rembarquent bientôt après. Il ne songe plus à partir, et a peine à s'arracher à ce pays-ci, surtout au moment où on l'embaume plus que jamais de l'encens le plus flatteur, où on lui fait accroire que sa tragédie restera au théâtre et fera époque.

Tout ce que l'on dit ici est vrai.

Ibid., page 192, du 21 mars. Les francs-maçons remis

en vigueur depuis quelques années, et surtout illustrés par la persécution de Naples, jouent aujourd'hui un rôle considérable en France, et se sont signalés dans les divers événemens patriotiques. Entre les loges de cette capitale, celle des *Neuf-Sœurs* tient un rang distingué. Comme elle est surtout composée de gens de lettres, que M. le marquis *de Villette* est franc-maçon, et que M. *de Voltaire* l'est aussi, dans une assemblée tenue le 10 de ce mois, un des membres, M. *de La Dixmerie*, a proposé de boire à la santé du vieux malade, et a chanté des couplets de sa composition en son honneur. Ensuite il a été arrêté de lui faire une députation pour le féliciter sur son retour à Paris, et lui témoigner l'intérêt que la loge prenait à sa conservation. Jusqu'à présent le philosophe n'avait pu l'admettre. Enfin le jour est pris pour aujourd'hui 21 ; et comme ce n'est qu'une tournure afin de voir et de contempler à l'aise cet homme extraordinaire, la députation doit être de trente frères.

M. *de Voltaire* n'était point franc-maçon. Le reste est vrai ; voyez ma *Relation*.

Ibid., pages 194 *et* 195, *du* 24 *mars*. Lundi 16, jour de la 1re représentation d'*Irène*, pendant qu'on jouait cette tragédie, dès le second acte un messager fut député de la comédie, pour annoncer à M. *de Voltaire* la faveur qu'elle prenait ; après le quatrième, un second messager vint avec ordre de pallier le froid presque général dont on avait reçu le 3e et le 4e. A la fin du 5e, M. *Dupuits*, le mari de mademoiselle *Corneille*, fut le premier à lui apprendre qu'*Irène* avait un succès complet.

Un ami entré ensuite, trouva M. *de Voltaire* au lit, écrivant, enflé des éloges qu'il venait de recevoir, et mettant en ordre sa tragédie d'*Agathocle*, pour la faire jouer tout de suite. Le philosophe affecta d'abord un grand flegme : il ne répondit au complimenteur autre chose, sinon : *Ce que vous me dites me console, mais ne me guérit pas.* Cependant il voulut savoir quels endroits, quelles tirades, quels vers avaient fait le plus d'effet, et sur ce qu'on lui cita les morceaux contre le clergé, comme ayant été fort applaudis, il fut enchanté de savoir qu'ils compenseraient la fâcheuse impression que sa confession avait produite dans le public.

Les jours suivans plus de trente cordons-bleus étant venus se faire inscrire chez lui pour le féliciter, l'illusion du succès ne put que s'accroître, et ce qui y mit le comble, ce fut la députation, du jeudi 19, de l'Académie française, pour l'assurer de la part que la compagnie prenait à son triomphe. Le poète sortira d'autant moins de cette agréable erreur, que, pour ne pas la troubler, les journalistes ont reçu défense de parler de lui et de sa tragédie, à moins que ce ne soit pour la louer.

Depuis ce temps M. *de Voltaire* ne rêve que tragédie. Outre son *Agathocle*, on assure qu'il en a entrepris une troisième, et qu'il ne veut plus même s'occuper que de ce genre de travail. Il a chargé ses émissaires de répandre dans le public sa satisfaction, de l'assurer de toute sa reconnaissance, et de sa disposition sincère à venir lui-même faire ses remercîmens au parterre, dès que sa santé le lui permettra.

La réponse de M. *de Voltaire* qu'on cite, est vraie. Tout ce que l'on rapporte ici est assez exact en général. J'ignore s'il avait entrepris ou projeté une troisième tragédie après *Agathocle*.

Ibid., page 197 *et* 198, du 25 mars. M. *de Voltaire*, ranimé par son amour-propre exalté au plus haut degré, s'est trouvé en état de monter en voiture le samedi ; il s'est promené dans Paris, sous prétexte d'aller voir la place *Louis XV*; et les chevaux allant au pas, il a été suivi de tout le peuple et de beaucoup de curieux; ce qui lui formait un cortége et une sorte de triomphe.

Rentré chez lui, il a reçu une députation de la loge des *Neuf-Sœurs*; elle s'était rendue à pied, au nombre d'environ quarante membres, suivie de plusieurs carrosses appartenans à quelques francs-maçons. C'est M. *de Lalande*, le *Vénérable*, qui portait la parole. Ces messieurs sont tombés dans une veine heureuse : le vieillard était gaillard; le grand air l'avait fortifié. Il a paru très-aimable à l'assemblée. Ne se ressouvenant plus des formules, il a affecté de n'avoir jamais été frère, et il a été inscrit de nouveau. Il a signé sur-le-champ les constitutions, et a promis d'aller en loge. M. *de Lalande* lui ayant nommé successivement les frères qui pouvaient en être connus, il a dit à chacun des choses obligeantes, relatives aux actions ou aux ouvrages propres à les caractériser.

L'après-midi l'humeur est revenue. Il s'était engagé de louer un appartement voisin; il n'a pas eu de cesse que madame *Denis* n'eût fait retirer sa parole. Il a trouvé aussi que sa garde était trop jeune; il a dit qu'il avait de la pudeur; qu'en mettant ses culottes et les ôtant, il pouvait faire voir bien des choses qu'on ne devait pas montrer à une Agnès de cet âge. Il en a voulu une canonique, et il a aujourd'hui une garde de quarante ans.

Le dimanche, il a eu un léger mouvement de fièvre. Le lundi il s'est plaint de sa strangurie, c'est-à-dire d'une difficulté d'uriner qui a duré le mardi. Il y avait de l'enflure; mais tout cela n'inquiète plus, par la facilité merveilleuse avec laquelle il se tire des accidens les plus graves.

J'ai observé plus haut que M. *de Voltaire* n'avait point été franc-maçon jusqu'à ce moment-là.

Le reste est assez vrai, sauf les propos qu'on lui prête sur sa garde.

Ibid., pages 200, 201 *et* 202, du 28 mars. M. *de Voltaire* s'est habillé jeudi pour la première fois depuis son séjour à Paris, et a fait toilette entière. Il avait un habit rouge doublé d'hermine, une grande perruque à la *Louis XIV*, noire, sans poudre, et dans laquelle sa figure amaigrie était tellement enterrée qu'on ne découvrait que ses deux yeux, brillans comme des escarboucles. Sa tête était surmontée d'un bonnet carré rouge, en forme de couronne, qui ne semblait que posé. Il avait à la main une petite canne à bec de corbin, et le public de Paris, qui n'est point accoutumé à le voir dans cet accoutrement, a beaucoup ri. Ce personnage, singulier en tout, ne veut sans doute avoir rien de commun avec la société ordinaire.

Il annonce toujours qu'il ira incessamment à la comédie, et il diffère par une espèce de charlatanerie très-utile aux comédiens et au succès de sa pièce, qui, par ce moyen, est courue avec la même avidité que le premier jour. Ses émissaires se répandent dans la foule, et sèment adroitement le bruit, à chaque représentation, que l'auteur pourrait bien surprendre ce jour-là l'assemblée. C'est ainsi qu'aujourd'hui les Tuileries étaient encore pleines de groupes de curieux.

La gaîté de ce vieillard, intarissable, est revenue, et les bons mots recommencent à couler.

L'autre jour madame *de la Villemenue*, vieille coquette qui désire encore plaire, a voulu essayer ses charmes surannés sur le philosophe; elle s'est présentée à lui dans tout son étalage, et prenant occasion de quelque phrase galante qu'il lui disait, et de quelques regards qu'il jetait en même temps sur sa gorge fort découverte: Comment, s'écria-t-elle, M. *de Voltaire,* est-ce que vous songeriez encore à ces petits coquins-là? — *Petits coquins!* reprend avec vivacité le malin vieillard, *petits coquins, madame! ce sont bien de grands pendards.*

Aujourd'hui, pendant qu'on attendait à la comédie M. *de Voltaire*, il était à parler politique avec l'ex-ministre *Turgot*, et est resté long-temps en conférence avec lui.

M. le comte *d'Artois*, dupe comme les autres de l'arrivée de l'auteur à la comédie, y est resté une petite demi-heure, et s'en est allé quand il a perdu l'espoir de l'y voir.

Il n'y a sur tout ceci que deux remarques à faire. M. *de Voltaire* était bien loin d'employer les petits manéges qu'on lui attribue, pour assurer le succès d'*Irène*. Si quelques-uns de ses amis ou de ses partisans les plus zélés ont pu recourir en sa faveur à des moyens si frivoles, c'était assurément à son insu. Mais cela même est fort douteux; il m'a paru que dans cette occasion, l'empressement et la curiosité du public étaient tels, qu'il ne fallait pas d'intrigues pour les exciter. Des bruits populaires, sans fondement, sont souvent recueillis par les compilateurs d'anecdotes, uniquement parce qu'ils flattent la malignité.

Ce n'est point à madame *de la Villemenue*, que M. *de Voltaire* a tenu le propos qu'on rapporte ici; c'est à une personne qu'il connaissait depuis très-long-temps, et avec laquelle il pouvait hasarder une pareille plaisanterie sans qu'elle s'en fâchât.

Ibid., page 206, du 31 mars. Une scène assez plaisante s'est passée avant-hier aux Champs-Elysées, ou plutôt à la place

Louis XV, au sujet de M. *de Voltaire*. Un charlatan y était, cherchant à vendre de petits livres où il enseignait des secrets de tours de cartes : *En voici un*, disait-il, *messieurs, que j'ai appris à Ferney, de ce grand homme qui fait tant de bruit ici, de ce fameux Voltaire, notre maître à tous!* Quelques gens sensés, qui par hasard entendirent le charlatan, trouvèrent l'éloge très-épigrammatique, se mirent à rire et l'ont rapporté.

Le propos du charlatan à la place *Louis XV* est très-vrai; je l'ai entendu moi-même, et M. *de Voltaire* rit beaucoup quand je le lui rapportai.

Ibid., page 206 *et suivantes*, du 1er avril. M. *de Voltaire*, décidé à jouir du triomphe qu'on lui promettait depuis long-temps, est monté lundi dans son carrosse couleur d'azur, parsemé d'étoiles d'or, peinture bizarre, qui a fait dire à un plaisant que c'était le char de l'Empyrée. Il s'est rendu ainsi d'abord à l'Académie française, qui tenait ce jour-là son assemblée particulière. Elle était composée de vingt-deux membres. Aucun des prélats ou abbés, ou membres du corps ecclésiastique, ses confrères, n'avait voulu s'y trouver ni adhérer aux délibérations extraordinaires qu'on se proposait. Les seuls abbés *de Boismont* et *Millot* se sont détachés des autres; l'un, comme un roué de la cour, n'ayant que l'extérieur de son état; l'autre, comme un cuistre, n'ayant aucune grâce à espérer, soit de la cour, soit de l'Église.

L'Académie est allée au-devant de M. *de Voltaire* pour le recevoir; il a été conduit au siége du directeur, que cet officier et l'Académie l'ont prié d'accepter. On avait placé son portrait au-dessus de son fauteuil. La compagnie, sans tirer au sort, suivant l'usage, a commencé son travail en le nommant, par acclamation, directeur du trimestre d'avril. Le vieillard étant en train, allait causer beaucoup, lorsqu'on lui a dit qu'on s'intéressait trop à sa santé pour l'écouter, qu'on voulait le réduire au silence. En effet, M. *d'Alembert* a rempli la séance par la lecture de l'*Eloge de Despréaux*, dont il avait déjà fait part dans une cérémonie publique, et où il avait inséré des choses flatteuses pour le philosophe présent.

M. *de Voltaire* a désiré monter ensuite chez le secrétaire de l'Académie, dont le logement est au-dessus. Il est resté quelque temps chez lui, et s'est enfin mis en route pour se rendre à la comédie française. La cour du Louvre, quelque vaste qu'elle soit, était remplie de monde qui l'attendait. Dès que sa voiture unique a paru, on s'est écrié : *Le voilà!* Les savoyards, les marchandes de pommes, toute la canaille du quartier, s'étaient rendus là, et les acclamations, *Vive Voltaire!* ont retenti pour ne plus finir. Le marquis *de Villette*, arrivé d'avance, l'est venu prendre à la descente de son carrosse, dans lequel il était avec le procureur *Clos* (109). Tous deux lui ont donné le bras, et ont eu peine à l'arracher de la foule. A son entrée à la comédie, un monde plus élégant et saisi du véritable enthousiasme du génie, l'a entouré; les femmes surtout se jetaient sur son passage et l'arrêtaient, afin de le mieux contempler; on en a vu s'empresser à toucher ses vêtemens, et quelques-unes arracher du poil de sa fourrure. M. le duc *de Chartres*, n'osant avancer de trop près, quoique de loin, n'a pas montré moins de curiosité que les autres.

Le saint, ou plutôt le dieu du jour, devait occuper la loge des gentilshommes de la chambre, en face de celle du comte *d'Artois*. Madame *Denis*, madame *de Villette* étaient déjà placées, et le parterre était dans des convulsions de

---

(109) M. *Clos*, qui était, à ce que je crois, un ancien magistrat, occupait un appartement dans la maison de M. *de Villette*.

joie, attendant le moment où le poète paraîtrait. On n'a pas eu de cesse qu'il ne se fût mis au premier rang auprès des dames. Alors on a crié : *La couronne!* et le comédien *Brizard* est venu la lui mettre sur la tête : *Ah Dieu! vous voulez donc me faire mourir!* s'est écrié M. *de Voltaire* pleurant de joie et se refusant à cet honneur. Il a pris cette couronne à la main, et l'a présentée à *Belle et bonne;* celle-ci disputait, lorsque le prince *de Beauvau*, saisissant le laurier, l'a remis sur la tête du *Sophocle*, qui n'a pu résister cette fois.

On a joué la pièce (*Irène*), plus applaudie cette fois que de coutume, mais pas autant qu'il l'aurait fallu pour répondre à ce triomphe; cependant les comédiens étaient fort intrigués de ce qu'ils feraient, et pendant qu'ils délibéraient, la tragédie a fini, la toile est tombée, et le tumulte du parterre était extrême, lorsqu'elle s'est relevée, et l'on a vu un spectacle pareil à celui de *la Centenaire*. Le buste de M. *de Voltaire*, placé depuis peu dans le foyer de la comédie française, avait été apporté au théâtre, et élevé sur un piédestal; tous les comédiens l'entouraient en demi-cercle, des palmes et des guirlandes à la main; une couronne était déjà sur le buste. Le bruit des fanfares, des tambours, des trompettes, avait annoncé la cérémonie, et madame *Vestris* tenait un papier, qu'on a su bientôt être des vers que venait de composer M. le marquis *de Saint-Marc*. Elle les a déclamés avec une emphase proportionnée à l'extravagance de la scène. Les voici :

> Aux yeux de Paris enchanté,
> Reçois en ce jour un hommage,
> Que confirmera d'âge en âge
> La sévère postérité!
> Non, tu n'as pas besoin d'atteindre au noir rivage
> Pour jouir des honneurs de l'immortalité;

Voltaire, reçois la couronne
Que l'on vient de te présenter;
Il est beau de la mériter,
Quand c'est la France qui la donne!

On a crié *bis*, et l'actrice a recommencé. Après, chacun est allé poser sa guirlande autour du buste. Mademoiselle *Fanier*, dans une extase fanatique, l'a baisé, et tous les autres comédiens ont suivi.

Cette cérémonie fort longue, accompagnée de *vivat* qui ne cessaient point, la toile s'est encore baissée, et quand on l'a relevée pour jouer *Nanine*, comédie de M. *de Voltaire*, on a vu son buste à la droite du théâtre, où il est resté durant toute la représentation.

M. le comte *d'Artois* n'a pas osé se montrer trop ouvertement; mais instruit, suivant l'ordre qu'il en avait donné, dès que M. *de Voltaire* serait entré à la comédie, il s'y est rendu *incognito*, et l'on croit que dans un moment où le vieillard est sorti et passé quelque part sous prétexte d'un besoin, il a eu l'honneur de voir de plus près cette Altesse Royale, et de lui faire sa cour.

Nanine jouée, nouveau brouhaha, autre embarras pour la modestie du philosophe; il était déjà dans son carrosse, et l'on ne voulait pas le laisser partir; on se jetait sur les chevaux, on les baisait; on a entendu même de jeunes poètes s'écrier qu'il fallait les dételer et se mettre à leur place, pour reconduire l'Apollon moderne; malheureusement il ne s'est pas trouvé assez d'enthousiastes de bonne volonté, et il a enfin eu la liberté de partir, non sans des *vivat*, qu'il a pu entendre encore du pont Royal, et même de son hôtel.

Telle a été l'apothéose de M. *de Voltaire*, dont mademoiselle *Clairon* avait donné chez elle un échantillon, il y a quelques années, mais devenue un délire plus violent et plus général.

M. *de Voltaire*, rentré chez lui, a pleuré de nouveau, et a protesté modestement que s'il avait prévu qu'on eût fait tant de folies, il n'aurait pas été à la comédie.

Le lendemain, ç'a été chez lui une procession de monde, qui est venue successivement lui renouveler en détail les éloges et les faveurs qu'il avait reçus la veille en *chorus*. Il n'a pu résister à tant d'empressement, de bienveillance et de gloire, et il s'est décidé sur-le-champ à acheter une maison à Paris.

Cette relation d'un événement si mémorable, et dont j'ai été témoin, est exacte. Dans cette journée, j'ai accompagné presque toujours M. *de Voltaire*, et l'ai soutenu par le bras, souvent avec M. *Clos*, et quelquefois avec M. *de Villette*. Je n'ai été éloigné de lui que pendant la durée du spectacle, parce que sa loge étant remplie, je dus prendre une place ailleurs. J'ai dit dans l'écrit déjà cité, que M. le comte *d'Artois* envoya complimenter M. *de Voltaire*. J'étais informé de cette circonstance, mais je n'ai pu savoir positivement si lorsque M. *de Voltaire* est sorti un moment de sa loge, il est allé remercier ce prince de l'intérêt qu'il avait témoigné prendre à lui, comme le disent les *Mémoires*, car c'est là ce qu'il faudrait entendre par *faire sa cour*. J'ignore aussi si M. *de Voltaire* pleura *de joie* au milieu des honneurs qu'on lui rendait. Si, vivement émue en cette circonstance, sa sensibilité lui a fait verser quelques larmes d'attendrissement, on ne peut trouver en cela rien d'extraordinaire ni de ridicule (110).

Ibid., page 211, du 3 avril. Le *Prix de la justice et de l'humanité*, brochure de M. *de Voltaire*, de 1777, qui n'avait pas encore percé dans ce pays-ci, y est enfin parvenue. C'est un supplément, rempli d'excellentes réflexions à joindre à l'*Esprit des Lois*.

Eloge et Pensées de Pascal, nouvelle édition commentée, corrigée et augmentée par M. *de* ***. Cette autre brochure plus récente est encore attribuée à M. *de Voltaire*.

Le premier de ces deux ouvrages est de M. *de Voltaire*, ainsi que les notes du *second éditeur* des *Pensées* de *Pascal*.

Ibid., page 211, du 5 avril. Le prix proposé par la société économique de Berne, en faveur du meilleur mémoire concernant un plan de législation sur les matières criminelles, a fait naître le premier ouvrage de M. *de Voltaire* qu'on a annoncé (*le Prix de la justice et de l'humanité*). Il paraît que, non content de fournir des vues et des idées aux auteurs, il a voulu encore y joindre un encoura-

---

(110) Nous avons transcrit en son entier la Relation imprimée dans les *Mémoires de Bachaumont*, d'autant plus volontiers, que, revêtue de certain vernis ironique ou satirique, elle dénote une main plutôt ennemie qu'amie; que par conséquent la vérité des faits n'en devient, au fond, que plus authentique; que le témoignage de *Wagnière*, qui la confirme presque en tout, la rend plus digne de foi; et qu'enfin le lecteur pourra facilement la comparer avec une relation des mêmes événemens, écrite d'un ton plus noble et plus convenable par *La Harpe*, dans le *Journal de Littérature* qu'il rédigeait alors, et consignée, par les éditeurs de Kehl, dans les œuvres de *Voltaire*, tome XIV, page 393.

gement, et qu'il est le second inconnu qui a ajouté cinquante louis au prix proposé.

Cela est vrai.

Son écrit ne contient guère, comme il l'avoue, que des doutes; il montre dans les différentes législations beaucoup d'imperfections, de défauts, d'abus; mais il ne donne aucun remède. Il traite d'une infinité de choses, n'en approfondit aucune; ne fait encore que les effleurer pour la plupart, et y jeter ce vernis satirique dont il empreint plus que jamais tout ce qu'il produit. On y trouve aussi beaucoup de rabâchage, et de temps en temps des élans d'humanité qui font plaisir de quelque part qu'ils viennent; car le ton de l'auteur est presque toujours ironique, déclamatoire, quelquefois grossier, et ne caractérise pas un philosophe vraiment affecté des maux contre lesquels il se récrie.

Ce jugement absurde est d'un homme qui paraît ne point connaître l'ouvrage dont il parle, et n'avoir pas la moindre idée du dessein de l'auteur. Ce n'était point à M. *de Voltaire* à composer pour le prix qu'il décernait lui-même. Son but n'était que d'indiquer aux aspirans tous les points qu'ils avaient à discuter et à résoudre; il l'a rempli d'une manière claire et méthodique, et sans *grossièreté*, quoi qu'en dise le rédacteur des *Mémoires*, qui ne montre ici pas plus de goût que de jugement (111).

(111) Le 3 avril on fait un grand éloge de ce même ouvrage; le 5 avril on le dénigre ridiculement. Nouvelle preuve que ces mémoires ne sont qu'un recueil de *nouvelles à la main* et de *toutes mains,* fait et

Ibid., page 214, du 6 avril. M. *de Voltaire* a fait anciennement des remarques sur les *Pensées de Pascal*. Son objet était d'atténuer l'effet que pouvait produire ce livre en faveur de la religion auprès de ceux à qui en imposerait le grand nom de son auteur. M. le marquis *de Condorcet* (autant qu'on peut le deviner par induction) a trouvé trop faibles quelques raisonnemens jetés au hasard par le premier, et plus propres à donner du ridicule et à faire rire, qu'à détruire les argumens du philosophe chrétien. Il a jugé à propos d'y joindre un commentaire et de le faire précéder d'un éloge prétendu de *Pascal*, qui préparerait la réfutation subséquente de son livre, et en ferait d'avance la satire en décriant l'auteur. Il y a inséré une pièce intitulée : *Réflexions sur l'argument de M. Pascal et de M. Locke, concernant la possibilité d'une vie à venir, par M. de Fontenelle*, et envoyé le tout au philosophe de Ferney, qui a fait faire l'édition en question, non sans y mêler encore d'autres apostilles, qu'il attribue à un *second éditeur*.

On peut assurer que, dans cet état, les *Pensées de Pascal*, grâces aux soins des annotateurs, sont devenues le livre le plus diabolique contre le christianisme, le plus capable de former des matérialistes, des déistes et des athées; ce qui était vraisemblablement leur but, qu'ils ont atteint par excellence (112).

Quant à la dissertation attribuée à *Fontenelle*, il y a cent à parier contre un qu'elle n'est pas de cet illustre défunt; que c'est un travestissement sous lequel a voulu se cacher le moderne secrétaire de l'académie des sciences.

L'Éloge de *Pascal*, le commentaire sur ses *Pen-*

imprimé à la hâte par quelque avide éditeur, sans s'inquiéter des contradictions et des sottises qu'il met sous presse.

(112) On ne sait trop comment le même livre peut être propre à former à la fois des déistes et des athées.

sées, sont de M. *de Condorcet*. La dissertation attribuée à *Fontenelle* paraît être de la même main. Plusieurs des anciennes remarques de M. *de Voltaire* font partie du commentaire; ce dernier, en faisant imprimer l'ouvrage à Genève (sous le titre de Paris, 1778, in-8°), y a ajouté de nouvelles notes, distinguées par ces mots : *second éditeur*.

Ibid., pages 216 et 217, du 6 avril. Tout est mêlé d'amertume dans cette vie, et le plus beau triomphe est souvent accompagné d'humiliations : c'est ainsi que M. *de Voltaire* vient d'en éprouver plusieurs, dont le moindre serait propre à empoisonner le bonheur d'un homme qui a autant d'amour-propre.

1° Le jour de son couronnement, il savait que la reine était venue à l'Opéra, mais avec le projet secret de passer *incognito* à la comédie française, et d'y recevoir sans affectation les hommages du *Nestor* de la littérature; elle ne lui a pas donné cette satisfaction. On assure que dans sa loge elle a reçu un billet qui l'a détournée de son premier dessein; on prétend même qu'il avait été rendu en route à Sa Majesté.

2° Son *Irène* a bien été jouée jeudi dernier à la cour, mais on ne l'a pas fait avertir d'y venir, comme il s'en flattait, et comme la reine le lui avait fait espérer. Mais le jour de la représentation, au débotté du roi, pendant que Sa Majesté s'habillait pour le spectacle, on a entendu les courtisans perfides, pour plaire au monarque, qu'on sait ne point aimer M. *de Voltaire*, lui dénigrer d'avance la tragédie, et prématurer son ennui, qui ne s'est que trop manifesté.

3° Enfin le vieillard de Ferney, qui, en se repaissant de la fumée de la gloire, ne néglige point le solide, et veille à ses affaires en homme qui s'en occupe essentiellement, est allé l'autre jour chez un procureur au parlement, nommé *Huraut*, pour lui parler d'un procès dont celui-ci n'avait plus d'idée. Il a eu le dépit de voir ce suppôt du palais l'ignorer absolument, le traiter cavalièrement comme un client ordinaire, et l'obliger de décliner son nom, et il a dû juger que ce malheureux praticien vivait dans une telle indolence, qu'il ne savait pas seulement que M. *de Voltaire* fût à Paris. Il est vrai qu'à ce nom de *Voltaire*, il a ouvert les yeux et les oreilles, que toute la maison en a bientôt retenti, et que la rumeur passant de bouche en bouche, le philosophe, en rentrant dans son carrosse, s'est vu assailli de toute la populace du quartier.

Voici mes remarques sur ces paragraphes :

1° Jamais la reine n'avait fait espérer à M. *de Voltaire* de le faire venir à Versailles pour une représentation d'*Irène*, et jamais je n'ai entendu rien dire à celui-ci qui pût faire soupçonner qu'il s'attendait à recevoir une pareille invitation.

2° Il peut y avoir quelque vérité dans ce que l'on dit ici, et cela n'aurait rien d'étonnant de la part de certains courtisans.

3° Quand nous allâmes chez le procureur *Huraut*, c'était pour acheter une maison dont on avait parlé à M. *de Voltaire*, non pour un vieux procès. Ce procureur nous reçut très-grossièrement et avec beaucoup de morgue; mais il fut frappé comme d'un coup de foudre lorsqu'il apprit que celui qui le consultait était M. *de Voltaire*, et cela forma un coup de théâtre fort plaisant (113).

(113) Le rédacteur des *Mémoires* a mis ici une grande importance

Ibid., page 218, *du* 7 *avril.* On n'a pas manqué de faire une gravure au sujet du triomphe de M. *de Voltaire.* On l'a représenté très-ressemblant, debout, les deux mains sur sa canne; il a le chapeau sous le bras, et une couronne de laurier sur son énorme perruque. Il est peint avec vérité, mais si ridiculement, que cela ressemble fort à une caricature. On a mis au-dessous : *L'Homme unique à tout âge,* expression d'un certain abbé *Delaunay,* dans les vers amphigouriques qu'il lui a adressés le premier sur son retour, et au bas ceux du marquis *de Saint-Marc,* rapportés précédemment. On a sans doute adopté cette estampe dans la maison du philosophe, car on la distribue aux amis.

L'estampe dont on parle n'est qu'un portrait en pied et de profil de M. *de Voltaire.* Si le portrait est fidèle, il n'est point ridicule. Ce serait au contraire une vraie caricature de travestir un vieillard de quatre-vingt-quatre ans en petit-maître. Au reste, il en parut alors beaucoup de portraits différens; chacun voulait le dessiner. M. *Moreau* le jeune, et d'autres artistes, ont donné des estampes plus capitales, relatives au couronnement. M. *de Villette,* qui avait acheté de ces estampes et de ces portraits, en donna effectivement à quelques amis de M. *de Voltaire.*

Ibid., pages 221 et 222, *du* 10 *avril.* Lundi, M. *de Vol-*

à de petits objets, croyant apparemment égayer mieux ses lecteurs et dénigrer M. *de Voltaire.* Quelle ineptie de le montrer presque en colère, parce qu'un procureur de Paris, qui ne l'avait jamais vu, ne le reconnaissait pas! Croit-il que tout homme, procureur ou autre, essentiellement occupé de son état, doit être littérateur, et connaître tous les écrivains célèbres?

taire s'est trouvé assez vigoureux pour aller à pied de chez lui à l'Académie, et l'on juge combien il a fait courir de monde après lui.

J'accompagnais M. *de Voltaire*, qui se rendit à pied à l'Académie française. Il s'assembla beaucoup de monde sur sa route; une femme qui vend des livres à l'entrée des Tuileries, nous ayant aperçus sur le pont Royal, accourut, fendit la presse, se mit à côté de M. *de Voltaire*, et tout en mangeant un morceau de pain, lui disait : *Mon bon monsieur de Voltaire, faites des livres, vous me les donnerez, et ma fortune sera bientôt faite; vous l'avez procurée ainsi à tant d'autres! O mon bon monsieur, s'il vous plaît, faites-moi des livres, je suis une pauvre femme.* Ceux qui accouraient sans savoir ce que c'était, le demandaient aux personnes qui nous entouraient; j'entendais répondre dans la foule par différentes voix : *C'est M. de Voltaire, c'est le défenseur des malheureux opprimés, celui qui a sauvé la famille de Calas et de Sirven*, etc.

Mardi matin, il s'est rendu à la loge des *Neuf-Sœurs*, suivant la promesse qu'il en avait faite aux députés. La joie des frères leur a fait commettre quelques indiscrétions, en sorte que, malgré le mystère de ces sortes de cérémonies, beaucoup de circonstances de la réception de ce vieillard ont transpiré.

On ne lui a point bandé les yeux, mais on avait élevé deux rideaux à travers desquels le *Vénérable* l'a interrogé, et après diverses questions, sur ce qu'il a fini par lui demander s'il promettait de garder le secret sur tout ce qu'il verrait, il a répondu qu'il le jurait, en assurant qu'il ne pouvait plus tenir à son état d'anxiété. Ayant demandé qu'on lui fît voir la lumière, les deux rideaux se sont entr'ouverts tout-à-coup, et cet homme de génie est resté comme étourdi des pompeuses niaiseries de ce spectacle; tant l'homme est susceptible de s'en laisser imposer par la surprise de ses sens! On a remarqué même que cette première stupeur avait frappé le philosophe au point de lui ôter pendant toute la séance cette pétulance de conversation qui le caractérise, ces saillies, ces éclairs qui partent si rapidement quand il est dans son assiette ordinaire.

Au banquet, il n'a mangé que quelques cuillerées d'une purée de fèves, à laquelle il s'est mis pour son crachement de sang, et que lui a indiquée madame Hébert, l'intendante des menus.

Il s'est retiré de bonne heure; il s'est montré dans l'après-dînée sur son balcon au peuple assemblé; il était entre M. le comte *d'Argental* et le marquis *de Thibouville*. Le soir il est allé voir la *Belle Arsène*, chez madame *de Montesson*; il a retourné hier à ce spectacle, où l'on a dû donner en sa faveur une seconde représentation de l'*Amant romanesque*, et y joindre *Nanine*.

N'ayant pas été témoin de ces détails, je n'en peux rien dire. La réception à la loge des *Neuf-Sœurs* confirme que M. *de Voltaire*, jusque là, n'était pas franc-maçon. Il s'est laissé aller aux très-pressantes instances de M. *de Lalande*, qui était fort jaloux de faire une telle conquête; il ne voulut point le désobliger pour une chose qu'il regardait comme très-indifférente.

Ibid., page 223, du 13 avril. M. *de Voltaire* a joui jeudi, au spectacle de madame *de Montesson*, presque des mêmes honneurs qu'à la comédie française, le couronnement excepté. Il a été accueilli de la manière la plus flatteuse par toutes les femmes et seigneurs de cette cour distinguée.

M. le duc *de Chartres* lui ayant accordé la permission qu'il avait demandée à Son Altesse Sérénissime d'aller faire sa cour aux jeunes princes, M. *de Voltaire* s'y est rendu samedi matin. Le père l'a fait inviter de venir chez lui. Il voulait se tenir debout, mais Son Altesse l'a forcé de s'asseoir, sous prétexte qu'il voulait jouir long-temps de sa conversation. Madame la duchesse *de Chartres*, qui était encore au lit, instruite de la présence du vieillard, s'est fait habiller promptement, et est passée chez monseigneur. Nouvelle confusion du philosophe qui voulait se jeter aux pieds de la princesse et y rester. On l'a fait se rasseoir une seconde fois pour l'entendre. Il s'est répandu en complimens sur les enfans de Leurs Altesses, et principalement sur le duc *de Valois*. Il a prétendu qu'il ressemblait au régent.

Tous ces vains honneurs, si propres à chatouiller l'amour-propre de M. *de Voltaire*, excitent de plus en plus la fureur du clergé; et ce carême, différens prédicateurs de cette capitale se sont permis des sorties violentes contre lui. Elles l'auraient peu ému sans celle faite par l'abbé *de Beauregard*, ex jésuite, prêchant à Versailles devant le roi. Cet orateur chrétien très-couru, a gémi sur la gloire dont on affectait de couvrir le chef audacieux d'une secte impie, le destructeur de la religion et des mœurs, et a sensiblement désigné le vieillard de Ferney. Celui-ci a jugé que Sa Majesté n'avait pas désapprouvé cette diatribe évangélique, et que conséquemment elle est encore dans le préjugé défavorable qu'on a inspiré au roi contre lui; ce qui le désole, en lui ôtant l'espoir d'être jamais accueilli du monarque.

Sur ces trois *alinea*, voici mes observations dans le même ordre :

1° Ce qu'on dit de l'accueil fait à M. *de Voltaire* chez madame *de Montesson*, est très-vrai. Quelques seigneurs, qui en ont été témoins, m'ont parlé de l'allégresse et de l'espèce d'enthousiasme que sa présence avait fait naître dans cette société choisie.

2° Ce fut quand nous traversâmes le petit jardin du Palais-Royal, depuis chez M. *Tronchin* pour aller chez madame la comtesse *de Blot*, que M. *de Voltaire* ayant vu de jeunes enfans dans ce jardin, demanda qui ils étaient; la gouvernante répondit que c'étaient les enfans de Monseigneur le duc *de Chartres*. Elle reconnut M. *de Voltaire*, qui dit des choses agréables à ces jeunes princes, et assura qu'il était frappé de la ressemblance de M. *de Valois* avec feu M. le Régent. La gouvernante voulut absolument que nous entrassions dans la salle pour voir aussi les petites princesses qui dormaient, et M. *de Voltaire*, à leur vue, parut fort attendri. Pendant ce temps, on avait averti madame la duchesse *de Chartres*, que M. *de Voltaire* était auprès de ses enfans. Elle accourut en simple jupon, en peignoir, les cheveux épars, et transportée de joie, comme elle le dit, du plaisir de voir pour la première fois un homme si célèbre, qu'elle désirait depuis long-temps connaître. M. le duc *de Chartres* n'était point au palais en ce moment.

Au sortir de là, nous allâmes chez madame *de*

Blot et chez madame *d'Enneri*. M. *de Voltaire* supplia celle-ci de lui pardonner le chagrin qu'il lui causait en sollicitant d'elle la cession d'une maison qu'elle avait louée à M. *de Villarceau*, maison qu'elle consentit en effet à vendre à M. *de Voltaire*, viagèrement. Il désirait qu'elle lui permît de l'acheter aussi pour la vie de madame *Denis*. Elle répondit d'abord qu'elle ne pouvait acquiescer à cette cession que pour lui seul; elle finit cependant par souscrire à sa demande.

3° Tout ce qu'on dit ici de la fureur du clergé et du sermon de l'abbé *de Beauregard*, est très-vrai; et il est certain que cela donnait quelque inquiétude à M. *de Voltaire*; mais il n'est pas vrai qu'il fût désolé de n'être pas accueilli du roi. On juge toujours de lui comme s'il avait été un jeune courtisan, et comme si son existence, sa fortune et le bonheur de sa vie avaient absolument dépendu d'un regard du monarque.

Ibid., page 228, du 17 avril. M. *de Voltaire* après avoir varié beaucoup sur le logement qu'il prendrait à Paris, vient enfin d'acheter à vie, sur sa tête et sur celle de madame *Denis*, un hôtel rue de *Richelieu*, en face de celui du duc de *Choiseul*. Avant de s'y installer, il compte retourner à Ferney, mais il faut que le vent du nord et le froid cessent, et lui permettent de se mettre en route.

On est occupé actuellement à imprimer une relation de la séance de ce grand homme à la loge des *Neuf-Sœurs*, et l'on doit y joindre tous les vers qu'ont enfantés sur cet événement les poètes aimables dont abonde cette loge. Ils se flattent que leur nouveau confrère y joindra du sien: il est convenu que c'était la seule manière dont il pouvait leur témoigner sa reconnaissance et son zèle. Jusque là ces messieurs sont fort discrets et ne veulent pas faire part de leurs productions; voici cependant un couplet qu'on a retenu, comme le plus brillant d'une chanson qu'on attribue au frère *Ladixmerie*:

> Au seul nom de l'illustre frère,
> Tout maçon triomphe aujourd'hui;
> S'il reçoit de nous la lumière,
> Le monde la reçoit de lui (114).

Ibid., page 233, du 20 avril. Un des traits du discours de l'abbé *de Beauregard*, où il a fait son explosion contre M. *de Voltaire* et ses partisans, le plus adroit est celui où il a peint la pusillanimité du garde-des-sceaux, qui, redoutant les philosophes, avait donné défense de laisser passer à l'impression aucune critique de ce coryphée pendant son séjour à Paris. M. *de Miromesnil* a été si honteux de voir sa faiblesse indirectement dévoilée devant le roi, que craignant une explication, il s'est hâté de lever la défense.

Ibid., pages 236 et 237, dudit jour 20 avril. Il perce des copies dans le public, de la correspondance dont on a parlé, entre M. *de Voltaire* et le curé de Saint-Sulpice. On en infère que sur les bruits de la confession de ce grand homme aux pieds de l'abbé *Gauthier,* le pasteur témoigna de l'humeur au marquis *de Villette,* de voir s'échapper cette ouaille; que celui-ci en rendit compte au malade, qui le 4 mars, à huit heures du matin, fit porter une épître au curé de Saint-Sulpice. M. *de Tersac* (c'est le nom du pasteur) ne voulut point être en reste et riposta.

(114) *Wagnière* n'a joint aucune remarque à ces articles, ni au premier des deux suivans, quoiqu'il fût franc-maçon.

Ces deux écrits sont précieux, et dans le véritable esprit de chacun. On observe, en lisant la lettre du philosophe, qu'il était parfaitement revenu à lui, et avait retrouvé ce ton de persifflage honnête qu'il entend si bien, et dont il n'est pas possible de se fâcher. Mais bien attaqué, bien défendu; le ministre du Seigneur, sans quitter son costume de gravité, et dans un style admiratif proportionné au personnage, ne le plaisante pas mal, en lui disant les vérités dures qu'exige sa fonction.

Ces deux lettres sont vraies; on peut les voir dans ma *Relation du voyage à Paris*, etc. (pag. 134 de ce volume).

Ibid., page 241, *du* 24 *avril*. M. *de Voltaire*, qui se pique de remplir toutes les bienséances de la société scrupuleusement, n'est pas moins exact à rendre les visites qu'à faire réponse aux lettres qu'il reçoit. Depuis qu'il est rétabli parfaitement il a beaucoup été dehors. Il a surtout employé la quinzaine de Pâques à rendre les devoirs aux princes et aux grands du royaume qui sont venus l'admirer; il est allé aussi chez les particuliers, et n'a pas même dédaigné de se transporter chez les plus célèbres *Laïs* du jour. C'est ainsi que le samedi-saint on l'a vu chez mademoiselle *Arnould*.

M. *de Voltaire* ne fit de visites qu'à très-peu de personnes; je l'accompagnai presque partout, et entre autres, chez mademoiselle *Arnould*, qu'il alla voir à l'occasion de la maison qu'il voulait acheter, à quoi elle pouvait contribuer. Il aurait pu ne se rendre chez elle qu'à raison de ses seuls talens, ainsi que chez d'autres grands artistes, sans qu'il y eût eu en cela rien que de très-naturel, et même d'honorable pour tous. Quant *aux plus célèbres Laïs du jour,* dont parle le rédacteur, je ne sais ce que c'est.

Ibid., page 242, dudit jour 24 avril. Le mercredi 22, les comédiens français étant assemblés pour le répertoire de la semaine de l'ouverture, ont été surpris agréablement de voir chez eux le vieux malade, qui les a comblés de remercîment pour les soins qu'ils se sont donnés afin d'accélérer sa représentation d'*Irène,* et de la faire goûter du public. Il leur a dit qu'étant sur le point de faire un voyage de deux mois à Ferney, il emportait les manuscrits de sa tragédie d'*Agathocle* et de la comédie du *Droit du Seigneur,* pour y faire des changemens nécessaires. Quant à la dernière, elle a été jouée en 1762, sous le titre de l'*Ecueil du Sage.* Elle est médiocre. On dit qu'il veut la réduire en trois actes.

M. *de Voltaire* retira les manuscrits d'*Irène,* d'*Agathocle* et du *Droit du Seigneur,* pour les apporter à Ferney où il voulait revenir. La raison en est qu'il était encore très-piqué des corrections et changemens que l'on avait faits à la première de ces tragédies, sans sa participation, et qu'il voulait s'assurer si l'on n'en avait pas fait autant aux deux autres pièces. Voyez ma *Relation.*

Ibid., page 244, du 27 avril. M. *de Voltaire* avait annoncé son départ pour Ferney, et il devait se mettre en route le lundi de *Quasimodo,* qui est aujourd'hui; mais madame la marquise *de Villette* vient de faire une fausse-couche, et l'on ne croit pas qu'il abandonne sa chère *belle et bonne* dans une pareille circonstance. Cet événement est d'autant plus fâcheux qu'il devait produire une scène intéressante et curieuse, le spectacle du philosophe à l'église, parrain de l'enfant, et donnant enfin une âme à *Dieu*, après en avoir tant donné au diable.

Le départ pour Ferney était fixé comme on le dit; le reste de l'article n'a rien de vrai; mais la plaisanterie du rédacteur est bonne, et en faisant rire ses lecteurs, il remplissait son but. On a vu dans ma *Relation* la vraie cause qui empêcha M. *de Voltaire* de partir. Ce fut un billet imposteur, fabriqué par ceux qui voulaient à tout prix que ce grand homme ne revît plus sa colonie, de crainte qu'en y étant, il ne voulût y rester, pressé autant par sa propre inclination que par les instances des colons qui le bénissaient.

Ibid., page 247, du 29 avril. Les séances publiques de l'académie des sciences sont toujours très-nombreuses. Il y a souvent des étrangers illustres. Mais le gros des spectateurs ne consiste guère qu'en savans obscurs, en élèves, etc.; mais cette fois-ci c'était un monde différent; tout ce que la beauté a de plus séduisant parmi le sexe, tout ce que la cour a de plus frivole en hommes aimables, tout ce que la littérature a de plus élégant et de plus recherché, s'était emparé de la salle. La géométrie, l'astronomie, la mécanique, etc., se sont trouvées exclues, pour ainsi dire, de leur sanctuaire par les Muses et les Grâces. C'est le cortège que traîne toujours à sa suite M. *de Voltaire*, et l'on savait qu'il devait ce jour-là jouir en ce lieu d'un autre triomphe, d'une seconde apothéose. En effet, à peine a-t-il paru, que les acclamations et les battemens de mains se sont fait entendre de la façon la plus bruyante; et quoiqu'il ne soit pas membre de l'Académie, le vœu général de messieurs les académiciens a été que ce philosophe prît place parmi les honoraires. On y avait déjà vu M. *Francklin;* mais la réunion des deux vieillards, qui se sont embrassés aux yeux de l'assemblée, a produit une sensation nouvelle, et les brouhaha ont repris plus vivement. Le tumulte ayant cessé, le secrétaire a commencé, et l'on a lu différens éloges et mémoires.

Tout cela est vrai. Cette séance eut lieu le jour de mon malheureux départ.

Ibid., pages 251 et 252, du 2 mai. Lundi dernier 27 avril, M. *de Voltaire* est allé à une séance particulière de l'Académie française. L'abbé *de Lille* y lut quelques morceaux détachés de son poème sur l'art d'orner, de peindre la nature et d'en jouir, et la traduction de la célèbre épître de *Pope* au docteur *Arbuthnot.* Pendant cette lecture le vieux malade se rappelait les vers anglais de *Pope,* les comparait à la traduction, et préférait celle-ci.

M. *de Voltaire,* à cette occasion, se plaignait de la pauvreté de la langue française; il parla de quelques mots peu usités, et qu'il serait à désirer qu'on adoptât, celui de tragédien, par exemple, pour exprimer un acteur jouant la tragédie. *Notre langue est une gueuse fière,* disait-il, *il faut lui faire l'aumône malgré elle.*

Il fut ensuite voir jouer Alzire; il était incognito dans une petite loge, celle de madame *Hébert.* Mais le parterre l'ayant entrevu, interrompit la pièce pendant plus de trois quarts d'heure pour l'applaudir. Au milieu de l'enthousiasme général, M. le chevalier *de Lescure,* officier au régiment d'infanterie d'Orléans, s'échauffa, et il présenta au moderne *Sophocle,* sortant de sa loge, l'impromptu suivant:

> Ainsi chez les Incas, dans leurs jours fortunés,
> Les enfans du soleil, dont nous suivons l'exemple,
> Aux transports les plus doux étaient abandonnés,
> Lorsque de ses rayons il éclairait leur temple.

M. *de Voltaire* a répondu à ce mauvais quatrain par les deux vers de Zaïre, qu'on a trouvés fort impertinemment appliqués de sa bouche :

> Des chevaliers français tel est le caractère,
> Leur noblesse en tout temps me fut utile et chère.

Ce qu'on dit de la séance de l'Académie française est vrai. Le rédacteur des *Mémoires* montre, à mon avis, assez peu de goût ou beaucoup d'injustice, en qualifiant de *mauvais*, ces vers de M. *de Lescure*. La pensée en est ingénieuse, la diction élégante et naturelle, et l'allégorie juste. On ne voit pas non plus en quoi la réponse de M. *de Voltaire* pouvait être impertinente; ses compatriotes avaient les premiers rendu justice à ses talens et contribué à sa gloire par leurs suffrages. Il leur témoignait sa reconnaissance par cette citation; elle n'était point déplacée, surtout le premier hémistiche du second vers ayant été prononcé comme je l'ai entendu :

> En tout temps leur bonté, etc.

léger changement amené par la circonstance, *bonté* convenant ici mieux que *noblesse*.

Ibid., page 264, du 13 mai. Il paraît constant que M. *de Voltaire* ne retournera point à Ferney. Il s'est déterminé à se séparer pour quelque temps de son secrétaire *Wagnière*, et à l'envoyer là-bas pour mettre ordre à tout, et lui faire venir sa bibliothèque.

Cela ne fut malheureusement que trop vrai. Je partis le 29 avril, et je n'ai plus revu mon cher maître.

L'éloignement où ce philosophe est resté de la cour lui a fait craindre quelque orage s'il s'absentait. La ligue générale du clergé contre lui est trop formidable, et en effet, il aurait bien pu recevoir défense de revenir.

Cette dernière supposition est fausse, quoique l'on s'en soit servi auprès de M. *de Voltaire* pour l'empêcher d'aller à Ferney, comme on l'a vu dans ma *Relation*. Le corps du clergé était trop éclairé pour ne pas sentir qu'une plume telle que la sienne aurait été plus libre et plus dangereuse pour ce corps, à Ferney qu'à Paris, où il était très-surveillé et où l'on se disposait à le persécuter. Il est évident qu'il ne l'eût employée dans la capitale qu'à des objets purement littéraires, soit utiles, comme le grand travail qu'il allait entreprendre pour le dictionnaire de l'Académie, soit d'agrément, comme des pièces de théâtre. Son malheur vint d'avoir cédé trop facilement à cette fausse crainte qui lui fut suggérée à dessein.

Ibid., page 266, du 16 mai. On raconte que ces jours derniers M. *de Voltaire* étant chez madame la maréchale de Luxembourg, il fut question de la guerre. Cette dame en déplora les calamités, et souhaitait que les Anglais et nous, entendissions assez nos intérêts et ceux de l'humanité pour la terminer sans effusion de sang, par un bon traité de paix : *Madame,* dit le philosophe, en montrant l'épée du maréchal *de Broglie,* qui était présent, *voilà la plume avec laquelle il faut signer ce traité.*

Ce propos est vrai, et on le tient de ceux qui l'ont entendu.

Ibid., page 274 et suivantes, du 22 mai. M. *de Voltaire* a encore beaucoup inquiété ces jours-ci, mais il va mieux aujourd'hui.

Ibid., ibid., du 24 mai. M. *de Voltaire* enchanté de la bonne santé du maréchal *de Richelieu,* qui monte encore à cheval comme un jeune militaire qui fait ses exercices, lui a demandé comment il faisait pour dormir ; le maréchal lui a parlé d'un calmant excellent qu'il avait, et lui a promis de lui en faire part. Il lui en a envoyé une certaine quantité pour plusieurs fois. Le vieux philosophe qui a grande envie de vivre, en a pris une dose si forte qu'il en a été très-mal. Il paraît qu'il y a beaucoup d'opium dans cet élixir, et depuis ce temps il appelle le maréchal *de Richelieu* son frère *Caïn.* Cet accident grave qui lui est survenu, lui a fait reprendre le projet de retourner à Ferney, pour trouver, dit-il, son tombeau et en être plus près ; mais l'adulation qu'on va lui prodiguer de nouveau à forte dose, le guérira sans doute une seconde fois de cette envie.

Ibid., ibid., du 28 mai. M. *de Voltaire,* loin d'être tout-à-fait quitte de l'accident que lui a occasioné le fatal présent de son frère *Caïn,* est retombé plus gravement ; et quoiqu'on ne puisse savoir au juste son état par le silence que gardent ses domestiques, ses parens et ses amis, quoiqu'on ait affecté de rassurer le public dans le *Journal de*

Paris, on a tout lieu de craindre qu'il succombe cette fois.

Il paraît que la crainte de voir arriver des prêtres autour de lui une seconde fois, et le déterminer à quelque démarche confirmative de la première, est la cause du mystère qu'on observe. Cependant le clergé fulmine, et menace de ne point enterrer le moribond en terre sainte, s'il persiste dans son scandale, et ne satisfait pas au moins à l'extérieur.

On peut consulter ma *Relation* sur ce qu'on vient de lire dans ces trois articles.

Ibid., *page* 282, du 31 mai. M. *de Voltaire* est mort hier, sur les onze heures du soir. Comme les prêtres refusent de l'enterrer, et qu'on n'ose envoyer son corps à Ferney, où cependant son tombeau l'attend, on est à chercher quelque tournure pour y suppléer.

Madame *Denis* m'avoua au moment de mon retour à Paris, que son grand souci, depuis huit jours, avait été de savoir comment elle pourrait faire enterrer son oncle; elle ajouta : *Nous aurions été très-embarrassés s'il en était revenu, parce qu'il aurait peut-être pu avoir encore des momens lucides......*

Tome XII, *page* 4, du 1er juin 1778. Depuis que la faculté avait condamné M. *de Voltaire*, il s'était tenu plusieurs conciliabules chez l'archevêque de Paris, et le résultat avait été d'effectuer la menace que l'Église faisait, il y a long-temps, contre ce chef de l'impiété, de lui refuser la sépulture chrétienne. Le curé de Saint-Sulpice a bien vu le malade plusieurs fois, mais celui-ci faisait le muet, et le pasteur n'en a pu rien tirer; en sorte qu'il n'a pas même reçu l'extrême-onction. On ne désespère pourtant pas encore de vaincre, par le secours de l'autorité, l'opiniâtreté des prêtres, qu'on apaisera d'ailleurs avec beaucoup d'argent.

Tout ce qui est rapporté ici du clergé est très-vrai; si ce n'est que le curé, dans cette dernière maladie de M. *de Voltaire*, ne put le voir qu'une fois, avec l'abbé *Gauthier*, lorsque le neveu du malade, M. l'abbé *Mignot*, les alla chercher de son chef. Ce fut le jour même où mon maître expira, vers onze heures du soir.

Ibid., pages 5, 6 *et* 7, *du* 2 *juin*. On varie tellement sur les motifs qui ont déterminé l'évasion du corps de M. *de Voltaire*, sur ce qu'il est devenu et sur ce qu'il deviendra, qu'on ne peut encore fixer la vérité sur des faits. Il paraît qu'il a conservé sa tête jusqu'au dernier instant, et qu'il travaillait encore la veille de sa mort. Outre les divers ouvrages qu'il avait sur le métier depuis qu'il avait été élevé à la place de directeur de l'Académie française, il avait pris à cœur son illustration, et voulait refondre son dictionnaire.

Une consolation très-grande qu'il a eue avant sa mort, a été de voir l'arrêt du parlement contre M. *de Lally*, cassé. On assure que sur l'avis que lui en a donné sur-le-champ M. *de Lally-Tolendal*, il lui a répondu et témoigné sa satisfaction. On sait que M. *de Voltaire* avait écrit contre cet arrêt.

Ibid., du 5 *juin*. Autant qu'on a pu éclaircir ce qui concerne le départ du corps de M. *de Voltaire*, ne sachant trop qu'en faire, et dans la crainte que l'évêque d'Annecy, avec qui le philosophe défunt avait déjà eu des querelles fort vives, instruit de ce qui s'était passé à Paris, ne secondât le fanatisme de l'archevêque, la famille est convenue provisoirement de le mettre en dépôt à Scellières, abbaye de Champagne qui appartient à l'abbé *Mignot*. Il y a été conduit par un domestique de confiance, et l'on est actuellement à se remuer auprès du gouvernement pour décider définitivement du sort des reliques de ce grand homme. On ne dit pas même où les moines les ont placées, si c'est dans l'église ou dans un lieu particulier du couvent.

A l'occasion de cette mort on fait courir de nouveau dans le public une épitaphe latine que fit pour M. *de Voltaire* l'abbé *Coyer*, il y a sept à huit ans, lorsqu'il fut question de se cotiser pour lui ériger une statue (115). On répand aussi en français une *Diatribe contre l'apothéose de M. de Voltaire*, en date du 26 mai. Ce sont des idées communes de la chaire rhabillées en assez beaux vers.

Le contenu des articles qu'on vient de lire est assez vrai; on peut le comparer avec ma *Relation*. Il n'est pas étonnant que de nouvelles satires se répandissent contre M. *de Voltaire* au moment de sa mort; leurs auteurs n'avaient plus rien à craindre de sa vengeance.

Ibid., page 11, du 11 juin. Le gouvernement ayant fait défendre à tous les journalistes et autres écrivains en France, de faire mention en rien de M. *de Voltaire*, le dernier acte de sa vie, et les suites qu'il a eues, sont toujours dans l'obscurité. Il passe pour constant aujourd'hui, que son corps

---

(115) C'était une inscription satirique et dérisoire pour la statue de *Voltaire*, faite par *Pigal*. On l'a attribuée à l'abbé *Coyer*, ainsi que beaucoup d'autres choses qu'il n'a point faites. Il n'a jamais eu de démêlés avec *Voltaire*, ni lieu de s'en plaindre. L'inscription et la *diatribe* dont on parle ici, sont bien plutôt de la façon de quelques fanatiques subalternes. On la trouvera ci-après à la date du 15 juin.

déposé à Scellières, y a été enterré provisoirement par les moines, et voici comment. Après avoir ouvert et embaumé le cadavre, on l'a assemblé, on l'a affublé d'une perruque et d'une robe de chambre. L'abbé *Mignot* s'est rendu le premier au couvent, a prévenu ses religieux que son oncle, quoique moribond, par une fantaisie de malade, avait désiré venir chez lui; qu'il n'avait pu lui refuser cette consolation, et qu'il allait toujours lui préparer un appartement, mais qu'il craignait bien que ce ne fût en vain. En effet, peu après est arrivé le carrosse, et le conducteur a déclaré que son maître était mort en route, même depuis quelque temps; qu'il commençait à se corrompre; et sur cette déclaration, confirmée vraisemblablement par les médecins et chirurgiens de la maison, gagnés, on a dès le lendemain procédé à l'inhumation.

Depuis est survenue, de la part de l'évêque de Troyes, dans le diocèse duquel est l'abbaye, défense d'enterrer cet impie; mais la chose était faite, et l'on présume avec assez de raison, que ce prélat, moins zélé que les autres, se sera conduit ainsi pour ne se brouiller avec personne.

Cette conjecture ne manquait point de vraisemblance. Les détails qui précèdent sont assez exacts. On peut au surplus les rapprocher de ma *Relation*.

Ibid., page 12, du 12 juin. L'académie française s'est adressée aux cordeliers pour y faire faire un service pour le repos de l'âme de M. *de Voltaire;* mais ces moines, peu scrupuleux, ont déclaré qu'ils en avaient reçu des défenses. La compagnie a député vers M. le comte *de Maurepas*, qui a répondu ne pouvoir rien faire à cet égard dans ce moment-ci, et a exhorté messieurs les académiciens à prendre patience.

En conséquence l'académie a arrêté qu'il ne serait fait de

service pour aucun académicien que celui de M. *de Voltaire* n'eût été exécuté.

Cela est très-vrai.

Ibid., pages 13 et 14, du 12 juin. Le testament de M. *de Voltaire* à son ouverture a étonné tout le monde. On comptait y trouver des dispositions qui feraient honneur à son esprit et à son cœur. Rien de tout cela; il est très-plat, et sent l'homme dur qui ne songe à personne et n'est capable d'aucune reconnaissance. Ce qui augmente l'indignation, c'est qu'il a deux ans de date et a été fait conséquemment avec toute la maturité de jugement possible. Voici les principaux articles : A M. *Wagnière,* son secrétaire, son bras droit, dont il ne pouvait se passer, qu'il appelait son ami, son *fidus Achates,* 8,000 liv. une fois payées; rien à sa femme et à ses enfans.

A son domestique, nommé *Lavigne,* qui le servait depuis trente-trois ans, une année de gages seulement.

A la *Barbara,* sa gouvernante de confiance, 800 liv. payées une fois seulement.

Aux pauvres de Ferney, 300 liv. une fois payées.

Six livres anglais à un M. *Durieu.* Du reste, rien à qui que ce soit.

A madame *Denis,* 80,000 liv. de rentes et 400,000 liv. d'argent comptant, en ce qu'il la fait sa légataire universelle. 100,000 liv. seulement à l'abbé *Mignot,* son autre neveu, et autant à M. *d'Hornoy.*

Le testament de M. *de Voltaire* contient les dispositions dont on parle ici; mais j'observe que le nommé *Lavigne* servait madame *Denis,* et non M. *de Voltaire;* qu'au lieu de six volumes anglais à un M. *Durieu,* il légua tous ses livres anglais à

M. *Rieu*, et il en avait beaucoup. A l'égard du reste, particulièrement de ce qui me concerne, et des réflexions que se permet ici le rédacteur des *Mémoires de Bachaumont*, je prie le lecteur de voir mes *Additions au Commentaire historique* et ma *Relation*.

Ibid., pages 16 et 17, du 13 juin. Il paraît que le clergé ne s'est porté à son éclat fâcheux contre le corps mort de M. *de Voltaire*, que poussé à bout lui-même, et ne pouvant pallier, comme il aurait désiré, la persévérance de ce damné, mourant dans son incrédulité. Les prêtres n'ignorent pas que dans ces cas-là il faut mettre un peu d'astuce, afin de faire valoir le pouvoir de la religion, qui triomphe tôt ou tard des mécréans les plus intrépides. Le curé de Saint-Sulpice ne demandait que l'instant d'un acte d'effroi, de complaisance ou même de dérision, tel que celui où s'était si heureusement trouvé l'abbé *Gauthier*, pour administrer en conséquence quelque secours spirituel au moribond, et s'en prévaloir. Malheureusement ce coryphée de l'impiété s'est toujours trouvé entouré de philosophes qui, sous prétexte de lui rendre des soins, de lui donner des consolations, le soutenaient par leur présence, et ranimaient les restes de son amour-propre. Enfin le pasteur, dont la charité était infatigable, peu avant la mort de M. *de Voltaire*, s'est encore approché de son lit, et lui a demandé s'il croyait à la divinité de *Jésus-Christ*. L'agonisant a hésité une minute, puis a répondu : *Monsieur le curé, laissez-moi mourir en paix.* Il s'est retourné, et est mort en effet, en réparant aux yeux de ses disciples la pusillanimité qu'il avait montrée lors de son premier accident. Le curé confus n'a pu employer la politique dont il comptait se servir, et a été forcé de rendre en quelque sorte hommage lui-même à la fermeté de l'apôtre de l'incrédulité, en se comportant comme on a vu.

Le gouvernement, dont la faiblesse se manifeste en tout, a fait défendre aux comédiens de jouer aucune pièce de M. *de Voltaire* jusqu'à nouvel ordre. Il a craint quelque fermentation dans le public ainsi rassemblé. Quel contraste avec le couronnement du moderne Sophocle, il y a trois mois !

Cette défense aux comédiens a existé en effet. Le récit de la mort de M. *de Voltaire* est en général assez exact. Voyez ma *Relation*.

Ibid., page 18, du 15 juin. Voici l'épitaphe latine de M. *de Voltaire,* qu'on renouvelle dans cette circonstance :

En tibi dignum lapide Voltarium
Qui
In poesi magnus,
In historiá parvus,
In philosophiá minimus,
In religione nullus;
Cujus
Ingenium acre,
Judicium præceps,
Improbitas summa ;
Cui
Arriscre mulierculæ
Plausere scioli,
Favere profani;
Quem
Irrisorem hominum, deúmque,
Senatus, populusque Athæo-physicus,
Ære collecto,
Statuá donavit (116).

(116) *Wagnière* n'a fait aucune remarque sur cette satire, qu'il n'a

Ibid., page 19, dudit jour 15 juin. Malgré l'importance que le sieur *Palissot* met à son *Triomphe de Sophocle*, prétendue comédie, rien de plus médiocre et même de plus plat. Cet écrivain, qui excelle dans la méchanceté, n'a pas le même talent pour louer. Il prévient, dans un avis préliminaire, que cette pièce avait été envoyée à mademoiselle *Vestris* le 24 mars; qu'il avait gardé l'anonyme, à raison du peu d'accueil qu'il attendait personnellement des comédiens; que son but était de la faire exécuter le jour où M. *de Voltaire* paraîtrait au spectacle; ce qui eut lieu six jours après, c'est-à-dire le 30 mars. Il reproche aux acteurs de n'avoir pas eu en cette occasion l'enthousiasme du génie, dont auraient été animés la demoiselle *Clairon* et le sieur *le Kain*, et d'avoir voulu renvoyer cette nouveauté à la reprise d'*Irène*; ce qui ôtait à l'auteur le principal caractère dont il se fait gloire, celui de prophète, parce qu'il prévoit tout ce qui s'est passé à cette fameuse journée; et à sa pièce son mérite unique, celui de la surprise. C'est ce qui l'a déterminé à renoncer à se voir jouer et à se faire imprimer.

Dans une épître dédicatoire à M. *de Voltaire*, en date du 24 avril, le sieur *Palissot* prépare la palinodie qu'il a chantée depuis dans le journal du sieur *La Harpe*, du 5 juin. Quant à son drame composé de quatre scènes, c'est le trait de *Sophocle* contre ses enfans, mis en action, que tout le monde connaît, avec quelques détails relatifs au héros du jour.

jugée digne que de mépris et d'oubli. C'est cette inscription dont on a parlé plus haut, supposée avoir été faite par l'abbé *Coyer*, pour la statue de *Voltaire*, et qu'on transforme ici en épitaphe. Loin de la supprimer, nous croyons au contraire devoir la conserver, ainsi qu'une autre épigramme ci-après, comme des échantillons du goût et de l'équité des détracteurs d'un grand homme. Quel tort peuvent faire à sa gloire de pareilles injures dans l'esprit de tout lecteur instruit et impartial?

Cette petite pièce de circonstance étant imprimée, le public a pu l'apprécier, ainsi que le jugement qu'on en porte ici, lequel nous paraît très-sévère et même passionné. Quant au reproche de M. *Palissot* aux comédiens, on ne peut disconvenir qu'il ne soit bien fondé (117).

Ibid., *page* 20, du 16 juin. M. le marquis *de Villette*, qui se flattait de garder le cœur de M. *de Voltaire*, et se proposait de le placer dans sa terre, où il lui aurait élevé un superbe mausolée, a été obligé de le rendre à la famille, qui l'a réclamé. Il paraît même qu'il en a résulté des tracasseries entre eux; car madame *Denis*, ne pouvant encore occuper sa maison rue de Richelieu, est cependant sortie de la rue de Beaune, et est dans une maison d'ami.

On trouve des détails exacts sur la conduite de M. *de Villette*, depuis la mort de M. *de Voltaire*, dans la *Relation* citée.

Ibid., *page* 26, du 20 juin. L'embargo mis sur les pièces de théâtre de M. *de Voltaire* a été levé enfin, et l'on a donné aujourd'hui Nanine pour débuter. Les comédiens se proposent de jouer successivement toutes ses pièces, où ils espèrent qu'indépendamment de leur mérite, la circonstance de sa mort et leur interdiction à cette époque, attireront encore plus de monde.

(117) Il n'est pas douteux que mademoiselle *Clairon* et *le Kain* n'eussent accueilli différemment ce petit drame analogue aux événemens de cette journée; loin de le rejeter à un autre temps, ils auraient coopéré avec enthousiasme à ce nouvel hommage rendu au génie de *Voltaire*, parce que eux-mêmes possédaient au plus haut degré le génie de leur art.

Ibid., page 28, du 23 juin. Entre les différentes épitaphes faites pour M. *de Voltaire*, il faut encore distinguer celle-ci, soit à cause de sa concision, de sa justesse et de son impartialité, soit à cause de l'illustre auteur auquel on l'attribue, M. *Rousseau* de Genève.

> Plus bel esprit que grand génie,
> Sans loi, sans mœurs et sans vertu,
> Il est mort comme il a vécu,
> Couvert de gloire et d'infamie.

C'est bien cette épitaphe qui est infâme ; et ce qui n'est qu'une sottise méprisable, c'est l'éloge qu'en fait le rédacteur des *Mémoires* (118).

Ibid., page 28, du 24 juin. Les pièces de M. *de Voltaire*, données samedi et lundi, n'ont pas produit la sensation qu'en espéraient les comédiens et ses partisans. *Nanine* a même eu peu de monde ; quant à *Tancrède*, on a applaudi quelques endroits où l'on a cru trouver des allusions, mais

---

(118) Parmi tant de pièces de vers publiées à l'occasion de la mort de *Voltaire*, le rédacteur des *Mémoires* n'en choisit que deux pour régaler ses lecteurs, et ce sont deux épigrammes ; cela seul dénoterait assez dans quel esprit ces *Mémoires* ont été rédigés. Mais quel excès d'ineptie, ou quel excès d'impudence, d'attribuer quatre vers, aussi faux qu'outrageans contre la mémoire du vieillard illustre que la France venait de perdre, à un autre vieillard infirme, retiré à la campagne à dix lieues de Paris, accablé de souffrances, et touchant lui-même à son heure dernière ! à J.-J. *Rousseau*, dont les poésies n'offrent pas la plus légère trace de satire, et qui, malgré une inimitié réciproque, a toujours rendu justice au génie de *Voltaire* ! Ces misérables productions consignées avec tant de complaisance dans le recueil qu'examine ici *Wagnière*, sont évidemment de quelque envieux ou de quelque fanatique obscur, se cachant sous des noms célèbres pour s'assurer au moins d'être lus une fois.

sans tumulte, et sans cet enthousiasme excessif qu'on attendait.

Quelque intention de dénigrer se laisse encore apercevoir ici dans le rédacteur. Les pièces dont on parle étaient anciennes, leur mérite bien connu et bien apprécié; on les a toujours applaudies avant et après la mort de l'auteur. Pourquoi fallait-il alors les revoir avec *tumulte* et un *excessif enthousiasme?*

Ibid., page 30, du 27 juin. On parle beaucoup de deux lettres manuscrites à joindre à celles de la petite correspondance entre M. *de Voltaire* et le curé de Saint-Sulpice, dont il a été fait mention plus haut. Elles roulent à peu près sur la même matière. C'est la lettre de M. l'évêque de Troyes, au prieur de Scellières, et la riposte du prieur au prélat. Le premier, après avoir conféré à l'archevêché avec M. *de Beaumont,* s'était adressé à ce moine pour lui intimer ses défenses, motivées sur l'impénitence et l'incrédulité finales du philosophe impie. On assure que la réplique du bénédictin est excellente; qu'il rend compte de toute sa conduite, et surtout de l'écrit que lui avait produit l'abbé *Mignot,* espèce de profession de foi de M. *de Voltaire,* qu'il fit lors de son crachement de sang. Il ajoute que son supérieur se trouvant sur les lieux, il n'avait pu que déférer à son autorité; il finit par avouer humblement son ignorance sur ces matières. On veut que cette épître ait été dictée par l'abbé *Mignot,* qui en fait part volontiers à ses amis intimes, mais n'ose trop la communiquer encore, à cause du clergé.

La réponse du prieur à l'évêque de Troyes est en effet de l'abbé *Mignot,* neveu de M. *de Voltaire* et abbé de Scellières (119). J'ai rendu compte de ce qui s'est passé relativement à l'inhumation de M. *de Voltaire* dans cette abbaye. On peut voir ma *Relation*, sur cet article des *Mémoires* et sur le suivant.

Ibid., *page* 37, du 3 juillet 1778. Il paraît que le clergé, malgré son zèle amer, n'a pu s'escrimer comme il l'aurait désiré, contre le cadavre de M. *de Voltaire*, contre le prieur qui l'a inhumé à l'église, qui l'a reçu dans son sein. La même faiblesse du gouvernement qui l'a empêché de se prêter aux actes de rigueur qu'aurait pu exercer la famille pour forcer le curé de Saint-Sulpice, l'empêche d'autoriser les prêtres à exercer leurs vengeances sacrées. Ce qui les pique surtout, c'est que ce héros d'impiété les ait persifflés jusqu'au dernier moment. Voici comme il faut restituer l'anecdote. M. le curé de Saint-Sulpice a demandé à M. *de Voltaire* s'il croyait en *Dieu*. A quoi il a répondu affirmativement, en ajoutant qu'il en avait toujours fait profession, et que tous ses ouvrages l'attestaient. Interrogé ensuite s'il croyait en *Jésus-Christ*, il a répliqué : Au nom de Dieu, ne m'en parlez pas. Tels sont les termes plaisans, mais sacramentaux, dont les témoins oculaires déposent qu'il s'est servi.

Ibid., *pages* 56 et 57, du 25 juillet. Tout ce qui concerne un grand homme, et surtout M. *de Voltaire*, étant précieux, voici les pièces dont s'est muni l'abbé *Mignot*, avant de se rendre à Scellières.

1° Il requit du curé de Saint-Sulpice la renonciation suivante :

(119) On la verra ci-après, avec celle de l'évêque, à la date du 26 août.

Je consens que le corps de M. *de Voltaire* soit emporté sans cérémonie, et je me dépars à cet égard de tous droits curiaux.

2° Il extorqua de l'abbé *Gauthier* la déclaration suivante :

Je soussigné, certifie à qui il appartiendra que je suis venu à la réquisition de M. *de Voltaire*, et que je l'ai trouvé hors d'état de l'entendre en confession.

3° Le tout était précédé de la déclaration suivante : etc.

Cette dernière pièce était la déclaration donnée par M. *de Voltaire* à l'abbé *Gauthier*, le 2 mars 1778, et que j'ai rapportée dans ma *Relation*. Tout ce qu'on dit ici est vrai.

Ibid., pages 58 et 59, du 27 juillet. C'est madame *Denis* qui avait permis au marquis *de Villette* de prendre le cœur de M. *de Voltaire*; ses neveux s'y sont opposés. On voit en conséquence une lettre signée *abbé Mignot, de Dampierre d'Hornoy,* adressée au libraire *Panckoucke*. Elle est du 15 juillet. La voici :

« Monsieur, un bruit accrédité par quelques papiers publics étrangers, s'étant répandu dans Paris, que le cœur de feu M. *de Voltaire* avait été distrait de son corps, pour qu'il lui fût fait des obsèques particulières, nous, ses neveux, plus paroches prens mâles, par conséquent chargés du soin de ses funérailles, assurons, comme nous l'avons déjà fait dans une protestation publique, déposée chez Mᵉ *Dutertre*, notaire, et signée de toutes les parties intéressées, que le testament de feu M. *de Voltaire*, ni aucun écrit émané de lui, n'indiquent qu'il ait jamais voulu que cette distraction fût faite en faveur de qui que ce soit, ni d'aucun monastère, ni d'aucune église ; que nous n'y avons point consenti, ni pu, ni dû y consentir ; que le procès-verbal d'ouverture et d'embaumement déposé chez le même notaire, ne fait aucune mention de cette prétendue distraction; qu'il ne paraît aucun acte qui en fasse foi; et que dans de pareilles circonstances, ce qui pourrait avoir été entrepris à cet égard serait absolument illégal; que ce qui pourrait avoir été distrait du corps de M. *de Voltaire*, sans aucune des formalités indispensables, ne serait susceptible d'aucun honneur funèbre. Nous vous prions, Monsieur, pour l'intérêt de l'ordre public et de la vérité, d'insérer cette assertion dans le prochain *Mercure*. Nous sommes très-parfaitement, Monsieur, etc., *l'abbé Mignot, de Dampierre d'Hornoy.* »

Ibid., pages 60, 61 *et* 62, *du* 28 *juillet. Extrait du registre des actes de sépulture de l'abbaye royale de Notre-Dame de Scellières, diocèse de Troyes.*

« Cejourd'hui, 2 juin 1778, a été inhumé dans cette église, messire *François-Marie Arouet de Voltaire*, gentilhomme ordinaire de la chambre du roi, l'un des quarante de l'Académie française, âgé de quatre-vingt-quatre ans ou environ, décédé à Paris, le 30 mai dernier, présenté à notre église le jour d'hier, où il est déposé, jusqu'à ce que, conformément à sa dernière volonté, il puisse être transporté à Ferney, lieu qu'il a choisi pour sa sépulture; ladite inhumation faite en présence de, etc. »

Cette pièce est tirée du *Journal Encyclopédique*, où l'on lit d'autres circonstances ajoutées pour rendre plus odieuse la conduite du clergé envers le corps de M. *de Voltaire*, dont la conduite prouverait qu'il a au moins voulu satisfaire à l'extérieur.

1º Le journaliste avance que lors de son accident du mois de mars, ce fut M. *de Voltaire* qui, de son propre mouvement, envoya chercher l'abbé *Gauthier*, qui s'était, il est vrai, présenté à lui lors de son arrivée, et lui avait offert, en cas de maladie, les secours spirituels.

2º M. *de Voltaire* se confessa pendant plus d'une heure à

l'abbé *Gauthier*, et donna ensuite la déclaration qu'on a vue, dans laquelle cependant, par une contradiction assez sensible avec l'écrivain, il regarde M. l'abbé *Gauthier* comme un délégué de M. le curé, et envoyé par ce pasteur, ce qu'il n'aurait pas dû dire s'il l'eût mandé lui-même. D'ailleurs, comment ce bon prêtre souffre-t-il que M. *de Voltaire* dise cela dans un écrit dont il a participation, qu'il doit garder entre ses mains? ce qui annoncerait de sa part du moins un mensonge pieux, s'il se fût déclaré venir de la part du pasteur, lorsque celui-ci n'en savait rien.

3° M. le curé de Saint-Sulpice, suivant le même récit, vint voir M. *de Voltaire* le même jour, prit copie de cette profession de foi, et la déclara authentique par un écrit qu'il donna à M. l'abbé *Mignot,* en ajoutant seulement que l'abbé *Gauthier* n'avait pas été envoyé par lui, comme le malade l'avait cru. Le malade n'avait donc pas envoyé chercher le confesseur.

4° M. *de Voltaire,* pendant sa dernière maladie de près de quinze jours de durée, n'a jamais eu la tête libre deux minutes de suite. Le journaliste oublie que deux pages avant il rapporte la lettre écrite par le moribond à M. *de Lally,* lettre qui n'annonce rien moins qu'un homme en délire et qu'un homme occupé de sa conscience. Cependant, dit-il, c'est cette raison qui a empêché M. le curé de Saint-Sulpice de le voir, comme il en était invité par la famille.

5° Enfin, le samedi 30 mai, M. *de Voltaire,* dans un instant lucide, ayant envoyé chercher M. l'abbé *Gauthier,* M. l'abbé *Mignot* alla chercher aussi M. le curé, qui vint avec le confesseur ; mais par le peu de mots que M. *de Voltaire* prononça avec peine, ces deux messieurs jugèrent, et M. le curé en prit à témoins la famille, qui était présente, *que le malade n'avait pas sa tête.*

La fausseté de ce récit se démontre par les contradictions dans les faits.

Le lecteur, en le conférant avec le mien, sera plus à même de l'apprécier, ainsi que l'opinion que paraît en avoir le rédacteur des *Mémoires*.

Ibid., page 78, du 11 août. L'Académie française a décidément renvoyé l'élection du successeur de M. *de Voltaire* à un temps très-éloigné, c'est-à-dire qu'elle n'aura guère lieu qu'au mois de novembre ou décembre. Elle espère d'ici là avoir quelque satisfaction sur le service qu'elle désire faire faire pour le repos de l'âme de ce grand homme. Elle a député vers M. le comte *de Maurepas* à cet effet, qui, sans rien promettre de positif, a paru disposé à s'y prêter quand la première fermentation serait passée.

Ibid., page 107, du 25 août. Aujourd'hui, à la séance publique de la Saint-Louis pour la distribution du prix, on a répandu dans l'auditoire de l'Académie française une épitaphe de M. *de Voltaire*, dont le buste placé au-dessus du directeur, et le seul qui soit dans la salle, semblait le rendre le dieu de l'assemblée, proposé à ses hommages. Cette épitaphe est attribuée à M. *de la Place*.

> O Parnasse, frémis de douleur et d'effroi!
> Muses, abandonnez vos lyres immortelles;
> Toi, dont il fatigua les cent voix et les ailes,
> Dis que Voltaire est mort, pleure, et repose toi*.

Le buste dont il s'agit est celui exécuté par M. *Houdon*, peu de temps avant la mort de l'académicien; il est d'une grande vérité.

Une innovation non moins extraordinaire et qui doit faire frémir le clergé, c'est que l'Académie dérogeant cette année au réglement par lequel elle avait arrêté de proposer

---

(*) Ces vers sont de *Le Brun*, comme *Wagnière* le dit ci-après.

désormais aux candidats pour sujet du prix de poésie, quelques morceaux d'*Homère* à traduire, a choisi un nouveau sujet. C'est un *ouvrage en vers à la louange de M. de Voltaire*. Elle laisse le genre du poème et la mesure des vers à l'option des auteurs; elle désire que la pièce n'excède pas deux cents vers.

Le prix devait être, suivant l'usage, une médaille d'or, de la valeur de 500 livres. Pour le rendre plus considérable et plus digne du sujet, un ami de M. *de Voltaire* a prié l'Académie d'accepter une somme de 600 livres, qui, jointe à la valeur du prix, fera une médaille d'or de 1100 livres.

Non content de cette apothéose littéraire, M. *d'Alembert*, dans le courant de l'*Éloge de Crébillon*, en parlant de la velléité instantanée du gouvernement de faire ériger un monument à ce grand tragique, a pris occasion de l'anecdote pour ramener M. *de Voltaire*; il a prédit qu'un jour, sans doute, ce même gouvernement aurait une volonté plus ferme envers un génie qui fait beaucoup plus d'honneur à la nation, non-seulement dans le même genre, mais dans quantité d'autres. Il a dit que déjà les étrangers en donnaient l'exemple à la France; que l'Académie ne pouvait que hâter le moment par ses vœux et ses sollicitations, et se borner à reproduire sa faible image aux spectateurs. Il s'est en même temps retourné vers le buste, le mouchoir à la main, et les larmes aux yeux, et l'enthousiasme général, qui s'était déjà manifesté à l'annonce du sujet du prix, et toutes les fois qu'on avait nommé M. *de Voltaire*, a redoublé, et tout le monde a battu des mains, pleuré et sangloté.

Le sujet du prix proposé, ce buste exalté, et toute la scène jouée par M. *d'Alembert*, concertée entre les académiciens de son parti, n'avaient pas été approuvés de tous, et l'on a jugé que les prélats et autres membres du clergé continuaient à faire schisme sur ce point, en ce qu'aucun ne s'est trouvé à la séance.

On prétend, au surplus, que l'impératrice de Russie, qui honorait M. *de Voltaire* du commerce le plus intime, se propose en effet de lui faire dresser un mausolée dans ses Etats.

Tout ce qu'on vient de lire, s'est passé comme on le dit. On se trompe seulement sur les vers attribués à M. *de la Place*. Ce quatrain est de M. *Le Brun*.

Ibid., page 109, du 26 août.

Copie de la lettre écrite par l'évêque de Troyes au prieur de Scellières.

Troyes, le 2 juin 1778.

« Je viens d'apprendre, Monsieur, que la famille de M. *de Voltaire*, qui est mort depuis quelques jours, s'était décidée à faire transporter son corps à votre abbaye pour y être enterré, et cela parce que le curé de Saint-Sulpice leur avait déclaré qu'il ne voulait pas l'enterrer en terre sainte.

» Je désire fort que vous n'ayez pas encore procédé à cet enterrement, qui pourrait avoir des suites fâcheuses pour vous; et si l'inhumation n'est pas faite, comme je l'espère, vous n'avez qu'à déclarer que vous n'y pouvez procéder sans avoir des ordres de ma part.

» J'ai l'honneur d'être bien sincèrement, etc.

» ✝ Evêque de Troyes. »

Réponse du prieur de Scellières à M. l'évêque de Troyes.

A Scellières, 3 juin 1778.

« Je reçois dans l'instant, Monseigneur, à trois heures après midi, avec la plus grande surprise, la lettre que vous m'avez fait l'honneur de m'écrire en date du jour d'hier 2 juin. Il y a maintenant plus de vingt-quatre heures que l'inhumation du corps de M. *de Voltaire* est faite dans notre église, en présence d'un peuple nombreux. Permettez-moi, Monseigneur, de vous faire le récit de cet événement, avant que j'ose vous présenter mes réflexions.

» Dimanche au soir, 31 mai, M. l'abbé *Mignot*, conseiller au grand conseil, notre abbé commendataire, qui tient à loyer un appartement dans l'intérieur de notre monastère, parce que son abbatiale n'est pas habitable, arrive en poste pour occuper cet appartement. Il me dit, après les premiers complimens, qu'il avait eu le malheur de perdre M. *de Voltaire*, son oncle, lequel avait désiré, dans ses derniers momens, d'être porté, après sa mort, à la terre de Ferney; mais que le corps, qui n'avait pas été enseveli quoiqu'embaumé, ne serait pas en état de faire un voyage aussi long; qu'il désirait, ainsi que sa famille, que nous voulussions bien recevoir le corps en dépôt dans le caveau de notre église; que ce corps était en marche, accompagné de trois parens, qui arriveraient bientôt. Aussitôt M. l'abbé m'exhiba un consentement de M. le curé de Saint-Sulpice, signé de ce pasteur, pour que le corps de M. *de Voltaire* pût être transporté sans cérémonie; il m'exhiba en outre une copie collationnée par ce même curé de Saint-Sulpice, d'une profession de la foi catholique, apostolique et romaine, que M. *de Voltaire* a faite entre les mains d'un prêtre approuvé, en présence de deux témoins, dont l'un est M. *Mignot,* notre abbé, neveu du pénitent, et l'autre un

M. le marquis *de Villevieille*. Il me montra en outre une lettre du ministre de Paris, M. *Amelot,* adressée à lui et à M. *de Dampierre d'Hornoy,* neveu de M. l'abbé *Mignot,* et petit-neveu du défunt, par laquelle ces messieurs étaient autorisés à transporter leur oncle à Ferney ou ailleurs. D'après ces pièces, qui m'ont paru et me paraissent encore authentiques, j'aurais manqué au devoir de pasteur si j'avais refusé les secours spirituels dus à tout chrétien, et surtout à l'oncle du magistrat qui est depuis vingt-trois ans abbé de cette abbaye, et que nous avons beaucoup de raisons de considérer. Il ne m'est pas venu dans la pensée que M. le curé de Saint-Sulpice ait pu refuser la sépulture à un homme dont il avait légalisé la profession de foi, ionne tout au plus six semaines avant son décès, et dont il avait permis le transport tout récemment au moment de sa mort. D'ailleurs, je ne savais pas qu'on pût refuser la sépulture à un homme quelconque mort dans le sein de l'Eglise, et j'avoue que, selon mes faibles lumières, je ne crois pas encore que cela soit possible. J'ai préparé en hâte tout ce qui était nécessaire. Le lendemain matin sont arrivés dans la cour de l'abbaye deux carrosses, dont l'un contenait le corps du défunt, et l'autre était occupé par M. *d'Hornoy,* conseiller au parlement de Paris, petit-neveu; par M. *Marchand de Varennes,* maître d'hôtel du roi, et M. *de la Houillière,* brigadier des armées, tous deux cousins du défunt. Après midi, M. l'abbé *Mignot* m'a fait à l'église la présentation solennelle du corps de son oncle, qu'on avait déposé; nous avons chanté les vêpres des morts; le corps a été gardé toute la nuit dans l'église, environné de flambeaux. Le matin, depuis cinq heures, tous les ecclésiastiques des environs, dont plusieurs sont amis de M. l'abbé *Mignot,* ayant été autrefois avec lui séminaristes à Troyes, ont dit la messe en présence du corps, et j'ai célébré une messe solennelle à onze heures, avant l'inhumation, qui a été faite devant une nombreuse assemblée. La famille de M. *de Voltaire* est repartie ce matin, contente des honneurs rendus à sa mémoire, et des prières que nous avons faites à DIEU pour le repos de son âme.

» Voilà les faits, Monseigneur, dans la plus exacte vérité. Permettez, quoique nos maisons ne soient pas soumises à la juridiction de l'ordinaire, de justifier ma conduite aux yeux de votre grandeur. Quels que soient les priviléges d'un ordre, ses membres doivent toujours se faire gloire de respecter l'épiscopat, et se font honneur de soumettre leurs démarches, ainsi que leurs mœurs, à l'examen de nosseigneurs les évêques. Comment pouvais-je supposer qu'on refusait, ou qu'on pouvait refuser à M. *de Voltaire* la sépulture qui m'était demandée par son neveu, notre abbé commendataire depuis vingt-trois ans, magistrat depuis trente ans, ecclésiastique qui a beaucoup vécu dans cette abbaye, et qui jouit d'une grande considération dans notre ordre; par un conseiller au parlement de Paris, petit-neveu du défunt; par des officiers d'un grade supérieur, tous parens, et tous gens respectables? Sous quel prétexte aurais-je pu croire que M. le curé de Saint-Sulpice eût refusé la sépulture à M. *de Voltaire*, tandis que ce pasteur a légalisé de sa propre main une profession de foi faite par le défunt, il n'y a que deux mois; tandis qu'il a écrit et signé de sa propre main un consentement que ce corps fût transporté sans cérémonie? Je ne sais ce qu'on impute à M. *de Voltaire*. Je connais plus ses ouvrages par sa réputation qu'autrement; je ne les ai pas lus tous. J'ai ouï dire à monsieur son neveu, notre abbé, qu'on lui en attribuait de très-répréhensibles, qu'il avait toujours désavoués: mais je sais, d'après les canons, qu'on ne refuse la sépulture qu'aux excommuniés, *latâ sententiâ*, et je crois être sûr que M. *de Voltaire* n'est pas dans ce cas. Je crois avoir fait mon devoir en l'inhumant, sur la réquisition d'une famille respectable, et je ne puis m'en repentir. J'espère, Monseigneur, que cette action n'aura pas pour moi des suites fâcheuses; la plus fâcheuse, sans doute, serait de perdre votre estime; mais d'après l'explication que j'ai l'honneur de faire à votre grandeur, elle est trop juste pour me la refuser.

» Je suis, avec un profond respect, etc. »

Ibid., page 125, du 10 septembre. *L'ombre de Voltaire au curé de Saint-Sulpice, par un Genevois.* Tel est le titre d'une pièce en vers en l'honneur de ce grand poète, où l'on malmène furieusement et le pasteur et le clergé. On l'apothéose malgré les prêtres. Il y a de la facilité dans la versification, de la philosophie dans le discours qu'on fait tenir au personnage censé écrire au curé; et c'est pour mieux observer, sans doute, le costume, que l'auteur s'est permis de prendre plusieurs pensées et maximes de morale qu'on retrouve en cent endroits dans les œuvres de M. *de Voltaire.* Le clergé, qui n'avait pas besoin de ces injures pour exciter sa fureur contre les mânes de ce coryphée de l'impiété, a été très-piqué du sujet choisi par l'Académie, et se remue pour le faire changer.

Ibid., page 132, du 18 septembre. L'impératrice des Russies ayant témoigné le désir de faire acheter pour son compte la bibliothèque de M. *de Voltaire,* on ne doute pas que la famille ne lui fasse le cadeau de la lui envoyer, et de la prier de l'accepter gratuitement.

Ibid., page 135, du 21 septembre. On attribue à M. *Blin de Sainmore* l'épître de *l'ombre de Voltaire au curé de Saint-Sulpice.*

Ibid., page 136, du 23 septembre. Tous les amateurs et curieux de livres sont très-fâchés que la bibliothèque de M. *de Voltaire* passe en Russie; elle était précieuse, non par la beauté des éditions, ou la rareté ou la singularité des livres, mais par des notes de sa main dont ils étaient tous chargés. On dit que son dictionnaire encyclopédique en avait à l'infini.

Nous avons peu de chose à remarquer sur les articles qu'on vient de lire. Les lettres de l'évêque de Troyes et du prieur de Scellières sont vraies. Il est assez probable que la dernière a été dictée par l'abbé *Mignot*, comme nous l'avons dit plus haut. Je ne sais si la pièce de vers attribuée à M. *Blin de Sainmore* est de lui ou non. Quant à la bibliothèque de M. *de Voltaire*, que j'ai portée en Russie, et qui en effet est très-précieuse par les notes dont il a enrichi un grand nombre de volumes, on peut voir ce que j'en ai dit dans ma *Relation*. Il en est encore question ci-après.

Ibid., page 138, du 26 septembre. On assure que la démarche du clergé pour s'opposer au projet de l'Académie française, qui a proposé *l'Eloge de M. de Voltaire* aux candidats, n'a pas eu de succès à la cour; que M. le comte *de Maurepas* a répondu à la requête des curés de cette capitale, que c'était à eux à prier pour le repos de l'âme du défunt, et aux gens de lettres à célébrer son génie et ses ouvrages.

Cette inconséquence du gouvernement est d'autant plus grande, que l'Académie de Toulouse ayant donné, il y a quelques années, pour sujet du prix *l'Eloge de Bayle*, dont la naissance fait honneur à la province de Languedoc, il ne voulut pas en permettre l'exécution, et obligea l'Académie de changer son annonce. Assurément M. *de Voltaire*, mort hors du sein de l'Église, à qui elle a refusé la sépulture, et dont les ouvrages, sans être aussi remplis de raison et de bon sens que ceux de *Bayle*, sont cependant plus dangereux par la séduction et le charme du style, ne méritait pas plus d'exception que cet impie.

Quoi qu'il en soit, si le plan de l'Académie s'effectue, on décerne déjà le prix à un M. *Fontanes,* jeune poète, qui a prévenu l'annonce, et lu son ouvrage devant plusieurs académiciens. Seulement il est trop long, il faudra qu'il l'élague.

Cet article est d'une main fanatique qu'on retrouve trop souvent parmi celles qui ont contribué à la formation de ce recueil. Il n'est pas vrai que M. *de Voltaire* soit mort hors du sein de l'Église, et qu'elle lui ait refusé la sépulture; on vient de voir la preuve du contraire dans la lettre du prieur de Scellières. On laisse à juger aux savans si, pour n'être pas surchargés d'un immense appareil d'érudition et de citations grecques et latines, les ouvrages de M. *de Voltaire* ne sont pas *aussi remplis de raison et de bon sens que ceux de Bayle.*

FIN DU TOME PREMIER.

TABLE

DU PREMIER VOLUME.

	Pages.
Préface générale de l'Éditeur.	1
Additions au *Commentaire historique* sur les œuvres de l'auteur de la Henriade, par Wagnière.	1
Avertissement de l'Éditeur.	3
Avis préliminaire, par Wagnière.	7
Additions au Commentaire.	19
Lettre de M. Bourcet cadet.	100
Relation du voyage de M. de Voltaire à Paris, et de sa mort, par Wagnière.	113
Pièces justificatives.	173
Examen, par Wagnière, des Mémoires secrets dits de Bachaumont.	179
Avis de l'Éditeur.	181
Avertissement de Wagnière.	185
Examen des Mémoires.	187

FIN DE LA TABLE DU PREMIER VOLUME.

www.ingramcontent.com/pod-product-compliance
Lightning Source LLC
Chambersburg PA
CBHW071610230426
43669CB00012B/1895